PONS

Bildwörterbuch
Schwedisch
Deutsch

PONS GmbH
Stuttgart

INHALT
INNEHÅLL

LEICHTER LERNEN MIT BILDERN – WARUM IST DAS SO?

Liebe Leserin, lieber Leser,

wie wichtig die Bedeutung von Bildern ist, wenn es um das Merken von Begriffen geht, wissen wir seit Jahren aus der Lernpsychologie. Kennen Sie das? Wenn Sie ein Bild zu einem Wort sehen, bleibt das Wort viel schneller im Gedächtnis haften, als wenn es nur geschrieben dasteht. Und wenn es darum geht, in einer fremden Sprache Wortschatz nicht nur nachzuschlagen, sondern auch zu verstehen und ihn sich zu merken, unterstützen die Bilder Sie dabei, sich die Wörter schneller und besser einzuprägen. Das hat ganz einfache Gründe:

→ ***Bilder wirken schneller und direkter als reiner Text****. Schon als kleine Kinder denken wir in Bildern und können sie ganz intuitiv entschlüsseln, interpretieren und aufnehmen. Sind Bilder mit Wörtern verknüpft, bilden sie eine Einheit, die unser Gehirn mit hoher Effizienz verarbeitet und abspeichert.*

→ ***Bilder erleichtern und unterstützen das Verständnis.*** *Sie vermitteln Zusammenhänge und liefern uns deutlich mehr Informationen als nur Text alleine.*

→ ***Bilder sind emotional.*** *Sie wecken unser Interesse, steigern unsere Motivation und bleiben besser im Gedächtnis haften als einzelne Wörter.*

→ ***Bilder machen Freude.*** *Wo viel Text abschreckt, sorgen Bilder dafür, dass uns das Lernen Spaß macht, und wir bleiben länger bei der Sache.*

Gesehen, verstanden und schon gemerkt – so leicht kann das visuelle Lernen sein. Überzeugen Sie sich selbst!

Ihre

PONS-Redaktion

MAN LÄR LÄTTARE MED BILDER – VARFÖR ÄR DET SÅ?

Kära läsare

Inom inlärningspsykologin har man länge vetat hur viktig betydelsen av bilder är för att komma ihåg begrepp. Vet du det? När du ser en bild tillsammans med ett ord fastnar det mycket snabbare i minnet än om man bara ser ordet skrivet. Och om du inte bara vill slå upp ord från ett främmande språk, utan också kunna förstå och komma ihåg dem, hjälper bilderna dig att memorera dem snabbare och bättre. Orsakerna till det är mycket enkla:

→ **Bilder verkar snabbare och mer direkt än vanlig text.** Redan som små barn tänker vi i bilder och kan helt intuitivt tyda, tolka och komma ihåg dem. Bilder som är kopplade till en text bildar en enhet som vår hjärna snabbt och effektivt kan bearbeta och minnas.

→ **Bilder underlättar och stödjer förståelsen.** De förmedlar sammanhang och ger oss betydligt mer information än enbart text.

→ **Bilder väcker känslor.** De skapar intresse, ökar vår motivation och stannar lättare kvar i minnet än enbart text.

→ **Bilder är roliga.** När mycket text skrämmer gör bilder inlärningen roligare så att vi orkar hålla på längre.

Titta, tyd och lägg på minnet – så enkel kan visuell inlärning vara. Övertyga dig själv!

Din

PONS-redaktion

SO ARBEITEN SIE EFFIZIENT MIT DEM BILDWÖRTERBUCH

die Erdbeere
jordgubbe -n u
[juːɖgəbːə]

die Himbeere
hallon -et n
[halːɔn]

die Brombeere
björnbär -et n
[bjœːɳbæːr]

die Heidelbeere
blåbär -et n
[bloːbæːr]

Ganz gleich, ob Sie erst anfangen, eine Fremdsprache zu erlernen, oder ob Sie bereits über gute Sprachkenntnisse verfügen: Dieses Wörterbuch ist Ihr idealer Begleiter. Für jede Sprache decken rund 8.000 Begriffe alle Bereiche des Alltags ab und die Kombination von Wort und Bild ermöglicht Ihnen, Wörter schnell nachzuschlagen, zu übersetzen und sich mühelos einzuprägen. Hier die wichtigsten Tipps, wie Sie den größten Nutzen aus diesem Wörterbuch ziehen:

Det spelar ingen roll om du precis har börjat lära dig ett främmande språk eller om du redan besitter goda språkkunskaper. Den här ordboken är din idealiska följeslagare. För varje språk finns runt 8.000 termer som täcker alla områden i vardagslivet och kombinationen av ord och bild gör det möjligt för dig att snabbt slå upp ord att översätta och memorera utan ansträngning. Här är de viktigaste tipsen om hur du får ut det mesta av den här ordboken:

1. Wörter im Zusammenhang lernen

Wörter werden schneller gemerkt, wenn man sie im Kontext lernt. Aus diesem Grund ist dieses Wörterbuch nach Themenfeldern aus dem Alltagsleben gegliedert. Ganz gleich, in welches Thema Sie eintauchen - ob Einkaufen, Kleidung, Lebensmittel oder Familie - betrachten Sie beim Lernen das Thema als Ganzes und versuchen Sie, möglichst viele Wörter aus dem Themenbereich aufzunehmen. Sie werden erstaunt sein, wie viel Wortschatz Sie sich in kürzester Zeit merken können.

1. Lära ord i ett sammanhang

Ord memoreras snabbare om det finns en kontext. Därför är den här ordboken uppdelad i olika ämnesområden ur vardagslivet. Oavsett vad det gäller - shopping, kläder, livsmedel eller familjen - kan du se det som en helhet och försöka inkludera så många ord som möjligt på just det här temat. Du kommer att bli förvånad över hur stort ditt ordförråd kan bli på nolltid.

SÅ ARBETAR DU EFFEKTIVT MED BILDORDBOKEN

Herzlichen Glückwunsch!	**grattis!** [grat:ɪs]
Alles Gute zum Geburtstag!	**grattis på födelsedagen!** [grat:ɪs po: fœ:dəlsəˈda:gən]
Wie viel Uhr ist es?	**Vad är klockan?** [va(d) æ:(r) ˈklɔk:an]
Es ist zwei Uhr.	**Den är två.** [dɛn æ:(r) ˈtvo:]
Guten Appetit!	**Hoppas det smakar!** [hʊp:as de ˈsma:kar]
Zum Wohl!	**Skål!** [sko:l]
①	②

2. Die wichtigsten Schlüsselsätze auf einen Blick

Ob in der Fremdsprache nach der Uhrzeit fragen, oder zum Geburtstag gratulieren: In den 13 thematisch sortierten Kapiteln finden Sie neben der reinen Wort-Bild-Zuordnung die wichtigsten Sätze für die häufigsten Situationen ①. Prägen Sie sich diese Schlüsselsätze gut ein und schon haben Sie den Grundstein für eine erfolgreiche Kommunikation gelegt.

2. Snabböversikt över de viktigaste nyckelfraserna

Oavsett om du ska fråga efter tiden eller gratulera på födelsedagen på ett främmande språk - i de 13 tematiskt sorterade kapitlen hittar du, förutom den rena ord-bild-indelningen, också de viktigaste fraserna för de vanligaste situationerna ①. Memorera dessa nyckelfraser och du har redan lagt grunden till en framgångsrik kommunikation.

3. Richtig aussprechen

Damit Sie jedes Wort richtig aussprechen, haben wir allen Wörtern und Sätzen eine Lautschrift beigefügt ②. Eine Übersicht über die verwendeten phonetischen Zeichen finden Sie bequem auf der letzten Seite des Buches.

3. Rätt uttal

För att du ska kunna uttala varje ord korrekt har vi lagt till en fonetisk skrift för alla ord och fraser ②. En översikt över de fonetiska tecken som används finns på den sista sidan i boken.

③

glutenfrei
glutenfri
[glʉːtənfriː]

laktosefrei
laktosfri
[lakˈtoːsfriː]

④

4. Schnell übersetzen

Wenn es einfach schnell gehen muss, schlagen Sie im Anhang im Stichwortverzeichnis die richtige Übersetzung nach ③. Dort ist jedes Stichwort in Deutsch und Schwedisch in alphabetischer Reihenfolge aufgeführt und im Nu gefunden.

4. Översätt snabbt

Om det bara måste gå snabbt slår du upp en korrekt översättning i bilagans index ③. Där finns alla sökord listade i alfabetisk ordning på tyska och svenska och kan hittas på ett ögonblick.

5. Für den Notfall

Bilder sind eine universelle Sprache, die von allen Kulturen verstanden wird. Sollten Ihnen doch mal die Worte fehlen, zeigen Sie einfach auf das entsprechende Bild ④. Ob im Hotel, Restaurant oder auf der Straße – so können Sie sich überall auf der Welt ganz ohne Sprache verständigen.

5. För nödsituationer

Bilder är ett universellt språk som förstås av alla kulturer. Om du någon gång saknar ord kan du bara peka på motsvarande bild ④. På hotellet, i restaurangen eller på gatan – du kan kommunicera utan språk överallt i världen.

6. Noch mehr Sprache

Für die ersten Schritte in der fremden Sprache liefern Ihnen die Extras im Anhang des Bildwörterbuchs praktische Unterstützung: Mit den wichtigsten Sätzen auf Deutsch und auf Schwedisch sind Sie für den gelungenen Einstieg in die Fremdsprache gewappnet. Und wenn es darum geht, eigene Sätze zu bilden, hilft Ihnen unsere ausführliche Verbliste, wo Sie auch abstrakte Verben, die sich nicht abbilden lassen, nachschlagen und übersetzen können.

6. Ännu fler språk

I början ger extramaterialet i bildordbokens bilaga dig ett praktiskt stöd. Med de viktigaste fraserna på tyska och svenska är du väl rustad för en lyckad start. Och när det gäller att skapa egna meningar kommer vår utförliga verblista att hjälpa dig att slå upp även abstrakta verb som inte låter sig avbildas.

die Bankkauffrau
den **bankanställde** u
[baŋkanstɛldə]

der Lehrer
lärare -n u
[læ:rarə]

die Ingenieurin
ingenjör -en u
[ɪnɧənˈjœ:r]

der Kellner
servitör -en u
[særvɪˈtœ:r]

Das sollten Sie noch wissen

Die Stichwörter in diesem Wörterbuch stehen immer in der Einzahl, es sei denn sie werden in der Regel nur in der Pluralform verwendet.
Im Schwedischen wird der bestimmte Artikel nicht vor das Substantiv gestellt, sondern als Endung hintenan. Diese Endungen der bestimmten Form stehen rechts neben jedem Substantiv in grauer Schrift.

Det här bör man också veta

Nyckelorden i den här ordlistan står alltid i singular, såvida de inte vanligtvis används bara i pluralform.
På svenska sätter man inte den bestämda artikeln framför substantivet, utan som en ändelse i slutet av ordet. Dessa ändelser för bestämd form anges med grå skrift till höger om substantivet.

Es war uns wichtig, bei Funktions- und Berufsbezeichnungen Männer und Frauen gleichermaßen und gleichberechtigt zu berücksichtigen. Da wir aber aus Platzgründen nicht immer beide Geschlechter gleichzeitig abbilden können, haben wir uns immer für eines entscheiden müssen. Dabei orientiert sich das Geschlecht des Wortes immer am Geschlecht der abgebildeten Figur.

Det var viktigt för oss att betrakta både män och kvinnor lika med avseende på funktionella och professionella titlar. Eftersom vi inte alltid kan visa en bild av båda könen samtidigt på grund av utrymmesskäl har vi alltid varit tvungna att välja en. Texten baseras alltid på den avbildade figuren.

MENSCHEN

MÄNNISKOR

DIE FAMILIE – FAMILJEN

Der Stammbaum – stammträdet

der Schwiegervater
svärfar -en u
[svæ:rfa:r]

die Schwiegermutter
svärmor -en u
[svæ:rmu:r]

die Ehefrau
maka -n u
[ma:ka]

die Schwägerin
svägerska -n u
[svægəʂka]

der Schwager
svåger -n u
[svo:gər]

der Ehemann
make -n u
[ma:kə]

der Schwiegersohn
svärson -en u
[svæ:ʂon]

die Tochter
dotter -n u
[dɔt:ər]

der Sohn
son -en u
[so:n]

der Enkel
barnbarn -et n
[ba:ɳba:ɳ]

die Enkelin
barnbarn -et n
[ba:ɳba:ɳ]

DIE FAMILIE – FAMILJEN

Der Stammbaum – stammträdet

der Großvater
farfar/morfar -n/-n u
[farfar/mʊrfar]

die Großmutter
farmor/mormor -n/-n u
[farmʊr/mʊrmʊr]

die Mutter
mamma -n u
[mam:a]

der Vater
pappa -n u
[pap:a]

die Tante
faster/moster -n/-n u
[fastər/mʊstər]

der Onkel
farbror/morbror -n/-n u
[farbrʊr/mʊrbrʊr]

die Schwester
syster -n u
[systər]

der Bruder
bror -en u
[bru:r]

die Cousine
kusin -en u
[kɵsi:n]

die Nichte
brorsdotter -n u
[bru:ʂdɔt:ər]

der Neffe
brorson -en u
[bru:ʂo:n]

der/die Verwandte	**släkting** -en u [slɛktɪŋ]
die Großeltern	**farföräldrar/morföräldrar** -na/-na pl [fa:rfœrɛldrar/mu:rfœrɛldrar]
die Eltern	**föräldrar** -na pl [fœr'ɛldrar]
das Ehepaar	det **äkta paret** n [ɛkta pa:rət]
der Vorfahre	**förfader** -n u [fœ:rfa:dər]
ledig	**singel** -n u [sɪŋəl]
verheiratet	**gift** [jɪft]
geschieden	**frånskild** [fro:nɧɪld]
verlobt	**förlovad** [fœr'lo:vad]
verwitwet	att **vara änka/änkling** [v:ara ɛ:ŋka/ɛŋklɪŋ]
verwandt	att **vara släkt** [v:ara slɛkt]

BEZIEHUNGEN – RELATIONER

Familie und Lebensphasen – familj och livsfaser

das Baby
baby -n u
[bɛjby]

das Kind
barn -et n
[baːɳ]

Herr …
Herr… -n u
[hɛrː…]

der Mann
man -nen u
[man]

die Jugendliche
ungdom -en u
[ʊŋdʊm]

die Zwillinge
tvillingar -na pl
[tvɪlːɪŋar]

die Frau
kvinna -n u
[kvinːa]

Frau …
Fru… -n u
[frʉː…]

der/die Bekannte
den **bekanta** u
[bəˈkanta]

der Junge
pojke -n u
[pɔjkə]

das Mädchen
flicka -n u
[flikːa]

die Freunde
vänner -na pl
[vɛnːər]

das Paar
par -et n
[paːr]

die Freundin
flickvän -nen u
[flɪkːvɛnː]

der Freund
pojkvän -nen u
[pɔjkvɛn]

der Erwachsene	den **vuxne/vuxna** u [vəksnə/vəksna]
die Geschwister	**syskon** -et n [syskɔn]
der Patenonkel	**gudfar** -en u [gʉːdfaːr]
die Patentante	**gudmor** -en u [gʉːdmuːr]
der Stiefvater	**styvfar** -en u [styːvfaːr]
die Stiefmutter	**styvmor** -en u [styːvmuːr]
der Stiefbruder	**styvbror** -n u [styːvbruːr]
die Stiefschwester	**styvsyster** -n u [styːvsystər]
der Nachbar	**granne** -n u [granːə]
die Nachbarin	**granne** -n u [granːə]

BEZIEHUNGEN – RELATIONER

Begrüßen und verabschieden – välkomna och ta farväl

jemanden vorstellen
att **presentera någon**
[prəsənˈteːra noːgən]

jemanden begrüßen
att **hälsa på någon**
[hɛlsa ˈpoː noːgən]

sich die Hand geben
att **skaka hand**
[skaːka ˈhand]

sich verbeugen
att **buga**
[bʉːga]

sich umarmen
att **kramas**
[kraːmas]

lachen
att **skratta**
[skratːa]

weinen
att **gråta**
[groːta]

sich verabschieden
att **ta avsked**
[taː ˈaːvɧeːd]

einen Knicks machen
att **niga**
[niːga]

winken
att **vinka**
[vɪŋka]

jemandem einen Kuss geben
att **pussa någon**
[pɵsːa noːgən]

jemanden anrufen
att **ringa någon**
[rɪŋa noːgən]

Hallo!	**Hej!** [hɛj]
Guten Tag!	**Goddag!** [guˈdɑː(g)]
Guten Morgen!	**Godmorgon!** [gʊˈmɔrːɔn]
Guten Abend!	**Godkväll!** [guˈ(d)kvɛlː]
Wie heißt du?	**Vad heter du?** [vaː(d) heːtər dʉː]
Wie heißen Sie?	**Vad heter ni?** [vaː(d) heːtər niː]
Ich heiße ...	**Jag heter...** [jaː(g) heːtər]
Herzlich willkommen!	**Hjärtligt välkommen!** [jɛʈlɪkt ˈvɛːlkɔmːən]
Tschüss!	**Hej då!** [hɛj ˈdoː]
Auf Wiedersehen!	**På återseende!** [poː ˈoːtərseːəndə]

das kleine Geschenk
den **lilla presenten** u
[liːla prəsɛntən]

BEZIEHUNGEN – RELATIONER

Feste – fester

die Hochzeit
bröllop -et n
[brœl:ɔp:]

der Geburtstag
födelsedag -en u
[fœ:dəlsəda:g]

das Weihnachten
jul -en u
[jʉ:l]

der Valentinstag
alla hjärtans dag -en u
[al:a jæʈans ˈda:g]

das Thanksgiving
thanksgiving
[θɛŋsgɪvɪŋ]

das Halloween
halloween
[halɔʊi:n]

der/das Silvester
nyår -et u
[n:y:o:r]

das Ostern
påsk -en u
[pɔsk]

die Hanukkah
hanukkah -n u
[hanɵka]

das Wesakfest
wesakfest -en u
[ve:sakfɛst]

das Ramadanfest
ramadan -en u
[ram:aˈda:n]

das chinesische Neujahr
det **kinesiska nyåret** n
[ɕɪne:sɪsk ny:o:rət]

der Karneval
karneval -en u
[kaɳəva:l]

das Diwalifest	**diwalifest** -en u [dɪˈva:lɪfɛst]
das Passah	**pesach** -en u [pesak]
die Feier	**fest** -en u [fɛst]
der Hochzeitstag	**bröllopsdag** -en u [brœl:ɔpsda:g]
der Feiertag	**helgdag** -en u [hɛljda:g]
der Muttertag	**mors dag** -en u [mu:ʂ ˈda:g]
der Vatertag	**fars dag** -en u [fa:ʂ ˈda:g]
die Taufe	**dop** -et n [du:p]
Herzlichen Glückwunsch!	**Grattis!** [grat:ɪs]
Alles Gute zum Geburtstag!	**Grattis på födelsedagen!** [grat:ɪs po: fœ:dəlsəˈda:gən]

EREIGNISSE IM LEBEN – HÄNDELSER I LIVET

Wendepunkte – vändpunt

die Geburt
födsel -en u
[fø:dsəl]

der Kindergarten
dagis -et n
[da:gɪs]

die Einschulung
inskolning -en u
[ɪnsku:lnɪŋ]

der Schulabschlussball
skolavslutningsfest -en n
[sku:lavslʉ:tnɪŋsfɛst]

der Studienabschluss
examen examen u
[ɛk'sa:mən]

der Berufseinstieg
att **börja jobba**
[bœrja 'jɔb:a]

sich verlieben
att **förälska sig**
[fœ:r'ɛlska sɛj]

sich verloben
att **förlova sig**
[fœr'lo:va sɛj]

heiraten
att **gifta sig**
[jɪfta sɛj]

die Schwangerschaft
havandeskap -et n
[ha:vandəska:p]

umziehen
att **flytta**
[flyt:a]

in Rente gehen
att **gå i pension**
[go: i: paɪŋ'ɧu:n]

die Beerdigung
begravning -en u
[bə'gra:vnɪŋ]

volljährig werden	att **bli myndig** [bli: 'myndɪg]
jemandem einen Heiratsantrag machen	att **fria till någon** [fri:a tɪl no:gɔn]
das Brautkleid	**brudklänning** -en u [brʉ:dklɛn:ɪŋ]
die Braut	**brud** -en u [brʉ:d]
der Bräutigam	**brudgum** -men u [brʉ:dgɵm]
eine Familie gründen	att **bilda familj** [bɪlda fa'mɪlj]
die Scheidung	**skilsmässa** -n u [ɧɪlsmɛs:a]
sich scheiden lassen	att **skilja sig** [ɧɪlja sɛj]
sterben	att **dö** [dø:]

MENSCHEN BESCHREIBEN – BESKRIVA MÄNNISKOR

Das Gesicht – ansiktet

das Haar
hår -et n
[ho:r]

die Stirn
panna -n u
[pan:a]

die Schläfe
tinning -en u
[tɪn:ɪŋ]

das Ohr
öra -t n
[œ:ra]

die Wange
kind -en u
[ɕɪnd]

der Unterkiefer
underkäke -n u
[əndərɕɛ:kə]

die Augenbraue
ögonbryn -et n
[ø:gɔnbry:n]

die Wimper
ögonfrans -en u
[ø:gɔnfrans]

das Auge
öga -t n
[ø:ga]

die Nase
näsa -n u
[nɛ:sa]

das Nasenloch
näsborre -n u
[nɛ:sbɔr:ə]

der Zahn
tand -en u
[tand]

das Kinn
haka -n u
[ha:ka]

der Mund
mun -nen u
[mən]

die Lippe
läpp -en u
[lɛp:]

eine Grimasse schneiden
att **göra en grimas**
[jœ:ra ən grɪˈma:s]

die Haut	**hud** -en u [hʉ:d]
die Falte	**rynka** -n u [ryŋka]
das Muttermal	**födelsemärke** -t n [fœ:dəlsəmærke]
das Grübchen	**skrattgropar** -en u [skratgru:par]
die Sommersprossen	**fräknar** -na pl [fræknar]
die Pore	**por** -en u [pu:r]
der Pickel	**finne** -n u [fɪn:ə]

MENSCHEN BESCHREIBEN – BESKRIVA MÄNNISKOR

Das Haar – håret

rothaarig
rödhårig
[rø:dho:rɪg]

gewellt
vågigt
[vo:gɪ(k)t]

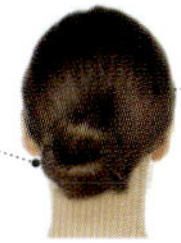

der Dutt
hårknut -en u
[ho:rknʉ:t]

brünett
brunett -en u
[brɵˈnɛt:]

grau meliert
gråmelerat
[gro:məle:rat]

der Kurzhaarschnitt
kortklippt
[kɔʈklɪppt]

die Perücke
peruk -en u
[pəˈrʉ:k]

der Stufenschnitt
den **gradvisa klippningen** u
[gra:dvi:sa klɪpnɪŋən]

der Pony
lugg -en u
[lɵg]

die Strähnchen
slingor -na pl
[slɪŋʊr]

die Bobfrisur
bobfrisyr -en u
[bɔbfrɪsy:r]

glatt
släthårig
[slɛ:tho:rɪg]

blond
blond
[blɔnd]

dunkel
mörk
[mœrk]

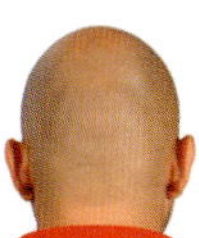

die Glatze
flint -en u
[flɪnt]

der Pferdeschwanz
hästsvans -en u
[hɛstsvans]

lockig
lockig
[lɔkɪg]

der Zopf
fläta -n u
[flæ:ta]

MENSCHEN BESCHREIBEN – BESKRIVA MÄNNISKOR

Die äußere Erscheinung – utseendet

der Bart
skägg -et n
[ɧɛg:]

der Schnurrbart
mustasch -en u
[mɵsˈta:ɧ]

jung
ung
[ɵŋ]

alt
gammal
[gam:al]

muskulös
muskulös
[mɵskɵˈlø:s]

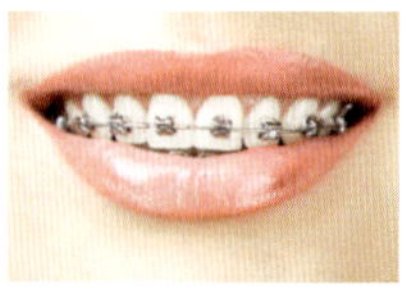

die Zahnspange
tandställning -en u
[tandstɛlnɪŋ]

blass
blek
[ble:k]

sonnengebräunt
solbränd
[su:lbrɛnd]

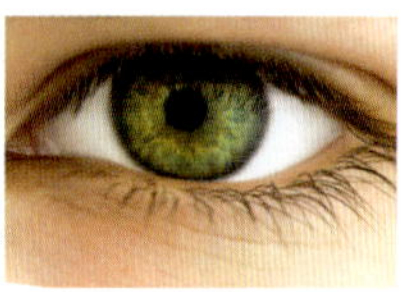

die grünen Augen
de **gröna ögonen** pl
[grø:na ø:gɔnən]

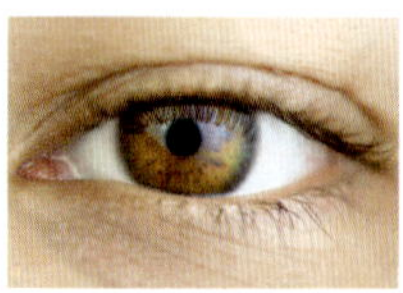

die braunen Augen
de **bruna ögonen** pl
[brʉ:na ø:gɔnən]

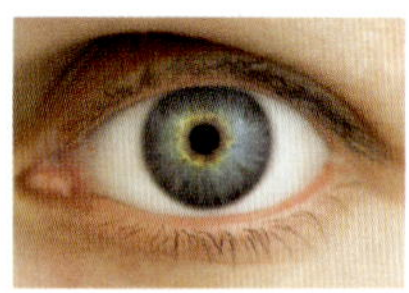

die grauen Augen
de **grå ögonen** pl
[gro: ø:gɔnən]

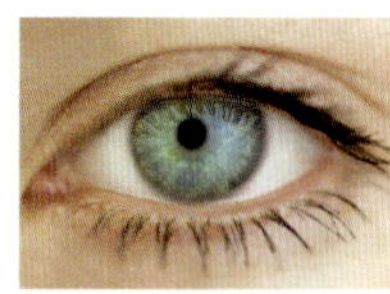

die blauen Augen
de **blå ögonen** pl
[blo: ø:gɔnən]

attraktiv	**attraktiv** [atrakˈti:v]
hübsch	**snygg** [snyg:]
hässlich	**ful** [fʉ:l]
schön	**vacker** [vak:ər]
jemanden nach dem Äußeren beurteilen	att **bedöma någon efter utseendet** [bədœma əftər ˈʉ:tse:əndət]
schlank	**smal** [sma:l]
dick	**tjock** [ɕɔk:]
groß	**stor** [stu:r]
klein	**liten** [li:tən]
die Narbe	**ärr** -et n [ær:]

MENSCHEN BESCHREIBEN – BESKRIVA MÄNNISKOR

Gefühle und Persönlichkeit – känsla och personlighet

glücklich
lycklig
[lyklɪg]

stolz
stolt
[stɔlt]

überrascht
överraskad
[ø:vər:askad]

aufgeregt
upphetsad
[ɵphetsad]

verlegen
förlägen
[fœrlæ:gən]

verwirrt
förvirrad
[fœr'vɪr:ad]

schüchtern
blyg
[bly:g]

nachdenklich
eftertänksam
[ɛftərtɛŋksam]

neugierig
nyfiken
[ny:'fi:kən]

niedlich
gullig
[gəl:ɪg]

verliebt
förälskad
[fœr'ɛlskad]

selbstbewusst
självsäker
[ɧɛlvsæ:kər]

offen	**öppen** [œp:ən]
tolerant	**tolerant** [tʊlə'rant]
geduldig	**tålmodig** [to:lmu:dɪg]
freundlich	**vänlig** [vɛ:nlɪg]
sympathisch	**sympatisk** [sym'pa:tɪsk]
nett	**trevlig** [tre:vlɪg]
lächeln	att **le** [le:]
Ich bin verärgert/froh/traurig.	**jag är arg/glad/ledsen** [ja(g) ɛ:(r) arj/gla:d/ləs:ən]

MENSCHEN BESCHREIBEN – BESKRIVA MÄNNISKOR

Gefühle und Persönlichkeit – känsla och personlighet

traurig
ledsen
[ləsːən]

gestresst
stressad
[strɛsːad]

verärgert
förargad
[fœrˈarjad]

wütend
ilsken
[ɪlskən]

eifersüchtig
svartsjuk
[svaʈɧʉːk]

verängstigt
ängslig
[ɛŋslɪg]

nervös
nervös
[nɛrˈvøːs]

müde
trött
[trœtː]

angeekelt
äcklad
[ɛklad]

dickköpfig
tjurskallig
[ɕʉːskalːɪg]

gelangweilt
utträkad
[ʉːttroːkad]

sauer
sur
[sʉːr]

die Stirn runzeln	att **rynka pannan** [ryŋka ˈpanːan]
bestürzt	**bestört** [bəstœʈ]
unsympathisch	**osympatisk** [uːsympaːtɪsk]
verzweifelt	**förtvivlad** [fœrˈtviːvlad]
neidisch	**avundsjuk** [aːvun(d)ɧʉːk]
ungeduldig	**otålig** [uːtoːlɪg]
arrogant	**arrogant** [arːʊˈgant]
intolerant	**intolerant** [ɪntʊlərant]
sensibel	**känslig** [ɕɛnslɪg]

DIE KLEIDUNG - KLÄDSELN

Babysachen - babysaker

die Stoffwindel
tygblöja -n u
[ty:gblø:ja]

die Wegwerfwindel
engångsblöja -n u
[e:ngɔŋsblø:ja]

der Body
body -n u
[bɔd:y]

der Schneeanzug
vinteroverall -en u
[vɪntəro:vəral:]

der Babyschlafsack
sovpåse -n u
[so:vpo:sɛ]

die Rassel
skallra -n u
[skalra]

der Strampler
sparkdräkt -en u
[sparkdrækt]

der Babyfäustling
vante -n u
[vantə]

die Mütze
mössa -n u
[mœs:a]

das Babyschühchen
barnsocka -n u
[baŋsɔk:a]

der Schnuller
napp -en u
[nap:]

das Lätzchen
haklapp -en u
[ha:klap:]

der Sonnenhut
solhatt -en u
[su:lhat:]

das Söckchen
socka -n u
[sɔk:a]

das Latzhöschen
kortbyxor med hängslen -na pl [kɔʈbyksʊr mɛ(d) hɛŋslən]

die Babydecke
babyfilt -en u
[bɛjbyfɪlt]

das Babyfläschchen	**nappflaska** -n u [nap:flaska]
die Biobaumwolle	den **ekologiska bomullen** u [ekɔlo:gɪska bʊm:əl:ən]
aus Kunstfaser	**av konstfiber** [a:v kɔnstfi:bər]

DIE KLEIDUNG – KLÄDSELN

Unisex-Kleidung – unisex klädsel

der Trainingsanzug
träningsoverall -en u
[træ:nɪŋsɔvəro:l]

der Kapuzenpullover
huvtröja -n u
[hʉ:vtrœja]

der Turnschuh
träningssko -n u
[træ:nɪŋssku:]

der Schlafanzug
pyjamas -en u
[pyja:mas]

der Hausschuh
toffla -n u
[tɔf:la]

der Bademantel
morgonrock -en u
[mɔr(g)ənrɔk:]

der Wintermantel
vinterrock -en u
[vɪntərɔk]

die Regenjacke
regnjacka -n u
[rɛŋnjak:a]

die Schneehose
termobyxor -na pl
[tɛrmʊbyksʊr]

Könnte ich das mal anprobieren?	**Kan jag prova den här?** [kan ja(g) pru:va dɛn hæ:r]
Haben Sie das auch eine Nummer größer/kleiner?	**Har ni den i en större/mindre storlek?** [ha:r ni: dɛn i: en stœr:ə/mɪndrɛ stu:rle:k]
eng/weit	**trång/vid** [trɔŋ/vi:d]
kurz/lang	**kort/lång** [kɔʈ/lɔŋ]
klein/groß	**liten/stor** [li:tən/stu:r]
Das passt gut, ich nehme es.	**Den sitter bra, jag tar den.** [dɛn sɪt:ər bra: ja(g) ta: dɛn]
mit kurzen/langen Ärmeln	**med korta/långa ärmar** [mɛd kɔʈa/lɔŋa ærmar]
der Knopf	**knapp** -en u [knap:]
der Druckknopf	**tryckknapp** -en u [tryck:knap:]
das Knopfloch	**knapphål** -et n [knap:ho:l]

DIE KLEIDUNG – KLÄDSELN

Herrenkleidung – herrkläder

das T-Shirt
T-shirt -en u
[ti: ɧœʈ]

das Polohemd
kragtröja -n u
[kra:gtrœja]

der Anzug
kostym -en u
[kʊsty:m]

der Kragen
krage -n u
[kra:gə]

die Krawatte
slips -en u
[slɪps]

das Hemd
skjorta -n u
[ɧʊʈa]

der/das Sakko
kavaj -en u
[kaˈvaj]

die Hose
byxor -na pl
[byksʊr]

der Rollkragenpullover
polotröja -n u
[pu:lu:trœ:ja]

die Weste
väst -en u
[vɛst]

der Pullunder
slipover -n u
[slɪpo:vər]

die Fliege
fluga -n u
[flʉ:ga]

die kurze Hose
shorts -en u
[ɧo:ʈs]

die Boxershorts
boxershorts -en u
[bɔksərɧo:ʈs]

die Unterhose
kalsonger -na pl
[kalsɔŋər]

die Badehose
badbyxor -na pl
[ba:dbyksʊr]

DIE KLEIDUNG – KLÄDSELN

Damenkleidung – damkläder

der Strumpf
strumpa -n u
[strømpa]

die Strumpfhose
strumpbyxor -na pl
[strømpbyksʊr]

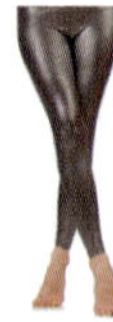

die Leggings
leggings -en u
[lɛg:ɪŋs]

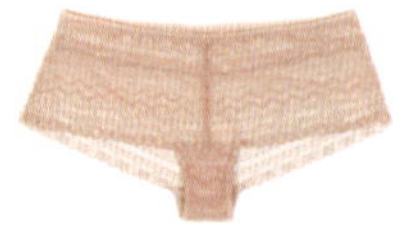

der Slip
trosor -na pl
[tru:sʊr]

der Bikini
bikini -n u
[bɪki:nɪ]

der Badeanzug
baddräkt -en u
[ba:d:rækt]

der Sport-BH
sport-bh -n u
[spɔʈbe:ho:]

der Büstenhalter/der BH
bh -n u
[be:ho:]

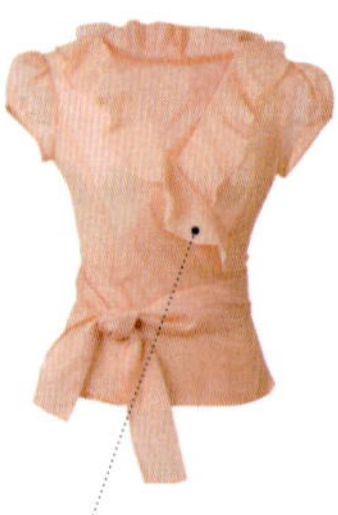

die Rüsche
volang -en u
[vølaŋ]

die Umstandsmode	**mammakläder** -na pl [ma:maklæ:dər]
die Naht	**söm** -men u [sœm:]
der Ärmel	**ärm** -en u [ærm]
der Saum	**fåll** -en u [fɔl:]
die Seide	**siden** -et n [si:dən]
die Spitze	**spets** -en u [spets]
die Größe	**storlek** -en u [stu:rle:k]
der Ausschnitt	**urringning** -en u [ʉ:rɪŋnɪŋ]
trägerlos	**axelbandslös** [aksəlban(d)slø:s]
tailliert	**figursydd** [fɪ'gʉ:rsyd:]
leger	**ledig** [le:dɪg]
schick	**chic** [ɕɪk]
bequem	**bekväm** [bə'kvɛ:m]
mit Stretchanteil	**med stretch** [mɛ(d) stretɕ]
modisch	**trendig** [trɛndɪg]

DIE KLEIDUNG - KLÄDSELN

Damenkleidung - damkläder

die Schleife
rosett -en u
[rʊsɛt:]

das Kleid
klänning -en u
[klɛn:ɪŋ]

das Trägertop
tanktop -pen u
[taŋktɔp:]

die Bluse
blus -en u
[blʉ:s]

die Strickjacke
kofta -n u
[kɔfta]

der Rock
kjol -en u
[ɕu:l]

die Shorts
shorts -en u
[ɧo:ʈs]

die Röhrenhose
stuprörsbyxor -na pl
[stʉ:prœ:ʂbyksʊr]

die Schlaghose
byxor med slag -na pl
[byksʊr mɛ(d) sla:g]

die leicht ausgestellte Hose
något utsvängda byxor -na pl
[no:gɔt ˈʉ:tsvɛŋda byksʊr]

DIE KLEIDUNG – KLÄDSELN

Accessoires – accessoarer

der Sonnenhut
solhatt -en u
[su:lhat:]

der Hut
hatt -en u
[hat:]

die Brille
glasögon -en pl
[gla:sø:gɔn]

die Sonnenbrille
solglasögon -en pl
[su:lgla:sø:gɔn]

der Rucksack
ryggsäck -en u
[ryg:sɛk]

die Krawattennadel
slipsnål -en u
[slɪpsno:l]

der Regenschirm
paraply -et n
[paraply:]

die Uhr
klocka -n u
[klɔk:a]

die Hosenträger
hängslen -na pl
[hɛŋslən]

der Ring
ring -en u
[rɪŋ]

der Handschuh
handske -n u
[hanskə]

die Mütze
mössa -n u
[mœs:a]

der Schal
halsduk -en u
[halsdʉ:k]

der Ohrring
örhänge -t n
[œ:rhɛŋə]

die Halskette
halskedja -n u
[halsçe:dja]

der Manschettenknopf
manschettknapp -en u
[manʃɛtknap:]

der Reißverschluss	**dragkedja** -n u [dra:gçe:dja]
der Klettverschluss	**kardborreknäppning** -en u [kaɖbɔrknɛpnɪŋ]
die Handytasche	**mobilfodral** -et n [mʊ'bi:lfʊdra:l]
die Reisetasche	**bag** -en u [bæg:]
der Koffer	**resväska** -n u [re:svɛska]

DIE KLEIDUNG – KLÄDSELN

Schuhe und Lederwaren – skor och lädervaror

der Pumps
pumps -en pl
[pəmps]

die Sandale
sandal -en u
[sanˈdaːl]

der Ballerina
ballerina -n u
[balːəˈriːna]

der Gummistiefel
gummistövel -n u
[gəmːɪstœvəl]

der Flip-Flop®
flip-flop® -en u
[flɪpflɔp]

der hohe Stiefel
den **höga stöveln** u
[hœːga stœvəln]

die Handtasche
handväska -n u
[handvɛska]

das Portemonnaie
plånbok -en u
[ploːnbuːk]

die Brieftasche
portfölj -en u
[pɔʈfœlj]

die Aktentasche
attachéväska -n u
[atːaɧeːvɛska]

der Gürtel
skärp -et n
[ɧærp]

die Lederjacke
läderjacka -n u
[læːdərjakːa]

der Schnürschuh
knytsko -n u
[knyːtskuː]

der Wanderstiefel
vandringskänga -n u
[vandrɪŋsɕɛːŋa]

die Socke
socka -n u
[sɔkːa]

der Schnürsenkel	**skosnöre** -t n [skuːsnœːrə]
die Gürtelschlaufe	**hälla** -n u [hɛlːa]
der Keilabsatz	**kilklack** -en u [ɕiːlklakː]
der Absatz	**klack** -en u [klakː]
die Sohle	**sula** -n u [sʉːla]
der Riemen	**rem** -men u [remː]
die Schnalle	**spänne** -t n [spɛnːə]

die Trekkingsandale
trekkingsandal -en u
[trɛkːɪŋsandaːl]

der Turnschuh
träningssko -n u
[træːnɪŋsskuː]

DIE KÖRPERPFLEGE – KROPPSVÅRDEN

die Zahnpasta
tandkräm -en u
[tandkræ:m]

das Parfüm
parfym -en u
[parfy:m]

das Deo
deodorant -en u
[de:ʊdʊrant]

die Gesichtscreme
ansiktskräm -en u
[ansɪktskræ:m]

der Kamm
kam -men u
[kam:]

das Duschgel
duschgel -en u
[døʃje:l:]

das Shampoo
schampo -t n
[ʃampʊ]

die Spülung
hårbalsam -et n
[ho:rbalsam]

die Seife
tvål -en u
[tvo:l]

die Haarbürste
hårborste -n u
[ho:rbɔʂtə]

die Sonnencreme
solkräm -en u
[su:lkræ:m]

der Kulturbeutel
necessär -en u
[nəs:əˈs:æ:r]

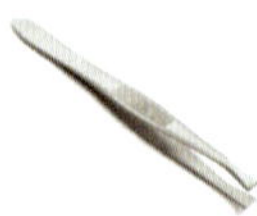

die Pinzette
pincett -en u
[pɪnˈsɛt:]

die Nagelschere
nagelsax -en u
[na:gəlsaks]

die Nagelfeile
nagelfil -en u
[na:gəlfi:l]

die Haarspange
hårspänne -t n
[ho:rspɛn:ə]

die Feuchtigkeitscreme	**fuktighetskräm** -en u [føktɪghe:tskræ:m]
sich die Augenbrauen zupfen	att **plocka ögonbrynen** [plɔk:a ø:gɔnbry:nən]
die Enthaarung	**hårborttagning** -en u [ho:rbɔʈta:gnɪŋ]
der Nagellackentferner	**nagellacksborttagare** -n u [na:gəl:aksbɔʈta:garə]
das Haarprodukt	**hårprodukt** -en u [ho:rprʊdəkt]
sich die Haare föhnen	att **föna håret** [fø:na ho:rət]
sich die Haare glätten	att **släta håret** [slɛ:ta ho:rət]
der/das Haargummi	**hårsnodd** -en u [ho:rsnʊd:]

SCHMINKSACHEN – SMINKTILLBEHÖR

die Grundierung
foundation -en u
[faʊnˈdɛjɧən]

der Lippenstift
läppstift -et n
[lɛpːstɪft]

die Abdeckcreme
täckcreme -n u
[tɛkːkræːm]

die Wimperntusche
mascara -n u
[masˈkaːra]

der Spiegel
spegel -n u
[speːgəl]

die Farbpalette
färgpalett -en u
[færjpalːətː]

der Lidschatten
ögonskugga -n u
[øːgɔnskɵgːa]

die Puderdose
puderdosa -n u
[pʉːdərduːsa]

der Nagellack
nagellack -ket n
[naːgəlːakː]

der Bronzer
bronzer -en u
[brɔŋsər]

das Rouge
rouge -n u
[roːɧ]

der Pinsel	**pensel** -n u [pɛnsəl]
der Kajalstift	**kajalpenna** -n u [kajaːlpɛnːa]
der/das Lipgloss	**läppglans** -en u [læpːglans]
die Wimpernzange	**ögonfranstång** -en u [øːgɔnfranstoːŋ]

ZU HAUSE

HEMMA

DIE WOHNUNG – VÅNINGEN

der Hausschlüssel
husnyckel -n u
[hʉ:snyk:əl]

die Sprechanlage
porttelefon -en u
[pu:ʈtələfo:n]

die Hausnummer
husnummer -numret n
[hʉ:snəm:ər]

die Türklingel
dörrklocka -n u
[dœrklɔk:a]

das Türschloss
dörrlås -et n
[dœrlo:s]

der Fußabtreter
dörrmatta -n u
[dœrmat:a]

der Briefkasten
brevlåda -n u
[bre:vlo:da]

das Einfamilienhaus
villa -n u
[vɪl:a]

das Doppelhaus
tvåfamiljshus -et n
[tvo:famɪljshʉ:s]

das Reihenhaus
radhus -et n
[ra:dhʉ:s]

das Mehrfamilienhaus
flerfamiljshus -et n
[fle:rfamɪljshʉ:s]

der Bungalow
bungalow -en u
[bəŋalo:]

der Schirmständer
paraplyställ -et n
[paraply:stɛl:]

die Eigentumswohnung	**andelsägarlägenhet** -en u [ande:lsægarlægənhe:t]
die Mietwohnung	**hyreslägenhet** -en u [hyrəslægənhe:t]
der Hof	**gård** -en u [go:ɖ]
das Eigentum	**fastighet** -en u [fastɪghe:t]
das Grundstück	**tomt** -en u [tɔmt]
der Umbau	**ombyggnad** -en u [ɔmbyg:nad]
der Anbau	**utbyggnad** -en u [ʉ:tbygnad]
zu verkaufen	**till salu** [tɪl sa:'lə]

DIE WOHNUNG – VÅNINGEN

der Dachboden
vind -et n
[vɪnd]

der Keller
källare -n u
[ɕɛl:arə]

der Flur
hall -en u
[hal:]

der Aufzug
hiss -en u
[hɪs:]

der Grundriss
planritning -en u
[pla:nri:tnɪŋ]

die Garage
garage -t n
[gara:ɧ]

der Carport
carport -en u
[ka:rpu:ʈ]

der Altbau
det **äldre huset** u
[ɛldrə hʉ:sət]

der Hausmeister
vaktmästare -n u
[vaktmɛstarə]

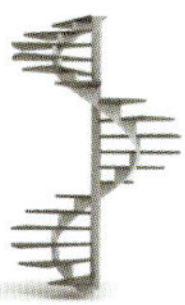

die Wendeltreppe
spiraltrappa -n u
[spɪra:ltrap:a]

der Rauchmelder
brandvarnare -n u
[brandva:ɳarə]

das Treppenhaus
trapphus -et n
[trap:hʉ:s]

mieten	att **hyra** [hy:ra]
die Miete	**hyra** -n u [hy:ra]
vermieten	att **hyra ut** [hy:ra ˈʉ:t]
der Vermieter	**hyresvärd** -en u [hy:rəsvɛ:ɖ]
die Vermieterin	**hyresvärd** -en u [hy:rəsvɛ:ɖ]
der Mieter	**hyresgäst** -en u [hy:rəsjɛst]
die Mieterin	**hyresgäst** -en u [hy:rəsjɛst]
die Kaution	**deposition** -en u [dəpʊsɪɧu:n]

der Mietvertrag
hyreskontrakt -et n
[hy:rəskɔntrakt]

DAS HAUS – HUSET

das Dachfenster
takfönster -fönstret n
[ta:kfœnstər]

der Schornstein
skorsten -en u
[skɔʂte:n]

die Dachrinne
takränna -n u
[ta:krɛn:a]

der Dachziegel
taktegel -teglet n
[ta:kte:gəl]

die Dachgaube
vindskupa -n u
[vɪndskʉ:pa]

der erste Stock
den **första våningen** u
[fœʂta vo:nɪŋən]

das Dach
tak -et n
[ta:k]

der Balkon
balkong -en u
[bal'kɔŋ]

die Türschwelle
tröskel -n u
[trœskəl]

die Haustür
ytterdörr -en u
[yt:ərdœr:]

das Fenster
fönster fönstret n
[fœnstər]

das Erdgeschoss
bottenvåning -en u
[bɔt:ənvo:nɪŋ]

die Terrasse
terrass -en u
[te'ras:]

das Einzelhaus	**enfamiljshus** -et n [e:nfamɪljshʉ:s]
der Neubau	**nybygge** -t n [ny:byg:ə]
die Dreizimmerwohnung	**trerumsvåning** -en u [tre:rəmsvo:nɪŋ]
möbliert	**möblerad** [mœble:rad]
das Stockwerk	**våningsplan** -et n [vo:nɪŋspla:n]
der Eigentümer	**ägare** -n u [ɛ:garə]
die Eigentümerin	**ägare** -n u [ɛ:garə]
eine Hypothek aufnehmen	att **göra en inteckning** [jœ:ra en 'ɪntek:nɪŋ]

DAS HAUS - HUSET

Der Eingang - ingången

die Diele
hall -en u
[hal:]

der Spiegel
spegel -n u
[spe:gəl]

der Sessel
fåtölj -en u
[fɔˈtœlj]

der Ablagetisch
avlastningsbord -et n
[a:vlastnɪŋsbu:ɖ]

die Wohnungstür
ytterdörr -en u
[yt:ərdœr:]

der Garderobenständer
tamburmajor -en u
[tamˈbʉ:rmaju:r]

der Schirmständer
paraplyställ -et n
[paraply:stɛl:]

das Treppengeländer
trappräcke -t n
[trap:rɛk:ə]

die Treppe
trappa -n u
[trap:a]

der Treppenabsatz
trappavsats -en u
[trap:a:vsats]

die Treppenstufe
trappsteg -et n
[trap:ste:g]

das Schlüsselbrett
nyckelbräda -n u
[nyk:əlbrɛ:da]

der Kleiderhaken
klädkrok -en u
[klɛ:dkru:k]

der Kleiderbügel
galge -n u
[galjə]

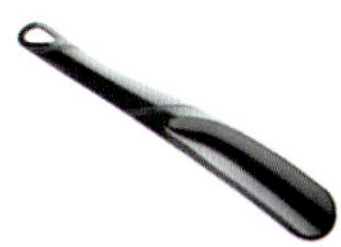

der Schuhlöffel
skohorn -et n
[sku:hu:ɳ]

DAS HAUS – HUSET

Das Wohnzimmer – vardagsrummet

der Spiegel
spegel -n u [spe:gəl]

der Ventilator
fläkt -en u [flɛkt]

der Bilderrahmen
tavelram -en u [ta:vəlra:m]

der Vorhang
gardin -en u [ga'ɖi:n]

die Decke
innertak -et n [in:ərta:k]

das Gemälde
målning -en n [mo:lnɪŋ]

das Sofa
soffa -n u [sɔf:a]

die Lampe
lampa -n u [lampa]

das Sofakissen
soffkudde -n u [sɔf:kɵd:ə]

der Beistellschrank
sidoskåp -et n [si:dʊsko:p]

der Kaminsims
spiselkrans -n u [spi:səlkrans]

der gepolsterte Hocker
den **stoppade pallen** u [stɔp:adə 'pal:ən]

der Teppichboden
heltäckningsmatta -n u [he:ltɛknɪŋsmat:a]

der Kamin
den **öppna spisen** u [œp:na spi:sən]

der Sessel
fåtölj -en u [fɔ'tœlj]

der Couchtisch
soffbord -et n [sɔf:bu:ɖ]

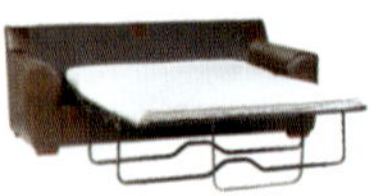

die Schlafcouch
bäddsoffa -n u [bɛd:sɔf:a]

die Vitrine
vitrinskåp -et n [vɪtri:nsko:p]

die Fernsehbank
tv-bänk -et n [te:ve:bɛŋk]

das Bücherregal
bokhylla -n u [bu:khyl:a]

DAS HAUS – HUSET

Das Esszimmer – matbordet

das Rollo
rullgardin -en u
[rʊlːgaˈɖiːn]

der Kronleuchter
ljuskrona -n u
[jʉːskruːna]

die Vitrine
vitrinskåp -et n
[vɪtriːnskoːp]

die Zimmerpflanze
krukväxt -en u
[krʉːkvɛkst]

das Fensterbrett
fönsterbräda -n u
[fœnstərbrɛːda]

der Tischläufer
löpare -n u
[løːparə]

die Kerze
det **levande ljuset** n
[leːvandə jʉːsət]

der Stuhl
stol -en u
[stuːl]

der Esstisch
matbord -et n
[maːtbuːɖ]

die Tischdekoration
bordsdekoration -en u
[buːɖsdekɔraɧuːn]

der Holzboden
trägolv -et n
[trɛːgɔlv]

die Blumenvase
vas -en u
[vaːs]

die Anrichte
skänk -en u
[ɧɛːŋk]

die Wanduhr
väggklocka -n u
[vɛgːklɔkːa]

der Hochstuhl
barnstol -en u
[baːɳstuːl]

DAS HAUS – HUSET

Die Küche – köket

die Einbauküche
kök med fast inredning -et n
[çø:k mɛ(d) fast ɪnre:dnɪŋ]

die Einbauleuchte
den **inbyggda lampan** n
[ɪnbygda ˈlampan]

die Dunstabzugshaube
spisfläkt -en u
[spi:sflɛkt]

die Arbeitsplatte
köksbänk -en u
[çœksbɛŋk]

der Hängeschrank
väggskåp -et n
[vɛg:sko:p]

der Backofenschalter
ugnsströmbrytare -n u
[ɵŋsstrœmbry:tarə]

der Herd
spis -en u
[spi:s]

der Backofen
ugn -en u
[ɵŋn]

das Spülbecken
diskho -n u
[dɪskhu:]

der Küchenhocker
kökspall -en u
[çœkspal:]

die Schublade
låda -n u
[lo:da]

der Kühlschrank
kylskåp -et n
[çy:lsko:p]

die Frühstückstheke
frukostbord -et n
[frʊkɔstbu:ɖ]

die Spülmaschine
diskmaskin -en u
[dɪskmaɧi:n]

der Gefrierschrank
frys -en u
[fry:s]

das Geschirrtuch
kökshanduk -en u
[çœkshand:ʉ:k]

der Mülleimer	**soptunna** -n u [su:ptɵn:a]
die Mülltrennung	**sopsortering** -en u [su:psɔʈe:rɪŋ]
die Verpackung	**förpackning** -en u [fœrpaknɪŋ]
das Altglas	**returglas** -et n [rəˈtʉ:rgla:s]
den Ofen vorheizen	att **förvärma ugnen** [fœ:rvɛrma ˈɵŋnən]
die Spülmaschine laufen lassen	att **köra diskmaskinen** [çœr:a dɪskma ən]
das Essen auftauen	att **tina upp maten** [ti:na ɵp ma:tən]
das Geschirr abtropfen lassen	att **låta disken droppa av** [lo:ta dɪskən drɔp:a ˈa:v]

DAS HAUS – HUSET

Küchengeräte – köksmaskiner

der Pürierstab
stavmixer -n u
[sta:vmɪksər]

der Mixer
mixer -n u
[mɪksər]

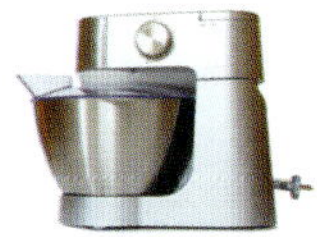

die Küchenmaschine
matberedare -n u
[ma:tbəre:darə]

die Mikrowelle
mikrovågsugn -en u
[mɪkrʊvo:gsøŋn]

das Handrührgerät
elvisp -en u
[e:lvɪsp]

der Wasserkocher
vattenkokare -n u
[vat:ənku:karə]

das Waffeleisen
våffeljärn -et n
[vɔf:əljæ:ɳ]

der Elektrogrill
elgrill -en u
[e:lgrɪl:]

der Toaster
brödrost -en u
[brø:drɔst]

die Küchenwaage
köksvåg -en u
[ɕœksvo:g]

der Schnellkochtopf
tryckkokare -n u
[tryk:u:karə]

der Sandwichgrill
smörgåsgrill -en u
[smœrgo:sgrɪl:]

die Kaffeemaschine
kaffemaskin -en u
[kaf:əmaɧi:n]

der Dampfgarer
ångkokare -n u
[ɔŋku:karə]

der Raclettegrill
raclettegrill -en u
[rakˈlɛt:grɪl:]

der Reiskocher
riskokare -n u
[ri:sku:karə]

DAS HAUS – HUSET

Koch- und Backutensilien – köks- och bakgrejor

der Küchenwecker
kökstimer/äggklocka -n/-n n
[çœkstajmər/ɛg:klɔk:a]

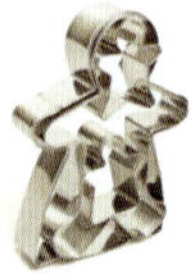

das Ausstechförmchen
kakform -en u
[ka:kfɔrm]

das Küchenpapier
hushållspapper -pappret n
[hʉ:shɔlspap:ər]

die Schürze
förkläde -t n
[fœ:rklɛ:də]

das Muffinförmchen
muffinsform -en u
[məf:ɪnsfɔrm]

die Törtchenform
tårtform -en u
[to:ʈfɔrm]

die Springform
springform -en u
[sprɪŋfɔrm]

das Backblech
bakplåt -en u
[ba:kplo:t]

der Messerschärfer
knivslip -en u
[kni:vsli:p]

das Teigrad
degsporre -n u
[de:gspɔr:ə]

der Topfhandschuh
grytvante -n u
[gry:tvantə]

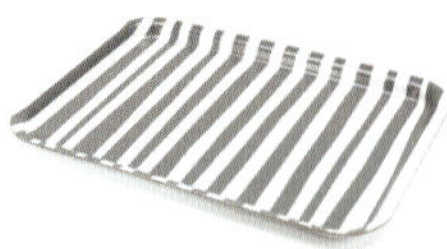

das Tablett
bricka -n u
[brɪk:a]

die Sanduhr
timglas -et n
[tɪmgla:s]

das Kuchengitter	**köksgaller** -gallret u [çœksgal:ər]
der Spritzbeutel	**spritspåse** -n u [sprɪtspo:sə]
das Backpapier	**bakpapper** -et n [ba:kpap:ər]
die Frischhaltefolie	**plastfolie** -n u [plastfu:lɪə]
der Putzlappen	**trasa** -n u [tra:sa]
die Alufolie	**aluminiumfolie** -n u [alə'mi:nɪəfu:lɪə]
der Gefrierbeutel	**fryspåse** -n u [fry:spo:sə]
die Rührschüssel	**blandarskål** -en u [blandarsko:l]

DAS HAUS - HUSET

Koch- und Backutensilien - köks- och bakgrejor

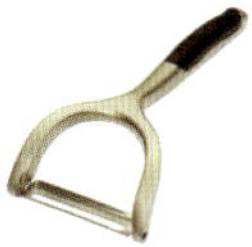

der Schäler
skalare -n u
[ska:larə]

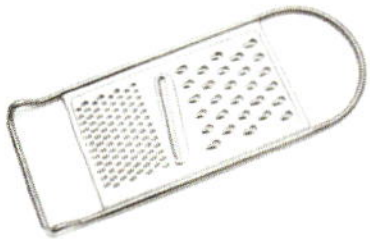

die Reibe
rivjärn -et n
[ri:vjæ:ɳ]

das Hackmesser
köttyxa -n u
[ɕœt:yksa]

das Küchenmesser
kökskniv -en u
[ɕœkskni:v]

das Küchensieb
sil -en u
[si:l]

das Abtropfsieb
durkslag -et n
[dɵrksla:g]

der Kartoffelstampfer
potatisstamp -en u
[pʊtatɪsstamp]

die Knoblauchpresse
vitlökspress -en u
[vi:tlø:kspręs:]

die Schöpfkelle
slev -en u
[sle:v]

der Schneebesen
ballongvisp -en u
[baˈl:ɔŋvɪsp]

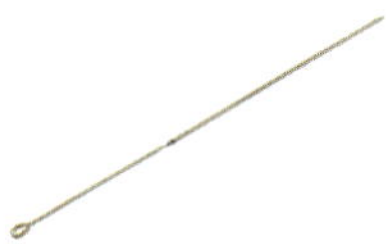

der Spieß
spett -et n
[spet:]

der Dosenöffner
konservöppnare -n u
[kɔnˈsɛrvœpnarə]

der Mörser	**mortel** -n u [mʊʈəl]
der Stößel	**mortelstöt** -en u [mʊʈəlstœt]
der Messerblock	**knivblock** -ket n [kni:vblɔk:]
der Fleischklopfer	**köttklubba** -n u [ɕœt:klɵb:a]
der Eierschneider	**äggskärare** -n u [ɛgɧæ:rarə]
der Eisportionierer	**glasskopa** -n u [glas:ku:pa]
die Thermoskanne®	**termoskanna** -n u [tɛrmɔskan:a]
der Spüllappen	**disktrasa** -n u [dɪsktra:sa]

das Schneidebrett
skärbräda -n u
[ɧæ:rbrɛ:da:]

DAS HAUS – HUSET

Koch- und Backutensilien – köks- och bakgrejor

der Korkenzieher
korkskruv -en u
[kɔrkskrʉ:v]

der Backpinsel
bakpensel -penseln u
[ba:kpɛnsəl]

das Nudelholz
kavel -n u
[ka:vəl]

der Pfannenwender
stekspade -n u
[ste:kspa:də]

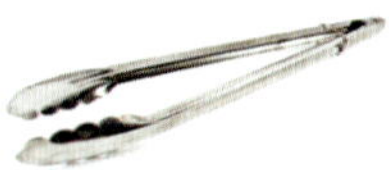

die Küchenzange
kökstång -en u
[çœkstɔŋ]

der Teigschaber
degskrapa -n u
[de:gskra:pa]

der Servierlöffel
serveringssked -en u
[sɛrˈve:rɪŋsɧe:d]

der Kochlöffel
slev -en u
[sle:v]

die Bratpfanne
stekpanna -n u
[ste:kpan:a]

der Wok
wok -en u
[vʊk]

der Kochtopf
kastrull -en u
[kasˈtrəl:]

der Schmortopf
gryta -n u
[gry:ta]

das Auflaufförmchen
ugnsform -en u
[əŋnsfɔrm]

die Bratengabel	**stekgaffel** -n u [ste:kgaf:əl]
der Untersetzer	**underlägg** -et n [əndərlɛg:]
die Grillpfanne	**grillpanna** -n u [grɪl:pan:a]
der Messbecher	**måttbägare** -n u [mɔtbɛ:garə]
der Trichter	**tratt** -en u [trat:]
der Messlöffel	**måttsked** -en u [mɔt:ɧe:d]
der Abtropfständer	**diskställ** -et n [dɪskstɛl:]
der Flaschenöffner	**flasköppnare** -n u [flaskœpnarə]

DAS HAUS – HUSET

Das Schlafzimmer – sovrummet

der Bettbezug
sängkläder -na pl
[sɛːŋklæːdər]

die Bettdecke
täcke -t n
[tɛkːə]

das Kopfteil
sänggavel -n u
[sɛːŋːgaːvəl]

das Doppelbett
dubbelsäng -en u
[dəbːəlsɛːŋ]

das Kopfkissen
kudde -n u
[kədːə]

der Kissenbezug
örngott -et n
[œːŋgɔtː]

die Nachttischlampe
sänglampa -n u
[sɛːŋːlampa]

die Kommode
byrå -n u
[byːˈroː]

das Bettgestell
sängram -en u
[sɛːŋːraːm]

das Laken
lakan -et n
[laːkan]

der Teppich
matta -n u
[matːa]

der Hocker
fotpall -en u
[fuːtpalː]

die Matratze
madrass -en u
[maˈdrasː]

der Nachttisch
nattduksbord -et n
[natːdʉːksbuːɖ]

der Kleiderschrank	**klädskåp** -et n [klæːdskoːp]
der Wecker	**väckarklocka** -n u [vɛkːarklɔkːa]
den Wecker stellen	**att ställa väckarklockan** [stɛlːa ˈvɛkːarklɔkːan]
die Wärmflasche	**värmeflaska** -n u [værməflaska]
die Heizdecke	**värmefilt** -en u [værməfɪlt]
die Tagesdecke	**överkast** -et n [øːvərkast]
die Schlafbrille	**sovmask** -en u [soːvmask]
das Zimmer mit Bad	**rum med bad** -met n [rəm mɛ(d) ˈbaːd]

DAS HAUS – HUSET

Das Kinderzimmer – barnkammaren

der Ball
boll -en u
[bɔlː]

die Puppe
docka -n u
[dɔkːa]

die Wickeltasche
skötjväska -n u
[ɧøːtvɛska]

der Kinderwagen
barnvagn -en u
[baːɳvaŋn]

das Babyfon®
Babyfon®/babyvakt -en u
[bɛːjbyfoːn/bɛːjbyvakt]

der Laufstall
lekhage -n u
[leːkhaːgə]

das Gitterbettchen
spjälsäng -en u
[spjæːlsɛŋ]

die Flauschdecke
plyschtäcke -t n
[plyːɧtɛkːə]

das Mobile
mobil -en u
[mʊbiːl]

der Gitterstab
spjäla -n u
[spjæːla]

der Teddy
nalle -n u
[nalːə]

der Wickeltisch
skötbord -et n
[ɧøːtbuːɖ]

das Kuscheltier
mjukisdjur -et n
[mjʉːkɪsjʉːr]

die Wickelauflage
skötunderlägg -et n
[ɧøːtəndərlɛgː]

das Spielzeug
leksak -en u
[leːksaːk]

das Töpfchen
potta -n u
[pɔtːa]

die Babytragetasche
babyskydd -en u
[bɛːjbyɧyd]

der Schulranzen
skolväska -n u
[skuːlvɛska]

das Bauklötzchen
byggkloss -en u
[bygːklɔs]

DAS HAUS – HUSET

Das Jugendzimmer – tonårings sovrum

das Einzelbett
enkelsäng -en u
[eŋkəlsɛŋ]

die Hängelampe
taklampa -n u
[ta:klampa]

der Schreibtisch
skrivbord -et n
[skri:vbu:ɖ]

das Bücherregal
bokhylla -n u
[bu:khyl:a]

die Schreibtischlampe
skrivbordslampa -n u
[skri:vbu:ɖslampa]

der Stuhl
stol -en u
[stu:l]

der Teppichboden
heltäckningsmatta -n u
[he:ltɛknɪŋsmat:a]

die Fensterbank
fönsterbänk -en u
[fœnstərbɛŋk]

die Schublade
låda -n u
[lo:da]

das Etagenbett	**våningssäng** -en u [vo:nɪŋs:ɛŋ]
schlafen	att **sova** [so:va]
schnarchen	att **snarka** [snarka]
aufwachen	att **vakna** [va:kna]
aufstehen	att **stiga upp** [sti:ga ɵp]
der Albtraum	**mardröm** -en u [ma:ɖrœm]
träumen	att **drömma** [drœm:a]

einschlafen	att **somna** [sɔmna]
tief schlafen	att **sova djupt** [so:va ˈjʉ:pt]
ausschlafen	att **sova ut** [so:va ˈʉ:t]
wach sein	att **vara vaken** [va:ra ˈva:kən]
das Bett machen	att **bädda** [bɛd:a]
ins Bett gehen	att **lägga sig** [lɛg:a sɛj]
das Zimmer aufräumen	att **städa rummet** [stæ:da ˈrɵm:ət]

DAS HAUS – HUSET

Das Arbeitszimmer – arbetsrummet

der Bilderrahmen
tavelram -en u
[ta:vəlra:m]

die Verandatür
verandadörr/altandörr -en u
[vɛrandadœr/alta:ndœr]

der Bücherschrank
bokskåp -et n
[bu:ksko:p]

die Zimmerpflanze
krukväxt -en u
[krʉ:kvɛkst]

das Foto
fotografi -et n
[fʊtʊgraˈfi:]

das Tageslicht
dagsljus -et n
[daksjʉ:s]

der/das Laptop
laptop -en u
[laptɔp]

die Rückenlehne
ryggstöd -et n
[ryg:stø:d]

der Sessel
fåtölj -en u
[fɔˈtœlj]

der Schreibtisch
skrivbord -et n
[skri:vbu:ɖ]

der Rollcontainer
den **rullbara hurtsen** u
[rəl:ba:ra ˈhəʈsən]

der Drehstuhl
snurrstol -en u
[snər:stu:l]

die Armlehne
armstöd -et n
[armstø:d]

die Unterlage	**underlägg** -et n [əndərlɛg:]
die Steuererklärung	**skattedeklaration** -en u [skat:ədəklaraɧu:n]
arbeiten	att **arbeta** [arˈbe:ta]
sich konzentrieren	att **koncentrera sig** [kɔnsənˈtre:ra sɛj]
die Überstunde	**övertid** -en u [ø:vərti:d]
von zu Hause arbeiten	att **arbeta hemifrån** [arbe:ta ˈhemɪfro:n]
eine Pause machen	att **ta paus** [ta: ˈpa:əs]
selbstständig sein	att **vara självständig** [va:ra ɧælvstɛndɪg]

DAS HAUS - HUSET

Das Badezimmer - badrummet

der Spiegel
spegel -n u
[spe:gəl]

das Waschbecken
handfat -et n
[handfa:t]

der Seifenspender
tvålautomat -en u
[tvo:latʊma:t]

die Badewanne
badkar -et n
[ba:dka:r]

der Waschbecken-unterschrank
underskåp till tvättställ -et n
[ɵndərsko:p tɪl ˈtvɛt:stɛl]

die Duschkabine
duschkabin -en u
[dɵɧkabi:n]

die Dusche
dusch -en u
[dɵɧ]

der Handtuchhalter
handukshållare -n u
[hand:ʉ:kshɔl:arə]

das Handtuch
handduk -en u
[hand:ʉ:k]

der Wasserhahn
vattenkran -en u
[vat:ənkra:n]

die Toilette
toalett -en u
[tʊaˈlɛt]

die Toilettenspülung
toalettspolning -en u
[tʊaˈlɛtspu:lnɪŋ]

der Spülkasten
spolcistern -en u
[spu:lsɪstæ:ɳ]

auf die Toilette gehen
att **gå på toaletten**
[go: po: tʊaˈlɛt:ən]

der Toilettendeckel
toalettlock -et n
[tʊaˈlɛt:lɔk:]

die Toilettenbrille
toalettsits -en n
[tʊaˈlɛt:sɪts]

die Kloschüssel
toalettstol -en u
[tʊaˈlɛt:stu:l]

die Klobürste
toalettborste -n u
[tʊaˈlɛt:bɔʂtə]

das Toilettenpapier
toalettpapper -et n
[tʊaˈlɛt:pap:ər]

der Raumduft
luftfräschare -n u
[lɵftfræ:ɧarə]

der Klostein
doftblock/wc-block -et n
[dɔftblɔk/ve:ˈse:blɔk]

DAS HAUS – HUSET

Sanitäre Anlagen – sanitetsanläggningar

der Elektroboiler
varmvattenberedare -n u
[varmvat:ənbəre:darə]

der Behälter
behållare -n u
[bəˈhɔl:arə]

das Thermostat
termostat -en u
[tæmʊsˈta:t]

der Warmwasser-ablauf
varmvattenutlopp -et n
[varmvat:ənʉ:tlɔp]

der Kaltwasserzulauf
kallvatteninlopp -et n
[kal:vat:ənlɪnlɔp]

das Gas-Wandheizgerät
gasvärmare -n u
[ga:sværmarə]

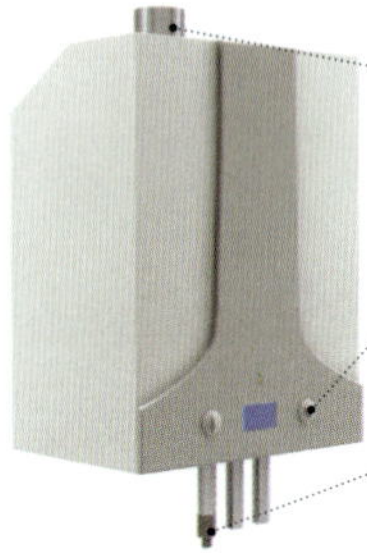

das Sicherheitsventil
säkerhetsventil -en u
[sæ:kərhe:tsvɛnti:l]

der Regler
regulator -n u
[rəgəˈla:tʊr]

der Überlauf
bräddavlopp -et n
[brɛd:a:vlɔp]

das Waschbecken
handfat -et n
[handfa:t]

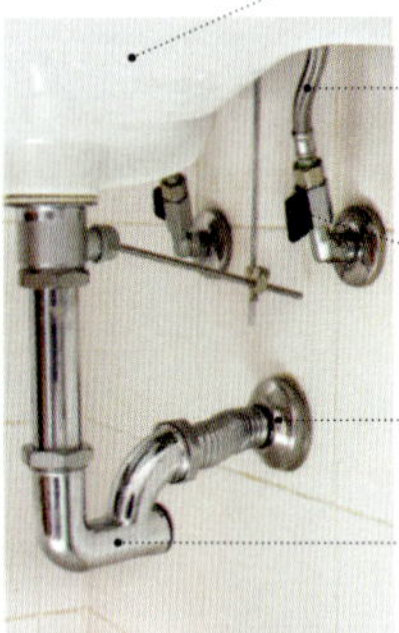

die Zuleitung
tilledning -en u
[tɪl:e:dnɪŋ]

der Absperrhahn
avstängningskran -en u
[a:vstɛ:ŋnɪŋskra:n]

der Abfluss
avlopp -et n
[a:vlɔp]

der Siphon
sifon -en u
[sɪfo:n]

der Spülkasten
spolcistern -en u
[spu:lsɪstæ:ɳ]

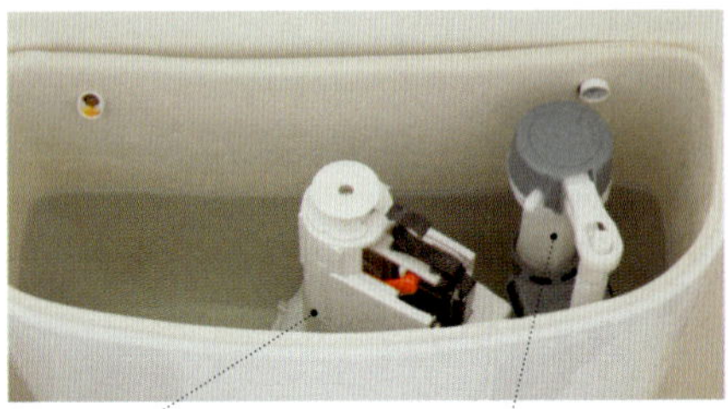

die Heberglocke
sugklocka -n u
[sʉ:gklɔk:a]

der Überlauf
bräddavlopp -et n
[brɛd:a:vlɔp]

DAS HAUS – HUSET

Im Badezimmer – i badrummet

das Wattepad
bomullstuss -en u
[bɵm:əlstɵs]

der Duschschwamm
duschsvamp -en u
[dɵɧ:svamp]

der Lockenstab
locktång -en u
[lɔk:tɔŋ]

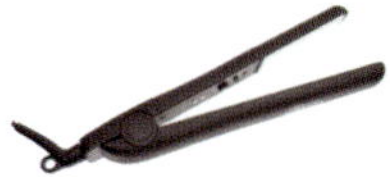

das Glätteisen
platttång -en u
[plat:ɔŋ]

der Rasierapparat
rakapparat -en u
[ra:kap:ara:t]

das Schwammtuch
wettextrasa -n u
[vet:ɛkstra:sa]

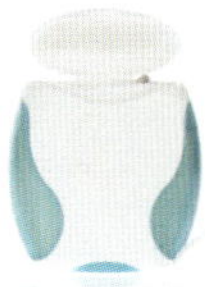

die Zahnseide
tandtråd -en u
[tandtro:d]

die Zahnbürste
tandborste -n u
[tandbɔʂtə]

das Taschentuch
näsduk -en u
[nɛ:sdʉ:k]

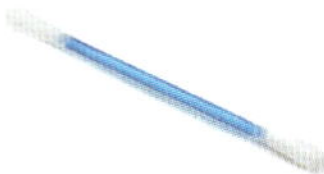

das Wattestäbchen
bomullspinne -n u
[bɵm:əlspɪn:ə]

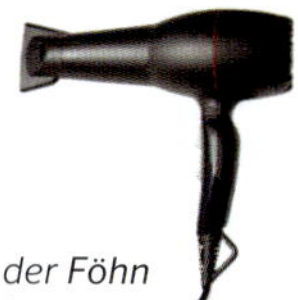

der Föhn
fön -en u
[fø:n]

der Rasierschaum
rakskum -met n
[ra:kskɵm]

der Waschlappen	**tvättlapp** -en u [tvɛt:lap]
das Mundwasser	**munvatten** -vattnet u [mɵnvat:ən]
sich rasieren	att **raka sig** [ra:ka sɛj]
sich frisch machen	att **fräscha upp sig** [fræ:ɧa 'ɵp sɛj]
sich schminken	att **sminka sig** [smɪŋka sɛj]
sich die Zähne putzen	att **borsta tänderna** [bɔʂta 'tɛndəɳa]
das Rasierwasser	**rakvatten** -vattnet u [ra:kvat:ən]
der Duschkopf	**duschmössa** -n u [dɵɧmœs:a]
der Duschvorhang	**duschdraperi** -et n [dɵɧdrapəri:]
die Bademattte	**badrumsmatta** -n u [ba:drɵmsmat:a]
sich waschen	att **tvätta sig** [tvɛt:a sɛj]
baden	att **bada** [ba:da]
den Hahn auf-/zudrehen	att **öppna/stänga kranen** [œp:na/stɛŋa kra:nən]
duschen	att **duscha** [dɵɧa]

der Rasierer
rakhyvel -n u
[ra:khy:vəl]

DAS HAUS – HUSET

Die Waschküche – tvättstugan

der Wäschekorb
tvättkorg -en u
[tvɛt:kɔrj]

die zusammengelegte Wäsche
den **ihopvikta tvätten** n
[ɪhu:pvi:kta tvɛtən]

die Waschmaschine
tvättmaskin -en u
[tvɛtma'ɧi:n]

die Waschmittelkammer
tvättmedelsfack -et n
[tvɛt:me:dəlsfak]

der Frontlader
frontmatad
[frɔntma:tad]

die Wäscheleine
tvättlina -n u
[tvɛt:li:na]

die Wäscheklammer
klädnypa -n u
[klæ:(d)ny:pa]

der Fleckenentferner
fläckborttagare -n u
[flɛk:bɔʈta:garə]

der Weichspüler
sköljmedel -medlet n
[ɧœljme:dəl]

das Bleichmittel
blekmedel -medlet n
[ble:kme:dəl]

das Waschpulver
tvättmedel -medlet n
[tvɛt:me:dəl]

das Bügeleisen
strykjärn -et n
[stry:kjæ:ɳ]

das Bügelbrett
strykbräda -n u
[stry:kbræ:da]

die Waschmaschine füllen	att **fylla tvättmaskinen** [fyl:a 'tvɛtmaɧi:nən]
die Wäsche waschen	att **tvätta** [tvɛt:a]
die Wäsche schleudern	att **centrifugera** [sɛntrɪfə'ge:ra]
der Wäscheständer	**torkställning** -en u [tɔrkstɛlnɪŋ]
der Wäschetrockner	**torktumlare** -n u [tɔrktɵmlarə]
der Schmutzwäschekorb	**tvättkorg** -en u [tvɛt:kɔrj]
die Wäsche zum Trocknen aufhängen	att **hänga tvätt** [hɛŋa 'tvɛt:]
bügeln	att **stryka** [stry:ka]

DAS HAUS – HUSET

Reinigungsartikel – rengörningsartiklar

schrubben	att **skura** [skʉ:ra]
fegen	att **sopa** [su:pa]
polieren	att **polera** [pʊle:ra]
putzen	att **putsa** [pɵtsa]
abwischen	att **torka av** [tɔrka a:v]
der Staubsauger	**dammsugare** -n u [dam:sʉ:garə]
Staub saugen	att **dammsuga** [dam:sʉ:ga]
der Staubwedel	**dammvippa** -n u [dam:vɪp:a]

die Wurzelbürste
skurborste -n u
[skʉ:rbɔʂtə]

DAS HAUS – HUSET

Die Heimwerkstatt – hemverkstaden

die Handsäge
handsåg -en u
[han(d)so:g]

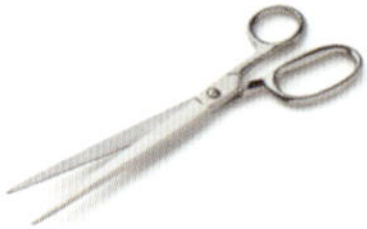

die Schere
sax -en u
[saks]

die Schraube
skruv -en u
[skrʉ:v]

die Mutter
mutter -n u
[mɵt:ər]

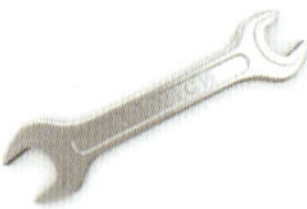

der Schrauben-schlüssel
skruvnyckel -n u
[skrʉ:vnyk:əl]

der Holzhammer
trähammare -n u
[træ:ham:arə]

die Rohrzange
rörtång -en u
[rœ:rtɔŋ]

das Maßband
måttband -et n
[mɔt:band]

der Nagel
spik -en u
[spi:k]

der Hammer
hammare -n u
[ham:arə]

das Schleifpapier
sandpapper -pappret n
[san(d)pap:ər]

die Wasserwaage
vattenpass -et n
[vat:ənpas:]

die Kombizange
tång -en u
[tɔŋ]

der Schraubenzieher
skruvmejsel -n u
[skrʉ:vmɛjsəl]

die Bügelsäge
bågsåg -en u
[bo:gso:g]

das Teppichmesser
mattkniv -en u
[mat:kni:v]

DAS HAUS - HUSET

Die Heimwerkstatt - hemverkstaden

der Akkubohrer
den sladdlösa borrmaskinen u
[slad:lø:sa ˈbɔr:maɧi:nən]

der Akku
det **uppladdningsbara batteriet** n
[əpladnɪŋsba:ra bat:ərˈi:ət]

der Bohrer
borr -en u
[bɔr:]

der Elektrobohrer
den **elektriska borrmaskinen** u
[ɛlætrɪska ˈbɔr:maɧi:nən]

das Stemmeisen	**stämjärn** -et n [stɛmjæ:ɳ]
die Nietenzange	**nittång** -en u [ni:t:ɔŋ]
der Seiten-schneider	**avbitartång** -en u [a:vbi:tartɔŋ]
das Sägeblatt	**sågklinga** -n u [so:gklɪŋa]
schrauben	att **skruva** [skrʉ:va]
löten	att **löda** [lø:da]
messen	att **mäta** [mɛ:ta]
abschmirgeln	att **smärgla** [smærjla]
sägen	att **såga** [so:ga]
schneiden	att **skära** [ɧæ:ra]
bohren	att **borra** [bɔr:a]
hämmern	att **hamra** [hamra]
feilen	att **fila** [fi:la]
ausstemmen	att **mejsla ut** [mɛjsla ˈʉ:t]
nieten	att **nita** [ni:ta]
streichen	att **stryka/måla** [stry:ka/mo:la]
hobeln	att **hyvla** [hy:vla]

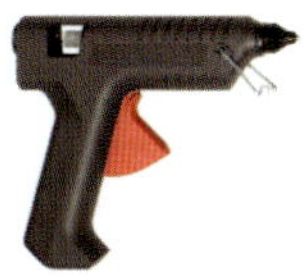

die Klebepistole
limpistol -en u
[lɪ:mpɪstu:l]

die Stichsäge
sticksåg -en u
[stɪk:so:g]

der Bandschleifer
bandslip -en u
[bandsli:p]

die Kreissäge
cirkelsåg -en u
[sɪrkəlso:g]

DAS HAUS – HUSET

Die Heimwerkstatt – hemverkstaden

der Müllbeutel
soppåse -n u
[suːpːoːsə]

das Mikrofasertuch
mikrofiberduk -en u
[mɪkrʊfiːbərdʉːk]

der Dichtstoff
tätningsmedel -medlet n
[tɛːtnɪŋsmeːdəl]

die Kartuschenpistole
patronpistol -en u
[patruːnpɪstuːl]

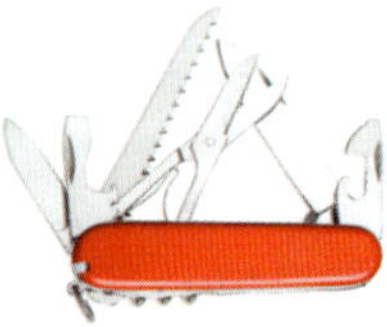

das Taschenmesser
fickkniv -en u
[fɪkːniːv]

der Werkzeugkasten
verktygslåda -n u
[væːrktyːgsloːda]

die Werkbank
arbetsbänk -en u
[arbətsbɛŋk]

der Inbusschlüssel
insexnyckel -n u
[ɪnsɛːksnykːəl]

der Besen
kvast -en u
[kvast]

die Schutzbrille
skyddsglasögon -en pl
[ɧydsglaːsøːgɔn]

der Lötkolben
lödkolv -en u
[løːdkɔlv]

das Lötzinn
lödtenn -et n
[løːdtɛːn]

das Sperrholz	**plywood** -en u [plajvʊd]
die Spanplatte	**spånplatta** -n u [spoːnplatːa]
der Lack	**lack** -en/-et u/n [lak]
das Metall	**metall** -en u [mɛːˈtal]
der rostfreie Stahl	det **rostfria stålet** n [rɔstfrɪa stoːlət]
der Kunststoff	**plast** -en u [plast]
der Draht	**metalltråd** -en u [mɛtalːtroːd]
das Holzbrett	**träplanka** -n u [træːplaŋka]

DAS HAUS – HUSET

Renovieren – renovera

der Acryllack
akryllack -en/-et u/n
[akry:l:ak]

der Flachpinsel
den **platta penslen** u
[plat:a pɛnslən]

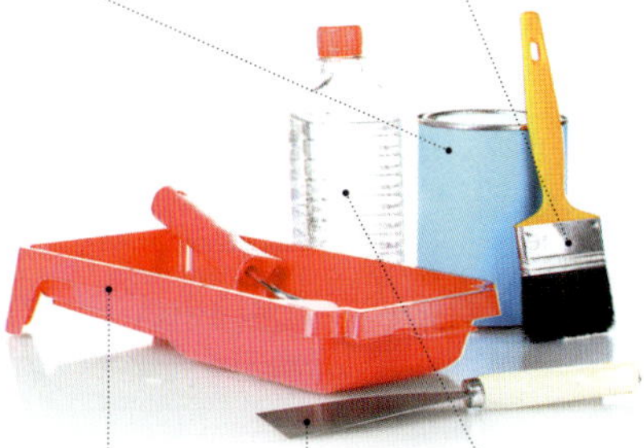

die Farbwanne
färgtråg -et n
[færjtro:g]

das Verdünnungsmittel
förtunning -en u
[fœrtən:ɪŋ]

der/die Spachtel
spackelspade -n u
[spak:əlspa:de]

der Farbroller
färgroller -n u
[færjrɔl:ər]

der Handwerker
hantverkare -n u
[hantværkarə]

die Leiter
stege -n u
[ste:gə]

die Latzhose
snickarbyxor -na pl
[snɪk:arbyksʊr]

die Farbdose
färgburk -en u
[færjbərk]

tapezieren
att **tapetsera**
[tapəˈtse:ra]

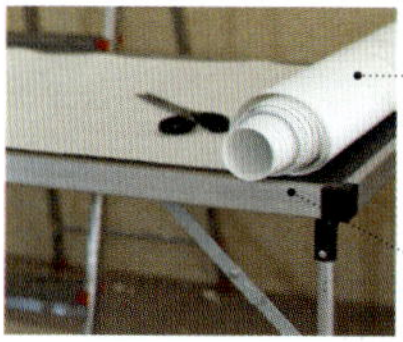

die Tapetenrolle
tapetrulle -n u
[taˈpe:trəl:ə]

der Tapeziertisch
tapetbord -et n
[taˈpe:tbu:ɖ]

die Farbe
färg -en u
[færj]

das Abdeckband
maskeringstejp -en u
[masˈke:rɪŋstɛjp]

kacheln	att **kakla** [ka:kla]
verputzen	att **rappa** [rap:a]
spachteln	att **spackla** [spakla]
die Tapete entfernen	att **ta bort tapet** [ta: bɔʈ taˈpe:t]
die Abdeckfolie	**täckfolie** -n u [tɛk:fu:lɪə]
die Spachtelmasse	**spackel** spacklet n [spak:əl]
das Lösungsmittel	**lösningsmedel** -medlet n [lø:snɪŋsme:dəl]
das Versiegelungsmittel	**tätningsmedel** -medlet n [tɛ:tnɪŋsme:dəl]

das Farbmuster
färgprov -et n
[færjpru:v]

DAS HAUS – HUSET

Strom und Heizung – ström och värme

der Stromzähler
elmätare -n u
[e:lmæ:tarə]

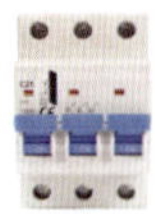

die Sicherung
säkring -en u
[sæ:krɪŋ]

der Heizkörper
element -et n
[ɛlə'mɛnt]

der Kaminofen
kakelugn -en u
[ka:kələʊŋn]

der Stecker
kontakt -et n
[kɔn'takt]

die Steckdose
eluttag -et n
[e:lʉ:t:a:g]

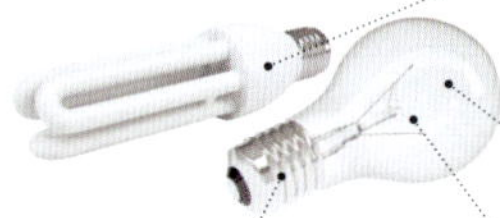

die Energiesparlampe
lågenergilampa -n u
[lo:gənær'ɧi:lampa]

die Glühbirne
glödlampa -n u
[glø:dlampa]

der Lampensockel
lampsockel -n u
[lampsɔk:əl]

der Glühfaden
glödtråd -en u
[glø:dtro:d]

das Verlängerungskabel
förlängningssladd -en u
[fœr'lɛŋnɪŋs:lad:]

der Schalter
strömbrytare -n u
[strœmbry:tarə]

die Mehrfachsteckdose
grenuttag -et n
[gre:nʉ:t:a:g]

der Luftkanal	**ventilationskanal** -en u [vɛntɪla'ɧu:nskana:l]
die Heizung anschalten/ausschalten	att **sätta på/stänga av värmen** [sɛt:a 'po:/stɛŋa 'a:v værmən]
die erneuerbare Energie	den **förnybara energin** u [fœrny:ba:ra ənærɧi:n]
das Stromnetz	**elnät** -et n [e:lnæ:t]
die Stromstärke	**stömstyrka** -n u [strœmstyrka]
die Spannung	**spänning** -en u [spɛn:ɪŋ]
die Solarheizung	**solenergiuppvärmning** -en u [su:lənærɧi:əpværmnɪŋ]
die Zentralheizung	**centralvärme** -n u [sɛn'tra:lværmə]
die Fußbodenheizung	**golvvärme** -n u [gɔlv:ærmə]
der Sicherungskasten	**proppskåp** -et n [prɔp:sko:p]
die Leitung	**ledning** -en u [le:dnɪ ŋ]
das Ampere	**ampere** [am'pæ:r]
das Watt	**watt** [vat]
das Volt	**volt** [vɔlt]
der Adapter	**adapter** -n u [a'daptər]
die Erdung	**jordning** -en u [ju:ɖnɪŋ]

DER GARTEN – GÅRDEN

die Terrasse
terrass -en u
[teˈrasː]

der Gartenteich
trädgårdsdamm -en u
[trɛgoːɖsdam]

der Gartenweg
trädgårdsgång -en u
[trɛgoːɖsgɔŋ]

der Gemüsegarten
köksträdgård -en u
[ɕœkstrɛgoːɖ]

die Küchenkräuter
kryddörter -na pl
[krydːœʈər]

das Gewächshaus
växthus -et n
[vɛksthʉːs]

das Gartenhaus
trädgårdsskjul -et n
[trɛgoːɖsɧʉːl]

das Blumenbeet
blomrabatt -en n
[blʊmrabat]

die Gartenbank
trädgårdsbänk -en u
[trɛgoːɖsbæŋk]

die Gartenmöbel
trädgårdsmöbel -n u
[trɛgoːɖsmøːbəl]

die Gartenmauer
trädgårdsmur -en u
[trɛgoːɖsmʉːr]

der Dachgarten
taklträdgård -en u
[taːktrɛgoːɖ]

der Komposter
kompost -en u
[kɔmpɔst]

der Steingarten
stenparti -et n
[steːnpaʈiː]

der Gartenzaun
staket -et n
[staˈkeːt]

die Hecke
häck -en u
[hɛk]

DER GARTEN – GÅRDEN

Gartengeräte – trädgårdsverktyg

die Rosenschere
sekatör -en u
[səkaˈtœ:r]

der Gartenschlauch
trädgårdsslang -en u
[trɛgo:ɖs:laŋ]

die Topfpflanze
krukväxt -en u
[krʉ:kvɛkst]

die Blumenkelle
planteringsspade -n u
[planˈte:rɪŋs:padə]

der Handrechen
handkratta -n u
[handkrat:a]

die Gießkanne
vattenkanna -n u
[vatənkan:a]

der Laubrechen
lövräfsa -n u
[lø:vrɛfsa]

der Spaten
spade -n u
[spa:də]

der Gartenhandschuh
trädgårdshandske -n u
[trɛgo:ɖshandskə]

der Rasenmäher
gräsklippare -n u
[græ:sklɪp:arə]

der Rasentrimmer
grästrimmer -n u
[græ:strɪm:ər]

der Rechen
kratta -n u
[krat:a]

die Mistgabel
högaffel -n u
[hø:gaf:əl]

die Schubkarre
skottkärra -n u
[skɔt:ɕær:a]

die Heckenschere
häcksax -en u
[hɛksaks]

die Hacke
hacka -n u
[hak:a]

der Rasensprenger
vattenspridare -n u
[vatənspri:darə]

DER GARTEN - GÅRDEN

Die Gartenarbeit - trädgårdsarbetet

Rollrasen verlegen
att **lägga färdig gräsmatta**
[lɛg:a fæ:ɖɪg ˈgræ:smat:a]

den Rasen sprengen
att **vattna gräs**
[vatna ˈgræ:s]

das Laub rechen
att **räfsa löv**
[rɛfsa ˈlø:v]

pflanzen
att **plantera**
[planˈte:ra]

stutzen
att **trimma**
[trɪm:a]

den Rasen mähen
att **klippa gräset**
[klɪp:a ˈgræ:sət]

Unkraut jäten
att **rensa ogräs**
[rɛnsa ˈu:græ:s]

umgraben
att **gräva trädgårdsland**
[grɛ:va ˈtrɛgo:ɖsland]

zurückschneiden
att **beskära**
[bəˈɧæ:ra]

pflücken
att **plocka**
[plɔk:a]

säen
att **så**
[so:]

spritzen
att **spruta**
[sprʉ:ta]

düngen	att **gödsla** [jœs:la]
ernten	att **skörda** [ɧœ:ɖa]
züchten	att **odla, förädla** [u:dla fœræ:dla]
vermehren	att **föröka** [fœrø:ka]
gießen	att **vattna** [vatna]
der Sämling	**fröplanta** -n u [frø:planta]
der Dünger	**gödsel** -n u [jœs:əl]
der Unkrautvernichter	**ogräsmedel** -let n [u:græ:sme:dəl]

eintopfen
att **kruka**
[krʉ:ka]

ESSEN UND TRINKEN

ÄTA OCH DRICKA

TIERISCHE PRODUKTE – DJURPRODUKTER

Fleisch – kött

das Lammfleisch
lammkött -et n
[lamːçœt]

das Rindfleisch
nötkött -et n
[nøːtçœt]

das Steak
biff -en u
[bɪf]

das Schweinefleisch
fläskkött -et n
[flɛskçœt]

das Filet
filé -n u
[fɪˈleː]

das Kalbfleisch
kalvkött -et n
[kalvçœt]

die Keule
lår -et n
[loːr]

das Kotelett
kotlett -en n
[kɔtˈlɛtː]

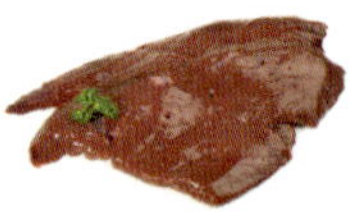

die Leber
lever -n u
[leːvər]

die Niere
njure -n u
[njʉːrə]

das Kaninchen
kanin -en u
[kaˈniːn]

der Schinken
skinka -n u
[ɧɪŋka]

das Hackfleisch
köttfärs -en u
[çœtːfæʂ]

die Wurst
korv -en u
[kɔrv]

der Aufschnitt
kallskur -na pl
[kalːskʉːr]

die Salami
salami -n u
[saˈlaːmɪ]

TIERISCHE PRODUKTE – DJURPRODUKTER

Geflügel – fågel

das Hähnchen
kyckling -en u
[ɕyklɪŋ]

die Brust
bröst -et n
[brœst]

der Schenkel
lår -et n
[lo:r]

der Flügel
vinge -n u
[vɪŋə]

die Hähnchenkeule
kycklingklubba -n u
[ɕyklɪŋklɵb:a]

die Ente
anka -n u
[aŋka]

das Entenfleisch
ankkött -et n
[aŋkɕœt]

die Gans
gås -en u
[go:s]

das Gänsefleisch
gåskött -et n
[go:sɕœt]

die Wachtel
vaktel -n u
[vaktəl]

das Wachtelfleisch
vaktelkött -et n
[vaktəlɕœt]

die Pute
kalkon -en u
[kalˈku:n]

das Putenfleisch
kalkonkött -et n
[kalˈku:nɕœt]

das Bioprodukt	den **ekologiska produkten** u [ekɔlo:gɪska prʊdɵktən]
die Innereien	**inälvor** -na pl [ɪnæl:vʊr]
mariniert	**marinerat** [marɪˈne:rat]
geräuchert	**rökt** [rø:kt]
gepökelt	**saltat** [saltat]
braten	att **steka** [ste:ka]
schmoren	att **grytsteka** [gry:tste:ka]
grillen	att **grilla** [grɪl:a]

aus Freilandhaltung
från frigående ...
[fro:n fri:go:əndə ˈ...]

TIERISCHE PRODUKTE – DJURPRODUKTER

Fisch – fisk

die Forelle
forell -en u
[fɔˈrɛl]

der Karpfen
karp -en u
[karp]

der Zander
gös -en u
[jø:s]

der Seeteufel
marulk -en u
[ma:rɵlk]

die Makrele
makrill -en u
[maˈkrɪl]

die Seezunge
sjötunga -n u
[ɧø:tɵŋa]

die Sardine
sardin -en u
[saˈɖi:n]

die Scholle
flundra -n u
[flɵndra]

der Aal
ål -en u
[o:l]

der Thunfisch
tonfisk -en u
[tu:nfɪsk]

der Kabeljau
torsk -en u
[tɔɧk]

der Seebarsch
havsabborre -n u
[hafsab:ɔr:ə]

der Lachs
lax -en u
[laks]

der Heilbutt
hälleflundra -n u
[hɛl:əflɵndra]

der Fischrogen
fiskrom -men u
[fɪskrɔm]

das Fischsteak
fiskkotlett -en u
[fɪsk:ɔtlɛt:]

TIERISCHE PRODUKTE – DJURPRODUKTER

Meeresfrüchte – skaldjur

die Garnele
räka -n u
[ræ:ka]

der Hummer
hummer -n u
[həm:ər]

der Krebs
krabba -n u
[krab:a]

der Flusskrebs
flodkräfta -n u
[flu:dkrɛfta]

die Miesmuschel
blåmussla -n u
[blo:məsla]

die Kammmuschel
kammussla -n u
[kam:əsla]

die Venusmuschel
venusmussla -n u
[ve:nəsməsla]

die Herzmuschel
hjärtmussla -n u
[jæʈməsla]

die Auster
ostron -et n
[ʊstrən]

der Tintenfisch
bläckfisk -en u
[blɛk:fɪsk]

der Krake
den **stora bläckfisken** u
[stu:ra blɛk:fɪskən]

der Räucherfisch
den **rökta fisken** u
[rø:kta fɪskən]

das Filet	**filé** -n u [fɪle:]
geräuchert	**rökt** [rø:kt]
einen Fisch entgräten	att **rensa fisk** [rɛnsa fɪsk]
die Gräte	**fiskben** -et n [fɪskbe:n]
die Schuppe	**fiskfjäll** -et n [fɪskfjɛl]
abschuppen	att **fjälla** [fjɛ:l:a]
tiefgefroren	**djupfryst** [jʉ:pfry:st]
frisch	**färsk** [fæʂk]

der Dosenfisch
den **konserverade fisken** u
[kɔnsærˈve:radə fɪskən]

TIERISCHE PRODUKTE – DJURPRODUKTER

Milchprodukte und Eier – mjölkprodukter och ägg

die Sahne
grädde -n u
[grɛdːə]

die Milch
mjölk -en u
[mjœlk]

der Hüttenkäse
färskost -en u
[fæʂkʊst]

der Ziegenkäse
getost -en u
[jeːtʊst]

der Quark
kvarg -en u
[kvarj]

der Joghurt
yoghurt -en u
[joːgɵʈ]

der Brie
brie -n u
[briː]

der Gorgonzola
gorgonzola -n u
[gɔrgɔnˈsoːla]

der Feta
feta -n u
[feːta]

das Hühnerei
hönsägg -et n
[hœnsɛg]

die Eierschale
äggskal -let n
[ɛgːskaːl]

das Eiweiß
äggvita -n u
[ɛgːviːta]

das Eigelb
äggula -n u
[ɛgːʉːla]

das Wachtelei
vaktelägg -et n
[vaktəlɛg]

das Gänseei
gåsägg -et n
[goːsɛg]

TIERISCHE PRODUKTE – DJURPRODUKTER

Milchprodukte und Eier – mjölkprodukter och ägg

der Eierkarton
äggkartong -en u
[ɛkaʈɔŋ]

die Butter
smör -et n
[smœ:r]

der Parmesan
parmesan -en u
[parməˈsa:n]

der Emmentaler
emmentaler -n u
[əm:ɛn:talər]

der Cheddar
cheddar -n u
[ɕɛd:ar]

der Raclettekäse
grillost -en u
[grɪl:ʊst]

der Camembert
camembert -en u
[kaməmbæ:r]

der Gouda
gouda -n u
[gu:da]

der Mozzarella
mozzarella -n u
[mʊs:aˈrəl:a]

der geriebene Käse
den **rivna osten** u
[ri:vna ʊstən]

die Buttermilch
kärnmjölk -en u
[ɕæ:ɳmjœlk]

der Frischkäse
färskost -en u
[fæʂkʊst]

die Kuhmilch	**komjölk** -en u [ku:mjœlk]
die Ziegenmilch	**getmjölk** -en u [je:tmjœlk]
die laktosefreie Milch	den **laktosfria mjölken** u [lakto:sfri:a mjœlkən]
die Sojamilch	**sojamjölk** -en u [sɔjamjœlk]
homogenisiert	**homogeniserad** [hʊm:ʊjənɪˈse:rad]
pasteurisiert	**pastöriserad** [pastœrɪˈse:rad]
fettarm	**fettsnål** [fet:sno:l]
die Vollmilch	**helmjölk** -en u [he:lmjœlk]

die Kondensmilch
den **kondenserade mjölken** u
[kɔndənˈse:radə mjœlkən]

GEMÜSE – GRÖNSAKER

die/der Trüffel
tryffel -n u
[tryf:əl]

der Champignon
champinjon -en u
[ɧampɪnju:n]

der Steinpilz
karljohansvamp -en u
[kaɭju:(h)ans:vamp]

der Pfifferling
kantarell -en u
[kantaˈrɛl]

der Spargel
sparris -en u
[spar:ɪs]

der Kohlrabi
kålrabbi -n u
[ko:lˈrab:ɪ]

der Rhabarber
rabarber -n u
[raˈbarbər]

der Mangold
mangold -en u
[maŋgɔld]

der Fenchel
fänkål -en u
[fæŋko:l]

der/die Stangensellerie
stjälkselleri -n u
[ɧælksɛl:əri]

die Artischocke
kronärtskocka -n u
[kru:næʈskɔk:a]

die Kresse
krasse -n u
[kras:ə]

die Brunnenkresse
vattenkrasse -n u
[vat:ənkras:ə]

das Blatt	**blad** -et n [bla:d]
der Strunk	**stam** -en u [stam]
das Röschen	**bukett** -en u [buˈkɛt]
das Herz	**hjärta** -t n [jæʈa]
die Spitze	**spets** -en u [spets]
das gedämpfte Gemüse	**de ångkokta grönsakerna** pl [ɔŋkʊkta grø:nsakərna]
aus biologischem Anbau	**från ekologisk odling** [fro:n ɛkʊlo:gɪsk ˈu:dlɪŋ]
aus heimischer Produktion	**inhemsk produktion** [ɪnhɛmsk prʊdəkɧu:n]

GEMÜSE – GRÖNSAKER

Wurzelgemüse – rotgrönsaker

die Süßkartoffel
sötpotatis -en u
[sø:tpʊta:tɪs]

die Karotte
morot -en u
[mu:ru:t]

die Kartoffel
potatis -en u
[pʊˈta:tɪs]

die Schalotte
schalottenlök -en u
[ɧalɔt:ənlø:k]

die rote Zwiebel
rödlök -en u
[rø:lø:k]

die Pastinake
palsternacka -n u
[palstərˈnak:a]

der Knoblauch
vitlök -en u
[vi:tlø:k]

die Rübe
majrova -n u
[majru:va]

die Zwiebel
lök -en u
[lø:k]

das Radieschen
rädisa -n u
[rɛ:dɪsa]

die Frühlingszwiebel
salladslök -en u
[saˈl:adslø:k]

die Rote Bete
rödbeta -n u
[rø:be:ta]

die Knoblauchzehe	**vitlöksklyfta** -n u [vi:tlø:ksklyfta]
die Knoblauchknolle	**vitlök** -en u [vi:tlø:k]
die Wurzel	**rot** -en u [ru:t]
bitter	**bitter** [bɪt:ər]
roh	**rå** [ro:]
scharf	**stark** [stark]
mehligkochend	**mjölig** [mjø:lɪg]
festkochend	**fast** [fast]

der Lauch
purjolök -en u
[pərjʊlø:k]

GEMÜSE – GRÖNSAKER

Blattgemüse – bladgrönsaker

der Brokkoli
broccoli -n u
[brɔk:ɔlɪ]

der Rotkohl
rödkål -en u
[rø:ko:l]

der Wirsing
savojkål -en u
[saˈvɔjko:l]

der Rosenkohl
brysselkål -en u
[brys:əlko:l]

der Blumenkohl
blomkål -en u
[blʊmko:l]

der Weißkohl
vitkål -en u
[vi:tko:l]

der Kopfsalat
huvudsallad -en u
[hʉ:vədsal:ad]

der Eisbergsalat
isbergsallad -en u
[i:sbæʂsal:ad]

der Römersalat
romansallad -en u
[rʊma:nsal:ad]

der/die Chicorée
cikoria/vägvårda -n u
[sɪku:rɪa/vɛ:gvo:ɖa]

der Feldsalat
machesallad -en u
[maçəsal:ad]

der Spinat
spenat -en u
[speˈna:t]

der Rucola
ruccola -n u
[rɵk:ɔl:a]

der Endiviensalat
endivesallad -en u
[andi:vsal:ad]

GEMÜSE – GRÖNSAKER

Fruchtgemüse – fruktgrönsaker

der/die Paprika
paprika -n u
[pa:prɪka]

die Zucchini
squash -en u
[skvɔʃ]

die Aubergine
aubergine -n u
[ɔbærʃɪn]

die Tomate
tomat -en u
[tʊˈma:t]

die Kirschtomate
körsbärstomat -en u
[kœʂbæ:ʂtʊma:t]

die Olive
oliv -en u
[ʊˈli:v]

die Okraschote
okra -n u
[ɔkra]

die Chilischote
chili -n u
[çɪlɪ]

die Avocado
avocado -n u
[avʊˈka:dʊ]

die Gurke
gurka -n u
[gɵrka]

der Kürbis
pumpa -n u
[pɵmpa]

der Butternusskürbis
butternutpumpa -n u
[bat:ərnat:pɵmpa]

schälen	att **skala** [ska:la]
schneiden	att **skära** [ʃæ:ra]
roh	**rå** [ro:]
gekocht	**kokt** [kʊkt]
gegart	**tillagad** [tɪl:agad]
das Püree	**mos** -et n [mu:s]
püriert	**mosad** [mu:sad]
braten	att **steka** [ste:ka]

der Mais
majs -en u
[majs]

GEMÜSE – GRÖNSAKER

Hülsenfrüchte – baljväxter

die grüne Linse
den **gröna linsen** u
[grø:na lınsən]

die Ackerbohne
bondböna -n u
[bʊn:bø:na]

die schwarze Bohne
den **svarta bönan** u
[svaʈa bø:nan]

die Gartenerbse
ärta -n u
[æʈa]

die Kichererbse
kikärta -n u
[çi:kæʈa]

die rote Linse
den **röda linsen** u
[rø:da lınsən]

die grüne Bohne
brytböna -n u
[bry:tbø:na]

die Zuckererbse
sockerärta -n u
[sɔkəræʈa]

die Kidneybohne
kidneyböna -n u
[kıdnıbø:na]

die Limabohne
limaböna -n u
[li:mabø:na]

die Tellerlinse
den **gröna linsen** u
[grø:na lınsən]

die Hülse	**balja** -n u [balja]
der Kern	**kärna** -n u [çæ:ɳa]
die Schote	**skida** -n u [ɧi:da]
der Samen	**frö** -et n [frø:]
die Sojasprossen	**böngroddar** -na pl [bø:ngrʊd:ar]
die Sojabohne	**sojaböna** -n u [sɔjabø:na]
die Mungobohne	**mungböna** -n u [məŋbø:na]
die Schwarzaugenbohne	**black eye-böna** -n u [blæk aj bø:na]

OBST – FRUKT

Beeren und Steinobst – bär och kärnfrukter

die Erdbeere
jordgubbe -n u
[ju:ɖgəb:ə]

die Brombeere
björnbär -et n
[bjœ:ɳbæ:r]

die Himbeere
hallon -et n
[hal:ɔn]

die Heidelbeere
blåbär -et n
[blo:bæ:r]

die roten Johannisbeeren
det **röda vinbäret** n
[rø:da ˈvi:nbæ:rət]

die schwarzen Johannisbeeren
det **svarta vinbäret** n
[svaʈa ˈvi:nbæ:rət]

die Weintraube
vindruva -n u
[vi:ndrʉ:va]

die Stachelbeere
krusbär -et n
[krʉ:sbæ:r]

die Preiselbeere
lingon -et n
[lɪŋɔn]

die Kirsche
körsbär -et n
[ɕœʂbæ:r]

die Holunderbeere
fläderbär -et n
[flɛ:dərbæ:r]

der Pfirsich
persika -n u
[pæʂɪka]

die Nektarine
nektarin -en u
[nɛktaˈri:n]

die Zwetschge
plommon -et n
[plʊm:ɔn]

die Aprikose
aprikos -en u
[aprɪˈku:s]

der Apfel
äpple -t n
[ɛp:lə]

die Birne
päron -et n
[pæ:rɔn]

die Quitte
kvitten kvittenfrukten n [kvɪt:ən]

OBST – FRUKT

Exotische Früchte – exotiska frukter

die Feige
fikon -et n
[fi:kɔn]

die Birnenmelone
pepino -n u
[peˈpi:nʊ]

die Physalis
kapkrusbär -et n
[ka:pkrʉ:sbæ:r]

die Litschi
litchi litchifrukten u
[lɪtɕi:]

die Sternfrucht
stjärnfrukt -en u
[ɧæ:ɳfrɵkt]

die Ananasguave
ananasguava -n u
[an:an:asgɵa:va]

die Papaya
papaya -n u
[papa:ja]

die Cherimoya
cherimoya -n u
[ɕɛrɪˈmɔja]

die Passionsfrucht
passionsfrukt -en u
[paˈɧu:nsfrɵkt]

die Mangostanfrucht
mangostanfrukt -en u
[maŋgʊsta:nfrɵkt]

der Granatapfel
granatäpple -t n
[graˈna:tɛplə]

die Kiwano
kiwano -n u
[kɪˈvanʊ]

die Rambutan
rambutan rambutan-frukten u [rambɵˈta:n]

die Drachenfrucht
drakfrukt -en u
[dra:kfrɵkt]

die Ananas
ananas -en u
[an:an:as]

die Guave
guava -n u
[gɵˈa:va]

die Banane
banan -en u
[baˈna:n]

die Kiwi
kiwi -n u
[ki:vɪ]

die Mango
mango -n u
[maŋgʊ]

die Kokosnuss
kokosnöt -en u
[kʊkʊsnø:t]

OBST – FRUKT

Zitrusfrüchte und Melonen – citrusfrukter och meloner

die Orange
apelsin -en u
[apɛlˈsiːn]

die Limette
limett -en u
[lɪˈmɛtː]

die Grapefruit
grapefrukt -en u
[grɛjpfrɵkt]

die Zitrone
citron -en u
[cɪˈtruːn]

geschält
skalad
[skaːlad]

die Clementine
clementin -en u
[kləmɛnˈtiːn]

der Schnitz
fruktbit -en u
[frɵktbiːt]

die Schale
skal -et n
[skaːl]

die Zuckermelone
sötmelon -en u
[søːtməluːn]

die Honigmelone
honungsmelon -en u
[hoːnɵŋsməluːn]

die Wassermelone
vattenmelon -en u
[vatːənməluːn]

die Blutorange
blodapelsin -en u
[bluːdapɛlsiːn]

kernlos	**kärnfri** [çæːɳfriː]
saftig	**saftig** [saftɪg]
knackig	**krispig** [krɪspɪg]
das Kerngehäuse	**kärnhus** -et n [çæːɳhʉːs]
sauer	**sur** [sʉːr]
reif	**mogen** [muːgən]
frisch	**färsk** [fæʂk]
faulig	**övermogen** [øːvərmuːgən]

die Kumquat
kumquat -en u
[kɵmkvat]

OBST – FRUKT

Nüsse und Trockenobst – nötter och torra frukter

der Cashewkern
cashewnöt -en u
[kaʃʊnøːt]

die Mandel
mandel -n u
[mandəl]

die Kastanie
kastanj -en u
[kasˈtanj]

die Walnuss
valnöt -en u
[vaːlnøːt]

die Haselnuss
hasselnöt -en u
[hasːəlnøːt]

die Erdnuss
jordnöt -en u
[juːɖnøːt]

die Pekannuss
pekannöt -en u
[pəkaːnːøːt]

die Macadamianuss
macadamianöt -en u
[makaˈdaːmɪanøːt]

der Pinienkern
pinjekärna -n u
[pɪnjəɕæːɳa]

die Rosine
russin -et n
[rɵˈsːɪn]

die Sultanine
sultanrussin -et n
[sɵltaːnrɵsːɪn]

die Backpflaume
katrinplommon -et n
[katriːnplʊmːɔn]

die Dattel
dadel -en u
[daːdəl]

die Paranuss	**paranöt** -en u [paːranøːt]
die Pistazie	**pistaschnöt** -en u [pɪsˈtaːʃnøːt]
geröstet	**rostad** [rɔstad]
gesalzen	**saltad** [saltad]
das Studentenfutter	**frukt- och nötblandning** -en u [frɵkt ɔ(k) nøːtblan(d)nɪŋ]
der Nussknacker	**nötknäckare** -n u [nøːtknɛkːarə]
die Nussschale	**nötskal** -et n [nøːtskaːl]
eine Nuss knacken	att **knäcka en nöt** [knɛkːa ən ˈnøːt]

KRÄUTER UND GEWÜRZE – ÖRTER OCH KRYDDOR

Kräuter – kryddor

der Lavendel
lavendel -n u
[laˈvɛndəl]

der Estragon
dragon -en u
[draˈguːn]

der Oregano
oregano -n u
[ɔˈrəgaːnʊ]

das/der Liebstöckel
libbsticka -n u
[lɪbːstɪkːa]

der Salbei
salvia -n u
[salvɪa]

die Minze
mynta -n u
[mynta]

der Majoran
mejram -en u
[mɛjram]

der Rosmarin
rosmarin -en u
[ruːsmariːn]

das Basilikum
basilika -n u
[baˈsiːlɪka]

die Petersilie
persilja -n u
[pæˈʂɪlja]

der Thymian
timjan -n u
[tɪmjan]

der Koriander
koriander -n u
[kɔrɪˈandər]

der Schnittlauch
gräslök -en u
[græːsløːk]

der Fenchel
fänkål -en u
[fæŋkoːl]

der Dill
dill -en u
[dɪl]

die Zitronenmelisse
citronmeliss -en u
[sɪˈtruːnməlɪs]

KRÄUTER UND GEWÜRZE – ÖRTER OCH KRYDDOR

Gewürze – kryddor

der Sternanis
stjärnanis -en u
[ʃæːŋaːnɪs]

das Lorbeerblatt
lagerblad -et n
[laːgərblaːd]

der Koriander
koriander -n u
[kɔrɪˈandər]

die Zimtrinde
kanelstång -en u
[kaˈneːlstɔŋ]

die Kurkuma
gurkmeja -n u
[gɵrkmɛja]

das Currypulver
currypulver -pulvret n
[kɵrːypɵlvər]

der Paprika
paprika -n u
[paːprɪka]

der Pfeffer
peppar -n u
[pepːar]

die Muskatnuss
muskotnöt -en u
[mɵskɔtnøːt]

der/das Kardamom
kardemumma -n u
[kaɖəmɵmːa]

die Nelken
nejlikor -na pl
[nɛjlɪkʊr]

der Ingwer
ingefära -n u
[ɪŋəfæːra]

die Chiliflocken
chiliflingor -na pl
[ɕɪlɪflɪŋʊr]

die Chilischote
chilifrukt -en u
[ɕɪlɪfrɵkt]

der Fenchel
fänkål -en u
[fæŋkoːl]

das Garam masala
garam masala -n u
[garam maˈsaːla]

KRÄUTER UND GEWÜRZE – ÖRTER OCH KRYDDOR

Würzmittel und Soßen – kryddningsmedel och såser

der Essig
vinäger/ättika -n u
[vɪnɛːgər/ɛtːɪka]

das Olivenöl
olivolja -n u
[ʊliːvɔlja]

der Pfeffer
peppar -n u
[pepːar]

die Pfeffermühle
pepparkvarn -en u
[pepːarkvaːɳ]

das Salz
salt -et n
[salt]

die Salsa
salsasås -en u
[salsasoːs]

der/das Ketchup
tomatketchup -en u
[tʊˈmaːtkɛtʃəp]

der Senf
senap -en u
[seːnap]

die Mayonnaise
majonnäs -en u
[majʊˈnæːs]

zerstoßen	**krossad** [krɔsːad]
gemahlen	**malen** [maːlən]
geraspelt	**riven** [riːvən]
der Salzstreuer	**saltströare** -n u [saltstrøːarə]
die Salatsoße	**salladsdressing** -en u [saˈlːadsdrɛsːɪŋ]
würzen	att **krydda** [krydːa]
anmachen	att **bereda** [bəˈreːda]
marinieren	att **marinera** [marɪˈneːra]

die Sojasoße
sojasås -en u
[sɔjasoːs]

GETREIDE UND MEHL – SPANNMÅL OCH MJÖL

der Dinkel
dinkel -n u
[dɪŋkəl]

die Kürbiskerne
pumpakärnor -na pl
[pɵmpaçæːŋʊr]

die Sonnenblumenkerne
solrosfrön -na pl
[suːlruːsfrøːn]

die Quinoa
quinoa -n u
[kɪnuːa]

der Wildreis
vildris -et n
[vɪldriːs]

der Hafer
havre -n u
[haːvrə]

die Gerste
korn -et n
[kuːɳ]

der Naturreis
råris -et n
[roːriːs]

der Mais
majs -en u
[majs]

die Hirse
hirs -en u
[hɪʂ]

der Weizen
vete -t n
[veːtə]

der/das Couscous
couscous -en u
[kʊsːkʊsː]

der Buchweizen
bovete -t n
[buːveːtə]

der Basmatireis
basmatiris -et n
[basˈmaːtɪriːs]

der Bulgur
bulgur -n u
[bɵlgər]

der Reis
ris -et n
[riːs]

GETREIDE UND MEHL – SPANNMÅL OCH MJÖL

die Penne
penne pl
[pɛnːə]

die Tagliatelle
tagliatelle -n pl
[taglɪaˈtɛlːə]

die Spaghetti
spagetti -n pl
[spaˈgɛtːɪ]

die Ravioli
ravioli -n pl
[ravɪˈoːlɪ]

die Fusilli
fusilli -n pl
[fɵˈsɪlːɪ]

die Rigatoni
rigatoni -n pl
[rɪgaˈtoːnɪ]

die Tortellini
tortellini -n pl
[tɔrtɛˈlːiːnɪ]

das Weizenmehl
vetemjöl -et n
[vetəmjøːl]

das Maismehl
majsmjöl -et n
[majsmjøːl]

die Hefe
jäst -en u
[jɛst]

der Teig
deg -en u
[deːg]

das Backpulver	**bakpulver** -pulvret n [baːkpɵlvər]
das glutenfreie Mehl	det **glutenfria mjölet** n [glʉːtənfrɪa ˈmjøːlət]
das Roggenmehl	**rågmjöl** -et n [roːgmjøːl]
das Vollkornmehl	**fullkornsmjöl** -et n [fɵlːkuːɳsmjøːl]
sieben	att **sikta** [sɪkta]
kneten	att **knåda** [knoːda]
verrühren	att **röra** [rœːra]
backen	att **grädda/ugnsbaka** [grɛdːa/ɵŋ(n)sbaːka]

die Reisnudeln
risnudlar -na pl
[riːsnʉːdlar]

GETREIDE UND MEHL – SPANNMÅL OCH MJÖL

Brot – bröd

die Brezel
kringla -n u
[krɪŋla]

das Croissant
croissant -en u
[kru:a'sː:a:ŋ]

das/die Baguette
baguette -n u
[ba'gɛt]

das Schwarzbrot
grovbröd -et n
[gru:vbrø:d]

das Weißbrot
franskbröd -et n
[franskbrø:d]

das Vollkornbrot
fullkornsbröd -et n
[føl:ku:ɳsbrø:d]

das Mehrkornbrot
flerkornsbröd -et n
[fle:rku:ɳsbrø:d]

das Graubrot
siktebröd -et n
[sɪktəbrø:d]

das Fladenbrot
tunnbröd -et n
[tɵn:brø:d]

die Tortilla
tortilla -n u
[tɔ'ʈɪl:(j)a]

das Toastbrot
rostbröd -et n
[rɔstbrø:d]

das Sauerteigbrot
surdegsbröd -et n
[sʉ:ɖe:gsbrø:d]

das Brötchen
fralla -n u
[fral:a]

der Bagel
beigel -n u
[bɛjgəl]

das belegte Brötchen
smörgås -en u
[smœrgo:s]

das Knäckebrot
knäckebröd -et n
[knɛk:əbrø:d]

GETREIDE UND MEHL – SPANNMÅL OCH MJÖL

Brotaufstriche – pålägg

das Glas
glasburk -en u
[gla:sbərk]

der Honig
honung -en u
[ho:nəŋ]

der Waldhonig
skogshonung -en u
[skʊksho:nəŋ]

der flüssige Honig
den **flytande honungen** u
[fly:tandə ho:nəŋən]

der Zitronenaufstrich
citronpålägg -et n
[cɪˈtru:npo:lɛg:]

die Konfitüre
sylt -en u
[sylt]

die Marmelade
marmelad -en u
[marməˈla:d]

der Ahornsirup
lönnsirap -en u
[lœn:si:rap]

die Erdnussbutter
jordnötssmör -et n
[ju:ɖnø:ts:mœ:r]

der Schokoladen-aufstrich
chokladpålägg -et n
[ɧʊkla:(d)po:lɛg]

die Margarine
margarin -et n
[margaˈri:n]

der Laib
brödlimpa -n u
[brø:(d)lɪmpa]

die Scheibe
skiva -n u
[ɧi:va]

das Paniermehl
paneringsmjöl -et n
[paˈne:rɪŋsmjø:l]

das Sandwich
smörgås -en u
[smœrgo:s]

GETREIDE UND MEHL – SPANNMÅL OCH MJÖL

Kuchen und Gebäck – kakor och bakverk

der Käsekuchen
cheesecake -n u
[ɕiːskɛjk]

die Schokoladentorte
chokladtårta -n u
[ɧʊkla(d)toːʈa]

der Muffin
muffins -en u
[mɵfːɪns]

die Makrone
makron -en u
[maˈkruːn]

der Lebkuchen
pepparkaka -n u
[pepːarkaːka]

das Biskuit
savoiardikex -et n
[savoˈjardiɕɛks]

der Berliner
munk -en u
[mɵŋk]

der Gugelhupf
sockerkaka -n u
[sɔkːərkaːka]

die Obsttorte
frukttårta -n u
[frɵktːoːʈa]

die Schwarzwälder Kirschtorte
schwarzwaldstårta -n u
[ɧvartsvaldtoːʈa]

der Zwetschgenkuchen
plommonkaka -n u
[plʊmːɔnkaːka]

die Linzer Torte
linzerstårta -n u
[lɪnsərtoːʈa]

das Marmeladentörtchen
syltkaka -n u
[syltkaːka]

der Zuckerguss	**sockerglasyr** -en u [sɔkːərglasyːr]
das Marzipan	**marsipan** -en u [maʂɪˈpaːn]
der Geburtstagskuchen	**födelsedagstårta** -n u [føːdəlsədaː(k)sːtoːʈa]
die Geburtstagskerze	**tårtljus** -et n [toːʈjʉs]
die Kuchendekoration	**kakdekoration** -en u [kaːkdəkɔraɧuːn]
das Gebäck	**bakverk** -et n [baːkværk]
das Eclair	**bakelse** -n u [baːkəlsə]
das Baiser	**maräng** -en u [maˈræŋ]

DESSERTS UND SÜẞSPEISEN – DESSERTER OCH SÖTSAKER

der Apfelstrudel
äppelkaka -n u
[ɛpəlka:ka]

das Tiramisu
tiramisu -n u
[tɪramɪˈsu:]

die Eiscreme
glass -en u
[glas]

die Eiskugel
glasskula -n u
[glas:kʉ:la]

die Eiswaffel
glasstrut -en u
[glas:trʉ:t]

der Pfannkuchen
pannkaka -n u
[paŋka:ka]

die Crêpe
crêpe -n u
[kræp]

der Eisbecher
glassbägare -n u
[glas:bæ:garə]

der Karamellpudding
karamellpudding -en u
[kar:aˈmɛl:pədɪŋ]

die Mousse
mousse -n u
[mʊs]

die Schlagsahne
vispgrädde -n u
[vɪspgrɛd:ə]

die Crème brûlée
crème brûlée -n u
[kræ:m brɵˈle:]

die Panna cotta
panna cotta -n u
[pan:a ˈkɔt:a]

der Wackelpudding
yellopudding -en u
[jɛl:ʊpəd:ɪŋ]

der Obstsalat
fruktsallad -en u
[frɵktsal:ad]

GETRÄNKE – DRYCKER

Erfrischungsgetränke – läskedrycker

das Wasser
vatten vattnet n
[vat:ən]

das Tonicwater
tonic -en u
[tɔnɪk]

der Orangensaft
apelsinjuice -n u
[apɛlˈsi:nju:s]

der Tomatensaft
tomatjuice -n u
[tʊˈma:tju:s]

das alkoholfreie Bier
det **alkoholfria ölet** n
[alkʊho:lfri:a ø:lət]

der Karottensaft
morotssaft -en u
[mu:ru:ts:aft]

die/das Cola
coca cola -n u
[ko:ka ˈko:la]

die Limonade
lemonad -en u
[ləmʊˈna:d]

der Eiskaffee
iskaffe -et n
[i:skaf:ə]

die Eisschokolade
ischoklad -en u
[i:sɧʊkla:(d)]

der Eistee
iste -et n
[i:ste:]

die Apfelschorle
den **kolsyrade äppeljuicen** u
[ko:lsy:radə ɛp:əlju:sən]

der Milchshake
milkshake -n u
[mɪlkɧɛjk]

die Saftpresse	**juicepress** -en u [ju:sprɛs]
der frisch gepresste Grapefruitsaft	den **färskpressade grapefruktjuicen** u [fæʂkprɛs:adə grɛjpfrɵktju:sən]
das Tafelwasser	**bordsvatten** -vattnet n [bu:ɖsvat:ən]
das Leitungswasser	**kranvatten** -vattnet n [kra:nvat:ən]
das Mineralwasser mit Kohlensäure	det **kolsyrade mineralvattnet** n [ko:lsy:radə mɪnəˈra:lvat:nət]
das stille Mineralwasser	**mineralvatten utan kolsyra** -vattnet n [mɪnəra:lvat:ən ʉ:tan ˈko:lsy:ra]
der Apfelsaft	**äppeljuice** -n u [ɛp:əlju:s]

GETRÄNKE – DRYCKER

Heißgetränke – varma drycker

der Espresso
espresso -n u
[es'prɛs:ʊ]

die Kaffeebohnen
kaffebönor -na pl
[kaf:əbø:nʊr]

der Amaretto
amaretto -n u
[ama'rɛt:ʊ]

der Kaffee zum Mitnehmen
kaffe att ta med -t u
[kaf:ə at: ta: 'mɛ:(d)]

der Deckel
lock -et n
[lɔk]

der Becher
kopp -en u
[kɔp]

der Milchschaum
mjölkskum -met n
[mjœlkskɵm]

der Teebeutel
tepåse -n u
[te:po:sə]

die Teeblätter
teblad -en pl
[te:bla:d]

die Teekanne
tekanna -n u
[te:kan:a]

der Schwarztee
det **svarta teet** n
[svaʈa te:ət]

der/die Latte macchiato
latte macchiato -n u
[lat:ə maɕɪ'a:tʊ]

der Kaffee
kaffe -t n
[kaf:ə]

der Cappuccino
cappuccino -n u
[kap:ɵ'ɕi:nʊ]

der Milchkaffee
café au lait -en u
[kafe: o: 'lɛ:]

der Minztee
mintte -et n
[mɪntte:]

der Kamillentee
kamomillte -et n
[kamʊmɪl:te:]

der Kräutertee
örtte -et n
[œʈ:e:]

der Glühwein
glögg -en u
[glœg:]

GETRÄNKE – DRYCKER

Alkoholische Getränke – drycker med alkohol

der Cocktail
cocktail -en u
[kɔktɛjl]

die Sangria
sangria -n u
[saŋˈriːa]

mit Eis
med is
[mɛː(d) ˈiːs]

der Whisky
whisky -n u
[vɪsky]

der Gin Tonic
gin&tonic -en u
[jɪn ɔ ˈtɔnɪk]

der Rum
rom -men u
[rɔm]

das Bier
öl -et n
[øːl]

das Pils
det **ljusa ölet** n
[jʉːsa øːlət]

das dunkle Bier
det **mörka ölet** n
[mœːrka øːlət]

der Wodka
vodka -n u
[vɔdka]

der Roséwein
rosévin -et n
[rʊseːviːn]

der Weißwein
det **vita vinet** n
[vɪtːa viːnət]

der Rotwein
rödvin -et n
[røː(d)viːn]

der Sekt
sekt -en u
[sɛkt]

der Tequila
tequila -n u
[təˈkiːla]

der Weinbrand	**brandy** -n u [brændy]
der Schnaps	**snaps** -en u [snaps]
der Sherry	**sherry** -n u [ɧærːy]
der Likör	**likör** -en u [lɪˈkœːr]
der Cidre	**cider** -n u [siːdər]
die Weinschorle	**vin med kolyrat vatten eller läsk** -et u [viːn mɛː(d) koːlsyːrat vatːən ɛlːər ˈlɛːsk]
das Hefeweizen	**veteöl** -et n [veːtəøːl]
der Champagner	**champagne** -n u [ɧampanj]

KOCHEN – LAGA MAT

Zubereitung – tillreda

schälen
att **skala**
[ska:la]

schneiden
att **skära**
[ʃjæ:ra]

schlagen
att **vispa**
[vɪspa]

reiben
att **riva**
[ri:va]

zerstoßen
att **krossa**
[krɔs:a]

glasieren
att **glasera**
[gla'se:ra]

sieben
att **sikta**
[sɪkta]

stampfen
att **stampa**
[stampa]

klopfen
att **bulta**
[bɵlta]

ausrollen
att **kavla ut**
[ka:vla 'ʉ:t]

salzen
att **salta**
[salta]

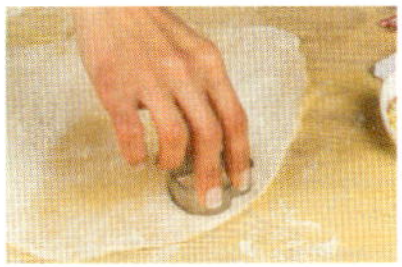

ausstechen
att **stansa ut kakor**
[stansa ʉ:t 'kakʊr]

rösten	att **rosta** [rɔsta]
kochen	att **laga mat** [la:ga 'ma:t]
köcheln lassen	att **låta småkoka** [lo:ta smo:ku:ka]
grillen	att **grilla** [grɪl:a]
anbraten	att **bryna** [bry:na]
braten	att **steka** [ste:ka]
frittieren	att **fritera** [frɪ'te:ra]
pochieren	att **pochera** [pɔ'ʃje:ra]

streuen
att **strö**
[strø:]

GERICHTE UND MAHLZEITEN – RÄTTER OCH MÅLTIDER

Das Frühstück – frukosten

das Brot
bröd -et n
[brø:d]

der Orangensaft
apelsinjuice -n u
[apɛlˈsi:nju:s]

das Brötchen
fralla -n u
[fral:a]

die Milch
mjölk -en u
[mjœlk]

der Käse
ost -en u
[ʊst]

die Marmelade
marmelad -en u
[marməˈla:d]

der Cappuccino
cappuccino -n u
[kap:əˈɕi:nʊ]

das gekochte Ei
det **kokta ägget** n
[kʊkta ɛgət]

das Müsli
müsli -en u
[myslɪ]

die Melone
melon -en u
[mɛˈlu:n]

der Schinken
skinka -n u
[ɧɪŋka]

die Butter
smör -et n
[smœ:r]

die Frühstücksflocken
frukostflingor -na pl
[frɵkɔstflɪŋʊr]

das Croissant
croissant -en u
[kru:aˈsɑ:ŋ]

die Cornflakes
corn flakes -en u
[ko:ɳflɛjks]

der Früchtejoghurt
fruktyoghurt -en u
[frɵktjo:gɵʈ]

das frische Obst
den **färska frukten** u
[fæʂka ˈfrɵktən]

der Müsliriegel
müslibar -en u
[myslɪba:r]

die Weizenkeime
vetegroddar -na pl
[ve:təgrʊd:ar]

GERICHTE UND MAHLZEITEN – RÄTTER OCH MÅLTIDER

Das Frühstück – frukosten

das Toastbrot
rostbröd -et n
[rɔstbrø:d]

die gegrillte Tomate
den **grillade tomaten** u
[grɪl:adə tʊˈma:tən]

die gebackenen Bohnen
de **ugnsbakade bönorna** pl
[əŋsba:kadə ˈbø:nʊrna]

die Rösti
rösti -n u
[rœstɪ]

die Blutwurst
blodkorv -en u
[blu:(d)kɔrv]

der Speck
fläsk -et n
[flɛsk]

die Pilze
svampar -na pl
[svampar]

die Wurst
korv -en u
[kɔrv]

das Spiegelei
det **stekta ägget** n
[ste:kta ˈɛgət]

das Rührei
äggröra -n u
[ɛg:rœ:ra]

das Omelett
omelett -en u
[ɔməlɛt]

armer Ritter
de **fattiga riddarna** pl
[fat:ɪga ˈrɪd:arna]

die Waffel
våffla -n u
[vɔfla]

der Pfannkuchen
pannkaka -n u
[paŋka:ka]

der Haferbrei
havregrynsgröt -en u
[ha:vrəgry:nsgrø:t]

der Fruchtshake
fruktshake -n u
[frəktʃɛjk]

die heiße Schokolade
den **varma chokladen** u
[varma ʃʊkla:dən]

GERICHTE UND MAHLZEITEN – RÄTTER OCH MÅLTIDER

Snacks und Knabbereien – Snacks och tilltugg

die Chips
chips -et n
[ɕɪps]

die Salzbrezel
saltkringlor -na pl
[saltkrɪŋlʊr]

das Popcorn
popcorn -en pl
[pɔpkoːɳ]

der/das Bonbon
godis -et n
[guːdɪs]

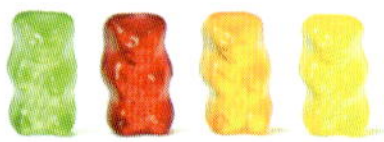

das Gummibärchen
gummibjörn -en u
[gɵmːɪbjœɳ]

die Lakritze
lakrits -en u
[lakˈrɪ(t)s]

der/das Kaugummi
tuggummi -t n
[tɵgːɵmːɪ]

der Lutscher
klubba -n u
[klɵbːa]

die weiße Schokolade
den **vita chokoladen** u
[viːta ɧʊkˈlaːdən]

der Schokoriegel
chokladkaka -n u
[ɧʊklaː(d)kaːka]

die Zartbitter-schokolade
den **mörka chokoladen** u
[mœrka ɧʊkˈlaːdən]

die Milchschokolade
mjölkchokolad -en u
[mjœlkɧʊklaːd]

der Eislutscher
glasspinne -n u
[glasːˈpɪnːə]

der Frozen Yogurt
den **frusna yogurten** u
[frʉːsna ˈjoːgɵʈən]

der Keks
kex -et n
[ɕɛks]

die Praline
pralin -en u
[praˈliːn]

GERICHTE UND MAHLZEITEN – RÄTTER OCH MÅLTIDER

Das Fastfood – snabbmat

das Stück Pizza
pizzaslice -n u
[pitsaslajs]

die Pizza
pizza -n u
[pɪtsa]

der Hamburger
hamburgare -n u
[hambərjarə]

die Pommes frites
pommes frites -en u
[pɔm ˈfrɪt(s)]

die Tortilla-Chips
tortillachips -en u
[tɔˈtɪl:aɕɪps]

der Taco
taco -n u
[takʊ]

die gebratenen Nudeln
de **stekta nudlarna** pl
[ste:kta ˈnʉ:dlarna]

das Sushi
sushi -n u
[sʊɧɪ]

der/das Hot Dog
varmkorv -en u
[varmkɔrv]

der Döner
dönerkebab -en u
[dø:nərkəbab]

der Wrap
wrap -en u
[ræp]

der Fisch mit Pommes
fisk med pommes frites -en u
[fɪsk mɛ:(d) pɔm: frɪt(s)]

Ich würde gerne etwas zum Mitnehmen bestellen.	**Jag skulle vilja beställa något att ta med.** [ja:(g) skəl:ə vɪlja ˈbəstɛl:a no:gɔt at: ta: ˈmɛ:(d)]
Eine Portion Pommes rot-weiß, bitte.	**en portion pommes frites med ketchup och majonnäs tack.** [en pɔʈɧʊ:n pɔm:frɪt mɛ:(d) kɛtɕəp ɔ majʊnæ:s tak]
klein/mittelgroß/groß	**liten/mellan/stor** [li:tən/mel:an/stu:r]
süß	**söt** [sø:t]
salzig	**salt** [salt]
der Lieferservice	**hemkörning** -en u [hemɕœ:ɳɪŋ]
bestellen	att **beställa** [bəstɛl:a]
liefern	att **leverera** [ləvəˈre:ra]

das Nugget
nugget -en u
[nag:ət]

GERICHTE UND MAHLZEITEN – RÄTTER OCH MÅLTIDER

Hauptmahlzeit – huvudmåltid

die Suppe
soppa -n u
[sɔp:a]

die Frikadelle
köttbulle -n u
[ɕœt:bʉl:ə]

das Steak
biff -en u
[bɪf]

der Beilagensalat
sallad -en u
[sal:ad]

die Kartoffelspalten
klyftpotatisar -na pl
[klyftpʊta:tɪsar]

die Lasagne
lasagne -n u
[laˈsanj]

die Spaghetti Bolognese
spagetti bolognese -n u
[spagɛt:ɪ bɔlɔŋˈne:s]

das Brathähnchen
den **stekta kycklingen** u [ste:kta ˈɕyklɪŋən]

das panierte Schnitzel
den **panerade schnitzeln** u
[pane:radə ˈɧnɪtsəln]

die Bratkartoffeln
de **stekta potatisarna** pl
[ste:kta pʊˈta:tɪsarna]

der Eintopf
gryta -n u
[gry:ta]

der Auflauf
gratäng -en u
[graˈtɛŋ]

die Pastete
pastej -en u
[pasˈtɛj]

die Quiche
quiche -n u
[kɪɧ]

das Curry
curry -n u
[kør:y]

GERICHTE UND MAHLZEITEN – RÄTTER OCH MÅLTIDER

Im Restaurant – i restaurangen

① *der Gast*
gäst -en u
[jɛst]

② *der Kellner*
servitör -en u
[særvɪˈtœːr]

③ *der Tisch für zwei Personen*
bord för två personer -et n
[buːɖ fœːr ˈtvoː pɛʂuːnər]

④ *das Rotweinglas*
rödvinsglas -et n
[røː(d)viːnsglaːs]

⑤ *die Speisekarte*
meny -n u
[məˈnyː]

⑥ *die Bestellung*
beställning -en u
[bəˈstɛlnɪŋ]

die Vorspeise
förrätt -en u
[fœːrːɛt]

der Nachtisch
efterrätt -en u
[ɛftərːɛt]

die Beilage
sidorätt -en u
[siːdʊrɛt]

das Hauptgericht
huvudrätt -en u
[hʉːvɵ(d)rɛt]

die Suppe
soppa -n u
[sɔpːa]

der Aperitif
aperitif -en u
[apɛrɪtɪf]

der/das Sorbet
sorbet -en u
[sɔrˈbeː]

der Salat
sallad -en u
[salːad]

der Käseteller
ostbricka -n u
[ʊstbrɪkːa]

der Kaffee
kaffe -t n
[kafːə]

der Likör
likör -en u
[lɪˈkœːr]

das Käsemesser
ostkniv -en u
[ʊstkniːv]

das Stäbchen
pinne -n u
[pɪnːə]

GERICHTE UND MAHLZEITEN – RÄTTER OCH MÅLTIDER

Geschirr und Besteck – poslin och bestick

die Serviette
servett -en u
[særˈvɛt]

der Brotteller
brödfat -et n
[brøː(d)faːt]

die Gabel
gaffel -n u
[gafːəl]

die Tischdecke
bordsduk -en u
[buːɖsduːk]

der Essteller
tallrik -en u
[talːrɪk]

das Wasserglas
vattenglas -et n
[vatːənglaːs]

das Weinglas
vinglas -et n
[viːnglaːs]

der Dessertlöffel
dessertsked -en u
[dəˈsːæːrɧeːd]

der Suppenlöffel
soppsked -en u
[sɔpːɧeːd]

das Messer
kniv -en u
[kniːv]

die Schüssel
skål -en u
[skoːl]

die Karaffe
karaff -en u
[kaˈraf]

das Steakmesser
köttkniv -en u
[çœtːkniːv]

der Zahnstocher
tandpetare -en u
[tan(d)peːtarə]

Könnten Sie uns bitte die Weinkarte bringen?	**Kan vi få vinlistan, tack?** [kan viː foː ˈviːnlɪstan tak]
Guten Appetit!	**Hoppas det smakar!** [hʊpːas de ˈsmaːkar]
Zum Wohl!	**Skål!** [skoːl]
Als Vorspeise/Hauptgericht/Nachtisch nehme ich ...	**Till förrätt/huvudrätt/efterrätt beställer jag ...** [tɪl ˈfœːrːɛtː/hʉːvɵ(d)rɛtː/ɛftərːɛtː bəstɛlːər jaː(g)]
die Spezialitäten	**specialiteter** -na pl [spəsɪalɪˈteːtər]
Ich hätte gerne die Rechnung, bitte.	**Kan jag få be om notan, tack.** [kan jaː(g) foː beː ɔm ˈnuːtan tak]
die Bezahlung	**betalning** -en u [bəˈtaːlnɪŋ]
das Trinkgeld	**dricks** -en pl [drɪks]

DIE ERNÄHRUNG – NÄRINGEN

das Fett
fett -et n
[fet]

der Zucker
socker -sockret n
[sɔk:ər]

das Kohlenhydrat
kolhydrat -en u
[ko:lhydra:t]

das Eiweiß
protein -et n
[prʊtəˈi:n]

ohne Eier
utan ägg
[ʉ:tan ˈɛg]

zuckerfrei
sockerfri
[sɔk:ərfri:]

glutenfrei
glutenfri
[glʉ:tənfri:]

laktosefrei
laktosfri
[lakˈto:sfri:]

die Ballaststoffe
kostfiber -na pl
[kɔstfi:bər]

das Cholesterin
kolesterol -et n
[kɔləstəˈro:l]

vegetarisch
vegetarisk
[vəgəˈta:rɪsk]

vegan
vegansk
[vəˈga:nsk]

die Lebensmittelintoleranz	**matallergi** -n u [ma:tal:ærgi:]
die Fruktose	**fruktos** -en u [frɵkˈto:s]
die Glukose	**glukos** -en u [glɵˈko:s]
das Natrium	**natrium** -et n [na:trɪɵm]
die Kalorien	**kalorier** -na pl [kalʊˈri:ər]
der Geschmacksverstärker	**smakförstärkare** -n u [sma:kfœʂtærkarə]
die gesunde Ernährung	den **sunda kosten** u [sɵnda kɔstən]
fasten	att **fasta** [fasta]

die Diät
diet -en u
[dɪˈe:t]

UNTERWEGS

UNDER RESA

STRAßEN UND VERKEHR – VÄGAR OCH TRAFIK

① *die Straßenlaterne*
gatlykta -n u
[ga:tlykta]

② *die Einbahnstraße*
den **enkelriktade gatan** u
[eŋkəlrıktadə ga:tan]

③ *die Fußgängerampel*
trafikljus för fotgängare -et u
[trafi:kjʉ:s fœ:r ˈfu:tjɛŋarə]

④ *der Bürgersteig*
trottoar -en u
[trʊt:ʊˈa:r]

⑤ *der Bordstein*
trottoarkant -en u
[trʊt:ʊˈa:rkant]

⑥ *die Ampel*
trafikljus -et n
[traˈfi:kjʉ:s]

⑦ *das geparkte Auto*
den **parkerade bilen** u
[parke:radə bi:lən]

⑧ *die Fahrspur*
fil -en u
[fi:l]

⑨ *die Straßen-markierung*
vägmarkering -en u
[vɛ:gmarke:rıŋ]

⑩ *der Rinnstein*
rännsten -en u
[rɛn:ste:n]

der Tunnel
tunnel -n u
[tɵn:əl]

der Parkschein-automat
parkeringsautomat -en u
[parˈke:rıŋsavtʊma:t]

der Fahrradweg
cykelbana -n u
[sykəlba:na]

der Behinderten-parkplatz
handikapparkering -en u
[handıkap:arke:rıŋ]

die Brücke
bro -n u
[bru:]

der Kreisverkehr
rondell -en u
[rɔnˈdɛl]

der Zebrastreifen
övergångsställe -et n
[ø:vərgɔŋs:tɛl:ə]

die Notrufsäule
nödtelefon -en u
[nø:dtələfo:n]

das Autobahnkreuz
motorvägskorsning -en u
[mu:tʊrvɛ:gskɔʂnɪŋ]

STRAẞEN UND VERKEHR – VÄGAR OCH TRAFIK

die Autobahn
motorväg -en u
[mu:tʊrvɛ:g]

der Berufsverkehr
yrkestrafik -en u
[yrkəstrafi:k]

① *der Mittelstreifen*
mittlinje -n u
[mɪt:lɪnjə]

② *die Überholspur*
vänsterfil -en u
[vɛnstərfi:l]

③ *die Überführung*
viadukt -en u
[vɪaˈdɵkt]

④ *die Kurve*
kurva -n u
[kɵrva]

⑤ *die Unterführung*
underfart -en u
[ɵndərfa:ʈ]

⑥ *die Einfahrt*
infart -en u
[ɪnfa:ʈ]

⑦ *die Ausfahrt*
utfart -en u
[ʉ:tfa:ʈ]

der Verkehrspolizist
trafikpolis -en u
[traˈfi:kpʊli:s]

der Strafzettel
böteslapp -en u
[bø:təslap:]

die Mautstelle
vägtull -en u
[vɛ:gtɵl]

abschleppen
att **bogsera**
[bʊkˈse:ra]

die Kreuzung	**korsning** -en u [kɔʂnɪŋ]
die Vorfahrt	**företräde** -t n [fœ:rətræ:də]
die Geschwindigkeitsüberschreitung	**fortkörning** -en u [fʊʈɕœ:ɳɪŋ]
anhalten	att **stoppa** [stɔp:a]
der Standstreifen	**vägren** -en n [vɛ:gre:n]
die Raststätte	**rastplats** -en u [rastplats]
die Entfernungstafel	**lokaliseringsmärke** -n u [lʊkalɪse:rɪŋsmærkə]
rückwärtsfahren	att **backa** [bak:a]

der Stau
bilkö -n u
[bi:lkø:]

STRAẞEN UND VERKEHR – VÄGAR OCH TRAFIK

Verkehrsschilder – trafikmärken

Einfahrt verboten
infart förbjuden
[ɪnfaːʈ fœr'bjʉːdən]

das Halteverbot
förbjudet att stanna
[fœrbjʉːdət at 'stanːa]

die Baustelle
vägarbete -t n
[vɛːgarbeːtə]

der Tunnel
tunnel -n u
[tɵnːəl]

das Parkverbot
parkeringsförbud -et n
[par'keːrɪŋsfœrbʉːd]

der Stau
bilkö -n u
[biːlkøː]

das Gefälle
nedförslutning -en n
[neːrfœʂlʉːtnɪŋ]

der Kreisverkehr
rondell -en u
[rɔn'dɛl]

die Geschwindigkeits-begrenzung
hastighetsgräns -en u
[hastɪgheːtsgrɛns]

Vorfahrt gewähren!
väjningsplikt -en u
[vɛjnɪŋsplɪkt]

die Einbahnstraße
den **enkelriktade gatan** u
[eŋkəlrɪktadə gaːtan]

der Gegenverkehr
den **mötande trafiken** u
[møːtandə tra'fiːkən]

Einbiegen nach rechts verboten
förbjuden högersväng
[fœrbjʉːdən 'høːgərsvɛŋ]

Einbiegen nach links verboten
förbjuden vänstersväng
[fœrbjʉːdən 'vænstərsvɛŋ]

Wenden verboten
förbjuden u-sväng
[fœrbjʉːdən 'ʉːsvɛŋ]

die Schnee- oder Eisglätte
snö- och ishalka -n u
[snøː ɔ(k) 'iːshalka]

DAS AUTO – BILEN

Autotypen – biltyper

die Stretchlimousine
limousin -en u
[lɪmʊˈsiːn]

das Cabrio
cabriolet -en u
[kabrʊleː]

die Fließhecklimousine
femdörrars limousin -en u
[fɛmdœːraʂ lɪmʊˈsiːn]

der Sportwagen
sportbil -en u
[spɔʈbiːl]

der Kleinstwagen
minibil -en u
[miːnɪbiːl]

der Kleinwagen
småbil -en u
[smoːbiːl]

der Oldtimer
veteranbil -en u
[vətəˈraːnbiːl]

die Limousine
limousin -en u
[lɪmʊˈsiːn]

der Kombiwagen
kombi -n u
[kɔmbɪ]

der Pick-up
pick-up -en u
[pikːap]

der Kleintransporter
skåpbil -en u
[skoːpbiːl]

die Klimaanlage	**klimatanläggning** -en u [klɪˈmaːtanlɛgnɪŋ]
die Sitzheizung	**sätesvärmare** -n u [sæːtəsværmarə]
die Automatikschaltung	**automatväxel** -n u [avtʊˈmaːtvɛksəl]
die Handschaltung	den **manuella växeln** u [manɵɛːla ˈvɛksəln]
die Zündung	**tändning** -en u [tɛn(d)nɪŋ]
zweitürig	**tvådörrars** [tvoːdœːraʂ]
dreitürig	**tredörrars** [treːdœːraʂ]
viertürig	**fyrdörrars** [fyːrdœːraʂ]

der Geländewagen
terrängbil -en u
[teˈrːæŋbiːl]

DAS AUTO – BILEN

Das Auto – Außenansicht – bilen – utsidan

die Beifahrerseite
passagerarsäte -t n
[pasːaˈʃeːrarsæːtə]

das Dach
tak -et n
[taːk]

die Windschutzscheibe
vindruta -n u
[vɪn(d)rʉːta]

die Fahrerseite
förarsida -n u
[fœːrarsiːda]

die Begrenzungsleuchte
parkeringsljus -et n
[parˈkeːrɪŋsjʉːs]

der Rückspiegel
backspegel -n u
[bakːspeːgəl]

die Blinkleuchte
blinker -n u
[blɪŋkər]

das Rad
hjul -et n
[jʉːl]

der Scheibenwischer
vindrutetorkare -n u
[vɪn(d)rʉːtətɔrkarə]

der Kühlergrill
kylargrill -en u
[çyːlargrɪl]

die Stoßstange
kofångare -n u
[kuːfɔŋarə]

das Nummernschild
registreringsskylt -en u
[regɪsˈtreːrɪŋsʃylt]

das Markenemblem
tillverkarmärke -t n
[tɪlværkarmærke]

der Nebelscheinwerfer
dimljus -et n
[dɪmjʉːs]

das Reifenprofil
däckprofil -en u
[dɛkːprʊfiːl]

der Ölmessstab	**oljesticka** -n u [ɔljəstɪkːa]
der Luftfilter	**luftfilter** -filtret n [ləftfɪltər]
der Bremsflüssigkeitsbehälter	**bromsoljebehållare** -n u [brɔmsɔljəbəhɔlːarə]
die Antenne	**antenn** -en u [anˈtɛn]
die Radaufhängung	**hjulupphängning** -en u [jʉːləphɛŋnɪŋ]
das Abblendlicht	**halvljus** -et n [halvjʉːs]
das Fernlicht	**helljus** -et n [heːljʉːs]

DAS AUTO – BILEN

Das Auto - Außenansicht – bilen - utsidan

① *der Seitenspiegel*
backspegel -n u
[bak:spe:gəl]

② *die B-Säule*
b-stolpe -n u
[be:stɔlpə]

③ *der Kofferraum*
bagageutrymme -t n
[baˈga:ɧʉ:trym:ə]

④ *die Heckscheibe*
bakruta -n u
[ba:krʉ:ta]

⑤ *die Motorhaube*
motorhuv -en u
[mu:tʊrhʉ:v]

⑥ *das Seitenfenster*
sidoruta -n u
[si:dʊrʉ:ta]

⑦ *die Autotür*
bildörr -en u
[bi:ldœr]

⑧ *die Radkappe*
navkapsel -n u
[na:vkapsəl]

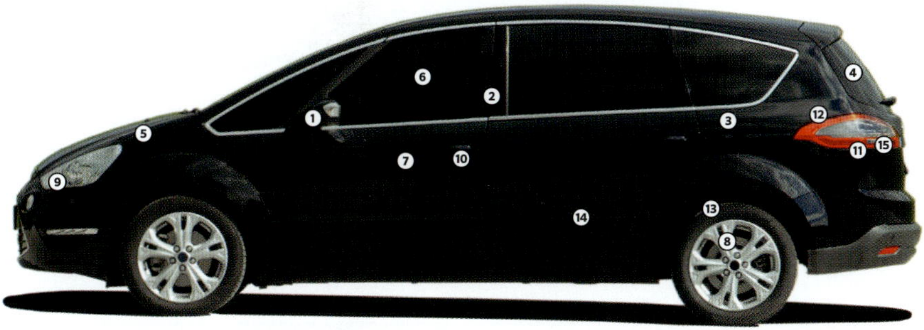

⑨ *der Scheinwerfer*
strålkastare -n u
[stro:lkastarə]

⑩ *der Türgriff*
dörrhandtag -et n
[dœr:han(d)ta:g]

⑪ *die Bremsleuchte*
bromsljus -et n
[brɔmsjʉ:s]

⑫ *die Rückleuchte*
baklykta -n u
[ba:klykta]

⑬ *der Reifen*
däck -et n
[dɛk]

⑭ *die Seitenschutzleiste*
sidoskyddslist -en u
[si:dʊɧydslɪst]

⑮ *der Rückfahrscheinwerfer*
backljus et n
[bak:jʉ:s]

der Motor	**motor** -n u [mu:tʊr]
der Benzintank	**bensintank** -en u [bɛnˈsi:ntaŋk]
das Getriebe	**växellåda** -n n [vɛksəl:o:da]
der Kühler	**kylare** -n u [ɕy:larə]
der Ventilator	**fläkt** -en u [flɛkt]
die Batterie	**batteri** -et n [bat:əˈri:]
der Auspufftopf	**ljuddämpare** -n u [jʉ:d:æmparə]
das Auspuffrohr	**avgasrör** -et n [a:vga:srœ:r]

die Felge
fälg -en u
[fɛlj]

DAS AUTO – BILEN

Das Auto - Innenausstattung – bilen - inredningsdetaljer

① *der Seitenspiegel*
backspegel -n u
[bak:spe:gəl]

② *das Lenkrad*
ratt -en u
[rat]

③ *das Armaturenbrett*
instrumentbräda -n u
[ɪnstrəˈmɛntbræ:da]

④ *der Türöffner*
dörröppnare -n u
[dœr:œp:narə]

⑤ *der Fahrersitz*
förarsäte -t n
[fœ:rarsæ:tə]

⑥ *die Mittelkonsole*
mittkonsol -en u
[mɪt:kɔnso:l]

⑦ *die Handbremse*
handbroms -en u
[han(d)brɔms]

⑧ *der Heizungsregler*
värmereglage -et n
[værməregla:ɧ]

⑨ *das Handschuhfach*
handskfack -et n
[han(d)skfak]

⑩ *der Schalthebel*
växelspak -en u
[vɛksəlspa:k]

⑪ *der Beifahrersitz*
passagerarsäte -t n
[pas:aˈɧe:rarsæ:tə]

der Warnblinkschalter
varningsblinkers -en u
[vaɳɪŋsblɪŋkəʂ]

die Stereoanlage
stereoanläggning -en u
[ste:rjʊanlægnɪŋ]

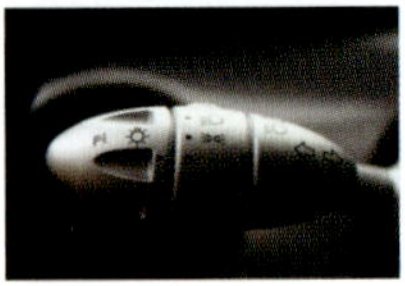

der Blinkerhebel
blinkers -en u
[blɪŋkəʂ]

der Zigaretten-anzünder
cigarettändare -n u
[sɪgarɛ:t:ɛndarə]

das Navigationsgerät
navigationssystem -et n
[navɪgaˈɧu:ns:yste:m]

die Fußstütze	**fotstöd** -et n [fu:tstø:d]
das Kupplungspedal	**kopplingspedal** -en u [kɔplɪŋspəda:l]
das Bremspedal	**bromspedal** -en u [brɔmspəda:l]
das Gaspedal	**gaspedal** -en u [ga:spəda:l]
der Sicherheitsgurt	**säkerhetsbälte** -t n [sæ:kərhe:tsbæltə]
die Kopfstütze	**nackstöd** -et n [nak:stø:d]
der Airbag	**airbag** -en u [æ:rbæg]
die Hupe	**tuta** -n u [tʉ:ta]

DAS AUTO – BILEN

Die Tankstelle – bensinmacken

die Preisanzeige
prismätare -n u
[pri:smæ:tarə]

die Literanzeige
litermätare -n u
[li:tərmæ:tarə]

der Feuerlöscher
brandsläckare -n u
[brandslæk:arə]

die Zapfsäule
bensinpump -en u
[bən'si:npɵmp]

das Reifenfüllgerät
däckpump -en u
[dɛkpɵmp]

das Rauchverbot
rökförbud -et n
[rø:kfœrbʉ:d]

das Benzin
bensin -en u
[bən'si:n]

der Diesel
diesel -n u
[di:səl]

bleifrei
blyfri
[bly:fri:]

verbleit
med bly
[mɛ(d) 'bly:]

der Zapfschlauch
bensinslang -en u
[bən'si:nslaŋ]

die Zapfpistole
bensinpumpshandtag -et n
[bən'si:npɵmpshan(d)ta:g]

der Tankdeckel
tanklock -et n
[taŋklɔk]

der Wagenheber
domkraft -en u
[dʊmkraft]

(das) Öl wechseln	att **byta olja** [by:ta 'ɔljə]
der Reifendruck	**lufttryck i däck** -et n [lɵft:ryk: i: 'dɛk]
der Keilriemen	**kilrem** -en u [ɕi:lrem]
die Lichtmaschine	**generator** -n u [jənə'ra:tʊr]
der Sommerreifen	**sommardäck** -et n [sɔm:ardɛk]
der Winterreifen	**vinterdäck** -et n [vɪntərdɛk]
der Allwetterreifen	**åretruntdäck** -et n [o:rətrɵntdɛk]
die Schneekette	**snökedjor** -na pl [snø:ɕe:djʊr]

tanken
att **tanka**
[taŋka]

DAS AUTO – BILEN

Die Tankstelle – bensinmack

① *die Tankanzeige*
bensinmätare -n u
[bən'si:nmæ:tarə]

② *die Tankleuchte*
bensinlampa -n u [bən'si:nlampa]

③ *der/das Tachometer*
hastighetsmätare -n u
[hastɪghe:tsmæ:tarə]

④ *die Geschwindigkeit*
hastighet -en u [hastɪghe:t]

⑤ *der Kilometerstand*
mätarställning -en u [mæ:tarstɛlnɪŋ]

⑥ *der Drehzahlmesser*
varvräknare -n u
[varvræ:knarə]

⑦ *die Kühlmitteltemperaturanzeige*
temperaturmätare -n u
[tɛmpəra'tʉ:rmæ:tarə]

den Reifen wechseln
att **byta däck**
[by:ta 'dɛk]

der Radmutternschlüssel
hjulmutternyckel -n u
[jʉ:lmɵt:ərnyk:əl]

das Reserverad
reservhjul -et n
[rə'særvjʉ:l]

die Reifenpanne
punktering -en u
[pɵŋ'te:rɪŋ]

der Verkehrsunfall	**trafikolycka** -n u [trafi:ku:lyk:a]
Ich habe eine Panne.	**Jag har problem med bilen.** [ja(g) ha:r proble:m mɛ(d) 'bi:lən]
Könnten Sie bitte den Pannendienst anrufen?	**Kan du kalla på vägassistans?** [kan dʉ: kal:a po: 'vɛ:gas:ɪstans]
Der Motor springt nicht an.	**Bilen startar inte.** [bi:lən sta:ʈar 'ɪntə]
das Starthilfekabel	**startkabel** -n u [sta:ʈka:bəl]
Könnten Sie mir Starthilfe geben?	**Kan du hjälpa mig att starta?** [kan dʉ: je:lpa mɛj at 'sta:ʈa]
der Ersatzreifen	**reservdäck** -et n [rə'sɛrvdɛk:]
Könnten Sie mir beim Reifenwechseln helfen?	**Kan du hjälpa mig att byta däck?** [kan dʉ: jɛlpa mɛj at: by:ta 'dɛk]

DER BUS – BUSSEN

der Doppeldecker
dubbeldäckare -n u
[dəb:əldæk:arə]

die Liniennummer
linjenummer -numret n
[lɪnjənəm:ər]

das Fahrziel
destination -en u
[dəstɪnaˈɧu:n]

der Reisebus
långdistansbuss -en u
[lɔŋdɪsˈtansbəs]

die Automatiktür
den **automatiska dörren** u
[avtʊma:tɪska dœrən]

der Gepäckraum
bagageutrymme -t n
[baˈga:ɧʉ:trym:ə]

die Bushaltestelle
busshållplats -en u
[bəshɔl:plats]

der Fahrplan
tidtabell -en u
[ti:dtabɛl]

das Wartehäuschen
väntkur -en u
[vɛntkʉ:r]

der Schulbus
skolbuss -en u
[sku:lbəs]

der Halteknopf
stoppknapp -en u
[stɔp:knap:]

der Niederflurbus	**låggolvsbuss** -en u [lo:g:ɔlvsbəs]
der Busbahnhof	**busstation** -en u [bəs:taɧu:n]
der Linienbus	**linjebuss** -en u [lɪnjəbəs]
der Kleinbus	**minibuss** -en u [mi:nɪbəs]
die Monatskarte	**månadskort** -et n [mo:nadskʊʈ]
der Fahrpreis	**biljettpris** -et n [bɪlˈjɛtpri:s]
die Fahrkarte	**biljett** -en u [bɪlˈjɛt]
der Fahrkartenautomat	**biljettautomat** -en u [bɪlˈjɛt:avtʊma:t]

die Halteschlaufe
stropp -en u
[strɔp]

DAS MOTORRAD – MOTORCYKELN

die Rennmaschine
tävlingsmotorcykel -en u
[tæ:vlɪŋsmu:tʊrsykəl]

das Cockpit
styrhytt -en u
[sty:rhyt]

der Kupplungshebel
kopplingspedal -en u
[kɔplɪŋspəda:l]

der Lenkergriff
styrhandtag -et n
[sty:rhan(d)ta:g]

der Fahrersitz
förarsäte -t n
[fœ:rarsæ:tə]

der Rückspiegel
backspegel -n u
[bak:spe:gəl]

der Soziussitz
bönpall -en u
[bø:npal]

das Schutzblech
skyddsplåt -en u
[ɧydsplo:t]

der Seitenständer
sidostöd -et n
[si:dʊstø:d]

die Fußraste
fotstöd -et n
[fu:tstø:d]

die Rückleuchte
baklykta -n u
[ba:klykta]

das Getriebe
växellåda -n u
[vɛksəl:o:da]

der Fußschalthebel
fotväxelspak -en u
[fu:tvɛ:ksəlspa:k]

die Radaufhängung
hjulupphängning -en u
[jʉ:ləphɛŋnɪŋ]

der Motorroller
skoter -n u
[sku:tər]

das Quad
fyrhjuling -en u
[fy:rjʉ:lɪŋ]

das Geländemotorrad
motorcrosscykel -n u
[mu:tʊrkrɔs:ykəl]

der Chopper
chopper -n u
[ɕɔp:ər]

DAS MOTORRAD – MOTORCYKELN

der Motorradhelm
motorcykelhjälm -en u
[mu:tʊrcykəljɛlm]

die Lederjacke
läderjacka -n u
[læ:dərjak:a]

die Motorradkombi
motorcykelkläder -na pl
[mu:tʊrcykəlklæ:dər]

der Lederhandschuh
läderhandske -n u
[læ:dərhan(d)skə]

das Visier
visir -et n
[vɪˈsi:r]

der Lufteinlass
luftintag -et n
[lɵftɪnta:g]

der Reflektorstreifen
reflexband -et n
[rəˈflɛksband]

der/das Tachometer
hastighetsmätare -n u
[hastɪghe:tsmæ:tarə]

der Lenker
styre -t n
[sty:rə]

der Tankdeckel
tanklock -et n
[taŋklɔk]

der Benzintank
bensintank -en u
[bɛnˈsi:ntaŋk]

der Blinker
blinkers -en u
[blɪŋkəʂ]

der Bremshebel für die Vorderradbremse
bromsspak till framhjulsbroms -en u
[brɔms:pa:k tɪl ˈframjʉ:lsbrɔms]

der Gasdrehgriff
gasreglage -t n
[gasrəgla:ɧ]

das Motorradgespann
motorcykel med sidovagn -en u
[mu:tʊrcykəl mɛ(d) sidʊvaŋn]

der Tourer
långfärdsmotorcykel -n u
[lɔŋfæ:ɖsmu:tʊrcykəl]

der Beiwagen
sidovagn -en u
[si:dʊvaŋn]

DAS FAHRRAD – CYKELN

die Felgenbremse
fälgbroms -en u
[fɛljbrɔms]

der Sattel
sadel -n u
[sa:dəl]

die Sattelstütze
sadelstöd -et n
[sa:dəlstø:d]

der Lenker
styre -t n
[sty:rə]

der Fahrradkorb
cykelkorg -en u
[sykəlkɔrj]

der Gepäckträger
pakethållare -n u
[pa'ke:thɔl:arə]

das Hinterrad
bakhjul -et n
[ba:kjʉ:l]

die Gabel
framgaffel -n u
[framgaf:əl]

der Reifen
däck -et n
[dɛk]

die Felge
fälg -en u
[fɛlj]

das Vorderrad
framhjul -et n
[framjʉ:l]

die Speiche
eker -n u
[e:kər]

der Reflektor
reflex -en u
[rə'flɛks]

der Kettenschutz
kedjeskydd -et n
[ɕe:djəɧyd]

die Kette
kedja -n u
[ɕe:dja]

das Pedal
pedal -en u
[pə'da:l]

das Zahnrad
kugghjul -et n
[kɵgjʉ:l]

das Schutzblech
skyddsplåt -en u
[ɧydsplo:t]

der Schalthebel	**växelspak** -en u [vɛksəlspa:k]
der Bremshebel	**bromsspak** -en u [brɔms:pa:k]
die Luftpumpe	**luftpump** -en u [lɵftpɵmp]
der Fahrradhelm	**cykelhjälm** -en u [sykəljɛlm]
der Dynamo	**dynamo** -n u [dy:namʊ]
in die Pedale treten	att **trampa på pedalerna** [trampa po: pə'da:lərna]
bremsen	att **bromsa** [brɔmsa]
in einen höheren/niedrigeren Gang schalten	att **växla till en högre/lägre växel** [vɛksla tɪl ən hø:grə/læ:grə 'vɛksəl]
Radfahren lernen	att **lära sig cykla** [læ:ra sɛj 'sykla]
einen Fahrradschlauch flicken	att **laga en cykelslang** [la:ga ən sykəlslaŋ]

DAS FAHRRAD – CYKELN

der Kindersitz
barnsits -en u
[baɳsɪts]

das Einrad
enhjuling -en u
[e:njʉ:lɪŋ]

das Tandem
tandem -en u
[tandɛm]

das BMX-Rad
BMX-cykel -n u
[be:ɛm:ˈɛks:ykəl]

das Rennrad
tävlingscykel -n u
[tæ:vlɪŋs:ykəl]

das Tourenfahrrad
långfärdscykel -n u
[lɔŋfæ:ɖs:ykəl]

das Mountainbike
mountainbike -n u
[maʊntɪnbajk]

das Elektrofahrrad
elcykel -n u
[e:lsykəl]

das Liegerad
liggcykel -n u
[lɪgsykəl]

das Dreirad
trehjuling -en u
[tre:jʉ:lɪŋ]

das Fahrradschloss
cykellås -et n
[cykəl:o:s]

das Flickzeug
reparationssats -en u
[rəparaˈɧu:ns:ats]

das Leihfahrrad
hyrcykel -n u
[hy:rsykəl]

der Kinderanhänger
barnsläpvagn -en u
[ba:ɳslæ:pvaŋn]

die Satteltasche
sadelväska -n u
[sadəlvɛska]

der Fahrradständer
cykelställ -et n
[sykəlstɛl]

DAS LASTKRAFTFAHRZEUG – LASTBILEN

der Sattelschlepper
långtadare -n u
[lɔŋtra:darə]

die Kühlerhaube
kylarhuv -en u
[çy:larhʉ:v]

der Kühlergrill
kylargrill -en u
[çy:largrɪl]

der Scheinwerfer
strålkastare -n u
[stro:lkastarə]

das Auspuffrohr
avgasrör -et n
[a:vga:srœ:r]

die Schlafkabine
sovkabin -en n
[su:vkabi:n]

das Lufthorn
tuta -n u
[tʉ:ta]

der Stauraum
förrådsutrymme -et n
[fœr:o:dsʉ:trym:ə]

der Stoßfänger
kofångare -n u
[ku:fɔŋarə]

die Windschutzscheibe
vindruta -n u
[vɪn(d)rʉ:ta]

die Trittstufe
fotsteg -et n
[fu:tste:g]

der Kraftstofftank
bränsletank -en u
[brænslətaŋk]

der Autotransporter
biltransport -en u
[bi:ltranspɔʈ]

die Schneefräse
snöslunga -n u
[snø:slɵŋa]

die Straßen-kehrmaschine
gatsopningsmaskin -en u
[ga:tsu:pnɪŋsmaɧi:n]

der Müllwagen
sopbil -en u
[su:pbi:l]

der Tankwagen
tankbil -en u
[taŋkbi:l]

der Sattelzug
släpfordon -et n
[slæ:pfu:ɖu:n]

der Auflieger
påhängsvagn -en u
[po:hɛŋsvaŋn]

der Flachbettauflieger
den **låga påhängs-vagnen** u
[lo:ga po:hɛŋsvaŋnən]

WEITERE FAHRZEUGE – YTTERLIGARE FORDON

der Bagger
grävmaskin -en u
[græːvmaɧiːn]

der Radlader
hjullastare -n u
[jʉːlːastarə]

der Betonmischer
betongblandare -n u
[bəˈtɔŋblandarə]

der Kipper
dumper -n u
[damper]

der Wohnwagen
husvagn -en u
[hʉːsvaŋn]

das Wohnmobil
husbil -en u
[hʉːsbiːl]

der Gabelstapler
gaffeltruck -en u
[gafːəltrɵk]

das Feuerwehr-fahrzeug
brandbil -en u
[bran(d)biːl]

der Anhänger
släpvagn -en u
[slæːpvaŋn]

der Traktor
traktor -n u
[traktʊr]

der Polizeiwagen
polisbil -en u
[pʊˈliːsbiːl]

das Taxi
taxi -n u
[taksɪ]

der Abschleppwagen
bärgningsbil -en u
[bærjnɪŋsbiːl]

der Fahrzeugkran
fordonskran -en u
[fuːɖuːnskraːn]

der Taxistand
taxistation -en u
[taksɪstaɧuːn]

ein Taxi herbeiwinken
att **vinka in en taxi**
[vɪŋka ɪn ən ˈtaksɪ]

DER ZUG – TÅGET

der Zug
tåg -et n
[to:g]

der Führerstand
förarhytt -en u
[fœ:rarhyt]

das Kleinabteil
kupé -n u
[kɵˈpe:]

die Gepäckablage
bagagehylla -n u
[baˈga:ɧhyl:a]

die Schiene
räls -en u
[rɛls]

der Waggon
vagn -en u
[vaŋn]

die Armlehne
armstöd -et n
[armstø:d]

der Sitz
sittplats -en u
[sɪt:plats]

die Kopflehne
nackstöd -et n
[nak:stø:d]

der Güterzug
godståg -et n
[gʊdsto:g]

die Straßenbahn
spårvagn -en u
[spo:rvaŋn]

die U-Bahn
tunnelbana -n u
[tɵnəlba:na]

die Einschienenbahn
enkelspår -et n
[eŋkəlspo:r]

die Dampflok
ånglok -et n
[ɔŋlu:k]

der Hochgeschwindigkeitszug	**höghastighetståg** -et n [hø:ghastɪghe:tsto:g]
das Großraumabteil	**salong** -en u [saˈlɔŋ]
die Oberleitung	**kontaktledning** -en u [kɔnˈtaktle:dnɪŋ]
die erste Klasse	den **första klassen** u [fœʂta klasən]
die zweite Klasse	den **andra klassen** u [andra klasən]
der Klapptisch	**klappbord** -et n [klap:bu:d]
der Triebwagen	**lok** -et n [lu:k]
die Sitzplatzreservierung	**platsreservation** -en u [platsrəsɛrvaɧu:n]

DER ZUG – TÅGET

Am Bahnhof – på järnvägsstationen

der Bahnsteig
perrong -en u
[pər:ɔŋ]

einsteigen
att **gå ombord**
[go: ɔmˈbu:ɖ]

aussteigen
att **stiga av**
[sti:ga ˈa:v]

das Geländer
räcke -t n
[ræk:ə]

die Gleisnummer
spårnummer -numret n
[spo:rnɵmər]

der Wegweiser
vägvisare -n u
[vɛ:gvi:sarə]

der Reisende
resande -n u
[re:sandə]

die Rolltreppe
rulltrappa -n u
[rɵl:trap:a]

die Bahnhofshalle
stationshus -et n
[staˈɧu:nshʉ:s]

der Fahrkartenschalter
biljettkassa -n u
[bɪlˈjɛt:kas:a]

der Fahrkarten-automat
biljettautomat -en u
[bɪlˈjɛt:avtɵma:t]

die Schaffnerin
konduktör -n u
[kɔndɵˈktœ:r]

die Verspätung	**försening** -en u [fœrˈse:nɪŋ]
pünktlich	**punktligt** [pɵŋtlɪ(k)t]
umsteigen	att **byta** [by:ta]
das Schienennetz	**järnvägsnät** -et n [jæ:ɳvɛ:gsnæ:t]
Eine einfache Fahrt nach ..., bitte.	**En enkelbiljett till..., tack.** [ən eŋkəl bɪljɛt: tɪl ˈ... tak]
hin und zurück	**tur och retur** [tʉ:r ɔ rəˈtʉ:r]
Ist dieser Platz noch frei?	**Är den här platsen ledig?** [æ:(r) ˈdən hær platsən le:dɪg]

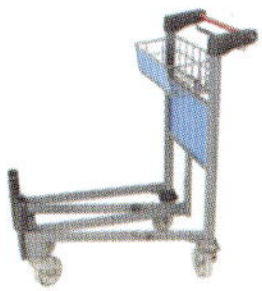

der Kofferkuli
bagagekärra -n u
[baˈgaɧɕær:a]

DAS FLUGZEUG – FLYGPLANET

das Verkehrsflugzeug
trafikflygplan -et n
[traˈfi:kfly:gpla:n]

das Fenster
fönster fönstret n
[fœnstər]

der Rumpf
kropp -en u
[krɔp]

der Bug
bogparti -et n
[bu:gpaʈi:]

das Heck
stjärtfena -n u
[ɧæʈfe:na]

die Tragfläche
vinge -n u
[vɪŋə]

die Flugzeugtür
flygplansdörr -en u
[fly:gpla:nsdœr]

das Seitenleitwerk
sidstyrverk -et n
[si:dsty:rværk]

der Frachtraum
lastrum -et n
[lastrɵm]

das Fahrwerk
landningsställ -et n
[landnɪŋs:tɛl]

das Cockpit
cockpit -en u
[kɔk:pɪt]

das Höhenleitwerk
höjdstyrverk -et n
[hœjdsty:rværk]

das Querruder
tvärroder -rodret n
[tvær:u:dər]

das Triebwerk
flygplansmotor -n u
[fly:gpla:nsmu:tɔr]

das Bugfahrwerk
noshjul -et n
[nu:sjʉ:l]

der Windsack
vindstrut -en u
[vɪndstrʉ:t]

Ihr Flug ist jetzt zum Einsteigen bereit.	**Ert flygplan är klart att bordas.** [eʈ fly:gpla:n æ:(r) ˈklaʈ at: bu:ɖas]
die Fluggesellschaft	**flygbolag** -et n [fly:gbɔla:g]
der Flugsicherungsdienst	**flygsäkerhetstjänst** -en u [fly:gsæ:kərhe:tsɕɛ:nst]
der Pilot	**pilot** -en u [pɪˈlu:t]
die Pilotin	**pilot** -en u [pɪˈlu:t]
die erste Klasse	den **första klassen** u [fœʂta klasən]
die Businessklasse	**businessklass** -en u [bɪsnɪsklas]
die Economyklasse	**ekonomiklass** -en u [eˈkɔnɵmi:klas]

DAS FLUGZEUG – FLYGPLANET

Im Flugzeug – i flygplanet

die Sicherheitsanweisung
säkerhetsinformation -en u
[sæ:kərhe:ts-ınfɔrmaɧu:n]

die Flugbegleiterin
flygvärdinna -n u
[fly:gvæɖın:a]

der Sitzplatz
sittplats -en u
[sıt:plats]

das Gepäckfach
bagagefack -et n
[baga:ɧfak]

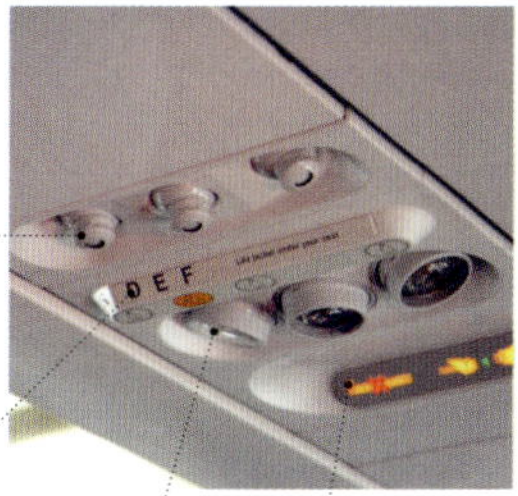

die Luftdüse
luftmunstycke -et n
[ləftmənstyk:ə]

die Sitznummer
platsnummer -numret n
[platsnəm:ər]

der Nichtraucherflug
det **rökfria flyget** n
[rø:kfrıa fly:gət]

die Leselampe
läslampa -n u
[læ:slampa]

das Handgepäck
handbagage -t n
[handbaga:ɧ]

der Gang
gång -en u
[gɔŋ]

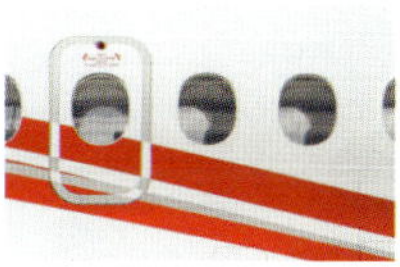

der Notausgang
nödutgång -en u
[nø:dʉ:tgɔŋ]

der Sitzabstand
sätesavstånd -et n
[sæ:təsa:vstɔn(d)]

die Sitzreihe	**sittplatsrad** -en u [sıt:platsra:d]
der Sicherheitsgurt	**säkerhetsbälte** -t n [sæ:kərhe:tsbæltə]
sich anschnallen	att **spänna fast sig** [spɛn:a ˈfast sɛj]
die Start- und Landebahn	**start- och landningsbana** -n u [sta:ʈ ɔ ˈlan(d)nıŋsba:na]
fliegen	att **flyga** [fly:ga]
starten	att **starta** [sta:ʈa]
landen	att **landa** [landa]
die Turbulenzen	**turbulenser** -na pl [tərbəˈlɛns]
die Notlandung	**nödlandning** -en u [nø:dlan(d)nıŋ]
die Sauerstoffmaske	**syrgasmask** -en u [sy:rga:smask]

der Bildschirm für das Bordprogramm
bildskärm -en u
[bıldɧærm]

DAS FLUGZEUG – FLYGPLANET

Am Flughafen – vid flygplatsen

der Check-in-Automat
incheckningsautomat -en u
[ɪnçɛknɪŋsavtʊma:t]

der Check-in-Schalter
incheckningsdisk -en u
[ɪnçɛknɪŋsdɪsk]

die Bordkarte
bordningsskort -et n
[bu:ɖnɪŋskʊʈ]

der Reisepass
pass -et n
[pas]

die Ankunft
ankomst -en u
[ankɔmst]

der Abflug
avgång -en u
[a:vgɔŋ]

das Terminal
terminal -en u
[tɛrmɪna:l]

der Zoll
tull -en u
[tɵl]

die Sicherheits-kontrolle
säkerhetskontroll -en u
[sæ:kərhe:tskɔntrɔl]

die Ticketkontrolle
biljettkontroll -en u
[bɪlˈjɛt:kɔntrɔl]

der Duty-free-Laden
taxfreeshop -en u
[tæksfri:ɧʊp]

die Fluggasttreppe
passagerartrappa -n u
[pas:aˈɧe:rartrap:a]

der Flugsteig
gate -en u
[gɛjt]

die Fluggastbrücke
passagerarbrygga -n u
[pas:aˈɧe:rarbryg:a]

der Kontrollturm
kontrolltorn -et n
[kɔnˈtrɔl:tu:ɳ]

der Fluglotse
flygklarerare -n u
[fly:gklaˈre:rare]

DAS FLUGZEUG – FLYGPLANET

Am Flughafen – vid flygplatsen

① *die Anzeigetafel*
annonstavla -n u
[aˈnːɔnstaːvla]

② *das Reiseziel*
resmål -et n
[reːsmoːl]

der Langstreckenflug
långdistansflyg -et n
[lɔŋdɪstansflyːg]

der Auslandsflug
utrikesflyg -et n
[ʉːtriːkəsflyːg]

der Inlandsflug
inrikesflyg -et n
[ɪnriːkəsflyːg]

der Rollkoffer
rullväska -n u
[rɵlːvɛska]

das Übergepäck
övervikt -en u
[øːvəvɪkt]

das Gepäckband
bagageband -et n
[bagaːɧband]

der Fahrsteig
rullband -et u
[rɵlːband]

die Zwischenlandung	**mellanlandning** -en u [melːanlan(d)nɪŋ]
einen Flug buchen	att **boka ett flyg** [buːka etː ˈflyːg]
der/das Online-Check-in	**onlineincheckning** -en u [ɔnlajnˈɪnɕɛknɪŋ]
die Buchungsnummer	**bokningsnummer** -numret n [buːknɪŋsnɵmːər]
das Visum	**visum** -et n [viːsɵm]
die Gepäckkontrolle	**bagagekontroll** -en u [bagaːɧkɔntrɔl]
der Gepäckabschnitt	**bagageavdelning** -en u [bagaːɧaːvdeːlnɪŋ]
der Währungsumtausch	**valutaväxling** -en u [vaˈlʉːtavɛkslɪŋ]

der Rucksack
ryggsäck -en u
[ryːgsɛk]

DAS SCHIFF – SKEPPET

das Kreuzfahrtschiff
kryssningsfartyg -et n
[krys:nɪŋsfaʈy:g]

die Funkantenne
radioantenn -en u
[ra:djʊantɛn]

das Deck
däck -et n
[dɛk]

die Kabine
kabin -en u
[ka'bi:n]

der Schornstein
skorsten -en u
[skɔʂte:n]

die Radarantenne
radarantenn -en u
[ra:darantɛn]

die Backbordseite
babordsida -n u
[ba:bu:ɖsi:da]

der Rumpf
skrov -et n
[skro:v]

das Bullauge
ventil -en u
[vɛn'ti:l]

die Steuerbordseite
styrbordsida -n u
[sty:rbu:ɖsi:da]

der Bug
bog -en u
[bu:g]

das Rettungsboot
livbåt -en u
[li:vbo:t]

der Bugwulst
bulbstäv -en u
[bɵlbstæ:v]

das Segelboot
segelbåt -en u
[se:gəlbo:t]

die Motorjacht
motoryacht -en u
[mu:tʊrjɔt]

das Motorboot
motorbåt -en u
[mu:tʊrbo:t]

der Katamaran
katamaran -en u
[katama'ra:n]

DAS SCHIFF – SKEPPET

Der Hafen – hamnen

der Containerhafen
containerhamn -en u
[kɔnˈtɛjnərhamn]

das Containerlager
containermagasin -et n
[kɔnˈtɛjnərmagasiːn]

die Fracht
frakt -en u
[frakt]

der Kai
kaj -en u
[kaj]

der Kran
kran -en u
[kraːn]

das Containerschiff
containerfartyg -et n
[kɔnˈtɛjnərfaːʈyːg]

der Leuchtturm
fyr -en u
[fyːr]

die Vertäuung
förtöjning -en u
[fœˈʈœjnɪŋ]

der Poller
pollare -n u
[pɔlːarə]

die Boje
boj -en u
[bɔj]

den Anker werfen/lichten	att **kasta/lätta ankar** [kasta/lɛtːa aŋkar]
die Küstenwache	**kustbevakning** -en u [kɵstbəvaːknɪŋ]
anlegen	att **lägga till** [lɛgːa ˈtɪl]
auslaufen	att **lägga ut** [lɛgːa ˈʉːt]
an Bord gehen	att **gå ombord** [goː ɔmˈbuːɖ]
von Bord gehen	att **gå iland** [goː ˈɪland]
der Landungssteg	**landgång** -en u [landgɔŋ]
das U-Boot	**u-båt** -en u [ʉːboːt]

die Fähre
färja -n u
[færja]

IN DER STADT

I STADEN

DIE INNENSTADT – INNERSTADEN

die Vorstadt
förort -en u
[fœ:rʊʈ]

die Brücke
bro -n u
[bru:]

der Fluss
å -n u
[o:]

die Straße
gata -n u
[ga:ta]

das Geschäftsviertel
affärskvarter -et n
[aˈf:æ:ʂkvʈe:r]

der Fernsehturm
tv-torn -et n
[te:ve:tu:ɳ]

der Wohnblock
bostadshus -et n
[bu:sta(d)shʉ:s]

der Dom
domkyrka -n u
[dʊmɕyrka]

der Gehweg
trottoar -en u
[trʊt:ʊˈa:r]

die Altstadt
den **gamla stan** u
[gamla sta:n]

der Turm
torn -et n
[tu:ɳ]

die Straßenbeleuchtung
gatubelysning -en u
[ga:təbəly:snɪŋ]

die Seitenstraße
sidogata -n u
[si:dʊga:ta]

der Boulevard
boulevard -en u
[bʊləˈva:ɖ]

die Treppe
trappa -n u
[trap:a]

die Gasse
gränd -en u
[grænd]

DIE INNENSTADT – INNERSTADEN

der Park
park -en u
[park]

der Kanal
kanal -en u
[kaˈna:l]

das Ausgehviertel
nöjeskvarter -et n
[nœjəskvaʈe:r]

der Platz
torg -et n
[tɔrj]

das Einkaufsviertel
affärskvarter -et n
[aˈf:æ:ʂkvaʈe:r]

das Industriegebiet
industriområde -t n
[ɪndɵsˈtri:ɔmro:də]

das Wohngebiet
bostadsområde -t n
[bu:sta(d)sɔmro:də]

das Rathaus
rådhus -et n
[ro:dhʉ:s]

die Universität
universitet -et n
[ɵnɪvæʂɪˈte:t]

die Schule
skola -n u
[sku:la]

die Post
post -en u
[pɔst]

die Feuerwache
brandstation -en u
[bran(d)staɧu:n]

die Polizeiwache
polisstation -en u
[pʊˈli:s:taɧu:n]

das Krankenhaus
sjukhus -et n
[ɧʉ:khʉ:s]

die Bibliothek
bibliotek -et n
[bɪbljʊˈte:k]

das Gerichtsgebäude
domstolsbyggnad -en u
[dʊmstu:lsbygnad]

DIE INNENSTADT – INNERSTADEN

Gebäude in der Innenstadt – hus i innerstaden

der Wolkenkratzer
skyskrapa -n u
[ɧy:skra:pa]

die Burg
borg -en u
[bɔrj]

das Schloss
slott -et n
[slɔt]

die Kirche
kyrka -n u
[ɕyrka]

die Moschee
moské -n u
[mɔsˈke:]

die Synagoge
synagoga -n u
[sy:naˈgu:ga]

der Tempel
tempel templet n
[tæmpəl]

die Ruine
ruin -en u
[rɵˈi:n]

das Bürogebäude
kontorsbyggnad -en u
[kɔntu:ʂbygnad]

das Theater
teater -n u
[tɛˈa:tər]

das Kino
biograf -en u
[bi:ʊˈgra:f]

die Fabrik
fabrik -en u
[faˈbri:k]

die Botschaft
ambassad -en u
[ambaˈs:a:d]

das Opernhaus
operahus -et n
[u:prahʉ:s]

das Museum
museum -et n
[mɵˈse:ɵm]

die Kunsthalle
konsthall -en u
[kɔnsthal]

DIE INNENSTADT – INNERSTADEN

Auf der Straße – på gatan

die Straßenlaterne
gatlykta -n u
[ga:tlykta]

die Fußgängerampel
trafikljus för fotgängare -et n
[trafi:kjʉ:s fœ:r ˈfu:tjɛŋarə]

die Ampel
trafikljus -et n
[traˈfi:kjʉ:s]

das Denkmal
minnesmärke -t n
[mɪn:əsmærkə]

der Abfalleimer
soptunna -n u
[su:ptɵn:a]

der Kanaldeckel
brunnslock -et n
[brɵnslɔk]

der Hydrant
brandpost -en u
[brand(d)pɔst]

der Friedhof
kyrkogård -en u
[ɕyrkʊgo:ɖ]

die Bushaltestelle
busshållplats -en u
[bɵshɔl:plats]

der Kiosk
kiosk -en u
[ɕɔsk]

die Tiefgarage
parkeringsgarage -t n
[parˈke:rɪŋsgara:ɧ]

die Fußgängerzone
gågata -n u
[go:ga:ta]

Entschuldigen Sie, wie komme ich nach ...?	**Ursäkta mig, hur kommer jag till ...?** [ʉ:ʂækta mɛj hʉ:r kɔm:ər ja:(g) tɪl ˈ...]
Könnten Sie mir bitte sagen, wo ... ist?	**Kan du säga mig, var ... ligger?** [kan dʉ: sɛja mɛj va:r ˈ... lɪg:ər]
Könnten Sie mir das bitte auf der Karte zeigen?	**Kan du visa mig på kartan?** [kan dʉ: vi:sa mɛj po: ˈka:ʈan]
an der Ecke	**i hörnet** [i: ˈhœ:ɳət]
rechts/links abbiegen	att **svänga höger/vänster** [svɛŋa hø:gər/vænstər]
auf der rechten/linken Seite	**på höger/vänster sida** [po: hø:gər/vænstər si:da]
(schräg) gegenüber	**(snett) emot** [(snet:) əˈmu:t]
in der Nähe (von)	**i närheten (av)** [i: næ:rhe:tən (ˈa:v)]

DIE INNENSTADT – INNERSTADEN

Das Hotel – hotellet

die Rezeption
reception -en u
[rəsæpˈɧu:n]

die Empfangsdame
receptionist -en u
[rəsæpɧu:ˈnɪst]

die Schlüsselkarte
nyckelkort -et n
[nyk:əlkoʈ]

die Klingel
ringklocka -n u
[rɪŋklɔk:a]

die Lobby
lobby -n u
[lɔb:y]

die Bar
bar -en u
[ba:r]

das Restaurant
restaurang -en u
[rəstəˈra:ŋ]

die Hotelanlage
hotellanläggning -en u
[hʊˈtɛl:anlægnɪŋ]

das Doppelzimmer
dubbelrum -met n
[dəb:əlrəm]

das Zweibettzimmer
tvåbäddarsrum -met n
[tvo:bɛd:aʂrəm]

das Einzelzimmer
enkelrum -met n
[eŋkəlrəm]

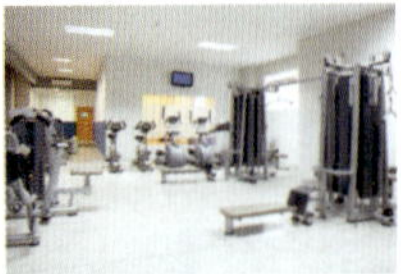

der Fitnessraum
fitnessrum -met n
[fɪtnɛsrəm]

der Pool
pool -en u
[pu:l]

Ich habe ein Zimmer unter dem Namen ... gebucht.	**Jag har bokat ett rum i namnet ....** [ja:(g) ha:r bu:kat ət rəm ɪ namnət ˈ...]
Was kostet das Zimmer, bitte?	**Vad kostar rummet?** [va:(d) kɔstar ˈrəm:ət]
Ich hätte gerne ein Doppelzimmer für eine Nacht.	**Jag skulle gärna vilja ha ett dubbelrum i natt.** [ja:(g) skəl:ə jæ:ɳa vɪlja ha: ət: ˈdəbəlrəm ɪ nat:]
Haben Sie ein Zimmer frei?	**Har ni ett ledigt rum?** [ha:r ni: ət: le:dɪ(k)t ˈrəm]

DIE INNENSTADT – INNERSTADEN

Das Hotel – hotellet

der/die Concierge
portvakt -en u
[puːʈvakt]

der Kofferwagen
bagagevagn -en u
[baˈgaːɧvaŋn]

der Türanhänger „Bitte nicht stören“
dörrskylt ”Stör ej” -en u
[dœrɧyːlt ˈstœːr ɛj]

die Gepäckablage
förvaringsyta -n u
[fœrˈvaːrɪŋsyːta]

der Zimmerservice
rumsservice -n u
[rɵmsːœrvɪs]

das Zimmermädchen
hotellstäderska -n u
[hʊˈtɛlːstæːdəʂka]

die Suite
svit -en u
[sviːt]

die Toilettenartikel
hygienartikel -n u
[hyˈgɪeːnaʈɪkəl]

die Minibar
minibar -en u
[miːnɪbaːr]

die Zimmernummer
rumsnummer -numret n
[rɵmsnɵmːər]

das Frühstücksbuffet
frukostbuffet -en u
[frɵkɔstbɵfːeː]

das Drei-/Vier-Sterne-Hotel	det **tre-/fyrstjärniga hotellet** n [treː/fyːrɧæŋɪga hʊˈtɛlːət]
das Familienzimmer	**familjerum** -met n [faˈmɪljərɵm]
ein-/auschecken	att **checka in/ut** [ɕɛkːa ˈɪn/ˈʉːt]
die Halbpension	**halvpension** -en u [halvpaŋɧuːn]
die Vollpension	**helpension** -en u [heːlpaŋɧuːn]
das Zimmer mit Frühstück	**rum med frukost** -met n [rɵm mɛː(d) ˈfrɵkɔst]
das Zustellbett	**extrasäng** -en u [ɛkstrasɛŋ]
der Weckanruf	**telefonväcknig** -en u [teləˈfoːnvæknɪŋ]

der Tresor
värdeskåp -et n
[væːɖəskoːp]

DIE INNENSTADT – INNERSTADEN

Die Bank – banken

das Chipkartenterminal
chipkortläsare -n u
[ɕɪpkʊʈlæːsarə]

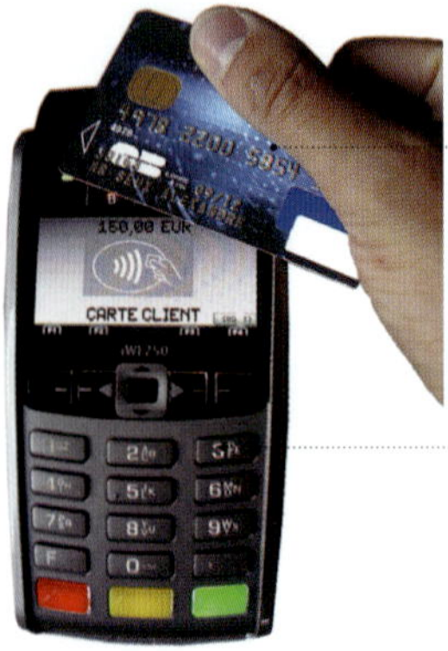

die EC-Karte
kontantkort -et n
[kɔnˈtantkʊʈ]

das Tastenfeld
knappsats -en n
[knapːsats]

der Schalter
strömbrytare -n u
[strœmbryːtarə]

die Kassiererin
banktjänsteman -nen u
[baŋkɕɛnstəman]

das Onlinebanking
internetbank -en u
[ɪntərnɛtbaŋk]

der Geldautomat
bankomat -en u
[baŋkʊˈmaːt]

Geld abheben
att **ta ut pengar**
[taː ʉːt ˈpæŋar]

Geld einzahlen
att **sätta in pengar**
[sɛːta ɪn ˈpæŋar]

einen Scheck ausstellen
att **skriva ut en check**
[skriːva ʉːt ən ˈɕɛkː]

die Kontoüberziehung	**övertrassering** -en u [øːvətrasːeːrɪŋ]
das Girokonto	**girokonto** -t n [jiːrʊkɔntʊ]
das Sparkonto	**sparkonto** -t n [spaːrkɔntʊ]
die PIN-Nummer	**PIN-kod** -en u [pɪŋkoːd]
der Zinssatz	**räntesats** -en u [ræntəsats]
das Darlehen	**lån** -et n [loːn]
die Hypothek	**bolån** -et n [buːloːn]
die Kontonummer	**kontonummer** -numret n [kɔntʊnɵmːər]

DIE INNENSTADT – INNERSTADEN

Die Bank – banken

der Geldschein
sedel -n u
[se:dəl]

die Münze
mynt -et n
[mynt]

die Währung
valuta -n u
[vaˈlʉ:ta]

das Wertpapier
värdepapper -et n
[væ:ɖəpap:ər]

der Wechselkurs
växelkurs -en u
[væksəlkəʂ]

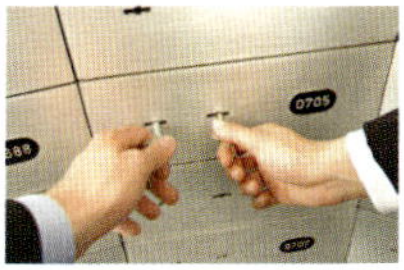

das Bankschließfach
bankfack -et n
[baŋkfak]

der Tresor
värdeskåp -et n
[væ:ɖəsko:p]

die Kreditkarte
kreditkort -et u
[krəˈdi:tkuʈ]

die Börse
börs -en u
[bœʂ]

der Börsenkurs
börskurs -en u
[bœʂkəʂ]

der Finanzberater
finansrådgivare -n u
[fɪˈnansro:dji:varə]

die Rechnung
räkning -en u
[ræ:knɪŋ]

Könnten Sie mir das bitte wechseln?	**Kan jag växla pengar här?** [kan ja:(g) væksla ˈpæŋar hæ:r]
Wie ist der aktuelle Wechselkurs?	**Vad ligger den aktuella växelkursen på?** [va(d) lɪgər dən aktʊɛl:a ˈvæksəlkəʂən po:]
Ich möchte gerne ein Konto eröffnen.	**Jag skulle vilja öppna ett konto.** [ja(g) skɵl:ə vɪlja œpna ət: ˈkɔntʊ]
der Betrag	**belopp** -et n [bəˈlɔp]
der Reisescheck	**resecheck** -en u [re:səɕɛk]
das Eigenkapital	det **egna kapitalet** n [e:gna kapɪta:lət]
die Provision	**provision** -en u [prʊvɪˈɧu:n]
die Wechselstube	**växlingskontor** -et n [vækslɪŋskɔntu:r]

der Überweisungsschein
betalorder -n u
[bəˈta:lo:ɖər]

EINKAUFEN – HANDEL

Läden und Geschäfte – affärer och butiker

der Markt
marknad -en u
[marknad]

der Marktstand
marknadsstånd -et n
[marknads:tɔnd]

das Schaufenster
skyltfönster -fönstret n
[ɧyltfœnstər]

die Tierhandlung
djuraffär -en u
[jʉ:raf:æ:r]

der Gemüseladen
grönsakshandel -n u
[grø:nsa:kshandəl]

die Metzgerei
charkuteri -et n
[ɧarkɵtəˈri:]

die Bäckerei
bageri -et n
[bagəˈri:]

die Konditorei
konditori -et n
[kɔndɪdʊˈri:]

der Supermarkt
stormarknad -en u
[stu:rmarknad]

das Fischgeschäft
fiskaffär -en u
[fɪskaf:æ:r]

die Weinhandlung
systembolaget u
[sysˈte:mbu:la:gət]

der Blumenladen
blomsteraffär -en u
[blɔmstəraf:æ:r]

das Lebensmittel-geschäft
mataffär -en u
[ma:taf:æ:r]

der Bioladen
hälsokostaffär -en u
[hɛlsʊkɔstaf:æ:r]

das Schreibwaren-geschäft
pappershandel -n u
[pap:əʂhandəl]

der Tante-Emma-Laden
närbutik -en u
[næ:rbɵti:k]

EINKAUFEN – HANDEL

Läden und Geschäfte – affärer och butiker

der Buchladen
bokhandel -n u
[bu:khandəl]

die Drogerie
hygien - och sjukvårdshandel -en u
[hygɪe:n ɔ(k) ˈɧʉ:kvo:ɖshandəl]

die Boutique
boutique -n u
[bʊˈtɪk]

der Antiquitätenladen
antikvitetsaffär -en u
[antɪkvɪˈte:tsaf:æ:r]

der Spielzeugladen
leksaksaffär -en u
[le:ksa:ksaf:æ:r]

das Juweliergeschäft
juvelerare -n u
[jʉ:vəˈle:rarə]

das Möbelgeschäft
möbelaffär -en u
[mø:bəlaf:æ:r]

der Elektrofachmarkt
elmarknad -en u
[e:lmarknad]

das Schuhgeschäft
skoaffär -en u
[sku:af:æ:r]

der Friseursalon
frisörsalong -en u
[frɪˈsœ:rsalɔŋ]

die Schneiderei
skräddare -n u
[skræd:arə]

die Parfümerie
parfymeri -et n
[parfyməˈri:]

der Baumarkt
byggmarknad -en u
[byg:marknad]

der Geschenkeladen
presentaffär -en u
[prəˈsɛntaf:æ:r]

die Apotheke
apotek -et n
[apʊˈte:k]

der Optiker
optiker -n u
[ɔptɪkər]

EINKAUFEN - HANDEL

Das Einkaufszentrum - shoppingcentret

der Lichthof
ljusgård -en u
[jʉ:sgo:ɖ]

die zweite Etage
den **andra våningen** u
[andra vo:nɪŋən]

die erste Etage
den **första våningen** u
[fœʂta vo:nɪŋən]

das Geschäft
affär -en u
[a'f:ær]

die Rolltreppe
rulltrappa -n u
[rɵl:trap:a]

das Erdgeschoss
bottenvåning -en u
[bɔt:ənvo:nɪŋ]

die Verkäuferin
säljare -n u
[sæljarə]

der Food Court
matserveringar -na pl
[ma:tsɛr've:rɪŋar]

die Umkleidekabine
provhytt -en u
[pru:vhyt]

der Parkplatz
parkeringsplats -en u
[par'ke:rɪŋsplats]

der Wickelraum
skötrum -met n
[ɧø:trɵm]

der Kundendienst	**kundtjänst** -en u [kɵndɕɛnst]
der Lageplan	**karta** -n u [ka:ʈa]
der Sicherheitsdienst	**säkerhetstjänst** -en u [sæ:kərhe:tsɕɛnst]
Könnten Sie mir bitte ... zeigen?	**Kan du visa mig var ... ligger?** [kan dʉ: vi:sa mɛj va:r '... lɪg:ər]
Wie viel kostet es?	**Hur mycket kostar det?** [hʉ:r myk:ə 'kɔstar də]
Kann ich das bitte umtauschen?	**Kan jag byta?** [kan ja:(g) 'by:ta]
Könnten Sie das bitte als Geschenk einpacken?	**Skulle du kunna packa in det som present?** [skɵl:ə dʉ: kɵn:a pak:a ɪn də sɔm prɛs'ɛnt]
der Ausverkauf	**utförsäljning** -en u [ʉ:tfœʂæljnɪŋ]

EINKAUFEN – HANDEL

Das Kaufhaus – varuhuset

die Schaufensterpuppe
skyltdocka -n u
[ɧyltdɔk:a]

die Einkaufstüte
inköpskasse -n u
[ɪnçø:pskas:ə]

die Taschenabteilung
väskavdelning -en u
[vɛska:vde:lnɪŋ]

der Imbissbereich
avdelning för snabbmat -en u
[a:vde:lnɪŋ fœ:r snab:ma:t]

die Sportabteilung
sportavdelning -en u
[spɔʈa:vde:lnɪŋ]

die Kurzwaren
sybehörsaffär -en u
[sy:bəhœ:ʂaf:æ:r]

die Unterwäsche
underkläder -na pl
[ɵndərklæ:dər]

die Kosmetikabteilung
kosmetikavdelning -en u
[kɔsˈməti:ka:vde:lnɪŋ]

die Herrenabteilung
herravdelning -en u
[hær:a:vde:lnɪŋ]

die Damenabteilung
damavdelning -en u
[da:ma:vde:lnɪŋ]

die Kinderabteilung
barnavdelning -en u
[ba:ɳa:vde:lnɪŋ]

die Schuhabteilung
skoavdelning -en u
[sku:a:vde:lnɪŋ]

die Lebensmittel-abteilung
livsmedelavdelning -en u
[lɪfsme:dəlsa:vde:lnɪŋ]

die Multimedia-Abteilung
multimediaavdelning -en u
[məltɪˈme:dɪa:vde:lnɪŋ]

die Heimtextilien-abteilung
hemtextilavdelning -en u
[hemtɛksti:la:vde:lnɪŋ]

die Schreibwaren-abteilung
pappersvaruavdelning -en u
[pap:əʂva:rɵa:vde:lnɪŋ]

EINKAUFEN - HANDEL

Der Supermarkt - mataffären

der Kassierer
kassörska -n u
[kas:œ:ʂka]

die Kundin
kund -en u
[kənd]

die Ware
vara -n u
[va:ra]

das Warentransport-band
rullband -et n
[rəl:band]

das Warenregal
hylla -n u
[hyl:a]

der Einkaufswagen
kundvagn -en u
[kəndvaŋn]

die Kasse
kassa -n u
[kas:a]

der Scanner
skanner -en u
[skan:ər]

die Käsetheke
ostdisk -en u
[ʊstdɪsk]

die Fleischtheke
köttdisk -en u
[ɕœt:dɪsk]

die Einkaufsliste
inköpslista -n u
[ɪnɕø:pslɪsta]

der Gang
gång -en u
[gɔŋ]

der Einkaufskorb
kundkorg -en u
[kəndkɔrj]

der Strichcode
streckkod -en u
[strek:o:d]

das Sonderangebot
extrapris -et n
[ɛkstrapri:s]

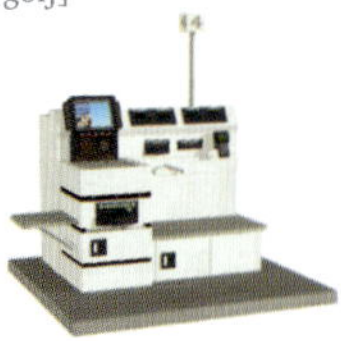

die Selbstbedienungs-kasse
självskanning -en u
[ɧælvskan:ɪŋ]

EINKAUFEN – HANDEL

Der Supermarkt – mataffären

das Kühlregal
kyldisk -en u
[çyːldɪsk]

die Milchprodukte
mejerivaror -na pl
[mɛjəˈriːvaːrʊr]

die Tiefkühlkost
de **djupfrysta varorna** pl
[jʉːpfryːsta vaːrʊrna]

das Obst und Gemüse
frukt och grönsaker -na pl
[frɵkt ɔ ˈgrøːnsaːkər]

das Fleisch und Geflügel
kött och fågel
[çœtː ɔ(k) ˈfoːgəl]

die Konserven
konserver -na pl
[kɔnˈsærvər]

die Feinkost
delikatesser -na pl
[dəlɪkaˈtɛsːər]

der Kassenzettel
kvitto -t n
[kvɪtːʊ]

die Babyartikel
babyprodukter -na pl
[bɛjbyprʊdɵktər]

die Frühstücksflocken
flingor -na pl
[flɪŋʊr]

die Backwaren
bröd och bakverk -et n
[brøːd ɔ ˈbaːkværk]

die Fischtheke
fiskdisk -en u
[fɪskdɪsk]

die Getränke	**drycker** -na pl [drykːər]
die Süßigkeiten	**sötsaker** -na pl [søːtsaːkər]
das Tierfutter	**djurmat** -en n [jʉːrmaːt]
die Bioprodukte	de **ekologiska produkterna** pl [ekʊluːgɪska prʊˈdɵktərna]
bezahlen	att **betala** [bəˈtaːla]
das Kleingeld	**småpengar** -na pl [smoːpæŋar]
der Preis	**pris** -et n [priːs]
das Preisschild	**prisskylt** -en u [priːsɧylt]

die Reinigungsmittel
rengöringsmedel -medlet n
[reːnjœːrɪŋsmeːdəl]

EINKAUFEN – HANDEL

Der Kiosk – kiosken

die Zeitung
tidning -en u
[ti:dnɪŋ]

die Zeitschrift
tidskrift -en n
[ti:dskrɪft]

das Notizbuch
anteckningsbok -en u
[anteknɪŋsbu:k]

der/das Comic
serietidning -en u
[se:rjəti:dnɪŋ]

das Zeitschriftenregal
tidningshylla -n u
[ti:dnɪŋsˈhyl:a]

die Grußkarte
vykort -et n
[vy:kuʈ]

der Lottoschein
lottosedel -n u
[lɔt:ʊse:dəl]

das Buch
bok -en u
[bu:k]

der/das Kaugummi
tuggummi -t n
[tɵg:ɵm:ɪ]

der/das Pfefferminz-bonbon
pepparmintskaramell -en u
[pep:arˈmɪntskaramɛl]

der Schokoriegel
chokladkaka -n u
[ɧʊkla:(d)ka:ka]

der Tabak
tobak -en u
[tu:bak]

die Zigarette
cigarett -en u
[sɪgaˈrɛt]

die Pfeife
pipa -n u
[pi:pa]

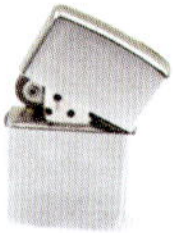

das Feuerzeug
tändare -n u
[tɛndarə]

die Zigarre
cigarr -en u
[sɪˈgar]

CAFÉS UND BARS – KAFÉER OCH BARER

das Straßencafé
gatukafé -t n
[gatөkafe:]

die Sonnenterrasse
solterass -en u
[su:ltəras:]

die Theke
disk -en u
[dɪsk]

die Kaffeemaschine
kaffemaskin -en u
[kaf:əmaɧi:n]

das Tablett
underlägg -et n
[өndərlɛg:]

der Zapfhahn
tappkran -en u
[tap:kra:n]

der Barkeeper
bartender -n u
[ba:ʈəndər]

der Barista
barista -n u
[ba'rɪsta]

der Barhocker
barstol -en u
[ba:rstu:l]

der Korkenzieher
korkskruv -en u
[kɔrkskrʉ:v]

der Cocktailshaker
cocktailshaker -n u
[kɔktɛjlɧɛjkər]

der Weinkühler
vinkylare -n u
[vi:nɕy:larə]

etwas auf Rechnung setzen	att **sätta upp på räkningen** [sɛt:a өp po: ˈræ: knɪŋən]
die Rechnung übernehmen	att **ta hand om räkningen** [ta: hand ɔm ˈræ:knɪŋən]
sich auf einen Kaffee treffen	att **träffas över en kopp kaffe** [trɛf:as ø:vər ən kɔp ˈkaf:ə]
Wo sind bitte die Toiletten?	**Var ligger toaletten?** [va:r lɪgər tu:aˈlɛt:ən]
Ich hätte gern …	**Jag skulle vilja ha …** [ja(g) skөl:ə vɪlja ha: ˈ…]
Bitte ein Glas …	**Ett glas …, tack.** [ət gla:s ˈ… tak]
Bitte eine Tasse …	**En kopp …, tack.** [ən kɔp ˈ… tak]
Das Gleiche noch einmal.	**Samma en gång till.** [sam:a ən gɔŋ ˈtɪl]

der Aschenbecher
askkopp -en n
[ask:ɔp]

SEHENSWÜRDIGKEITEN – SEVÄRDHETER

der Stadtplan
stadsplan -en u
[sta(d)spla:n]

die Touristen-information
turistinformation -en u
[tɵˈrɪstɪnfɔrmaɧu:n]

der Reiseführer
reseledare -n u
[re:səle:darə]

das Souvenir
souvenir -en u
[sʊvəˈni:r]

die Stadtbesichtigung
stadsguidning -en u
[sta(d)sgajdnɪŋ]

die Stadtrundfahrt
stadsrundtur -en u
[sta(d)srɵnt:ʉ:r]

die Flussfahrt
flodkryssning -en u
[flu:dkrysnɪŋ]

das Aquarium
akvarium akvariet n
[akˈva:rɪɵm]

die Aussichtsplattform
utsiktsplattform -en u
[ʉ:tsɪktsplat:fɔrm]

die Ausstellung
utställning -en u
[ʉ:tstɛlnɪŋ]

der Straßenmusiker
gatumusiker -n u
[gatɵmʉ:sɪkər]

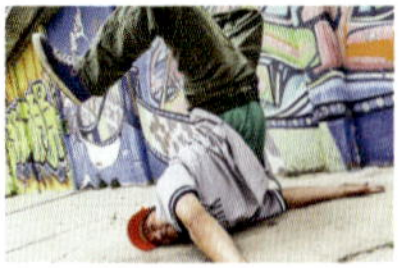

der Straßenkünstler
gatukonstnär -en u
[gatɵkɔnstnæ:r]

die Warteschlange
kö -n u
[kø:]

der Fremdenführer	**turistguide** -n u [tɵˈrɪstgajd]
die Fremdenführerin	**turistguide** -n u [tɵˈrɪstgajd]
der Ausflug	**utflykt** -en u [ʉ:tflykt]
die Öffnungszeiten	**öppningstider** -na pl [œpnɪŋsti:dər]
geöffnet	**öppet** [œp:ət]
geschlossen	**stängt** [stɛŋt]
das Eintrittsgeld	**entréavgift** -en u [aŋtˈre:a:vjɪft]
die Ermäßigung	**rabatt** -en u [raˈbat]

DIE ARCHITEKTUR – ARKITEKTUREN

klassizistisch
klassicistisk
[klasːɪˈsɪstɪsk]

gotisch
gotisk
[guːtɪsk]

barock
barock
[baˈrɔk]

romanisch
romansk
[rʊˈmaːnsk]

die Renaissance
renässans -en u
[rɔnæˈsːans]

der/das Art déco
art déco -n u
[aːr dəˈkɔ]

der Jugendstil
jugendstil -en u
[juːgəndstiːl]

das Rokoko
rokoko -n u
[rɔkɔkoː]

das Bauhaus
bauhaus
[baʊhaʊs]

die Säule
pelare -n u
[peːlarə]

der Bogen
båge -n u
[boːgə]

die Kuppel
kupol -en u
[kɵpoːl]

die Fassade	**fasad** -en u [faˈsaːd]
der Flügel	**flygel** -n u [flyːgəl]
das Gewölbe	**valv** -et n [valv]
das Grabmal	**gravsten** -en u [graːvsteːn]
der Innenhof	**innergård** -en u [ɪnːərgoːɖ]
die Stadtmauer	**stadsmur** -en u [sta(d)smʉːr]
die Katakomben	**katakomber** -na pl [kataˈkɔmbər]
die Gedenkstätte	**minnesmärke** -t n [mɪnːəsmærkə]

das Wahrzeichen
kännetecken -tecknet n
[çænːətekːən]

PARK UND SPIELPLATZ – PARKERINGS- OCH LEKPLATS

der Kurpark
rekreationspark -en u
[rəkre:a'ʃu:nspark]

① *der Pavillon*
paviljong -en u
[pavɪljɔŋ]

② *der Fußweg*
gångväg -en u
[gɔŋvɛ:g]

③ *die Liegewiese*
gräsmatta för solbad -n u
[græ:smat:a fœ:r 'su:lba:d]

die Gartenanlage
trädgårdsanläggning -en u
[trægo:ɖsanlægnɪŋ]

④ *der Brunnen*
fontän -en u
[fɔn'tæn]

⑤ *die Parkbank*
parkbänk -en u
[parkbæŋk]

der botanische Garten
den **botaniska trädgården** u
[bʊta:nɪska trægo:ɖən]

der Schlosspark
slottspark -en u
[slɔtspark]

der Landschaftspark
landskapspark -en u
[lan(d)ska:pspark]

der See
sjö -n u
[ʃø:]

der Nationalpark
nationalpark -en u
[natʃu:'na:lpark]

der Bergpark
bergspark -en u
[bærjspark]

der Zoo
zoo -t n
[su:]

der Wildpark
djurpark -en u
[jʉ:rpark]

PARK UND SPIELPLATZ – PARKERINGS- OCH LEKPLATS

der Spielplatz
lekplats -en u
[le:kplats]

① *das Klettergerüst*
klätterställning -en u
[klæt:ərstɛllnɪŋ]

② *die Rutsche*
rutschkana -n u
[rətʃka:na]

③ *die Schaukel*
gunga -n u
[gəŋa]

④ *die Wippe*
gungbräda -n u
[gəŋbræ:da]

der Sandkasten
sandlåda -n u
[san(d)lo:da]

das Hangelgerüst
hängställning -en u
[hɛŋstɛlnɪŋ]

der Irrgarten
labyrint -en u
[laby'rɪnt]

der Vergnügungspark
nöjespark -en u
[nœjəspark]

der Grillplatz
grillplats -en u
[grɪl:plats]

das Picknick
picknick -en u
[pɪknɪk]

spazieren gehen
att **promenera**
[prʊmə'ne:ra]

das Slacklining
att **gå på slak lina**
[go: po: 'sla:k li:na]

joggen
att **jogga**
[jɔg:a]

das Planschbecken
plaskdamm -en u
[plaskdam]

BILDUNG UND BERUF

UTBILDNING OCH YRKE

DIE SCHULE – SKOLAN

der Kindergarten
dagis -et n
[da:gɪs]

die Vorschule
förskola -n u
[fœ:ʂku:la]

die Grundschule
grundskola -n u
[grɵn(d)sku:la]

die weiterführende Schule
den **högra utbildningen** u
[hø:gra ʉ:tbɪdnɪŋən]

das Gymnasium
gymnasium
gymnasiet n
[jym'na:sɪəm]

die Klasse
klass -en u
[klas]

die Prüfung
prov -et n
[pru:v]

die Aula
aula -n u
[a:ɵla]

der Computerraum
datorrum -met n
[da:tʊr:ɵm]

die Schulleiterin
rektor -n u
[rəktʊr]

die Lehrerin
lärare -n u
[læ:rarə]

der Sportplatz
idrottsplats -en u
[i:drɔtsplats]

die Schuluniform
skoluniform -en u
[sku:lənɪfɔrm]

der Aufsatz	**uppsats** -en u [ɵpsats]
die Klassenarbeit	**klassarbete** -t n [klas:arbe:tə]
die Note	**betyg** -et n [bə'ty:g]
seinen/ihren Abschluss machen	att **ta studenten** [ta: stɵ'dentən]
der mittlere Schulabschluss	**studentexamen** u [stɵ'dentəksa:mən]
die Privatschule	**privatskola** -n u [prɪ'va:tsku:la]
das Abitur	**studenten** u [stɵ'dentən]
das Internat	**internat** -et n [ɪntər'na:t]

DIE SCHULE – SKOLAN

Das Klassenzimmer – klassrummet

das Lehrerpult
kateder -n u
[ka'te:dər]

die Tafel
tavla -n u
[ta:vla]

der Schüler
elev -en u
[ə'le:v]

die Schülerin
elev -en u
[ə'le:v]

der Winkelmesser
gradskiva -n u
[gra:dɧi:va]

das Zeichendreieck
vinkellinjal -en u
[vɪŋkəl:ɪnja:l]

der Bleistift
blyertspenna -n u
[bly:əʈspæn:a]

das Schulheft
skolhäfte -t n
[sku:lhæftə]

das Lineal
linjal -en u
[lɪn'ja:l]

das Federmäppchen
fjädermapp -en u
[fjæ:dərmap:]

die Schultasche	**skolväska** -n u [sku:lvɛska]
das Wörterbuch	**ordbok** -en u [u:ɖbu:k]
die Nachhilfe	**stödundervisning** -en u [stø:dəndərvi:snɪŋ]
die Kreide	**krita** -n u [kri:ta]
das Schulbuch	**skolbok** -en u [sku:lbu:k]
der Füller	**reservoarpenna** -n u [rəsɛrvʊ'a:rpæn:a]
die Tintenpatrone	**bläckpatron** -en u [blæk:patru:n]
der Marker	**märkpenna** -n u [mærkpæn:a]

der Taschenrechner
miniräknare -n u
[mi:nɪ'ræ:knarə]

DIE SCHULE – SKOLAN

Die Schulfächer – skolämne

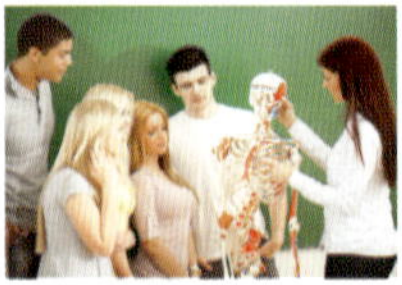

die Biologie
biologi -n u
[bɪʊlɔˈgiː]

die Mathematik
matematik -en u
[matəmaˈtiːk]

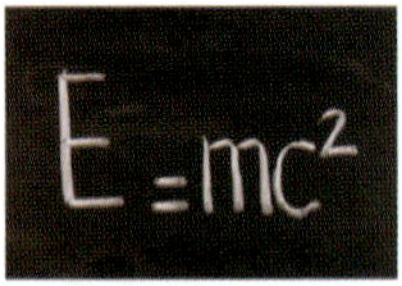

die Physik
fysik -en u
[fyˈsiːk]

die Chemie
kemi -n u
[ɕəˈmiː]

der Religionsunterricht
religion -en u
[rəlɪˈuːn]

der Ethikunterricht
etik -en u
[etiːk]

die Kunst
konst -en u
[kɔnst]

die Erdkunde
geografi -n u
[jeːʊgraˈfiː]

die Fremdsprachen
de **främmande språk** pl
[fræmːandə sproːk]

die Geschichte
historia -n u
[hɪsˈtuːrɪa]

der Sport
idrott -en u
[iːdrɔt]

die Musik
musik -en u
[mɵˈsiːk]

das Drama
drama -t n
[draːma]

die Informatik
informatik -en u
[ɪnfɔrˈmatiːk]

der Werkunterricht
slöjd -en u
[slœjd]

die Gemeinschaftskunde
samhällskunskap -en u
[samhælskɵnskaːp]

DIE SCHULE – SKOLAN

Die Schulfächer – skolämne

das Technische Zeichnen
den **tekniska ritningen** n
[teknɪska ˈri:tnɪŋən]

die Hauswirtschaft
hemkunskap -en u
[hemkənska:p]

schreiben
att **skriva**
[skri:va]

rechnen
att **räkna**
[ræ:kna]

buchstabieren
att **bokstavera**
[bʊkstaˈve:ra]

lesen
att **läsa**
[læ:sa]

sich melden
att **anmäla sig**
[anmæ:la sɛ:j]

die Klassenfahrt
klassresa -n u
[klas:re:sa]

der Stundenplan
skolschema -t n
[sku:lɧe:ma]

der Abschlussball
skolavslutningsfest
-en u
[sku:lavslʉ:tnɪŋsfɛst]

die Hausaufgabe
läxa -n u
[lɛksa]

das Sportfest
idrottsfest -en u
[i:drɔtsfɛst]

zeichnen	att **teckna** [tekna]
zählen	att **räkna** [ræ:kna]
die Übung	**övning** -en u [ø:vnɪŋ]
der Elternabend	**föräldramöte** -t n [fœrˈældramø:tə]
das Zeugnis	**intyg** -et n [ɪnty:g]
der Schüleraustausch	**elevutbyte** -t n [əˈle:vʉ:tby:tə]
der Lehrplan	**läroplan** -en u [læ:rʊpla:n]
das Schulfach	**skolämne** -t n [sku:læmnə]

die Ferien
skollov -et n
[sku:l:o:v]

DIE SCHULE – SKOLAN

Im Labor – i laboratoriet

der Versuch
försök -et n
[fœ'ʂø:k]

die Schutzbrille
skyddsglasögon -en pl
[ɧydsgla:sø:gɔn]

der Kittel
förkläde -t n
[fœ:rklɛ:də]

das Reagenzglas
provrör -et n
[pru:vrœ:r]

der Chemikalienhandschuh
skyddshandskar -n u
[ɧydshan(d)skar]

die Laborausrüstung
laboratorieutrustning -en u
[labɔra'tu:rɪəʉ:trøstnɪŋ]

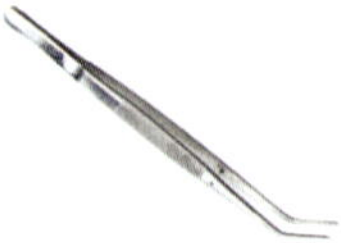

die Pinzette
pincett -en u
[pɪn'sɛt:]

das Skalpell
skalpell -en u
[skal'pɛl]

die Lupe
förstoringsglas -et n
[fœr'stu:rɪŋsgla:s]

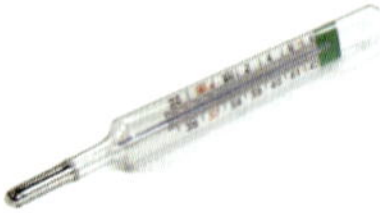

das Thermometer
termometer -n u
[tærmʊ'me:tər]

die Laborwaage
laboratorievåg -en u
[labɔra'tu:rɪəvo:g]

die Stoppuhr
stoppur -et n
[stɔp:ʉ:r]

der Magnet
magnet -en u
[maŋ'ne:t]

die Batterie
batteri -et n
[bat:ə'ri:]

DIE SCHULE – SKOLAN

Im Labor – i laboratoriet

das Mikroskop
mikroskop -et n
[mɪkrʊsˈkoːp]

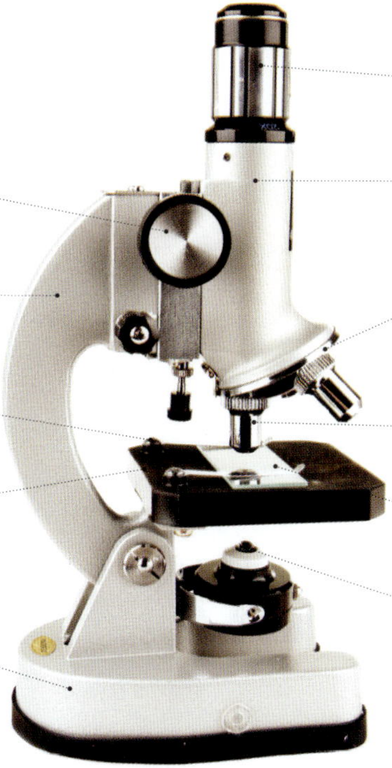

das Einstellrad
inställningsratt -en u
[ɪnstɛlnɪŋsrat]

das Stativ
stativ -et n
[staˈtiːv]

die Objektklemme
objektklämma -n u
[ɔbˈjɛktklɛmːa]

der Objekttisch
objektbord -et n
[ɔbˈjɛktbuːɖ]

der Fuß
fot -en u
[fuːt]

das Okular
okulär -et n
[ɔkəˈlæːr]

der Tubus
tub -en u
[tʉːb]

der Objektivrevolver
objektivrevolver -n u
[ɔbˈjɛːktrəvɔlvər]

das Objektiv
objektiv -et n
[ɔjɛkˈtiːv]

der Objektträger
objektglas -et n
[ɔbˈjɛktglaːs]

die Lampe
lampa -n u
[lampa]

die Pipette
pipett -en u
[pɪˈpɛt]

die Petrischale
petriskål -en u
[pɛtrɪskoːl]

das Drahtnetz
metallnät -et n
[məˈtalːnæːt]

der Dreifuß
tripod -en u
[trɪˈpoːd]

der Bunsenbrenner
bunsenbrännare -n u
[bønsənbrænːarə]

DIE SCHULE – SKOLAN

In der Pause – i pausen

die Mittagspause
lunchrast -en u
[lənɧrast]

das Tablett
bricka -n u
[brɪk:a]

die Butterbrotdose
smörgåslåda -n u
[smœrgo:slo:da]

das Pausenbrot
mellanmål -et n
[məl:anmo:l]

die Schulglocke
skolklocka -n u
[sku:lklɔk:a]

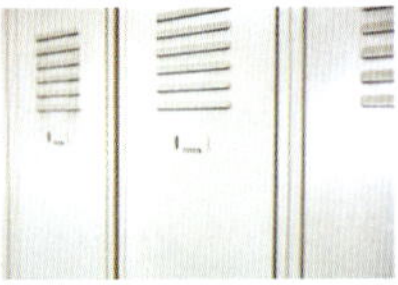

der Spind
skåp -et n
[sko:p]

die Pause
rast -en u
[rast]

der Schulhof
skolgård -en u
[sku:lgo:ɖ]

Himmel und Hölle spielen
att **hoppa hage**
[hɔp:a ˈha:gə]

der Speisesaal
matsal -en u
[ma:tsa:l]

das Lunchpaket
lunchlåda -n u
[lənɧlo:da]

die Essensausgabe
skolbespisning -en u
[sku:lbəspi:snɪŋ]

DIE SCHULE – SKOLAN

Die Sporthalle – idrottshall

der Volleyball
volleyboll -en u
[vɔl:ybɔl]

der Basketball
basketboll -en u
[ba:skətbɔl]

der Handball
handboll -en u
[han(d)bɔl]

der Fußball
fotboll -en u
[fu:tbɔl]

der Baseball
baseboll -en u
[bɛjsbɔl]

der Federball
badminton -en u
[bædmɪntən]

der Tennisball
tennisboll -en u
[tɛnɪsbɔl]

der Football
fotboll -en u
[fu:tbɔl]

der Puck
puck -en u
[pɵk]

der Basketballkorb
basketkorg -en u
[ba:skətkɔrj]

die Sprossenwand
ribbstolar -na pl
[rɪb:stu:lar]

das Korbbrett
basketplanka -n u
[ba:skətplaŋka]

die Strickleiter
repstege -n u
[re:pste:gə]

das Trampolin
trampolin -en u
[trampʊli:n]

die Ringe
ringar -na pl
[rɪŋar]

das Springseil
hopprep -et n
[hɔp:re:p]

DIE UNIVERSITÄT – UNIVERSITETET

der Campus
campus -et n
[kampɵs]

der Hörsaal
hörsal -en u
[hœ:rsa:l]

die Politikwissenschaft
statskunskap -en u
[statskɵnska:p]

die Kunstgeschichte
konsthistoria -n u
[kɔnsthɪstu:rɪa]

die Rechtswissenschaft
juridik -en u
[jɵrɪˈdi:k]

die Betriebswirtschaftslehre
företagsekonomi -n u
[fœ:rəta:gsəkɔnɔmi]

die Geisteswissenschaften
humaniora -n u
[hɵmanɪˈo:ra]

die Naturwissenschaften
naturvetenskap -en u
[naˈtʉ:rve:tənska:p]

das Ingenieurwesen
ingenjörsvetenskap -en u
[ɪnɧənˈjœ:ʂve:tənska:p]

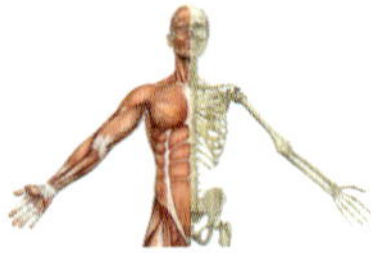

die Medizin
medicin -en u
[medɪˈsi:n]

die Pädagogik
pedagogik -en u
[pədaˈgɔgi:k]

der Professor
professor -n u
[prʊˈfɛs:ʊr]

die Dozentin
docent -en u
[dʊˈsɛnt]

das Diplom	**diplom** -et n [dɪˈplo:m]
der Bachelor	**bachelor** -n u [bæçəlɔr]
der Master	**master** -n u [ma:stər]
die Dissertation	**doktorsavhandling** -en u [dɔktuʂa:vhandlɪŋ]
die Promotion	**promovering** -en u [prʊmʊˈve:rɪŋ]
die Habilitation	**forskarutbildning** -en u [fɔʂkarʉ:tbɪldnɪŋ]
die Forschung	**forskning** -en u [fɔʂknɪŋ]
das Forschungsinstitut	**forskninginstitut** -et n [fɔʂknɪŋsɪnstɪtʉ:t]

DIE UNIVERSITÄT – UNIVERSITETET

ein Referat halten
att **hålla föredrag**
[hɔl:a ˈfœ:rədra:g]

das Seminar
seminarium
seminariet n
[səmɪˈna:rɪəm]

die Vorlesung
föreläsning -en u
[fœ:rəlæ:snɪŋ]

die Klausur
prov -et u
[pru:v]

der Lesesaal
läsesal -en u
[lɛ:səsa:l]

die Ausleihe
utlåning -en u
[ʉ:tlo:nɪŋ]

das Bücherregal
bokhylla -n u
[bu:khyl:a]

die mündliche Prüfung
det **muntliga tentamen** u
[məntlɪga təntaːmən]

sein Studium abschließen
att **ta examen**
[ta: ɛkˈsa:mən]

das Studentenwohnheim
studenthem -met n
[stəˈdɛnthem]

die Mensa
studentmatsal -en u
[stədɛntˈma:tsa:l]

die Bibliothek
bibliotek -et n
[bɪbljʊˈte:k]

der Student
student -en u
[stəˈdɛnt]

der Bibliothekar	**bibliotekarie** -n u [bɪbljʊtəˈka:rɪə]
die Bibliothekarin	**bibliotekarie** -n u [bɪbljʊtəˈka:rɪə]
der Bibliotheksausweis	**lånekort** -et n [lo:nəkuʈ]
ausleihen	att **låna ut** [lo:na ˈʉ:t]
verlängern	att **förlänga** [fœrˈlæŋa]
vorbestellen	att **reservera** [rəsærˈve:ra]
das Rückgabedatum	**återlämningsdatum** -et n [o:tərlæmnɪŋsda:təm]
das Periodikum	den **periodiska tidskriften** n [pərɪu:dɪska ti:dskrɪftən]

DIE UNIVERSITÄT – UNIVERSITETET

die Lerngruppe
studiegrupp -en u
[stʉ:djəgrəp]

lernen
att **lära sig**
[læ:ra sɛj]

das Praxissemester
praktiktermin -en u
[prakˈti:ktærmi:n]

das Praktikum
praktik -en u
[prakˈti:k]

das Volontariat
volontärarbete -t n
[vɔlɔnˈtæ:rarbe:tə]

das freie Jahr
sabbatsår -et n
[sab:atso:r]

jobben
att **jobba**
[jɔb:a]

das schwarze Brett
den **svarta tavlan** u
[svaʈa ˈta:vlan]

die Ausbildung
utbildning -en u
[ʉ:tbɪldnɪŋ]

die Berufsfachschule
yrkesskola -n u
[yrkəs:ku:la]

die Kunsthochschule
konsthögskola -n u
[kɔnsthø:gsku:la]

die Musikhochschule
musikhögskola -n u
[məsi:khø:gsku:la]

die Akademie für darstellende Künste
akademi för scenkonst -n u [akadəmi: fœ:r ˈse:nkɔnst]

der Studentenausweis	**studentkort** -et n [stəˈdɛntkoʈ]
der Kurs	**kurs** -en u [kəʂ]
das Semester	**termin** -en u [tærˈmi:n]
die Semesterferien	**skollov** -et n [sku:l:o:v]
der Fachbereich	**ämnesområde** -t n [æmnəsɔmro:də]
die Hausarbeit	**hemläxa** -n u [hemlæksa]
der Hochschulabschluss	**högskoleexamen** u [hø:gsku:ləɛksa:mən]
das Stipendium	**stipendium** stipendiet n [stɪˈpɛndɪəm]

DIE ARBEITSWELT – ARBETSLIVET

Die Bewerbung – ansökan

das Bewerbungsgespräch
anställningsintervju -n u
[anstɛlnɪŋsɪntərvjʉ:]

die Personalreferentin
den **personalrekryterare** u [pæʂʊˈna:lrəkryte:rarə]

der Lebenslauf
CV -t n
[se:ve:]

die Bewerbungsunterlagen
ansökningshandlingar -na pl
[ansø:knɪŋshandlɪŋar]

die Bewerberin
den **arbetssökande** u
[arbəts:ø:kandə]

die Stellenanzeige
platsannons -en u
[platsan:ɔns]

die Zeitarbeit
det **tillfälliga arbetet** n
[tɪlfɛl:ɪga arˈbe:tət]

die Festanstellung
den **fasta anställningen** u
[fasta ˈanstɛlnɪŋən]

die Karriere
karriär -en u
[kar:ɪˈæ:r]

sich um eine Stelle bewerben	att **söka ett arbete** [sø:ka ət arˈbe:tə]
die Arbeitsbedingungen	**arbetsvillkor** -et n [arbətsvɪl:ko:r]
die Schichtarbeit	**skiftarbete** -t n [ɧɪftarbe:tə]
die Teilzeit	**deltid** -en u [de:lti:d]
die Vollzeit	**heltid** -en u [he:lti:d]
die Qualifikation	**yrkeskvalifikation** -en u [yrkəskvalɪfɪkaɧu:n]
die Berufserfahrung	**yrkeserfarenhet** -en u [yrkəse:rˈfarənhe:t]

jemanden einstellen
att **anställa någon**
[anstɛl:a no:gɔn]

DIE ARBEITSWELT – ARBETSLIVET

Berufe – yrken

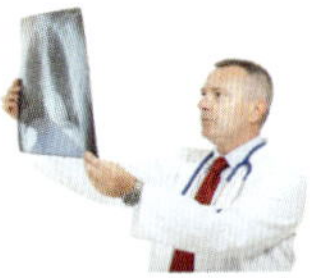

der Arzt
läkare -n u
[læ:karə]

der Chirurg
kirurg -en u
[ɕɪˈrørg]

der Krankenpfleger
sjuksköterska -n u
[ɧʉ:kˈɧø:təʂka]

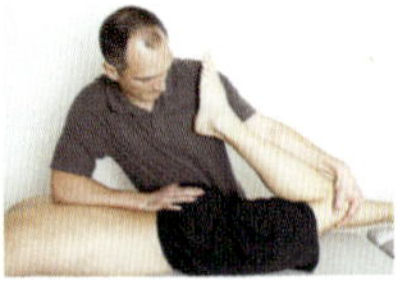

der Physiotherapeut
fysioterapeut -en u
[fysɪʊtərapɛft]

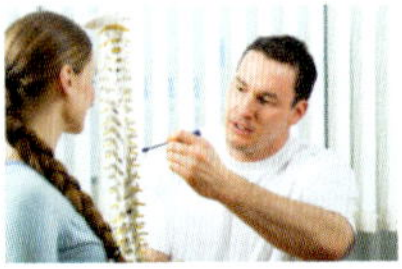

der Orthopäde
ortoped -en u
[ɔʈʊˈpe:d]

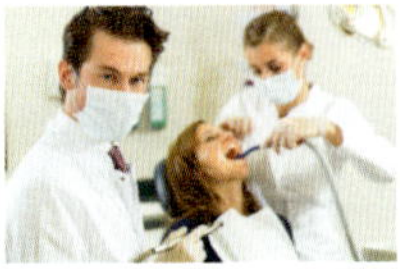

der Zahnarzt
tandläkare -n u
[tan(d)læ:karə]

die Psychologin
psykolog -en u
[sykɔˈlo:g]

die Apothekerin
apotekare -n u
[apʊˈte:karə]

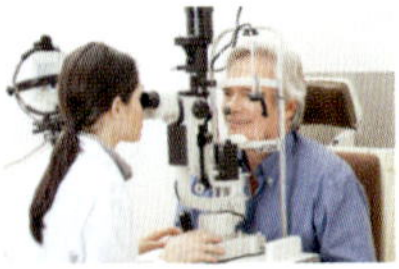

die Optikerin
optiker -n u
[ɔptɪkər]

der Tierarzt
veterinär -en u
[vətrɪˈnæ:r]

die Empfangsdame
receptionist -en u
[rəsæpɧu:ˈnɪst]

der Rechtsanwalt
advokat -en u
[advʊˈka:t]

die Richterin
domare -n u
[dʊmarə]

der Wirtschaftsprüfer
revisor -n u
[rəˈvi:sʊr]

die Unternehmens-beraterin
företagskonsult -en u
[fœ:rəta:gskɔnsəlt]

der Informatiker
IT-expert -en u
[i:ˈte:ɛkspæʈ]

DIE ARBEITSWELT – ARBETSLIVET

Berufe – yrken

der Architekt
arkitekt -en u
[arçɪˈtɛkt]

die Ingenieurin
ingenjör -en u
[ɪnɧənˈjœːr]

der Schreiner
snickare -n u
[snɪkːarə]

der Elektriker
elektriker -n u
[əˈlɛktrɪkər]

der Klempner
rörmokare -n u
[rœːrmɔkarə]

der Dachdecker
takläggare -n u
[taːklægːarə]

der Maler
målare -n u
[moːlarə]

der Müllmann
renhållningsarbetare -n u
[reːnhɔlnɪŋsarbeːtarə]

die Kfz-Mechanikerin
bilmekaniker -n u
[biːlməkanɪkər]

der Landwirt
jordbrukare -n u
[juːɖbrʉːkarə]

die Soldatin
soldat -en u
[sʊˈldaːt]

die Briefträgerin
brevbärare -n u
[breːvbæːrarə]

der Bauarbeiter
bygnadsarbetare -n u
[bygnadsarˈbeːtarə]

der Gebäudereiniger
städare -n u
[stæːdarə]

der Landschafts-gärtner
landskapsarkitekt -en u
[landskaːpsarçɪtɛkt]

der Fischer
fiskare -n u
[fɪskarə]

DIE ARBEITSWELT – ARBETSLIVET

Berufe – yrken

der Pilot
pilot -en u
[pɪˈluːt]

die Flugbegleiterin
flygvärdinna -n u
[flyːgvæɖɪnːa]

der Koch
kock -en u
[kɔk]

der Kellner
servitör -en u
[særvɪˈtœːr]

der Bäcker
bagare -n u
[baːgarə]

die Metzgerin
slaktare -n u
[slaktarə]

der Verkäufer
säljare -n u
[sæljarə]

die Friseurin
frisör -en u
[frɪˈsœːr]

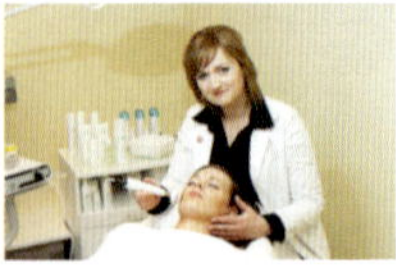

die Kosmetikerin
kosmetolog -en u
[kɔsmətʊˈloːg]

der Gärtner
trädgårdsmästare -n u
[trægoːɖsmɛstarə]

die Immobilien-maklerin
fastighetsmäklare -n u
[fastɪgheɪtsmæɪklarə]

die Bürokauffrau
den **administrativa kontorspersonalen** u
[admɪnɪstratiːva kɔntuːʂpæʂʊnaːlən]

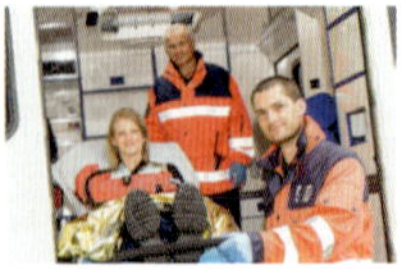

der Sanitäter
sjukvårdare -n u
[ɧʉːkvoːɖarə]

der Busfahrer
busschaufför -en u
[bɵsɧɔfːœːr]

der Taxifahrer
taxiförare -n u
[taksɪfœːrarə]

der Paketzusteller
paketleverantör -en u
[paˈkeːtləvərantœːr]

DIE ARBEITSWELT – ARBETSLIVET

Berufe – yrken

die Journalistin
journalist -en u
[ɧʊɳaˈlɪst]

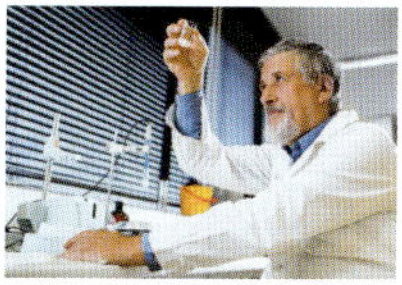

der Wissenschaftler
vetenskapsman -nen u
[ve:tənskapsman]

die Grafikerin
grafiker -n u
[gra:fɪkər]

der Profisportler
den **profesionella idrottaren** u
[prʊfɛɧʊnɛla i:drɔt:arən]

die Moderatorin
programledare -n u
[prʊˈgramle:darə]

die Schauspielerin
skådespelerska -n u
[sko:dəspe:ləʂka]

die Sängerin
sångerska -n u
[sɔŋəʂka]

der Tänzer
dansare -n u
[dansarə]

die Kunstmalerin
konstnär -en u
[kɔnstnæ:r]

der Fotograf
fotograf -en u
[fʊtʊˈgra:f]

die Musikerin
musiker -n u
[mʉ:sɪkər]

die Schneiderin
sömmerska -n u
[sœməʂka]

der Bildhauer
stenhuggare -n u
[ste:nhɵg:arə]

die Bankkauffrau
den **bankanställde** u
[baŋkanstɛldə]

der Bibliothekar
bibliotekarie -n u
[bɪbljʊtəˈka:rɪə]

der Lehrer
lärare -n u
[læ:rarə]

DIE ARBEITSWELT – ARBETSLIVET

Das Organigramm – Organisationsplanen

das Sekretariat
sekretariat -et n
[sɛkətarɪˈa:t]

der kaufmännische Bereich
affärsavdelning -en n
[aˈf:æ:ʂa:vde:lnɪŋ]

die kaufmännische Leitung
affärsledning -en u
[aˈf:æ:ʂle:dnɪŋ]

die IT-Leitung
IT-ledning -en u [i:ˈte:le:dnɪŋ]

die Buchhaltung
bokföring -en u [bu:kfœ:rɪŋ]

das Controlling
förvaltningskontroll -en u
[fœrˈvaltnɪŋskɔntrɔl]

das sekundäre Geschäftsfeld
det **sekundära affärsområdet** n
[səkəndæ:ra af:æʂɔmro:dət]

die Geschäftsführung
företagsledning -en u
[fœ:rəta:gsle:dnɪŋ]

das primäre Geschäftsfeld
det **primära affärsområdet** n
[prɪmæ:ra af:æ:ʂɔmro:dət]

die Geschäftsführung
företagsledning -en u
[fœ:rəta:gsle:dnɪŋ]

das Team
team -et n [ti:m]

die Teamleitung
teamledning -en u
[ti:mle:dnɪŋ]

der Angestellte
anställd -e/-a u [anstɛld]

die Zweigstelle
filial -en u
[fɪlɪˈa:l]

der Manager
direktör -en u
[dɪrəkˈtœ:r]

die Aktiengesellschaft (AG)	**Aktiebolag (AG)** -et n [aksɪbu:la:g]
der Aktionär	**aktieägare** -n u [aksɪæ:garə]
die Aktionärin	**aktieägare** -n u [aksɪæ:garə]
die Gesellschaft mit beschränkter Haftung (GmbH)	**Bolag med begränsat ansvar (GmbH)** -et n [bu:la:g mɛ(d) bəgrɛnsat ˈansva:r]
die GmbH & Co. KG	**GmbH & Co. KG** n [ge:ɛm:be:ho: ɔ ko: ko:ge:]
die Kommanditgesellschaft (KG)	**Kommanditbolag** -et n [kɔm:anˈdi:tbu:la:g]
die offene Handelsgesellschaft (OHG)	**handelsbolag** -et n [handəlsbu:la:g]
der Konzern	**koncern** -en u [kɔnˈsœ:ɳ]

der Vorstand
styrelse -n u
[sty:rəlsə]

der Gesellschafter
delägare -n u
[de:læ:garə]

die Geschäftsführung
företagsledare -n u
[fœ:rəta:gsle:darə]

die stellvertretende Geschäftsführung
vice VD -n u
[vi:se ve:de:]

der Prokurist
firmatecknare -n u
[fırmatəknarə]

die Personalabteilung
personalavdelning -en u
[pæʂʊˈna:la:vde:lnıŋ]

die Personalleitung
personalledning -n u
[pæʂʊˈna:l:e:dnıŋ]

die Rechtsabteilung
den **juridiska avdelningen** u
[jəˈri:dıska a:vde:lnıŋən]

die Marketingabteilung
marknadsavdelning -en u
[marknadsa:vde:lnıŋ]

die Marketingleitung
marknadsledning -en u
[marknadsle:dnıŋ]

die PR-Abteilung
PR-avedelning -en u
[pe:ˈær: a:vde:lnıŋ]

die Produktion
produktion -en u
[prʊdəkˈɧu:n]

die Produktionsleitung
produktionsledning -en u
[prʊdəkˈɧu:nsle:dnıŋ]

der Betriebsrat
företagsråd -et n
[fœ:rəta:gsro:d]

der Vertrieb
distribution -en u
[dıstrıbəɧu:n]

die Vertriebsleitung
distributionsledning -en u
[dıstrıbəɧu:nsle:dnıŋ]

das Key-Account-Management
key account management n
[ki: ək:aʊnt menıtɕmənt]

der Außendienst
den **yttre tjänsten** u
[ytrə ɕenstən]

der Innendienst
den **inre tjänsten** u
[ınrə ɕenstən]

der Kundendienst
kundtjänst -en u
[kəndɕenst]

die Kundenakquise
kundförvärv -et u
[kəndfœrværv]

DAS BÜRO – KONTORET

Büromöbel – kontorsmöbler

der Arbeitsplatz
arbetsplats -en u
[arbetsplats]

die Ablage
arkiv -et n
[ar'ki:v]

die Schublade
låda -n u
[lo:da]

die Büromöbel
kontorsmöbel -en u
[kɔn'tu:ʂmø:bəl]

der Schreibtisch
skrivbord -et n
[skri:vbu:ɖ]

die Schreibunterlage
skrivunderlägg -et n
[skri:vəndərlɛg:]

der Bürostuhl
kontorsstol -en u
[kɔn'tu:ʂstu:l]

der Safe
kassaskåp -et n
[kas:asko:p]

der Aktenschrank
dokumentskåp -et n
[dɔkə'mɛntsko:p]

der Wasserspender
vattenautomat -en u
[vat:ənavtʊma:t]

die Schreibtischlampe
skrivbordslampa -n u
[skri:vbu:ɖslampa]

die Pinnwand
anslagstavla -n u
[ansla:gsta:vla]

der Papierkorb
papperskorg -en u
[pap:əʂkɔrj]

der Terminkalender	**möteskalender** -en u [mø:təskalændər]
die Akte	**dokument** -et n [dɔkə'mɛnt]
der Aktenvernichter	**dokumentförstörare** -n u [dɔkə'mɛntfœʂtœ:rarə]
das Postfach	**postfack** -et n [pɔstfak]
der Termin	den **avtalade tiden** u [a:vta:ladə ti:dən]
die Hauspost	**internpost** -en u [ɪn'tæ:ŋpɔst]
die Ablage für Eingänge	**förvaringsplats för inkommande post** -en u [fœr'va:rɪŋsplats fœ: r ɪnkɔm:andə pɔst]

DAS BÜRO – KONTORET

Der Bürobedarf – kontorstillbehöret

die Schere
sax -en u
[saks]

der Textmarker
markeringspenna -n u
[mar'ke:rɪŋspæn:a]

der Stiftehalter
pennhållare -n u
[pæn:hɔl:arə]

das Notizbuch
anteckningsbok -et n
[anteknɪŋsbu:k]

die Haftnotiz
den **självhäftande tapen** u
[ɧælvhæftandə tɛjpən]

der Haftstreifen
tejp -en u
[tɛjp]

der Bleistiftspitzer
pennvässare -n u
[pæn:væs:arə]

der Bleistift
blyertspenna -n u
[bly:əʈspæn:a]

der Radiergummi
suddgummi -t n
[sɵd:gɵm:ɪ]

der Kugelschreiber
kulspetspenna -n u
[kʉ:lspetspæn:a]

die Büroklammer
gem -et n
[ge:m]

die Reißzwecke
häftstift -et n
[hæftstɪft]

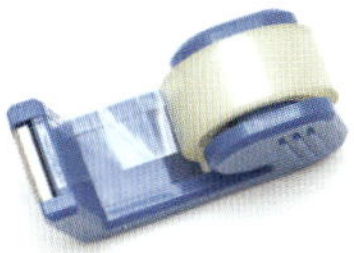

der Tesafilm®
Tesafilm® -en u
[te:safɪlm]

der Tacker
häftapparat -en u
[hæftap:ara:t]

der Locher
hålslag -n u
[ho:lsla:g]

das Hängeregister
hängmapp -en u
[hæŋmap]

der Briefumschlag
kuvert -et n
[kɵˈvæ:r]

das Tipp-Ex®
Tippex®
[tɪp:ɛks]

der Ordner
pärm -en u
[pærm]

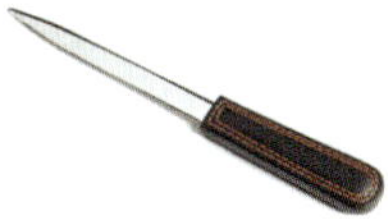

der Brieföffner
brevöppnare -n u
[bre:vœpnarə]

DAS BÜRO – KONTORET

Der Besprechungsraum – konferansrummet

die Sitzung
möte -t n
[mø:tə]

der Teamleiter
gruppchef -en u
[grɵp:ʃæ:f]

die Tagesordnung
dagordning -en u
[da:go:ɖnɪŋ]

protokollieren
att **föra protokoll**
[fœ:ra prɔtɔˈkɔl]

der Besprechungstisch
förhandlingsbord -et n
[fœrˈhandlɪŋsbu:ɖ]

der Teilnehmer
deltagare -n u
[de:ltagarə]

die Präsentation
presentation -en u
[prəsɛntaˈʃu:n]

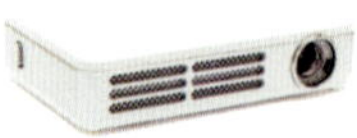

der Beamer
projektor -n u
[prʊˈjɛktʊr]

das Balkendiagramm
stapeldiagramm
-met n
[sta:pəldɪagram]

das Tortendiagramm
cirkeldiagram -met n
[cɪrkəldɪagram]

die Folie
folie -n u
[fu:lɪə]

organisieren	att **organisera** [ɔganɪˈse:ra]
die Besprechung	**sammanträde** -t n [sam:antræ:də]
der Bericht	**rapport** -en u [raˈp:ɔʈ]
das Protokoll	**protokoll** -et n [prɔtɔˈkɔl]
der Vertrag	**kontrakt** -et n [kɔnˈtrakt]
der Geschäftsmann	**affärsman** -nen u [aˈf:æ:ʂman]
die Geschäftsfrau	**affärskvinna** -n u [aˈf:æ:ʂkvɪn:a]
die Geschäftsreise	**affärsresa** -n u [aˈf:æ:ʂre:sa]

DAS BÜRO – KONTORET

Der Büroalltag – kontorsvardagen

der Arbeitgeber
arbetsgivare -n u
[arbəts'ji:varə]

① *die Assistentin*
assistent -en u
[as:ɪs'tɛnt]

② *der Kollege*
kollega -n u
[kʊ'l:e:ga]

③ *der Arbeitnehmer*
arbetstagare -n u
[arbətsta:garə]

④ *die Kollegin*
kollega -n u
[kʊ'l:e:ga]

⑤ *die Managerin*
företagsledare -n u
[fœ:rəta:gsle:darə]

⑥ *der Chef*
chef -en u
[ʄæ:f]

die Visitenkarte
visitkort -et n
[vɪ'si:tkʊʈ]

entlassen werden
att **bli uppsagd**
[bli: 'ɵpsagd]

das Personal
personal -en u
[pæʂʊ'na:l]

die Elternzeit
föräldraledighet -en u
[fœr'ældrale:dɪghe:t]

die Vertretung	**vikarie** -n u [vɪ'ka:rɪə]
der Jahresurlaub	den **årliga semestern** u [o:rlɪga sə'mɛstən]
das Gehalt	**lön** -en u [lø:n]
die Beförderung	**befordran** u [bə'fu:ɖran]
jemandem kündigen	att **avskeda någon** [a:vʄe:da no:gɔn]
seine Stelle kündigen	att **säga upp sitt jobb** [sɛja ɵp sɪt 'jɔb]
verdienen	att **tjäna** [ɕæ:na]
in Rente gehen	att **gå i pension** [go: i: paɪŋ'ʄu:n]

der Mutterschutz
mammaledighet -en u
[mam:ale:dɪghe:t]

KOMMUNI-KATION

KOMMUNI-KATION

DER COMPUTER – DATORN

Der Desktop-Computer – skrivbordsdatorn

der Desktop-Computer
den **stationära datorn** u
[stafjʊnæ:ra 'da:tʊɳ]

der Ein/Aus-Schalter
strömbrytare -n u
[strœmbry:tarə]

die USB-Schnittstelle
USB-gränssnitt -et n
[ʉ:ɛs:'be:græns:nɪt]

das CD/DVD-Laufwerk
CD/DVD-läsare -n n
[ce:'de:/de:ve:'de:læsarə]

das Computergehäuse
datorhölje -t n
[da:tʊrhœljə]

die Tastatur
tangentbord -et n
[tanjɛntbu:ɖ]

der Bildschirm
bildskärm -en u
[bɪldfjærm]

die Maus
mus -en u
[mʉ:s]

das Scrollrad
skrollhjul -et n
[skrɔl:jʉ:l]

die Tastatur
tangentbord -et n
[tanjɛntbu:ɖ]

die Escapetaste
escape tangent -en u
[ɛs'kɛjptanjɛnt]

die Tabulatortaste
tabbtangent -en u
[tab:tanjɛnt]

die Feststelltaste
caps lock-tangent -en n
[kapslɔk:tanjɛnt]

die Rücklöschtaste
backtangent -en u
[bak:tanjɛnt]

die Eingabetaste
enter-tangent -en u
[ɛntərtanjɛnt]

die Umschalttaste
skifttangent -en u
[fjɪft:anjɛnt]

die Steuerungstaste
piltangent -en u
[pi:ltanjɛnt]

die Leertaste
mellanslagstangent -en u
[məl:ansla:gstanjɛnt]

DER COMPUTER – DATORN

Hardware und Zubehör – hårdvara och tillbehör

der Lautsprecher
högtalare -n u
[hø:gta:larə]

der/das Laptop
laptop -en u
[laptɔp]

das Stromkabel
sladd -en n
[slad]

die Laptoptasche
laptopväska -n u
[laptɔpvɛska]

der Prozessor
processor -n u
[prʊˈsɛs:ʊr]

die (externe) Festplatte
(den) **(externa) hård-disk(en)** u
[(ɛkstæ:ɳa) ho:ɖɪsk(ən)]

der Arbeitsspeicher
arbetsminne -t n
[arbtətsmɪn:ə]

die Webcam
webbkamera -n u
[vɛb:ka:m(ə)ra]

die CD-ROM
CD-ROM -en u
[se:de:ˈrɔm]

der USB-Stick
USB-minne -t n
[ʉ:ɛs:ˈbe:mɪn:ə]

der Scanner
skanner -en u
[skan:ər]

der Tintenstrahldrucker
bläckstråleskrivare -n u
[blækstro:ləskri:varə]

der Laserdrucker
laserskrivare -n u
[la:sərskri:varə]

die Tintenpatrone
bläckpatron -en u
[blæk:patru:n]

die Tonerkartusche
tonerkassett -en u
[tu:nəɽkas:ɛt]

das Mauspad
musmatta -n u
[mʉ:smat:a]

DER COMPUTER – DATORN

Am Computer arbeiten – arbeta vid datorn

tippen
att **knappa**
[knap:a]

klicken
att **klicka**
[klɪk:a]

scrollen
att **skrolla**
[skrɔl:a]

ausschneiden
att **klippa ut**
[klɪp:a ˈʉ:t]

kopieren
att **kopiera**
[kʊpɪˈe:ra]

einfügen
att **infoga**
[ɪnfu:ga]

eine Datei ausdrucken
att **skriva ut en fil**
[skri:va ʉ:t ən ˈfi:l]

speichern
att **spara**
[spa:ra]

eine Datei öffnen
att **öppna en fil**
[œpna ən ˈfi:l]

löschen
att **ta bort**
[ta: ˈbɔʈ]

der Ordner
mapp -en u
[map]

der Papierkorb
papperskorg -en u
[pap:əʂkɔrj]

suchen
att **söka**
[sø:ka]

eingeben	att **skriva in** [skri:va ˈɪn]
eine Datei verschieben	att **flytta en fil** [flyt:a ən ˈfi:l]
eine Sicherungskopie erstellen	att **skapa en säkerhetskopia** [ska:pa ən ˈsæ:kərhe:tskʊpɪa]
markieren	att **markera** [marˈke:ra]
sich einloggen	att **logga in** [lɔg:a ˈɪn]
sich ausloggen	att **logga ut** [lɔg:a ˈʉ:t]
der Neustart	**omstart** -en u [ɔmsta:ʈ]
(die) Bytes	**bytes** pl [bajts]

DER COMPUTER – DATORN

Am Computer arbeiten – arbeta vid datorn

rückgängig machen
att **ångra**
[ɔŋra]

wiederherstellen
att **återställa**
[o:tərstæl:a]

die Einstellungen
inställningar -na pl
[ɪnstællnɪŋar]

die Schriftart
typsnitt -et n
[ty:psnɪt]

die Fehlermeldung
felmeddelande -t n
[fe:lməd:e:landə]

der Mauszeiger
muspekare -n u
[mʉ:spe:karə]

die Sanduhr
timglas -et n
[tɪmgla:s]

der Lautstärkeregler
volymreglage -t n
[vʊ'ly:mrəgla:ɧ]

ein Fenster minimieren
att **minimera fönstret**
[mɪnɪme:ra 'fœnstrət]

eine CD/DVD auswerfen
att **mata ut en CD/DVD**
[ma:ta ʉ:t ən se:'de:/de:ve:'de:]

den Rechner hochfahren
att **sätta på datorn**
[sɛt:a po: 'da:tʊɳ]

den Rechner herunterfahren
att **stänga av datorn**
[stæŋa a:v 'da:tʊɳ]

die Datei	**fil** -en u [fi:l]
das Programm	**program** -met n [prʊ'gram]
der Scrollbalken	**rullningslist** -en u [rəlnɪŋslɪst]
ein Programm installieren	att **installera ett program** [ɪnstal:e:ra ət prʊ'gram]
ein Programm deinstallieren	att **avinstallera ett program** [a:vɪnstal:e:ra ət prʊgram]
das Betriebssystem	**operativsystem** -et n [ʊp(ə)ra'ti:vsyste:m]
die Taskleiste	**aktivitetsfält** -et n [aktɪvɪ'te:tsfælt]
der Fortschrittsbalken	**förloppsindikator** -n u [fœr'lɔpsɪndɪka:tʊr]

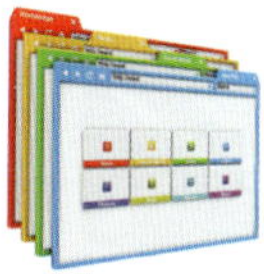
das Fenster
fönster fönstret n
[fœnstər]

DER COMPUTER – DATORN

Das Internet – internet

das WLAN
det **trådlösa nätverket/WLAN** u
[tro:dlø:sa næ:tværkət/vla:n]

der Router
router -n u
[ra(ʊ)vtər]

das LAN-Kabel
nätverkskabel/LAN-kabel -n u
[næ:tværkska:bəl/la:nka:bəl]

der Browser
webbläsare -n u
[vɛb:læ:sarə]

das Lesezeichen
bokmärke -t n
[bu:kmærkə]

der Download
nerladdning -en u
[ne:rlad:nɪŋ]

die Nachricht
meddelande -t n
[me:d:e:landə]

die Social Media
de **sociala media** pl
[sʊsɪa:la ˈme:dɪa]

der Online-Einkauf
onlineköp -et n
[ɔnlajnɧø:p]

die Verschlüsselung
kryptering -en u
[krypˈte:rɪŋ]

die E-Mail-Adresse
e-postadress -en u
[e:pɔstadrɛs]

der Anhang
bilaga -n u
[bi:la:ga]

eine Mail weiterleiten
att **vidarebefordra ett mejl**
[vi:darəbəfu:ɖra ət ˈmɛjl]

senden	att **skicka** [ɧɪk:a]
empfangen	att **ta emot** [ta: əˈmu:t]
das Benutzerkonto	**användarkonto** -t n [anvændarkɔntʊ]
der Posteingang	**inkorg** -en u [ɪnkɔrj]
der Postausgang	**utkorg** -en u [ʉ:tkɔrj]
die Abwesenheitsnotiz	**frånvaromeddelande** -t n [fro:nvarʊme:d:e:landə]
die Spammail	**skräppost** -en u [skræ:p:ɔst]
im Internet surfen	att **surfa på Internet** [sørfa po: ɪntərˈnɛt]

DER COMPUTER – DATORN

Mobile Endgeräte – mobila enheter

der Tablet-Computer
surfplatta -n u
[sørfplat:a]

der E-Book-Reader
e-boksläsare -n u
[e:bu:kslæ:sarə]

der MP3-Player
mp3-spelare -n u
[ɛm:pe:ˈtre:spe:larə]

das Bluetooth®-Headset
Bluetooth®-headset -et n
[blu:tu:θ hɛd:sɛt]

die App
app -en u
[ap]

die SIM-Karte
SIM-kort -et n
[sɪmkʊʈ]

die Handytasche
mobilfodral -et n
[mʊˈbi:lfʊdra:l]

das Handy
mobiltelefon -en u
[mʊˈbi:ltɛləfo:n]

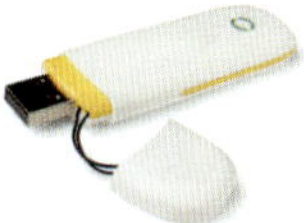

der Surfstick
USB-modem -et n
[ʉ:ɛs:ˈbe:mʊde:m]

wischen
att **svepa**
[sve:pa]

die SMS
SMS -et n
[ɛs:ɛm:ˈes:]

das Smartphone
smartphone -n u
[sma:ʈfo:n]

der Touchscreen
pekskärm -en u
[pe:kɧærm]

der Datenspeicher	**lagringsminne** -t n [la:grɪŋsmɪn:ə]
die Software	**mjukvara** -n u [mjʉ:kva:ra]
das Funkloch	**radioskugga** -n u [ra:djʊskøg:a]
die Flatrate	**flatrate** -n u [flatrɛjt]
die Prepaidkarte	**prepaidkort** -et n [pri:pɛjdkʊʈ]
das Guthaben	**saldo** -t n [saldʊ]
der Klingelton	**ringsignal** -en u [rɪŋsɪŋna:l]
der Akku	det **uppladdningsbara batteriet** n [øpladnɪŋsba:ra bat:ərˈi:ət]

DAS TELEFON - TELEFONEN

das Display
display -en u
[dɪsplɛj]

das Telefonbuch
telefonbok -en u
[tələˈfoːnbuːk]

der Anrufbeantworter
telefonsvarare -n u
[tələˈfoːnsvaːrarə]

das Tastenfeld
knappsats -en u
[knapːsats]

der Telefonhörer
telefonlur -en u
[tələˈfoːnlʉːr]

das Kabel
sladd -en u
[slad]

das schnurlose Telefon
den **trådlösa telefonen** u
[troːdløːsa tələfoːnən]

der Hörer
lur -en u
[lʉːr]

abheben
att **lyfta**
[lyfta]

auflegen
att **lägga på**
[lægːa ˈpoː]

die Basisstation
basstation -en u
[baːsːtaɧuːn]

der Kopfhörer
hörlurar -en u
[hœːrlʉːrar]

das Mikrofon
mikrofon -en u
[mɪkrʊˈfoːn]

das Faxgerät
faxmaskin -en u
[faksmaɧiːn]

jemanden anrufen	att **ringa någon** [rɪŋa noːgən]
wählen	att **slå ett nummer** [sloː ət ˈnəmːər]
klingeln	att **ringa** [rɪŋa]
Ich möchte bitte ... sprechen.	**Jag skulle vilja tala med ... tack.** [jaː(g) skəlːə vɪlja taːla meː(d) ˈ... tak]
Entschuldigung, ich habe mich verwählt.	**Ursäkta mig, jag har ringt fel.** [ʉʂækta mɛj ja(g) haːr rɪŋt ˈfeːl]
Ich stelle Sie durch.	**Jag kopplar dig vidare.** [jaː(g) kɔplar dɛj ˈviːdarə]
Bitte hinterlassen Sie eine Nachricht nach dem Signalton.	**Lämna ett meddelande efter signalen.** [læmna ət meːdːeːlandə ɛftər sɪŋˈnaːlən]
Können Sie mich bitte zurückrufen?	**Kan du ringa tillbaka till mig, är du snäll.** [kan dʉː rɪŋa tɪlˈbaːka tɪl mɛj æ(r) dʉː snɛl]

DIE MEDIEN – MEDIERNA

Das Fernsehen – tv apparaten

die Fernbedienung
fjärrkontroll -en u
[fjær:kɔntrɔl]

die Lautstärke
volym -en u
[vʊ'ly:m]

stumm schalten
att **koppla på mutefunktion**
[kɔpla po: 'mju:tfəŋkɧu:n]

zurückspulen
att **spola tillbaka**
[spu:la tɪl'ba:ka]

abspielen
att **spela upp**
[spe:la 'əp]

aufnehmen
att **spela in**
[spe:la 'ɪn]

die Stopptaste
stoppknapp -en u
[stɔp:knap:]

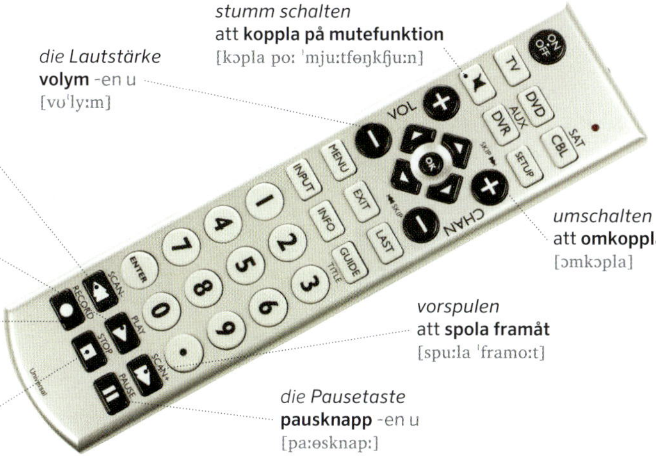

umschalten
att **omkoppla**
[ɔmkɔpla]

vorspulen
att **spola framåt**
[spu:la 'framo:t]

die Pausetaste
pausknapp -en u
[pa:əsknap:]

das Videospiel
dataspel -et n
[da:taspe:l]

der Fernseher
tv-apparat -en u
[te:ve:ap:ara:t]

der Digitalempfänger
den **digitala mottagaren** u
[dɪgɪta:la mu:t:a:garən]

der DVD-Player
dvd-spelare -n u
[de:ve:'de:spe:larə]

die DVD
dvd -n u
[de:ve:'de:]

das Kabelfernsehen	**kabelteve** -n u [kabəlte:ve:]
das Free-TV	**gratisteve** -n u [gra:tɪste:ve:]
das Bezahlfernsehen	**betalteve** -n u [bə'ta:lte:ve:]
fernsehen	att **se på tv** [se: po: 'te:ve:]
die Fernsehserie	**tv-serie** -n u [te:ve:se:rjə]
zappen	att **zappa** [sap:a]
die Folge	**följd** -en u [fœljd]
der Raumklang	**efterklang** -en u [ɛftərklaŋ]

die Satellitenschüssel
parabolantenn -en u
[para'bo:lantɛn]

DIE MEDIEN – MEDIERNA

Das Fernsehen – tv apparaten

das Set
set -et n
[sɛt]

der Teleprompter®
Teleprompter® -n u
[tələprɔmtər]

die Nachrichtensprecherin
nyhetsuppläsare -n u
[ny:he:tsøplæ:sarə]

die Nachrichten
nyheter -na pl
[ny:he:tər]

das Interview
intervju -n u
[ɪntərvjʉ:]

der Interviewpartner
intervjuad -e u
[ɪntərvjʉ:ad]

die Reporterin
reporter -n u
[rəpɔʈər]

das Mikrofon
mikrofon -en u
[mɪkrʊˈfo:n]

die Szene
scen -en u
[se:n]

der Schauspieler
skådespelare -n u
[sko:dəspe:larə]

die Klappe
lucka -n u
[løk:a]

die Livesendung
livesändning -en u
[lajvsændnɪŋ]

das Publikum
publik -en u
[pøbˈli:k]

der Dokumentarfilm	**dokumentärfilm** -en u [dɔkømənˈtæ:rfɪlm]
die Talkshow	**talkshow** -en u [to:kɧo:v]
die Reportage	**reportage** -t n [rəpɔˈʈa:ɧ]
die Quizshow	**frågesport** -en u [fro:gəspɔʈ]
der Moderator	**programledare** -n u [prʊˈgramle:darə]
die Moderatorin	**programledare** -n u [prʊˈgramle:darə]
der Teilnehmer	**deltagare** -n u [de:lta:garə]
die Teilnehmerin	**deltagare** -n u [de:lta.garə]

DIE MEDIEN – MEDIERNA

Das Radio – radion

der DJ
dj -en u
[di:djɛj]

die Tonaufnahme
ljudupptagning -en u
[jʉ:dəpta:gnɪŋ]

die Antenne
antenn -en u
[anˈtɛn]

das Radio
radio -n u
[ra:djʊ]

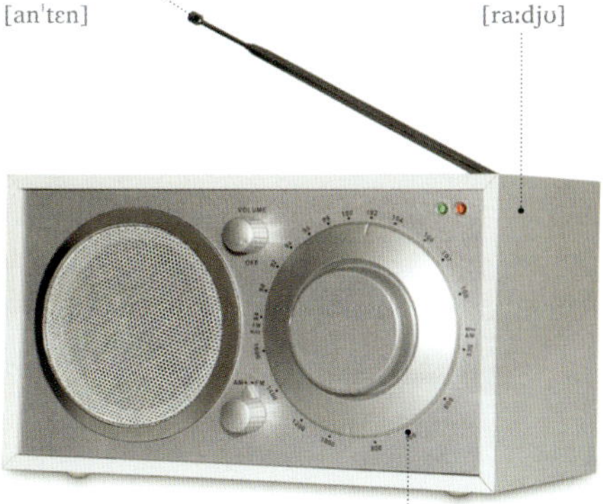

die Frequenz
frekvens -en u
[frəkˈvɛns]

der Radiosender
radiosändare -n u
[ra:djʊsændarə]

der Wetterbericht
väderprognos -en u
[vædərprʊgno:s]

die Verkehrsnachrichten
trafikinformation -en u
[traˈfi:kɪnfɔrmaɧu:n]

die Hitparade
topplista -n u
[tɔp:lɪsta]

das Hörspiel
radioteater -n u
[radjʊtəa:tər]

die Liveaufzeichnung
liveinspelning -en u
[lajvɪnspe:lnɪŋ]

die Sendung	**sändning** -en u [sænd)nɪŋ]
der Berichterstatter	**föredragshållare** -n u [fœ:rədra:gshɔl:arə]
die Berichterstatterin	**föredragshållare** -n u [fœ:rədra:gshɔl:arə]
die Erkennungsmelodie	**signaturmelodi** -n u [sɪŋnaˈtʉ:rməlʊdi:]
der Werbespot	**reklaminslag** -et n [rəˈkla:mɪnsla:g]
senden	att **sända** [sænda]
die Langwelle	**långvåg** -en u [lo:ŋvo:g]
die Kurzwelle	**kortvåg** -en u [kɔʈvo:g]

DIE MEDIEN – MEDIERNA

Die Printmedien – tryckt media

die Zeitung
tidning -en u
[tiːdnɪŋ]

das Tabloidformat
tabloidformat -et n
[tablʊˈiːdfɔrmaːt]

das Bild
bild -en u
[bɪld]

der Artikel
artikel -n u
[aʈɪkəl]

die Titelseite
titelsida -n u
[tiːtəlsiːda]

die Schlagzeile
rubrik -en u
[rəˈbriːk]

der Vorspann
ingress -en u
[ɪŋˈrɛs]

die Zeitungsspalte
tidningskolumn -en u
[tiːdnɪŋskɔləm]

die großformatige Zeitung
tidning med stort format -en u
[tiːdnɪŋ meː(d) ˈstuːʈ fɔrmaːt]

der Stellenmarkt
platsannonser -na pl
[platsanːɔnsər]

der Werbeprospekt
reklamblad -et n
[rəˈklaːmblaːd]

die Anzeige
annons -en u
[aˈnːɔns]

das Abonnement
abbonemang -et n
[abːɔnːəˈmaŋ]

der Leitartikel	**ledare** -n u [leːdarə]
die Todesanzeige	**dödsannons** -en u [dœdsanːɔns]
die Qualitätszeitung	**kvalitetstidning** -en u [kvalɪˈteːtstiːdnɪŋ]
die Boulevardzeitung	**kvällstidning** -en u [kvɛlstiːdnɪŋ]
die Wochenzeitung	**veckotidning** -en u [vəkːʊtiːdnɪŋ]
die Tageszeitung	**dagstidning** -en u [dakstiːdnɪŋ]
die Kolumne	**kolumn** -en u [kɔləm]
die Beilage	**bilaga** -n u [biːlaːga]

DIE MEDIEN – MEDIERNA

Die Printmedien – tryckt media

das gebundene Buch
den **inbundna boken** u
[ɪnbɵndna bu:kən]

der Einband
omslag -et n
[ɔmsla:g]

der Buchdeckel
bokpärm -en u
[bu:kpærm]

der Buchrücken
bokrygg -en u
[bu:kryg]

der Schutzumschlag
skyddsomslag -et n
[ɧydsɔmsla:g]

das Taschenbuch
pocketbok -en u
[pɔk:ətbu:k]

die Seite
sida -n u
[si:da]

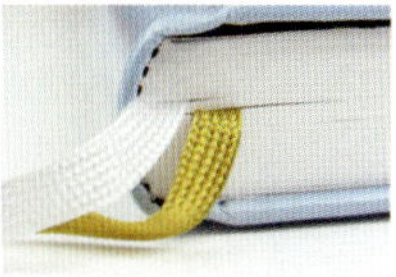

das Lesebändchen
bokmärke -t n
[bu:kmærkə]

in einem Buch blättern
att **bläddra i en bok**
[blædra i: ən ˈbu:k]

das Sachbuch
faktabok -en u
[faktabu:k]

der Roman
roman -en u
[rʊˈma:n]

die Seitenzahl	**sidantal** -et n [si:danta:l]
der Index	**index** -et n [ɪndɛks]
eine Seite überfliegen	att **hoppa över en sida** [hɔp:a ˈø:vər ən si:da]
das Kinderbuch	**barnbok** -en u [ba:ɳbu:k]
die Erzählliteratur	**skönlitteratur** -en u [ɧø:nlɪt:əratʉ:r]
die Sachliteratur	**faktalitteratur** -en u [faktalɪt:əratʉ:r]
das Inhaltsverzeichnis	**innehållsförteckning** -en u [ɪn:əhɔlsfœrtəknɪŋ]
das Kapitel	**kapitel** kapitlet n [kapɪtəl]

der Bildband
bildband -et n
[bɪldband]

DIE POST – POSTEN

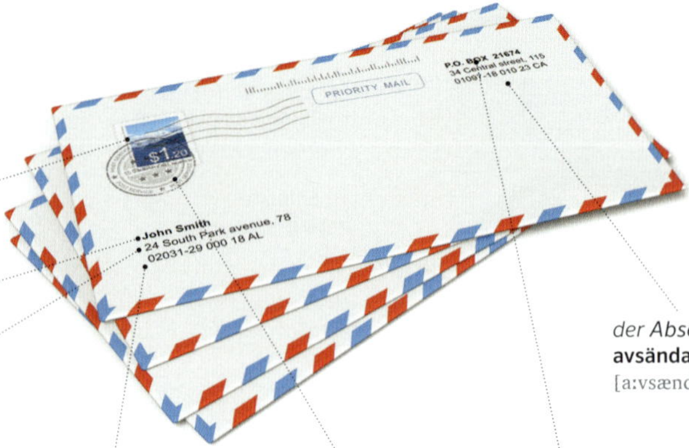

der Briefumschlag
kuvert -et n
[kɵˈvæ:r]

die Briefmarke
frimärke -t n
[fri:mærkə]

der Empfänger
mottagare -n u
[mu:ta:garə]

die Adresse
adress -en u
[aˈdræs]

die Postleitzahl
postnummer -numret n
[pɔstnɵmər]

der Poststempel
poststämpel -n u
[pɔststæmpəl]

das Postfach
postfack -et n
[pɔstfak]

der Absender
avsändare -n u
[a:vsændarə]

die Postkarte
vykort -et n
[vy:kuʈ]

die Empfangsbestätigung unterschreiben
att **skriva under mottagningsbevis**
[skri:va ɵndər ˈmu:t:agnɪŋsbəvi:s]

der Briefkasten
brevlåda -n u
[bre:vlo:da]

einen Brief einwerfen
att **lägga på ett brev**
[læg:a po: ət ˈbre:v]

das Paket
paket -et n
[paˈke:t]

der Brief	**brev** -et n [bre:v]
der Eilbrief	**expressbrev** -et n [ɛksˈpræs:bre:v]
portofrei	**portofritt** [pɔʈʊfrɪt]
einen Brief erhalten	att **få ett brev** [fo: ət ˈbre:v]
einen Brief beantworten	att **svara på ett brev** [sva:ra po: ət ˈbre:v]
jemandem einen Brief schicken	att **skicka någon ett brev** [ʃik:a no:gɔn ət ˈbre:v]
das Einschreiben	den **rekommenderade försändelsen** n [rəkɔm:ənˈde:radə fœrsændəlsən]

DIE POST - POSTEN

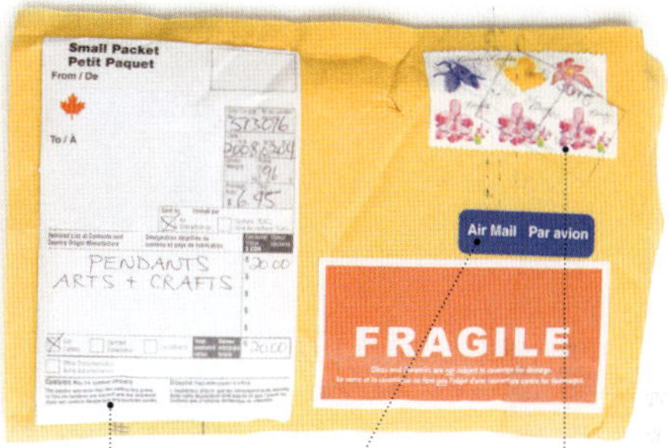

das Klebeband
tejp -en u
[tɛjp]

die Styroporflocken
frigolitflingor -na pl
[frɪgʊli:tflɪŋʊr]

das Päckchen
paket -et u
[paˈke:t]

per Luftpost
flygfrakt -en u
[fly:gfrakt]

das Porto
porto -t u
[pɔʈʊ]

zerbrechlich
ömtåligt
[œmto:lɪ(k)t]

vor Nässe schützen
att **skyddas från fukt**
[ɧyd:as fro:n ˈfɵkt]

oben
denna sida upp
[dɛn:a si:da ˈɵp]

die Zustellung
utdelning -en u
[ʉ:tde:lnɪŋ]

liefern	att **leverera** [ləvəˈre:ra]
die Leerungszeiten	**tömningstider** -na pl [tœmnɪŋsti:dər]
versandkostenfrei	**fraktfritt** [fraktfrɪt]
das Gewicht	**vikt** -en u [vɪkt]
die Waage	**våg** -en u [vo:g]
der Hausbriefkasten	**postlåda** -n u [pɔstlo:da]
die Postanweisung	**postanvisning** -en u [pɔstanvi:snɪŋ]
Nicht knicken!	**Får ej vikas!** [fo:r ɛj ˈvi:kas]

der Kurierdienst
budtjänst -en u
[bʉ:dɕɛnst]

SPORT UND FITNESS

SPORT OCH FITNESS

BALLSPORTARTEN – BOLLSPORTARTER

Der Fußball – fotbollen

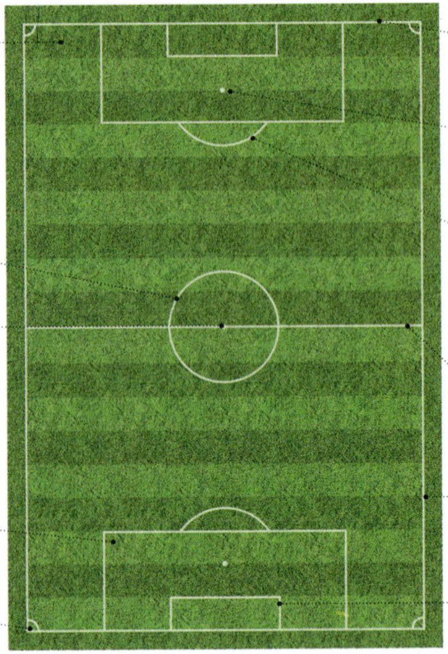

das Spielfeld
fotbollsplan -en u
[fu:tbɔlspla:n]

der Mittelkreis
mittcirkel -n u
[mɪt:sɪrkəl]

der Anstoßpunkt
avsparkspunkt -en u
[a:vsparkspɵŋt]

der Strafraum
straffområde -t n
[straf:ɔmro:də]

der Eckbogen
hörnmarkeringar -en u
[hœ:ɳmarke:rɪŋar]

die Torlinie
mållinje -n u
[mo:l:ɪnjə]

der Elfmeterpunkt
straffpunkt -en u
[straf:pɵŋt]

der Teilkreis am Strafraum
cirkelbåge vid straffspark -n u
[sɪrkəlbo:gə vi:d ˈstraf:spark]

die Mittellinie
mittlinje -n u
[mɪt:lɪnjə]

die Seitenlinie
sidolinje -n u
[si:dʊlɪnjə]

der Torraum
målområde -t n
[mo:lɔmro:də]

das Stadion
stadion -en n
[sta:djɔn]

die Zuschauer
åskådare -n u
[o:sko:darə]

die Zuschauertribüne
åskådarläktare -n u
[o:sko:darlæktarə]

der Platzverweis
utvisning -en u
[ʉ:tvi:snɪŋ]

die rote Karte
det **röda kortet** n
[rœda ˈkʊʈət]

der Schiedsrichter
domare -n u
[dʊmarə]

BALLSPORTARTEN – BOLLSPORTARTER

Der Fußball – fotbollen

die Mannschaftsaufstellung
laguppställning -en u
[la:gəpstælnɪŋ]

der Mittelstürmer
center -n u
[sɛntər]

der Libero
libero -n u
[li:bərʊ]

der Innenverteidiger
innerback -en u
[ɪn:ərbak]

der Torwart
målvakt -en u
[mo:lvakt]

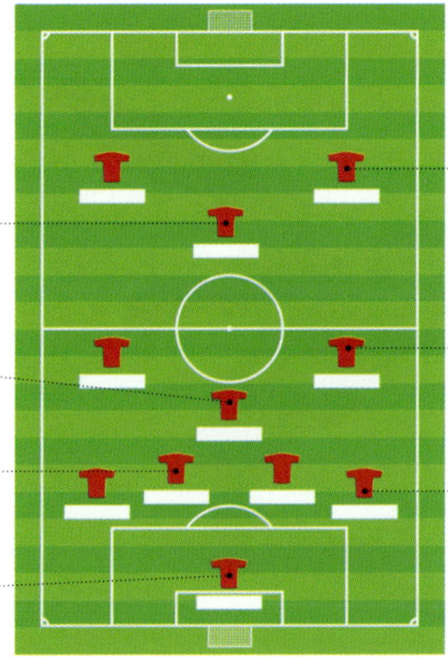

der Außenstürmer
ytter -n u
[yt:ər]

der Mittelfeldspieler
mittfältare -n u
[mɪt:fæltarə]

der Außenverteidiger
ytterback -en u
[yt:ərbak]

angreifen
att **angripa**
[angri:pa]

der Eckstoß
hörna -n u
[hœ:ɳa]

der Freistoß
frispark -en u
[fri:spark]

der Einwurf
inkast -et n
[ɪnkast]

die Liga	**liga** -n u [li:ga]
die erste Liga	den **första ligan** u [fœ:ʂta 'li:gan]
die Meisterschaft	**mästerskap** -et n [mæstəʂka:p]
der Pokal	**pokal** -en u [pʊ'ka:l]
die gelbe Karte	det **gula kortet** n [gʉ:la kuʈət]
einen Spieler sperren	att **spärra en spelare** [spær:a ən 'spe:larə]
das Foul	**foul** -en u [faʊl]
die Verteidigung	**försvar** -et n [fœ'ʂva:r]

das Tor
mål -et n
[mo:l]

BALLSPORTARTEN – BOLLSPORTARTER

Der Fußball – fotbollen

der Fußball
fotboll -en u
[fu:tbɔl]

der Fußballschuh
fotbollsskor -n u
[fu:tbɔls:ku:r]

der Stollen
dubbar -na pl
[dɵb:ar]

das Trikot
trikå -n u
[trɪˈko:]

die Hose
byxor -na pl
[byksʊr]

der Schienbeinschoner
benskydd -en u
[be:nɧyd]

der Stutzen
stöd -en pl
[stø:d]

den Ball halten
att **hålla bollen**
[hɔl:a ˈbɔl:ən]

das Tornetz
målnät -et n
[mo:lnæ:t]

der Torpfosten
målstolpe -n u
[mo:lstɔlpə]

der Torwarthandschuh
målvaktshandskar -n u
[mo:lvaktshan(d)skar]

schießen
att **skjuta**
[ɧʉ:ta]

die Querlatte	**ribba** -n u [rɪb:a]
die Halbzeit	**halvtid** -en u [halvti:d]
das Unentschieden	**oavgjort** [u:a:vju:ʈ]
die Verlängerung	**förlängning** -en n [fœrˈlæŋnɪŋ]
der Elfmeter	**straff** -en u [straf]
das Abseits	**offside** -n u [ɔf:sajd]
köpfen	att **nicka** [nɪk:a]
kicken	att **sparka/kicka** [sparka/kɪk:a]

BALLSPORTARTEN – BOLLSPORTARTER

Der Handball – handbollen

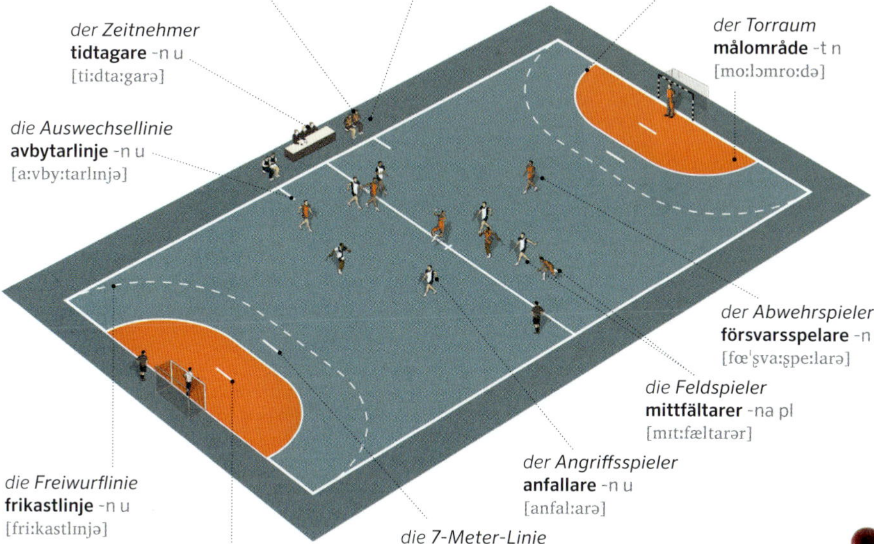

der linke Flügel	**vänsterkant** -en u [vænstərkant]
der rechte Flügel	**högerkant** -en u [hœ:gərkant]
der Schlagwurf	**kärnkast** -et n [ɕæ:ɳkast]
die Zeitstrafe	**utvisning** -en u [ʉ:tvi:snɪŋ]
die Disqualifikation	**diskvalificering** -en u [dɪskvalɪfɪˈse:rɪŋ]
die Auszeit	**timeout** -en u [tajmaʊt]
die Verwarnung	**varning** -en u [vaɳɪŋ]
der Siebenmeter	**straffkast** -et n [straf:kast]

der Sprungwurf
hoppkast -et n
[hɔp:kast]

BALLSPORTARTEN – BOLLSPORTARTER

Der Volleyball – vollybollen

die Angriffszone
anfallsområde -t n
[anfalsɔmro:də]

der Außenangreifer
ytteranfallare -n u
[yt:əranfal:arə]

der Mittelangreifer
mittanfallare -n u
[mɪt:anfal:arə]

die Verteidigungszone
försvarsområde -t n
[fœˈʂva:ʂɔmro:də]

der Libero
libero -n u
[li:bərʊ]

die Grundlinie
baslinje -n u
[ba:slɪnjə]

der Abwehrspieler
försvarsspelare -n u
[fœˈʂva:ʂpe:larə]

die Seitenlinie
sidolinje -n u
[si:dʊlɪnjə]

der Linienrichter
linjedomare -n u
[lɪnjədʊmarə]

die Netzkante
nätkant -en u
[næ:tkant]

das Netz
nät -et n
[næ:t]

die Angriffslinie
anfallslinje -n u
[anfalslɪnjə]

der Freiraum
spelutrymme -t n
[spe:lʉ:trym:ə]

die Reservebank
avbytarbänk -en u
[a:vby:tarbæŋk]

der Beachvolleyball
strandvolleyboll -en u
[strandvɔl:ybɔl]

schmettern
att **smasha**
[smaʃa]

blocken
att **blockera**
[blɔˈkɪe:ra]

der Aufschlag
serve -n u
[sœrv]

baggern
baggerslag -et n
[bag:ərsla:g]

pritschen
fingerslag -et n
[fɪŋərsla:g]

die Hechtabwehr
backförsvar -et n
[bak:fœʂva:r]

BALLSPORTARTEN – BOLLSPORTARTER

Der Basketball – basketbollen

die Seitenlinie
sidolinje -n u
[si:dʊlɪnjə]

die Drei-Punkte-Linie
trepunktslinje -n u
[tre:pɵŋtslɪnjə]

die begrenzte Zone
den **avgränsade zonen** n
[a:vgrænsadə ˈsu:nən]

die Grundlinie
baslinje -n u
[ba:slɪnjə]

im Aus sein
att **vara ute**
[va:ra ˈʉ:tə]

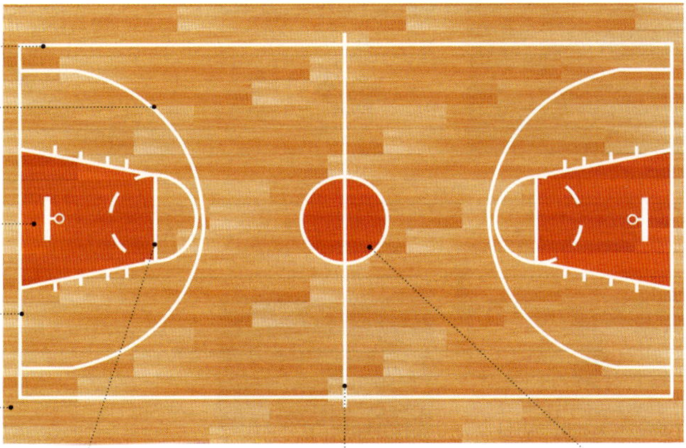

die Freiwurflinie
frikastlinje -n u
[fri:kastlɪnjə]

die Mittellinie
mittlinje -n u
[mɪt:lɪnjə]

der Mittelkreis
mittcirkel -n u
[mɪt:sɪrkəl]

der Dunk
dunk -et n
[dɵŋk]

das Korbbrett
basketplanka -n u
[ba:skətplaŋka]

der Korbring
korgring -en u
[kɔrjrɪŋ]

das Netz
nät -et n
[næ:t]

der Korb
korg -en u
[kɔrj]

der Korbleger	**korgträff** -en u [kɔrjtræf:]
das Doppeldribbling	**dubbeldribbling** -en u [dɵb:əldrɪblɪŋ]
der Rebound	**rebound** -en u [ri:baʊnd]
der Sprungball	**uppkast** -et n [ɵpkast]
fangen	att **fånga** [fɔŋa]
werfen	att **kasta** [kasta]
zielen	att **sikta** [sɪkta]
decken	att **täcka** [tæk:a]

WEITERE BALLSPORTARTEN – YTTERLIGARE BOLLSPORTER

das Hockey
hockey -n u
[hɔk:y]

das Eishockey
ishockey -n u
[i:shɔk:y]

der Hockeyschläger
hockeyklubba -n u
[hɔk:ykløb:a]

der Puck
puck -en u
[pøk]

der Softball
softball -en u
[sɔftbo:l]

der Baseball
baseboll -en u
[bɛjsbɔl]

der Baseballschläger
basebollträ -t n
[bɛjsbɔl:træ:]

der Baseballhandschuh
basebollhandske -n u
[bɛjsbɔl:han(d)skə]

der American Football
den **amerikanska fotbollen** u
[amrɪka:nska ˈfu:tbɔlən]

das Rugby
rugby -n u
[røgby]

das Kricket
kricket -en u
[krɪk:ət]

das Schlagholz
slagträ -t n
[sla:gtræ:]

die Trillerpfeife
visselpipa -n u
[vɪs:əlpi:pa]

die Mannschaft	**manskap** -et n [manska:p]
der Sieger	**segrare** -n u [se:grarə]
der Verlierer	**förlorare** -n u [fœrˈlu:rarə]
der Weltmeister	**världmästare** -n u [væ:ɖsmæstarə]
das Turnier	**turnering** -en u [tʉˈɳe:rɪŋ]
der Spielstand	**ställning** -en u [stɛlnɪŋ]
der Trainer	**tränare** -n u [træ:narə]
die Trainerin	**tränare** -n u [træ:narə]
die Anzeigetafel	**resultattavla** -n u [rəsølˈta:t:a:vla]

BALLSPORTARTEN MIT SCHLÄGERN – BOLLSPORTARTER MED SLAGTRÄ – *Das Badminton* – badminton

der Badmintonplatz
badmintonplan -en u
[bædmıntɔnpla:n]

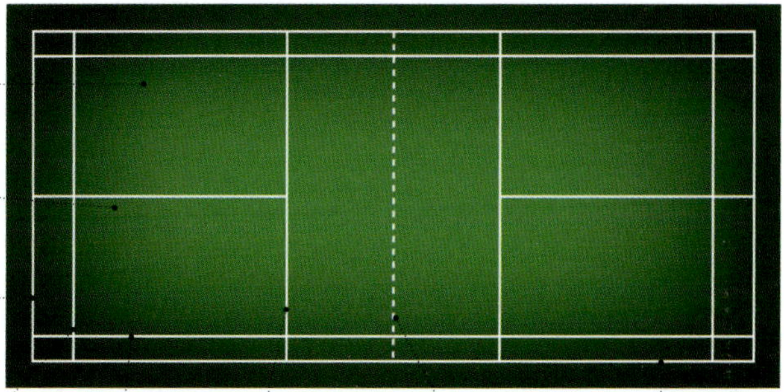

das linke Aufschlagfeld
den **vänstra serverutan** u
[vænstra ˈsœrvrʉ:tan]

das rechte Aufschlagfeld
den **högra serverutan** u
[hø:gra ˈsœrvrʉ:tan]

die hintere Aufschlaglinie Einzel
den **bakre enkla servelinjen** u
[ba:krə eŋkla ˈsœrvlınjən]

die hintere Aufschlaglinie Doppel
den **bakre dubbla servelinjen** u
[ba:krə dəb:la ˈsœrvlınjən]

die Seitenlinie Einzel
den **enkla sidolinjen** u
[eŋkla ˈsi:dʊlınjən]

die vordere Aufschlaglinie
den **främre servelinjen** u
[fræmrə ˈsœrvlınjən]

die Mittellinie
mittlinje -n u
[mıt:lınjə]

die Seitenlinie Doppel
den **dubbla sidolinjen** u
[dəb:la ˈsi:dʊlınjən]

das Squash
squash -en u
[skvɔʃ]

der Racquetball
racketboll -en u
[rak:ətbɔl]

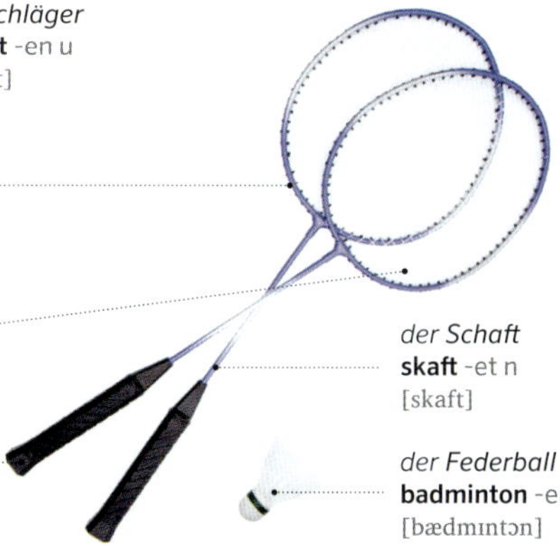

der Badmintonschläger
badmintonracket -en u
[bædmıntɔnrak:ət]

der Rahmen
ram -en u
[ra:m]

die Bespannung
strängar -na pl
[stræŋar]

der Griff
grepp -et n
[grep]

der Schaft
skaft -et n
[skaft]

der Federball
badminton -en u
[bædmıntɔn]

BALLSPORTARTEN MIT SCHLÄGERN – BOLLSPORTARTER MED SLAGTRÄ – *Das Tennis* – tennisen

der Balljunge
bollkalle -n u
[bɔl:kal:ə]

die Grundlinie
baslinje -n u
[ba:slɪnjə]

die Aufschlaglinie
servelinje -n u
[sœrvlɪnjə]

das Halbfeld
halvplan -en u
[halvpla:n]

die Seitenlinie für das Einzelspiel
sidolinje för singlespel -n u
[si:dʊlɪnjə fœ:r ˈsɪŋəlspe:l]

die Seitenlinie für das Doppelspiel
sidolinje för dubbelspel -n u
[si:dʊlɪnjə fœ:r ˈdəb:əlspe:l]

die Aufschlagmittellinie
servemittlinje -n u
[sœrvˈmɪt:lɪnjə]

das Netz
nät -et n
[næ:t]

der Tennisball
tennisboll -en u
[tɛnɪsbɔl]

der Tennisschläger
tennisracket -en u
[tɛn:ɪsrak:ət]

die Vorhand
forehand -en u
[fo:rhɛnd]

die Rückhand	**backhand** -en u [bɛk:hɛ:nd]
das Einzel	**single** -n u [sɪŋəl]
das Doppel	**dubbel** -n u [dəb:əl]
der/das Tiebreak	**tiebreak** -en u [tajbrɛjk]
der Einstand	**inkast** -et n [ɪnkast]
der Fehler	**fel** -et n [fe:l]
das Ass	**ess** -et n [ɛs]
der Satz	**set** -et n [sɛt]
der Schiedsrichter	**domare** -n u [dʊmarə]
die Schiedsrichterin	**domare** -n u [dʊmarə]
der Linienrichter	**linjedomare** -n u [lɪnjədʊmarə]
die Linienrichterin	**linjedomare** -n u [lɪnjədʊmarə]

BALLSPORTARTEN MIT SCHLÄGERN – BOLLSPORTARTER MED SLAGTRÄ – *Das Tischtennis* – bordtennisen

der Tischtennistisch
bordtennisbord -et n
[buːɖtɛnːɪsbuːɖ]

die Netzoberkante
nätöverkant -en u
[næːtˈøːvərkant]

der Netzhalter
näthållare -n u
[næːtˈhɔlːarə]

die Seitenlinie
sidolinje -n u
[siːdʊlɪnjə]

das Netz
nät -et n
[næːt]

die Maschen
maskor -na pl
[maskʊr]

die Grundlinie
baslinje -n u
[baːslɪnjə]

die Mittellinie
mittlinje -n u
[mɪtːlɪnjə]

der Tischtennisschläger
bordtennisracket -en u
[buːɖtɛnːɪsrakːət]

die Schlagfläche
slagyta -n u
[slaːgyːta]

der Belag
belag -en u
[bəˈlaːg]

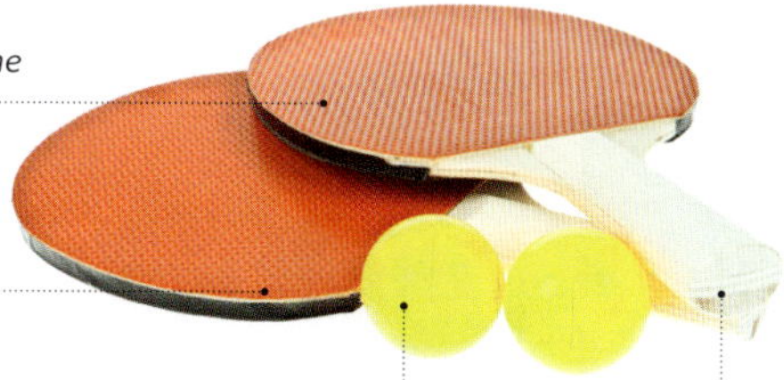

der Tischtennisball
bordtennisboll -en u
[buːɖtɛnɪsbɔl]

der Griff
grepp -et n
[grep]

der Penholdergriff
penngrepp -et n
[pæːnːgrepː]

der Shakehandgriff
handskakningsgrepp -et n
[handskaːknɪŋsgrep]

DAS GOLF – GOLFEN

der Golfplatz
golfbana -n u
[gɔlfba:na]

das Wasserhindernis
vattenhinder -hindren u
[vat:ənhɪndər]

der Bunker
bunker -n u
[bɵŋkər]

das Fairway
fairway -en u
[fæ:rʊɛj]

das Rough
ruff -en u
[rɵf]

der Abschlag
utslag -et n
[ʉ:tsla:g]

die Haltung
hållning -en u
[hɔlnɪŋ]

einlochen
att slå bollen i ett hål
[slo: bɔl:ən i: ət ˈho:l]

die Fahne
flagga -n u
[flag:a]

das Tee
tee -n u
[ti:]

der Golfball
golfboll -en u
[gɔlfbɔl]

das Loch
hål -et n
[ho:l]

das Grün
green -en u
[gri:n]

DAS GOLF – GOLFEN

die Golfschläger
golfklubba -n u
[gɔlfkləb:a]

das Holz
trä -t n
[træ:]

das Eisen
järn -et n
[jæ:ɳ]

der Wedge
kil -en u
[ɕi:l]

der Putter
putter -n u
[pət:ər]

die Golftasche
golfväska -n u
[gɔlfvæska]

driven
att **slå driver**
[slo: drajvər]

der Golfspieler
golfspelare -n u
[gɔlfspe:larə]

der Caddie
caddie -n u
[kɛd:ɪ]

der Golftrolley
golfvagn -en u
[gɔlfvaŋn]

der Durchschwung
sving -en u
[svɪŋ]

schwingen	att **svinga** [svɪŋa]
chippen	att **chippa** [ɕɪp:a]
den Ball vom Abschlag spielen	att **slå från utslagsplatsen** [slo: fro:n 'ʉ:tsla:gsplatsən]
das Par	**par** -et n [pa:r]
das Birdie	**birdie** -n u [bœ:ɖɪ]
das Bogey	**bogey** -en u [bu:gɪ]
das Handicap	**handicap** -et n [hɛndɪkap]
das Hole-in-one	**hole-in-one** -et n [ho:l ɪn 'ʊ:an]

das Golfcart
golfbil -en u
[gɔlfbi:l]

DIE LEICHTATHLETIK – FRIIDROTTEN

die Sprunggrube
hoppgrop -en u
[hɔp:gru:p]

der Weit- und Dreisprung
längdhopp och tresteg -et n
[læŋdhɔp ɔ ˈtre:ste:g]

die Anlaufbahn
ansatsbana -n u
[ansatsba:na]

das Schutznetz
skyddsnät -et n
[ɧydsnæ:t]

die Bahn
bana -n u
[ba:na]

die Aschenbahn
löparbana -n u
[lø:parba:na]

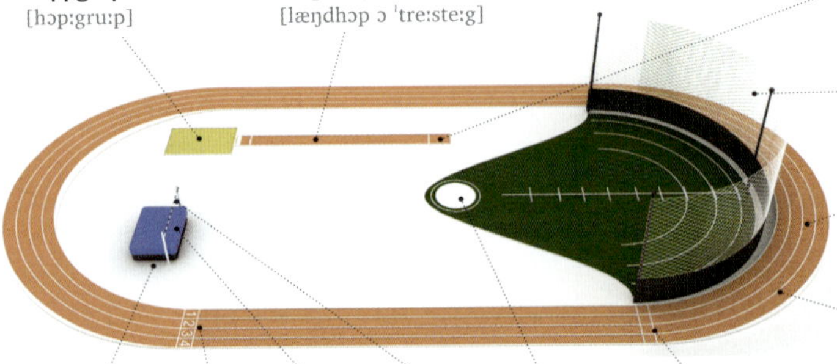

der Hochsprung
höjdhopp -et n
[hœjdhɔp]

die Latte
ribba -n u
[rɪb:a]

die Ziellinie
mållinje -n u
[mo:l:ɪnjə]

der Diskus- und Hammerwurf
diskus och slägga
[dɪskɵs ɔ(k) ˈslæ:g:a]

die Startlinie
startlinje -n u
[sta:ʈlɪnjə]

die Matte
matta -n u
[mat:a]

der Wurfkreis
kastcirkel -n u
[kastsɪrkəl]

der Sprint
sprinter -n u
[sprɪntər]

der Startblock
startblock -et n
[sta:ʈblɔk]

der Hürdenlauf
häcklöpning -en u
[hæk:lø:pnɪŋ]

die Hürde
häck -en u
[hæk]

der Stabhochsprung
stavhopp -et n
[sta:vhɔp]

der Staffellauf	**stafett** -en u [staˈf:ɛt]
der Stab	**stav** -en u [sta:v]
einen Rekord brechen	att **slå rekord** [slo: rəˈko:ɖ]
der Marathon	**maraton** -et n [ma:ratɔn]
der Speerwurf	**spjutkastning** -en u [spjʉ:tkastnɪŋ]
die persönliche Bestleistung	**personbästa** u [pæʂu:nbæsta]
die Stoppuhr	**stoppur** -et n [stɔp:ʉ:r]
die Startpistole	**startpistol** -en u [sta:ʈpɪstu:l]

DAS TURNEN – GYMNASTISERA

der Sprungtisch
hoppbord -et n
[hɔp:bu:ɖ]

der Handstand
att **stå på händerna**
[sto: po: ˈhændərna]

der/das Spagat
spagat -en u
[spaˈga:t]

das Reck
räck -en u
[ræk]

der Barren
barr -en u
[bar]

das Pauschenpferd
bygelhäst -en u
[by:gəlhæst]

die Ringe
ringar -na pl
[rɪŋar]

der Schwebebalken
balansbom -men u
[baˈlansbʊm]

das Bodenturnen
den **fristående gymnastiken** u
[fri:sto:əndə jymˈnasti:kən]

der Stufenbarren
den **assymetriska barren** u
[as:ym:e:trɪska ˈbarən]

das Gold	**guld** -et n [gɵld]
das Silber	**silver** silvret n [sɪlvər]
die Bronze	**brons** -et n [brɔns]
die Medaille	**medalj** -en u [məˈdalj]
der Wettkampf	**tävling** -en u [tæ:vlɪŋ]
der Salto	**saltomortal** -en u [saltʊmɔˈʈa:l]
der Aufgang	**uppgång** -en u [ɵpgɔŋ]
der Abgang	**nedgång** -en u [ne:dgɔŋ]

der Turnanzug
gymnastikkläder -na pl
[jymnasti:kˈ:læ:dər]

die Turnhalle
sporthall -en u
[spɔʈhal]

die Turnerin
gymnast -en u
[jymˈnast]

die Magnesia
magnesium -et n
[maŋˈne:sɪɵm]

DER WASSERSPORT – VATTENSPORTEN

Das Schwimmen – simningen

das Wettkampfbecken
tävlingsbassäng -en u
[tæ:vlɪŋsbas:æŋ]

① *der Wendehinweis für Rückenschwimmer*
vändanvisning för ryggsimmare -ar pl
[vændanvi:snɪŋ fœ:r ˈryg:sɪm:arə]

② *die Bahn*
bana -n u
[ba:na]

③ *das Ziel*
mål -et n
[mo:l]

④ *die Linie*
linje -n u
[lɪnjə]

⑤ *das Wasser*
vatten vattnet n
[vat:ən]

⑥ *der Startblock*
startblock -et n
[sta:ʈblɔk]

⑦ *die Schwimmleine*
flytlina -n u
[fly:tli:na]

die Wende
vända -n u
[vænda]

der Armzug
armtag -et n
[armta:g]

das Rückenschwimmen
ryggsim -met n
[ryg:sɪm]

das Brustschwimmen
bröstsim -met n
[brœstsɪm]

kraulen
att crawla
[kro:la]

das Schmetterlings-schwimmen
fjärilsim -met n
[fjæ:rɪls:ɪm]

der Startsprung
starthopp -et n
[sta:ʈhɔp]

der Fehlstart
tjuvstart -en u
[ɕʉ:vsta:ʈ]

DER WASSERSPORT – VATTENSPORTEN

Das Schwimmen – simningen

der Wasserball
vattenpolo -n u
[vat:ənpu:lʊ]

springen
att **hoppa**
[hɔp:a]

das Kunstspringen
simhopp -et n
[sɪmhɔp]

das Synchronschwimmen
konstsimning -en u
[kɔnstsɪmnɪŋ]

der Schwimmflügel
simpuffar -na pl
[sɪmpɵf:ar]

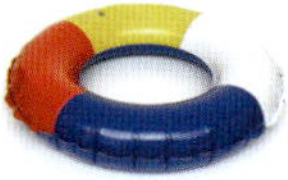

der Schwimmring
badring -en u
[ba:drɪŋ]

das Schwimmerbecken
simbassäng -en u
[sɪmbas:æŋ]

das Nichtschwimmer-becken
grund bassäng -en u
[grɵnd baˈs:æŋ]

die Schwimmweste
flytväst -en u
[fly:tvæst]

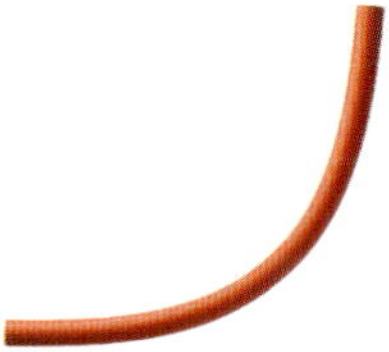

die Schwimmnudel
flexistång -en u
[flɛksɪstɔŋ]

die Schwimmerin
simmare -n u
[sɪm:arə]

die Badekappe
badmössa -n u
[ba:dmœs:a]

der Schwimmanzug
baddräkt -en u
[ba:d:rækt]

die Schwimmbrille
simglasögon -en pl
[sɪmgla:sø:gɔn]

schwimmen	att **simma** [sɪm:a]
das Sprungbrett	**trampolin** -en u [trampʊli:n]
der Sprungturm	**hopptorn** -et n [hɔp:tu:ɳ]
das Schwimmbrett	**simbräda** -n u [sɪmbræ:da]
plantschen	att **plaska** [plaska]
der Bademeister	**badmästare** -n u [ba:dˈmæstarə]
die Bademeisterin	**badmästare** -n u [ba:dˈmæstarə]
der Wasserpark	**vattenpark** -en u [vat:ənpark]

DER WASSERSPORT – VATTENSPORTEN

Das Segeln – seglingen

der Mast
mast -en u
[mast]

die Takelage
rigg -en u
[rɪg]

das Großsegel
storsegel -seglet n
[stu:rse:gəl]

die Fock
fock -en u
[fɔk]

der Bug
för -en u
[fœ:r]

der Rumpf
skrov -et n
[skro:v]

das Heck
akter -n u
[aktər]

der Rettungsring
livräddningskrans -en u
[li:vrædnɪŋskrans]

die Leuchtrakete
lysraket -en u
[ly:srake:t]

der Segler
seglare -n u
[se:glarə]

der Baum
bom -men u
[bʊm]

das Cockpit
styrhytt -en u
[sty:rhyt]

die Pinne
rorkult -en u
[ru:rkəlt]

der Seegang	**sjögång** -en u [ɧø:gɔŋ]
der Wind	**vind** -en u [vɪnd]
die Meeresströmung	**havsströmmar** -na pl [hafs:trœm:ar]
der Anker	**ankare** -t n [aŋkarə]
die Crew	**besättning** -en u [bə'sætnɪŋ]
das Ruder	**roder** rodret n [ru:dər]
kentern	att **kantra** [kantra]
kreuzen	att **kryssa** [krys:a]
der Jachthafen	**båthamn** -en u [bo:thamn]
das Rettungsboot	**livbåt** -en u [li:vbo:t]
der Katamaran	**katamaran** -en u [katama'ra:n]

DER WASSERSPORT – VATTENSPORTEN

Das Tauchen – dykningen

der Tauchanzug
dykardräkt -en u
[dy:kardrækt]

die Druckluftflasche
dykflaska -n u
[dy:kflaska]

der Lungenautomat
regulator -n u
[rəgəˈla:tʊr]

die Taschenlampe
ficklampa -n u
[fık:lampa]

der Tiefenmesser
djupmätare -n u
[jʉ:pmæ:tarə]

die Schwimmflosse
simfenor -na pl
[sımfe:nʊr]

der Tauchstiefel
dykarstövel -n u
[dy:karˈstœvl]

der Schnorchel
snorkel -n u
[snɔrkəl]

die Tauchmaske
cyklop -en u
[syˈklo:p]

das Finimeter
dykmanometer -n u
[dy:kmanʊme:tər]

der/das Kajak
kajak -en u
[kaja:k]

das Doppelpaddel
dubbelpaddel -n u
[dəb:əlpad:əl]

der Kanadier
kanadensare -n u
[kanaˈdɛnsarə]

das Stechpaddel
paddel -n u
[pad:əl]

der Sitz
sits -en u
[sıts]

der Vordersteven
förstäv -en u
[fœ:ʂtæ:v]

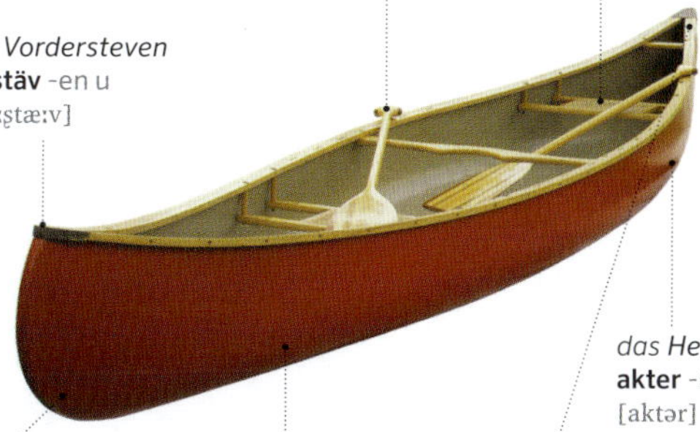

das Heck
akter -n u
[aktər]

der Bug
för -en u
[fœ:r]

der Bootsrumpf
båtskrov -et n
[bo:tskro:v]

der Achtersteven
akterstäv -en u
[aktəʂtæ:v]

DER WASSERSPORT – VATTENSPORTEN

Das Surfen – surfingen

surfen
att **surfa**
[sərfa]

das Surfbrett
surfbräda -n u
[sərfbræ:da]

das Windsurfen
vindsurfing -en u
[vɪndsərfɪŋ]

das Schothorn
skothorn -et n
[sku:thu:ɳ]

der Mast
mast -en u
[mast]

der Surfer
surfare -n u
[sərfarə]

die Welle
våg -en u
[vo:g]

das Segel
segel seglet n
[se:gəl]

der Windsurfer
vindsurfare -n u
[vɪndsərfarə]

das Paddelbrett
paddelbräda -n u
[pad:əlbræ:da]

das Kitesurfen
kitesurfing -en u
[kaɪtsərfɪŋ]

das Bodyboarden
bodyboarding -en u
[badybo:ɖɪŋ]

das Wakeboarden
wakeboarding -en u
[ʊɛjkjkbo:ɖɪŋ]

der Jetski®
Jetski® -n u
[jɛtski:]

das Wasserski
vattenskida -n u
[vat:ənɧi:da]

das Rudern
rodd -en u
[rʊd]

das Rafting
forsränning -en u
[fɔʂræn:ɪŋ]

DER KAMPFSPORT – KAMPSPORTEN

das Karate
karate -n u
[kaˈraːtə]

das Aikido
aikido -n u
[ajˈkiːdʊ]

das Kendo
kendo -n u
[kɛndʊ]

das Taekwondo
taekwondo -n u
[tajkvɔnˈdʊ]

der schwarze Gürtel
det **svarta bältet** n
[svaʈa bæltət]

das Judo
judo -n u
[jʉːdʊ]

das Kung-Fu
kung-fu -n u
[kɵŋˈfʉː]

das Kickboxen
kickboxning -en u
[kɪkbʊksnɪŋ]

das Ringen
brottning -en u
[brɔtnɪŋ]

das Boxen
boxning -en u
[bʊksnɪŋ]

der Sandsack
sandsäck -en u
[sandsæk]

der Boxball
boxningsboll -en u
[bʊksnɪŋsbɔl]

der Kopfschutz
huvudskydd -et n
[hʉːvədɧyd]

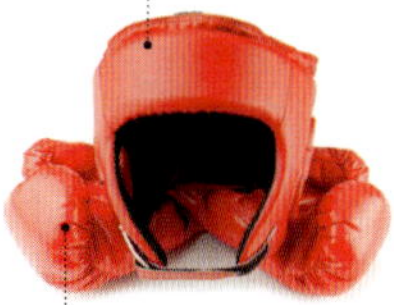

der Boxhandschuh
boxhandske -n u
[bʊkshan(d)skə]

der Mundschutz	**munskydd** -et n [mənɧyd]
das Sparring	**sparring** -en u [sparːɪŋ]
der Knock-out	**knockout** -en u [nʊkˈaʊt]
die Selbstverteidigung	**självförsvar** -et n [ɧælvfœʂvaːr]
das Tai-Chi	**tai-chi** -n u [tajˈɕiː]
das Jiu-Jitsu	**jiujitsu** -n u [jɪɵˈjɪtsə]
die Capoeira	**capoeira** -n u [kapʊˈəjra]
das Wing Chun	**wing chun** -en u [vɪŋ ˈɕən]

DER REITSPORT – RIDNINGEN

der Reithelm
ridhjälm -en u
[riːdjælm]

die Reiterin
ryttare -n u
[rytːarə]

der Sattel
sadel -n u
[saːdəl]

die Reithose
ridbyxor -na pl
[riːdbyksʊr]

die Mähne
man -en u
[maːn]

das Pferd
häst -en u
[hæst]

der Stirnriemen
pannrem -men u
[panːrem]

das Zaumzeug
betsel betslet n
[betsəl]

der Nasenriemen
nosrem -men u
[nuːsrem]

die Kandare
kandar -en u
[kanˈdaːr]

der Zügel
tygel -n u
[tyːgəl]

der Steigbügel
stigbygel -n u
[stiːgbyːgəl]

der Sattelgurt
sadelgjord -en u
[saːdəljuːd̩]

der Huf
hov -en u
[huːv]

der Sprung
hopp -et n
[hɔp]

der Hinterzwiesel
bakvalv -et n
[baːkvalv]

der Reitstiefel
ridstövel -n u
[riːdstœvəl]

der Vorderzwiesel
framvalv -et n
[framvalv]

DER REITSPORT – RIDNINGEN

das Pferderennen
hästlopp -et n
[hæstlɔp]

das Rennpferd
tävlingshäst -en u
[tæ:vlɪŋshæst]

der Jockey
jockey -en u
[jɔky]

das Dressurreiten
dressyrridning -en u
[drɛsy:ˈr:i:dnɪŋ]

der Ausritt
ridtur -en u
[ri:dtʉ:r]

der Trabrennsport
travsport -en u
[tra:vspɔʈ]

das Jagdrennen
jaktridning -en u
[jaktri:dnɪŋ]

ohne Sattel reiten
att **rida barbacka**
[ri:da ˈba:rbak:a]

der Stall
stall -et n
[stal]

der/das Rodeo
rodeo -n u
[ro:deɔ]

das Polo
hästpolo -n u
[hæstpu:lʊ]

das Springreiten
hästhoppning -en u
[hæsthɔpnɪŋ]

das Hufeisen	**hästsko** -n u [hæstsku:]
die Reitgerte	**ridpiska** -n u [ri:dpɪska]
die Koppel	**remmar** -na pl [rem:ar]
der Kanter	den **korta galoppen** u [kɔʈa gaˈl:ɔpən]
der Galopp	**galopp** -en u [gaˈl:ɔp]
der Schritt	**skritt** -en u [skrɪt]
das Trabrennen	**travlopp** -et n [tra:vlɔp]
das Flachrennen	**hästkapplöpning** -en u [hæstkaplø:pnɪŋ]

der Pferdepfleger
hästskötare -n u
[hæstʃø:tarə]

DAS ANGELN – FISKET

der Angler
fiskare -n u
[fɪskarə]

die Angel
fiskespö -t n
[fɪskəspø:]

die Angelrute
metspö -t n
[me:tspø:]

die Anglerweste
fiskeväst -en u
[fɪskəvæst]

einen Fisch fangen
att **fånga fisk**
[fɔŋa ˈfɪsk]

der Unterfangkescher
fiskhåv -n u
[fɪskho:v]

der Watstiefel
vadarstövel -n u
[va:darstœvəl]

die Angelausrüstung
fiskeutrustning -en u
[fɪskəʉ:trɵstnɪŋ]

die Angelschnur
fiskelina -n u
[fɪskəli:na]

die Kunstfliege
fiskefluga -n u
[fɪskəflʉ:ga]

die Pose
flöte -t n
[flø:tə]

die Spule
spole -n u
[spu:lə]

die Angelrolle
rulle -n u
[rɵl:ə]

die Kurbel
vev -en u
[ve:v]

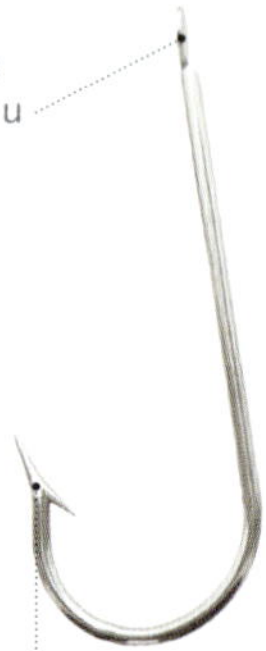

der Angelhaken
fiskekrok -en u
[fɪskəkru:k]

die Öse
ögla -n u
[œgla]

der Widerhaken
hulling -en u
[hɵl:ɪŋ]

DAS ANGELN – FISKET

das Brandungsangeln
kustfiske -t n
[kɵstfɪskə]

mit dem Netz fangen
att **fånga med nät**
[fɔŋa mɛ:(d) ˈnæ:t]

das Hochseeangeln
havsfiske -t n
[hafsfɪskə]

das Süßwasserangeln
sötvattensfiske -t n
[sø:tvat:ənsfɪskə]

das Speerfischen
harpunfiske -t n
[harˈpʉ:nfɪskə]

einholen
att **dra upp**
[dra: ˈɵp]

das Fliegenfischen
flugfiske -t n
[flʉ:gfɪskə]

fangen
att **fånga**
[fɔŋa]

freilassen
att **släppa tillbaka fisk**
[slæp:a tɪlba:ka ˈfɪsk]

der Köder
bete -t n
[be:tə]

der Fang
fångst -en u
[fɔŋst]

die Hummerfalle
hummertina -n u
[hɵm:ərti:na]

der Angelschein	**fiskekort** -et n [fɪskəkuʈ]
anbeißen	att **nappa** [nap:a]
der Fischkorb	**fiskkorg** -en u [fɪsk:ɔrj]
der Erdspeer	**spöstöd** -et n [spø:stø:d]
der Wobbler	**wobbler** -n u [vɔblər]
die Harpune	**harpun** -en u [harpʉ:n]
die Angel auswerfen	att **kasta med kastspö** [kasta mɛ:(d) ˈkastspø:]
einen Fisch einholen	att **dra upp en fisk** [dra: ɵp ən ˈfɪsk]

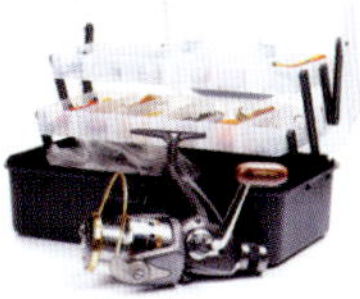

der Spinnerkasten
draglåda -n u
[dra:glo:da]

DER WINTERSPORT – VINTERSPORTEN

der Sturzhelm
störthjälm -en u
[stœʈjɛlm]

der Pulverschnee
pulversnö -n u
[pɵlvərsnø:]

der Stockteller
kringla -n u
[krɪŋla]

der Skistock
skidstav -en u
[ɧi:dsta:v]

der Skianzug
skidkläder -na pl
[ɧi:dklæ:dər]

die Seilbahn
lift -en u
[lɪft]

die Spitze
spets -en u
[spets]

der Ski
skida -n u
[ɧi:da]

der Skistiefel
pjäxa -n u
[pjæksa]

die Skipiste
skidpist -en u
[ɧi:dpɪst]

die Kante
kant -en u
[kant]

der Skiläufer
skidåkare -n u
[ɧi:do:karə]

der Slalom
slalom -en u
[sla:lɔm]

der Abfahrtslauf
nerfart -en u
[ne:rfaʈ]

das Skispringen
skidhoppning -en u
[ɧi:dhɔpnɪŋ]

abseits der Piste
off-pist -en u
[ɔf:pɪst]

der Skihang
skidbacke -n u
[ɧi:dbak:ə]

das Biathlon
biathlon -en u
[bɪaltɔn]

der Langlauf
längdåkning -en u
[læŋdo:knɪŋ]

die Langlaufloipe
längdskidspår -et n
[læŋdɧi:dspo:r]

DER WINTERSPORT – VINTERSPORTEN

die Skibrille
skidglasögon -en pl
[ɧi:dgla:sø:gɔn]

der Snowboardfahrer
snowboardåkare -n u
[sno:bo:ɖo:karə]

das Snowboard
snowboard -en u
[sno:bo:ɖ]

die Bindung
bindning -en u
[bɪndnɪŋ]

die Halfpipe
halfpipe -n u
[ha:fpajp]

das Rail
rail -en u
[rɛjl]

Schlitten fahren
att **åka pulka**
[o:ka ˈpɵlka]

das Rennrodeln
rodeltävling -en u
[ro:dəltæ:vlɪŋ]

der Bobsport
bobb -en u
[bɔb]

das Curling
curling -en u
[kœ:ɭɪŋ]

Schlittschuh laufen
att **åka skridskor**
[o:ka ˈskrɪskʊr]

der Eisschnelllauf
skridskolopp -et n
[skrɪskʊlɔp]

das Skifahren	att **åka skidor** [o:ka ˈɧi:dʊr]
das Snowboarding	**åka snowboard** -en u [o:ka ˈsno:bo:ɖ]
der Winter-Fünfkampf	**femkamp i vintersport** -en u [fɛmkamp i: ˈvɪnterspɔʈ]
der Freistil	**fristil** -en u [fri:sti:l]
das Schneeschuhwandern	**snöskovandring** -en u [snø:sku:vandrɪŋ]
das Hundeschlittenfahren	att **åka hundspann** [o:ka ˈhɵn(d)span]
das Après-Ski	**after ski** -t n [a:ftər ski:]
die Skihütte	**skidstuga** -n u [ɧi:dstʉ:ga]

der Eiskunstlauf
konståkning -en u
[kɔnsto:knɪŋ]

SONSTIGE SPORTARTEN – ANDRA SPOTARTER

das Klettern
klättring -en u
[klætrɪŋ]

das Wandern
vandring -en u
[vandrɪŋ]

der Radsport
cykelsport -en u
[sykəlspɔʈ]

das Mountainbiken
mountainbikeåkande n
[maʊntɪnbajkokandə]

das Abseilen
nerfirning -en u
[ne:rfi:rnɪŋ]

das Bungeespringen
bungyjumping -en u
[baŋɪdjampɪŋ]

das Drachenfliegen
skärmflygning -en u
[ɧærmfly:gnɪŋ]

das Fallschirmspringen
fallskärmhoppning -en u
[falɧærmshɔpnɪŋ]

das Rallyefahren
rallykörning -en u
[ral:yçœ:rnɪŋ]

die Formel 1®
Formel 1®
[fɔrmɛl ˈet]

das Motocross
motorcross -en u
[mu:tʊrkrɔs]

das Motorradrennen
motorcykeltävling -en u
[mu:tʊrsykəltæ:vlɪŋ]

das Skateboardfahren
att **åka skateboard**
[o:ka ˈskɛjtbo:ɖ]

das Longboardfahren
att **åka longboard**
[o:ka ˈlɔŋbo:ɖ]

das Inlineskaten
att **åka inlines**
[o:ka ˈɪnlajns]

das Offroadfahren
att **köra off-road**
[çœ:ra ˈɔf:ro:d]

SONSTIGE SPORTARTEN – ANDRA SPOTARTER

das Fechten
fäktning -en u
[fæktnɪŋ]

das Bowling
bowling -en u
[bɔvlɪŋ]

das Bogenschießen
bågskytte -t n
[bo:gɧyt:ə]

die Jagd
jakt -en u
[jakt]

das Darts
dart -en u
[da:ʈ]

das Poolbillard
biljard -en u
[bɪlja:ɖ]

das Snooker
snooker -n u
[snu:kər]

das Lacrosse
lacrosse -n u
[la'krɔs]

die rhythmische Sportgymnastik
den **rytmiska gymnastiken** u
[rytmɪska jym'nasti:kən]

das Frisbee®
Frisbee® -n u
[frɪsbi:]

das Triathlon
triathlon -en u
[tri:atlɔn]

der Australian Football
den **australiensiska fotbollen** u
[aɵstralɪɛnsɪska 'fu:tbɔlən]

die/das Boule
boule -n u
[bʊl]

das Ballett
balett -en u
[ba'l:ɛt]

das Krocket
krocket -en u
[krɔk:ət]

der/das Parkour
parkour -en u
[par'ku:r]

DIE FITNESS – FITNESSEN

das Fitnessstudio
fitnessstudio -n u
[fɪtnɛs:tʉ:djʊ]

die Langhantel
skivstång -en u
[ɧi:vstɔŋ]

die Gewichtsscheibe
skivstångsvikt -en u
[ɧi:vstɔŋsˈvɪkt]

die Bank
bänk -en u
[bæŋk]

das Krafttraining
styrketräning -en u
[styrkətræ:nɪŋ]

die Bizepsübung
bicepsövning -en u
[bi:sɛpsø:vnɪŋ]

die Kurzhantel
hantel -n u
[hantəl]

das Bankdrücken
bänkpress -en u
[bæŋkpræs]

trainieren
att **träna**
[træ:na]

das Ergometer
ergometer -n u
[ærgʊˈme:tər]

der Crosstrainer
crosstrainer -n u
[krɔs:trɛjnər]

der Fitnessball
fitnessboll -en u
[fɪtnɛs:bɔl]

die Matte
matta -n u
[mat:a]

das Laufband
löpband -et n
[lø:pband]

das Rudergerät
roddmaskin -en u
[rʊd:maɧi:n]

DIE FITNESS – FITNESSEN

der Ausfallschritt
utfall -et n
[ʉ:tfal]

die Rumpfbeuge
bålböjning -en u
[bo:lbœjnɪŋ]

der Liegestütz
armhävning -en u
[armhæ:vnɪŋ]

der Sit-up
sit-up -sen u
[sɪt:ˈap]

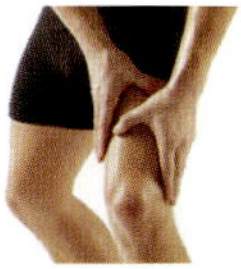

der Muskelkater
träningsvärk -en u
[træ:nɪŋsværk]

der Klimmzug
räckhäv -en u
[ræk:hæ:v]

die Kniebeuge
knäböjning -en u
[knæ:bœjnɪŋ]

das Pilates
pilates -en u
[pɪˈla:təs]

das Spinning®
Spinning® -en u
[spɪn:ɪŋ]

die Pulsuhr
pulsklocka -n u
[pəlsklɔk:a]

das Aerobic
aerobics -en u
[ajˈro:bɪks]

das Steppbrett
stepbräda -n u
[stɛp:bræ:da]

der Turnschuh
träningssko -n u
[træ:nɪŋssku:]

sich aufwärmen	att **värma upp** [værma ˈəp]
sich abkühlen	att **kyla av sig** [çy:la ˈa:v sɛj]
das Zirkeltraining	**cirkelträning** -en u [sɪrkəltræ:nɪŋ]
die Sauna	**bastu** -n u [bastə]
die Umkleidekabine	**omklädningshytt** -en u [ɔmklæ:dnɪŋshyt]
die Dehnung	**sträckning** -en u [strækniŋ]
Kalorien verbrennen	att **förbränna kalorier** [fœrbræn:a kaloˈri:ər]

FREIZEIT

FRITID

DAS THEATER – TEATERN

① *der Balkon*
balkong -en u
[balˈkɔŋ]

② *der zweite Rang*
den **andra raden** u
[andra raːdən]

③ *die Loge*
loge -n u
[loːɧ]

④ *der erste Rang*
den **första raden** u
[fœʂta raːdən]

⑤ *die Sitzreihe*
sittplatsrad -en u
[sɪtːplatsraːd]

⑥ *die Kulisse*
kuliss -en u
[kɵˈlɪs]

⑦ *die Bühne*
scen -en u
[seːn]

⑧ *das Foyer*
foajé -n u
[fʊaˈjeː]

⑨ *das Parkett*
parkett -en u
[parˈkɛt]

⑩ *der Sitzplatz*
sittplats -en u
[sɪtːplats]

⑪ *der Vorhang*
ridå -n u
[rɪˈdoː]

das Varieté
varieté -n u
[varɪˈteː]

das Freilufttheater
friluftsteater -n u
[friːlɵftsteaːtər]

das Ballett
balett -en u
[baˈlːɛt]

die Aufführung
uppförande -t n
[ɵpːfœːrandə]

der Zauberkünstler
trollkonstnär -en u
[trɔlːkɔnstnæːr]

der Komiker
komiker -n u
[kuːmɪkər]

die Tragödie
tragedi -n u
[traɧəˈdiː]

die Komödie
komedi -n u
[kɔməˈdiː]

DAS THEATER – TEATERN

das Theaterstück
teaterstycke -t n
[teˈa:tərstyk:ə]

① *das Bühnenbild*
scenkulisser -na pl
[se:nkəlɪs:ər]

② *die Besetzung*
rollinnehavare -n u
[rɔl:ɪn:əha:varə]

③ *das Theaterkostüm*
teaterkostym -en u
[teˈa:tərkɔsty:m]

④ *der Applaus*
applåd -en u [apˈlo:d]

⑤ *das Publikum*
publik -en u [pəbˈli:k]

die Probe
repetition -en u
[rəpətɪˈʃu:n]

⑥ *der Schauspieler*
skådespelare -n u
[sko:dəspe:larə]

⑦ *die Schauspielerin*
skådespelerska -n u
[sko:dəspe:ləʂka]

⑧ *der Regisseur*
regissör -en u
[rəʃɪˈs:œ:r]

die Premiere	**premiär** -en u [prəmɪˈæ:r]
die Pause	**paus** -en u [pa:ɵs]
das Programm	**program** -met n [prʊˈgram]
die Generalprobe	**generalrepetition** -en u [jənəˈra:lrəpətɪʃu:n]
der Platzanweiser	**publikvärd** -en u [pəbˈli:kvæ:ɖ]
die Platzanweiserin	**publikvärdinna** -n u [pəbˈli:kvæɖɪn:a]
die Theaterkasse	**teaterkassa** -n u [teˈa:tərkas:a]
die Eintrittskarte	**inträdebiljett** -en u [ɪntræ:dəsbiljɛt]

die Künstlergarderobe
omkädningsrum för skådespelare -met n
[ɔmklæ:dnɪŋsrəm fœ:r ˈsko:dəspe:larə]

DIE MUSIK – MUSIKEN

Das Orchester – orkestern

das Sinfonieorchester
symfoniorkester -n u
[symfɔˈniːɔrkɛstər]

der Gong
gonggong -en u
[gɔŋgɔŋ]

die kleine Trommel
den **lilla trumman** u
[lɪlːa trɵmːan]

die große Trommel
den **stora trumman** u
[stuːra trɵmːan]

die Pauke
puka -n u
[pʉːka]

das Xylophon
xylofon -en u
[sylɔˈfoːn]

die Röhrenglocken
klangspel -et n
[klaŋspeːl]

das Dirigentenpult
dirigentpult -en u
[dɪrɪˈɧɛntpɵlt]

der Notenständer
notställ -et n
[nuːtstæl]

der Dirigent
dirigent -en u
[dɪrɪˈɧɛnt]

der Taktstock
taktpinne -n u
[taktpɪnːə]

die Solistin
solist -en u
[sʊˈlɪst]

die Opernsängerin
operasångerska -n u
[uːpərasɔŋəʂka]

die Noten
noter -na pl
[nuːtər]

die Ouvertüre	**ouvertyr** -en u [uːvəˈtyːr]
das Quartett	**kvartett** -en u [kvaˈtɛt]
die Sonate	**sonat** -en u [sʊˈnaːt]
die Tonhöhe	**tonhöjd** -en u [tuːnhœjd]
ein Instrument stimmen	att **stämma ett instrument** [stæmːa ət ɪnstrɵˈmɛnt]
der Orchestergraben	**orkesterdike** -t n [ɔrˈkɛstərdiːkə]
der Chor	**kör** -en u [kœːr]
die Oper	**opera** -n u [uːpəra]

DIE MUSIK – MUSIKEN

Die Musikinstrumente – musikinstrumenten

das Cello
cello -n u
[cɛl:ʊ]

der Bogen
stråke -n u
[stro:kə]

die Geige
fiol -en u
[fɪ'u:l]

die akustische Gitarre
den **akustiska gitarren** u
[akɵstɪska jɪtarən]

die Harfe
harpa -n u
[harpa]

die elektrische Gitarre
elgitarr -en u
[e:ljɪtar]

die Bassgitarre
basgitarr -en u
[ba:sjɪtar]

die Tuba
bastuba -n u
[ba:stʉ:ba]

die Posaune
trombon -en u
[trɔm'bo:n]

das Fagott
fagott -en u
[fa'gɔt]

die Oboe
oboe -n u
[o:bʊə]

das Horn
horn -et n
[hu:ɳ]

die Trompete
trumpet -en u
[trɵm'pe:t]

die Pikkoloflöte
piccolaflöjt -en u
[pɪk:ʊlaflœjt]

das Saxofon
saxofon -en u
[saksʊ'fo:n]

die Klarinette
klarinett -en u
[klarɪ'nɛt]

die Querflöte
tvärflöjt -en u
[tvæ:rflœjt]

DIE MUSIK – MUSIKEN

Die Musikinstrumente – musikinstrumenten

das Tamburin
tamburin -en u
[tambəˈriːn]

das Becken
cymbal -en u
[symˈbaːl]

die/das Hi-Hat
hi-hat -en u
[haːjhɛt]

das Schlagzeug
slagverk -et n
[slaːgværk]

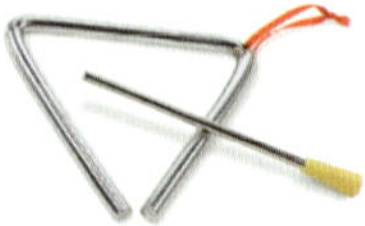

die/der/das Triangel
triangel -n u
[trɪaŋəl]

die Rassel
skallra -n u
[skalra]

die Bongos
bongotrummor -na pl
[bɔŋʊtrɵmːər]

die Kesselpauke
timpanipuka -n u
[tɪmpaːnɪpʉːka]

die Kastagnetten
kastanjetter -na pl
[kastanˈjɛtːər]

die Schellenrassel
tamburiner -na pl
[tambəˈriːnər]

die Panflöte
panflöjt -en u
[paːnflœjt]

der Schlagzeugstock
trumpinne -n u
[trɵmpɪnːə]

die Mundharmonika
munspel -et n
[mɵnspeːl]

der Dudelsack
säckpipa -n u
[sækːpiːpa]

das Akkordeon
dragspel -et n
[draːgspeːl]

der Flügel
flygel flygeln u
[flyːgəl]

DIE MUSIK – MUSIKEN

die Notation
noter -na pl
[nu:tər]

der Violinschlüssel
g-klav -en u
[ge:kla:v]

die Notenlinie
notrad -en u
[nu:tra:d]

der Bassschlüssel
basklav -en u
[ba:skla:v]

das Vorzeichen
förtecken förtecknet n
[fœ:rtek:ən]

die Taktangabe
taktarter -en u
[takta:ʈər]

die Note
not -en u
[nu:t]

das Kreuz
kryss -et n
[krys]

der Taktstrich
taktstreck -et n
[taktstrek]

die klassische Musik
den **klassiska musiken** u
[klas:ɪska məsi:kən]

das Heavy Metal
heavy metal -en n
[hɛv:y mətal]

der Rap
rap -pen u
[ræp]

der Hip-Hop
hip-hop -en u
[hip:hɔp]

der Reggae	**reggae** -n u [rɛg:ɪ]
die Popmusik	**popmusik** -en u [pɔpməsi:k]
die Countrymusik	**countrymusik** -en u [kantrɪməsi:k]
die Indie-Musik	**indie-musik** -en u [ɪndɪməsi:k]
der Blues	**blues** -en u [blu:s]
der/das Techno	**tekno** -n u [teknʊ]
der Soul	**soul** -en u [so:l]
die Disko	**disko** -n u [dɪskʊ]

der Jazz
jazz -en u
[jas]

der Rock
rock -en u
[rɔk]

DIE MUSIK - MUSIKEN

Das Konzert - konserten

das Rockkonzert
rockkonsert -en u
[rɔk:ɔnsæ:r]

① *der Scheinwerfer*
strålkastare -n u
[stro:lkastarə]

② *das Mikrofon*
mikrofon -en u
[mɪkrʊˈfo:n]

③ *die Band*
band -et n
[band]

④ *der Bassist*
basist -en u
[baˈsɪst]

⑤ *der Verstärker*
förstärkare -n u
[fœˈʂtæ:rkarə]

⑥ *der Gitarrist*
gitarrist -en u
[jɪtaˈr:ɪst]

⑦ *der Schlagzeuger*
trummis -en u
[trɵm:ɪs]

⑧ *der Frontmann*
frontfigur -en u
[frɔntfɪgʉ:r]

die Konzerthalle
konserthall -en u
[kɔnˈsæ:rhal]

die Fans
fans -en pl
[fɛns]

das Musikfestival
musikfestival -en u
[mɵˈsi:kfɛstɪva:l]

der DJ
dj -en u
[di:djɛj]

das Mischpult
mixerbord -et n
[mɪksərbu:ɖ]

singen	att **sjunga** [ɧɵŋa]
mitsingen	att **sjunga med** [ɧɵŋa ˈmɛ(d)]
pfeifen	att **vissla** [vɪsla]
die Zugabe	**extranummer** -numret n [ɛkstranɵm:ər]
das Crowdsurfing	**crowdsurfing** -en u [kraʊdsœ:rfɪŋ]
der/das Rave	**rave** [rɛjv]
das Lied	**sång** -en u [sɔŋ]
der Liedtext	**sångtext** -en u [sɔŋtɛkst]

DIE MUSIK – MUSIKEN

Musik hören – lyssna på musik

die Stereoanlage
stereoanläggning -en u
[ste:rjʊanlægnɪŋ]

der MP3-Player
mp3-spelare -n u
[ɛm:pe:ˈtre:spe:larə]

der CD-Spieler
cd-spelare -n u
[se:ˈde:spe:larə]

der Lautstärkeregler
volymreglage -t n
[vʊˈly:mrəgla:ɧ]

die Lautsprecherbox
högtalare -n u
[hø:gta:larə]

die Schallplatte
skiva -n u
[ɧi:va]

der Plattenspieler
skivspelare -n u
[ɧi:vspe:larə]

die USB-Schnittstelle
USB-gränssnitt -et n
[ʉ:ɛs:ˈbe:græns:nɪt]

das Radio
radio -n u
[ra:djʊ]

das Gesangstück	**sångstycke** -t n [sɔŋstyk:ə]
die Komposition	**komposition** -en u [kɔmpʊpʊsɪˈɧu:n]
das Instrumentalstück	den **instumentala låten** u [ɪnstrəmɛnta:la lo:tən]
akustisch	**akustisk** [akɵstɪsk]
der Refrain	**refräng** -en u [rəˈfræŋ]
die Melodie	**melodi** -n u [mɛlʊˈdi:]
der Beat	**rytm** -en n [rytm]
die Kassette	**kassett** -en u [kaˈs:ɛt]

der Kopfhörer
hörlurar -en u
[hœ:rlʉ:rar]

HOBBYS – FRITIDSINTRESSEN

gravieren
att **gravera**
[gra'veːra]

schnitzen
att **snida**
[sniːda]

Briefmarken sammeln
att **samla frimärken**
[samla 'friːmærkən]

die Modelleisenbahn
modelljärnväg -n u
[mʊ'dɛlːjæːɳvæːg]

modellieren
att **modellera**
[mʊdɛ'lːeːra]

die Bildhauerei
bildhuggeri -et n
[bɪldhugːəriː]

töpfern
att **dreja**
[drɛja]

Mosaik legen
att **lägga mosaik**
[lægːa mʊsa'iːk]

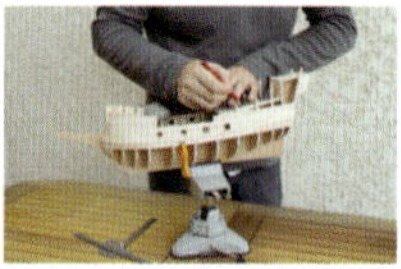

der Modellbau
modellbygge -t n
[mʊ'dɛlːbygːə]

Schmuck herstellen
att **tillverka smycken**
[tɪlːværka 'smykːən]

lesen
att **läsa**
[læːsa]

kochen
att **laga mat**
[laːga 'maːt]

gärtnern
att **trädgårdsarbeta**
[trægoːɖsarbeːta]

das Origami	**origami** -n u [ɔrɪ'gaːmɪ]
das Pappmaschee	**papier-maché** -n u [papːjeː ma'ɧeː]
das Scrapbooking	att **syssla med scrapbooking** [sysla mɛ(d) 'skrɛpbʊkɪŋ]
Möbel restaurieren	att **restaurera möbler** [rəstaəreːra 'mœblər]
im Chor singen	att **sjunga i kör** [ɧəŋa iː 'kœːr]
Filme drehen	att **filma** [fɪlma]
Vögel beobachten	att **syssla med fågelskådning** [sysla mɛ(d) foːgəlskoːdnɪŋ]
das kreative Schreiben	det **kreativa skrivandet** n [krəatiːva skriːvandət]

HOBBYS – FRITIDSINTRESSEN

Kunst und Basteln – konst och pyssel

der Buntstift
färgpenna -n u
[fœrjpɛn:a]

die Wasserfarbe
vattenfärg -en u
[vat:ənfœrj]

der Wachsmalstift
vaxkrita -n u
[vakskri:ta]

die Lackfarbe
lackfärg -en u
[lak:fœrj]

die Ölkreide
oljekrita -n u
[ɔljəkri:ta]

die Kreide
krita -n u
[kri:ta]

die Ölfarbe
oljefärg -en u
[ɔljəfœrj]

die Acrylfarbe
akrylfärg -en u
[aˈkry:lfœrj]

die Pastellkreide
pastellkrita -n u
[pasˈtɛl:kri:ta]

der Filzstift
filtpenna -n u
[fɪltpɛn:a]

die Tusche
tusch -en u
[tɵɧ]

die Zeichenkohle
teckningskol -et n
[teknɪŋsko:l]

die Gouache
gouache -n u
[gʊaɧ]

der Klebstoff
lim -met n
[lɪm]

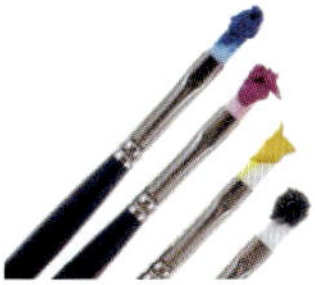

der Pinsel
pensel -n u
[pɛnsəl]

die Palette
palett -en u
[paˈlɛt]

HOBBYS – FRITIDSINTRESSEN

Kunst und Basteln – konst och pyssel

die Aquarellmalerei
akvarellmåleri -et n
[akvaˈrɛlmoːləriː]

die Ölmalerei
oljemåleri -et n
[ɔljəmoːləriː]

die Collage
kollage -t n
[kɔˈlːaɧ]

die Wandmalerei
väggmåleri -et n
[vægːmoːləriː]

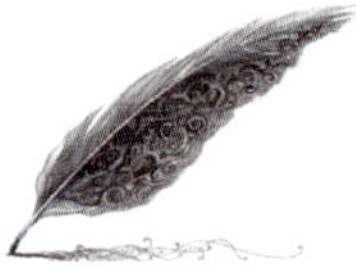

die Tuschezeichnung
tuschteckning -en u
[tøɧteknɪŋ]

die abstrakte Malerei
det **abstrakta måleriet** n
[abstrakta moːləˈriːət]

die Landschaftsmalerei
landskapsmåleri -et n
[lan(d)skaːpsmoːləriː]

die Porträtmalerei
porträttmåleri -et n
[pɔˈʈrætːmoːləriː]

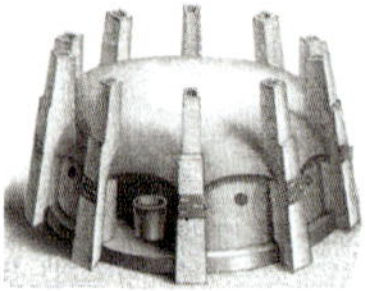

die Bleistiftzeichnung
blyertsteckning -en u
[blyːɛʈsteknɪŋ]

das Stillleben
stilleben -et n
[stɪlːleːbən]

das Graffiti
graffiti -n u
[graˈfːiːtɪ]

der Siebdruck
silkscreentryck -et n
[sɪlkskriːntryk]

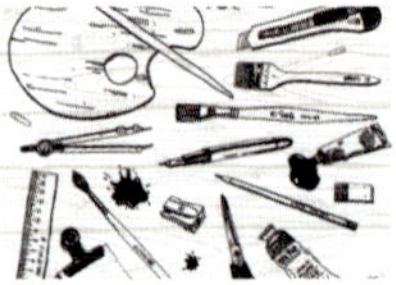

die Skizze
skiss -en u
[skɪs]

die Aktmalerei
nakenmåleri -et n
[naːkənmoːləriː]

die Leinwand
duk -en u
[dʉːk]

der Karton
kartong -en u
[kaˈʈɔŋ]

HOBBYS – FRITIDSINTRESSEN

Kunst und Basteln – konst och pyssel

die Farbe
färg -en u
[færj]

das Schwarz
svart [svaʈ]

das Schwarzbraun
brunsvart [brʉ:nˈsvaʈ]

das Hellbraun
ljusbrun [jʉ:sbrʉ:n]

das Smaragdgrün
smaragdgrön [smaˈragdgrø:n]

das Gelbgrün
gulgrön [gʉ:lgrø:n]

das Blau
blå [blo:]

das Violett
violett [vɪʊˈlɛt]

das Blutrot
blodröd [blu:drø:d]

das Rosa
skär [ɧæ:r]

das Gelborange
orangegul [ʊranɧgʉ:l]

das Orange
orange [ʊˈranɧ]

das Hellgelb
ljusgul [jʉ:sgʉ:l]

das Grau
grå [gro:]

das Braun
brun [brʉ:n]

das Olivgrün
olivgrön [ʊˈli:vgrø:n]

das Grün
grön [grø:n]

das Cyan
cyan [syˈa:n]

das Dunkelblau
mörkblå [mœrkblo:]

das Lila
lila [li:la]

das Pink
rosa [ro:sa]

das Rot
röd [rø:d]

das Ocker
ockra [ɔkra]

das Gelb
gul [gʉ:l]

das Weiß
vit [vi:t]

HOBBYS – FRITIDSINTRESSEN

Nähen und Stricken – sy och sticka

der Kopf
huvud -et n
[hʉ:ved]

der Fadenhebel
trådtilldragare -n u
[tro:(d)tɪldra:garə]

die Fadenführung
trådledare -n u
[tro:dle:darə]

der Garnrollenstift
stift för trådrullar -et n
[stɪft fœ:r ˈtro:(d)rɵl:ar]

die Nähmaschine
symaskin -en u
[sy:maɧi:n]

der Spuler
spolstift -et n
[spu:lstɪft]

der Stichbreitenwähler
stygnbreddsväljare -n u
[styŋnbredsvæljarə]

das Handrad
handhjul -et n
[handjʉ:l]

der Stichwähler
stygnväljare -n u
[styŋnvæljarə]

die Rückwärtsnähtaste
backknapp -en u
[bak:nap:]

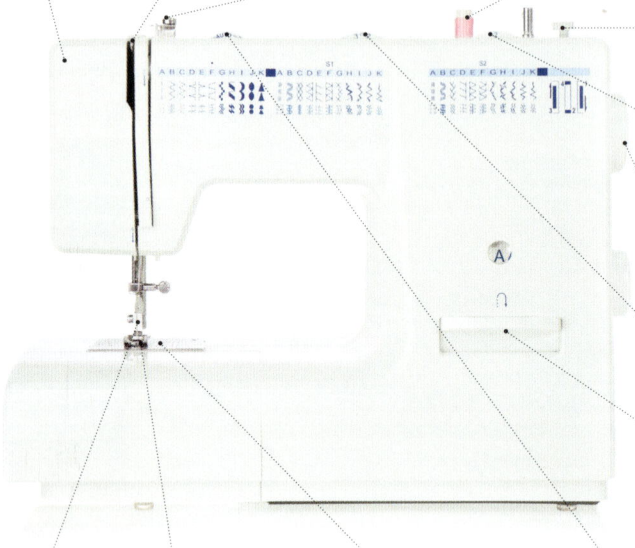

die Nadel
nål -en u
[no:l]

der Nähfuß
pressarfot -en u
[prɛs:arfu:t]

die Stichplatte
stygnplåt -en u
[styŋnplo:t]

der Nähfußdruckregler
pressarfotstryckväljare -n u
[prɛs:arfu:tstrykvæljarə]

die Overlock
overlock -en u
[ovərlɔk]

das Maßband
måttband -et n
[mɔt:band]

die Spule
spole -n u
[spu:lə]

das Nähgarn
sytråd -en u
[sy:tro:d]

HOBBYS – FRITIDSINTRESSEN

Nähen und Stricken – sy och sticka

die Schneiderpuppe
provdocka -n u
[pruːvdɔkːa]

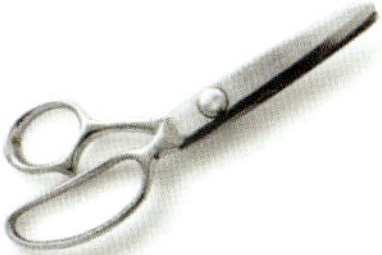

die Schere
sax -en u
[saks]

das Nähkästchen
syskrin -et n
[syːskriːn]

das Nadelkissen
nåldyna -n u
[noːldyːna]

das Schnittmuster
mönster mönstret n
[mœnstər]

die Nähnadel
synål -en u
[syːnoːl]

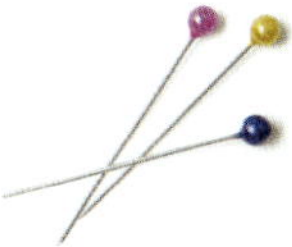

die Stecknadel
knappnål -en u
[knapːnoːl]

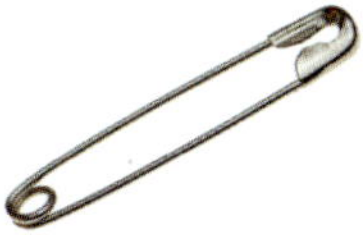

die Sicherheitsnadel
säkerhetsnål -en u
[sæːkərheːtsnoːl]

der Stoff
tyg -et n
[tyːg]

der Knopf
knapp -en u
[knapː]

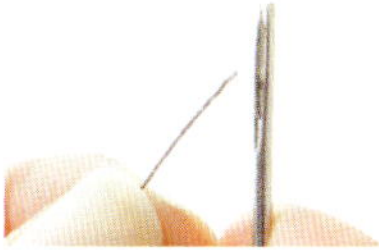

einen Faden einfädeln
att **trä i en tråd**
[træː iː ən ˈtroːd]

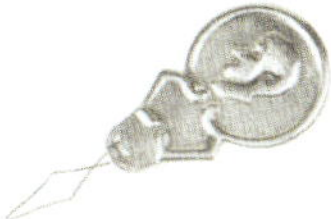

der Einfädler
nålpåträdare -n u
[noːlpoːtræːdarə]

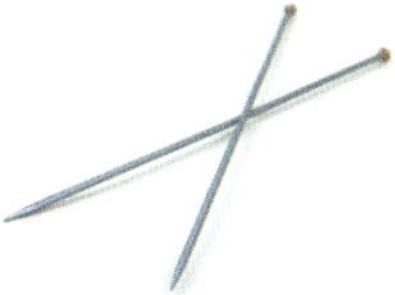

die Stricknadel
sticka -n u
[stɪkːa]

die Wolle
ylle -t n
[ylːə]

der Fingerhut
fingerborg -en u
[fɪŋərbɔrj]

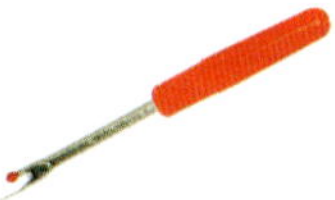

der Nahtauftrenner
sprättkniv -en u
[spræːtːkniːv]

HOBBYS – FRITIDSINTRESSEN

Nähen und Stricken – sy och sticka

nähen
att **sy**
[sy:]

schneiden
att **skära till**
[ɧæ:ra ˈtɪl]

das Patchwork
lapptäcke -t n
[lap:tæk:ə]

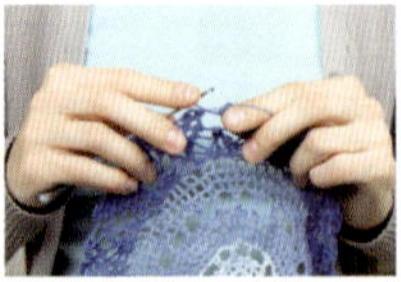

häkeln
att **virka**
[vɪrka]

der Kreuzstich
korsstygn -et n
[kɔʂstyŋn]

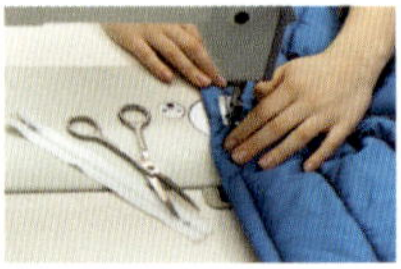

wattieren
att **vaddera**
[vaˈd:e:ra]

stricken
att **sticka**
[stɪk:a]

stopfen
att **stoppa**
[stɔp:a]

weben
att **väva**
[væ:va]

Spitze klöppeln
att **knyppla spets**
[knypla ˈspets]

einen Teppich knüpfen
att **knyta en matta**
[kny:ta ən ˈmat:a]

der Reißverschluss
dragkedja -n u
[dra:gçe:dja]

auftrennen
att **sprätta upp**
[spræt:a ˈɵp]

sticken	att **brodera** [brʊˈde:ra]
das Leinen	**linne** -t n [lɪn:ə]
die Seide	**siden** -et n [si:dən]
das Nylon®	**nylon®** -et n [nyˈlo:n]
die Baumwolle	**bomull** -en u [bʊməl]
der Polyester	**polyester** -en u [pɔlyˈɛstər]
der Stich	**stygn** -et n [styŋn]
heften	att **häfta** [hæfta]

HOBBYS – FRITIDSINTRESSEN

Das Kino – biografen

der Kinosaal
biosalong -en u
[bi:ʊsalɔŋ]

① *die Kinoleinwand*
filmduk -en u
[fɪlmdʉ:k]

② *die Sitzreihe*
sittplatsrad -en u
[sɪt:platsra:d]

die Snackbar
snackbar -en u
[snak:ba:r]

das Getränk
dryck -en u
[dryk]

das Popcorn
popcorn -en pl
[pɔpko:ɳ]

die Kinokasse
biokassa -n u
[bi:ʊkas:a]

die Komödie
komedi -n u
[kɔmə'di:]

der Horrorfilm
skräckfilm -en u
[skræk:fɪlm]

der Liebesfilm
den **romantiska filmen** u
[rʊmantɪska 'fɪlmən]

der Zeichentrickfilm	den **teknade filmen** u [teknadə 'fɪlmən]
der Western	**västern** u [væstəɳ]
die Voraufführung	**förhandsvisning** -en u [fœ:rhan(d)svi:snɪŋ]
das Filmplakat	**filmaffisch** -en u [fɪlmaf:ɪɧ]
die Premiere	**premiär** -en u [prəmɪ'æ:r]
der Thriller	**triller** -n u [trɪl:ər]
der Sciencefictionfilm	**sience fiction** -en u [sajens 'fɪkɧən]
jugendfrei	**barntillåten** [ba:ɳtɪl:o:tən]

der 3D-Film
3D-film -en u
[tre:'de:fɪlm]

HOBBYS - FRITIDSINTRESSEN

Fotografieren - fotografera

die Programmwählscheibe
programväljare -n u
[prʊ'gramvæljarə]

die Spiegelreflexkamera
spegelreflexkamera -n u
[spe:gəlrəflɛkska:m(ə)ra]

der Blitzschuh
blixtfäste -t n
[blɪkstfæstə]

der (ausklappbare) Blitz
(den **uppfällbara) blixt(en)** u
[(ɵpfælba:ra) blɪkst(ən)]

der/das Zoom
zoom -en u
[su:m]

das Objektiv
objektiv -et n
[ɔjɛk'ti:v]

der Auslöser
utlösare -n u
[ʉ:tlø:sarə]

das Kameragehäuse
kamerahus -et n
[ka:m(ə)rahʉ:s]

der Blendenregler
bländarinställning -en u
[blændarɪnstælnɪŋ]

das Selbstauslöser-Lichtsignal
den **optiska självutlösarsignalen** u
[ɔptɪska 'ɧælvʉ:tlø:sarsɪŋna:lən]

die Einwegkamera
engångskamera -n u
[e:ngɔŋskam(ə)ra]

die Sofortbildkamera
polaroidkamera -n u
[pʊlarʊ'i:dkam(ə)ra]

die Analogkamera
den **analoga kameran** u
[analo:ga 'kam(ə)ran]

die Digitalkamera
digitalkamera -n u
[dɪgɪ'ta:lkam(ə)ra]

das Stativ
stativ -et n
[sta'ti:v]

der Aufsteckblitz
den **lösa blixten** u
[lø:sa blɪkstən]

der Filter
filter filtret n
[fɪltər]

der Objektivdeckel
objektivskydd -et n
[ɔjɛk'ti:vɧyd]

HOBBYS – FRITIDSINTRESSEN

Fotografieren – fotografera

der Film
film -en u
[fɪlm]

das Fotostudio
fotostudio -n u
[fʊtʊstʉ:djʊ]

ein Foto machen
att **ta en bild**
[ta: ən ˈbɪld]

die Bildbearbeitung
bildredigering -en u
[bɪldrədɪɧe:rɪŋ]

die Compact-Flash-Karte
compact flash-kort -et n
[kɔmpɛktˈflɛɧkʊʈ]

sich fotografieren lassen
att **bli fotograferad**
[bli: fʊtʊgraˈfe:rad]

die Kameratasche
kameraväska -n u
[kam(ə)ravæska]

die Dunkelkammer
mörkrum -met n
[mœrkrəm]

die Speicherkarte
minneskort -et n
[mɪn:əskʊʈ]

unscharf
suddig
[səd:ɪg]

überbelichtet
överexponerad
[ø:vərɛkspʊne:rad]

unterbelichtet
underexponerad
[ɵndərɛkspʊne:rad]

das Hochformat	det **stående formatet** n [sto:əndə fɔrma:tət]
das Querformat	det **liggande formatet** n [lɪg:andə fɔrma:tət]
die Vergrößerung	**förstoring** -en u [fœˈʂtu:rɪŋ]
der Rote-Augen-Effekt	den **röda-ögon effekten** u [rø:daˈø:gɔnəf:ɛktən]
matt	**matt** [mat]
glänzend	**glansig** [glansɪg]
das Fotoalbum	**fotoalbum** -et n [fʊtʊalbəm]
das Negativ	**negativ** -et n [nəgaˈti:v]

der digitale Bilderrahmen
den **digitala bildramen** u
[dɪgɪta:la bɪldra:mən]

HOBBYS – FRITIDSINTRESSEN

Spiele – spela

die Spielkarte
spelkort -et n
[spe:lkuʈ]

das Karo
ruter -n u
[rʉ:tər]

das Pik
spader -n u
[spa:dər]

das Herz
hjärter -n pl
[jæʈər]

das Kreuz
klöver -n u
[klø:vər]

das Ass
ess -et n
[ɛs]

der Joker
joker -n u
[jo:kər]

der König
kung -en u
[kəŋ]

die Dame
dam -en u
[da:m]

der Bube
knekt -en u
[knɛkt]

die Karten mischen
att **blanda**
[blanda]

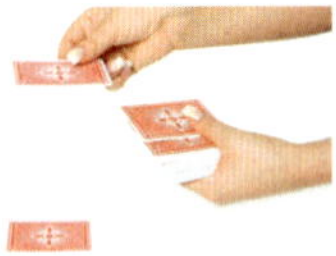

geben
att **ge**
[ge:]

das Blatt
kort på hand -et n
[kuʈ po: ˈhand]

Poker spielen
att **spela poker**
[spe:la ˈpo:kər]

der Dominostein
dominotärning -en u
[dɔmɪnʊtæ:ɳɪŋ]

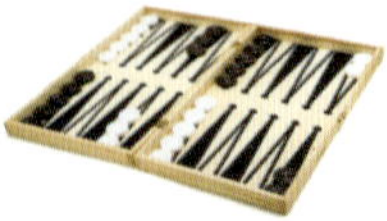

das Backgammon
backgammon n
[bakˈgam:ɔn]

das Damespiel
damspel -et n
[da:mspe:l]

das Puzzle
pussel pusslet n
[pəs:əl]

HOBBYS – FRITIDSINTRESSEN

Spiele – spela

das Schach
schack -et n
[ɧak]

der König
kung -en u
[køŋ]

die Dame
dam -en u
[da:m]

der Läufer
löpare -n u
[lø:parə]

der Springer
häst -en u
[hæst]

der Turm
torn -et n
[tu:ɳ]

der Bauer
bonde -n u
[bʊndə]

das weiße Feld
den **vita rutan** n
[vi:ta rʉ:tan]

das Schachbrett
schackbräde -t n
[ɧak:bræ:də]

das schwarze Feld
den **svarta rutan** n
[svaʈa rʉ:tan]

der Zug
drag -et n
[dra:g]

das Brettspiel
brädspel -et n
[bræ:dspe:l]

das Monopoly®
monopol® -et n
[mɔnɔˈpo:l]

das Mensch ärgere dich nicht®
fia med knuff® -et n
[fi:a mɛ:(d) ˈknøf]

würfeln	att **kasta tärning** [kasta ˈtæ:ɳɪŋ]
mogeln	att **fuska** [føska]
das Glück	**tur** -en u [tʉ:r]
das Pech	**otur** -en u [u:tʉ:r]
Wer ist dran?	**Vem är på tur?** [vem æ(:r) po: ˈtʉ:r]
Du bist dran.	**Det är din tur.** [də æ(:r) ˈdɪn tʉ:r]
gewinnen	att **vinna** [vɪn:a]
verlieren	att **förlora** [fœˈɭu:ra]

das Jenga®
jenga® -n u
[jɛŋga]

der Würfel
tärning -en u
[tæ:ɳɪŋ]

FERIEN – SKOLLOV

Am Strand – på stranden

der Strand
strand -en u
[strand]

die Stranddüne
sanddyn -en u
[sand:y:n]

der Sonnenuntergang
solnedgång -en u
[su:lne:dgɔŋ]

das Meer
hav -et n
[ha:v]

der Strandkorb
strandkorg -en u
[strandkɔrj]

der Sand
sand -en u [sand]

die Küste
kust -en u
[kəst]

die Strandpromenade
strandpromenad -en u
[strandprʊməna:d]

der Liegestuhl
solstol -en u
[su:lstu:l]

der Wasserball
badboll -en u
[ba:dbɔl]

das Strandtuch
badhandduk -en u
[ba:dhand:ʉ:k]

die Kinderschaufel
spade -n u
[spa:də]

der Flip-Flop®
flip-flop® -en u
[flɪpflɔp]

der Eimer
hink -en u
[hɪŋk]

FERIEN – SKOLLOV

Am Strand – på stranden

der Sonnenschirm
parasoll -et n
[parasɔl]

der Steinstrand
den **steniga stranden** u
[steːnɪga strandən]

die Strandmuschel
strandtält -et n
[strandtælt]

die Sandburg
sandslott -et n
[sandslɔt]

der Seetang
tång -en u
[tɔŋ]

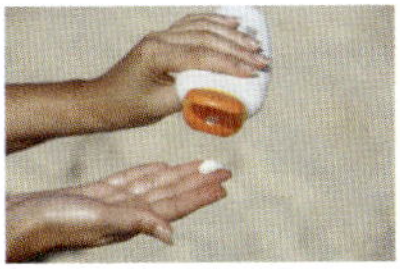

die Sonnencreme
solkräm -en u
[suːlkræːm]

das Strandresort
badort -en u
[baːduːʈ]

der Steg
brygga -n u
[bryɡːa]

das Kreuzworträtsel
korsord -et n
[kɔʂuːɖ]

das Sudoku
sudoku -n u
[səˈdoːkə]

das Strandhäuschen
badhytt e-n u
[baːdhyt]

die Strandbar
strandbar -en u
[strandbaːr]

die Ebbe	**ebb** -en u [ɛb]
die Flut	**flod** -en u [fluːd]
die Strömung	**strömmar** -men u [strœmːar]
der FKK-Strand	**nudiststrand** -en u [nəˈdɪststrand]
das Strandgut	**vrakgods** -et n [vraːkgʊts]
schnorcheln	att **snorkla** [snɔrkla]
der Sonnenbrand	**solbränna** -n u [suːlbrænːa]
die Brandung	**bränning** -en u [brænːɪŋ]

sich sonnen
att **sola sig**
[suːla sɛj]

FERIEN – SKOLLOV

Das Zelten – tältning

das Wohnmobil
husbil -en u
[hʉ:sbi:l]

der Wohnwagen
husvagn -en u
[hʉ:svaŋn]

der Campingbus
campingbuss -en u
[kampɪŋbɵs]

das Indianerzelt
indiantält -et n
[ɪndɪˈa:ntælt]

der Campingstuhl
campingstol -en u
[kampɪŋstu:l]

der Gasbrenner
gasbrännare -n u
[ga:sbræn:arə]

der Grillrost
grillgaller -gallret n
[grɪl:gal:ər]

die Lagerfeuerstelle
lägereld -en n
[læ:gəreld]

der Campingplatz
campingplats -en u
[kampɪŋplats]

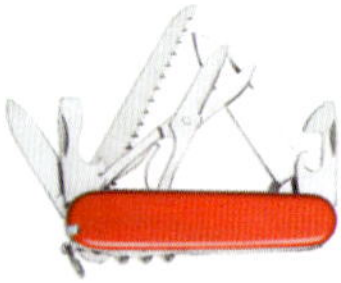

das Taschenmesser
fickkniv -en u
[fɪk:ni:v]

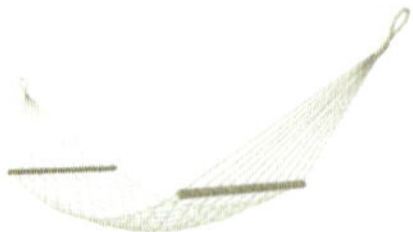

die Hängematte
hängmatta -n u
[hæŋmat:a]

das Zelt
tält -et n
[tælt]

der Zeltplatz
tältplats -en u
[tæltplats]

die Gasflasche	**gasflaska** -n u [ga:sflaska]
das Propangas	**propangas** -en u [prʊˈpa:ngas]
die Stirnlampe	**pannlampa** -n u [pan:lampa]
der Stromanschluss	**elanslutning** -en u [e:lanslʉ:tnɪŋ]
die Duschen und Toiletten	**duschar och toaletter** -na pl [dɵɧar ɔ(k) tʊalɛt:ər]
der Feueranzünder	**tändare** -n u [tɛndarə]
die Holzkohle	**grillkol** -et/-en n/pl [grɪl:ko:l]
der/das Insektenspray	**insektsspray** -en u [ɪnˈsɛkts:prɛj]

FERIEN – SKOLLOV

Das Zelten – tältning

der Schlafsack
sovsäck -en u
[so:vsæk]

das Außenzelt
yttertält -et n
[yt:ərtælt]

das Innenzelt
innertält -et n
[ɪn:ərtælt]

der Zelteingang
tältöppning -en u
[tæltœpnɪŋ]

die Zeltstange
tältstång -en u
[tæltstɔŋ]

der Zeltboden
tältbotten -bottnen u
[tæltbɔt:ən]

der Reißverschluss
dragkedja -n u
[dra:gçe:dja]

die Luftmatratze
luftmadrass -en u
[løftmadras]

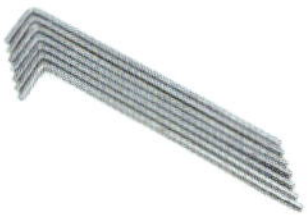

der Hering
tältpinne -n u
[tæltpɪn:ə]

die Taschenlampe
ficklampa -n u
[fɪk:lampa]

der Rucksack
ryggsäck -en u
[ryg:sɛk]

die Isomatte
liggunderlag -et n
[lɪg:əndərla:g]

der Trekkingstock
vandringskäpp -en u
[vandrɪŋsçæp]

der Wanderschuh
vandringsskor -n u
[vandrɪŋssku:r]

die Petroleumlampe	**fotogenlampa** -n u [futʊˈɧe:nlampa]
die Luftpumpe	**luftpump** -en u [løftpəmp]
die Campingtoilette	**campingtoalett** -en u [kampɪŋtʊalɛt]
die Entsorgungsstation	**sopstation** -en u [su:pstaɧu:n]
die Regenhaut®	**regnställ** -et n [rɛŋnstæl]
die Thermowäsche	de **varma underkläderna** pl [varma əndərklæ:dərna]
das Moskitonetz	**myggnät** -et n [myg:næ:t]
ein Zelt aufschlagen	att **slå upp ett tält** [slo: əp ət ˈtælt]
Kann ich hier mein Zelt aufschlagen?	**kan jag slå upp mitt tält här?** [kan ja:(g) slo: əp mɪt ˈtælt hæ:r]

der Wasserkanister
vattendunk -en u
[vat:əndʊŋk]

KÖRPER UND GESUNDHEIT

KROPP OCH HÄLSA

DER KÖRPER – KROPPEN

der Mann
man -nen u
[man]

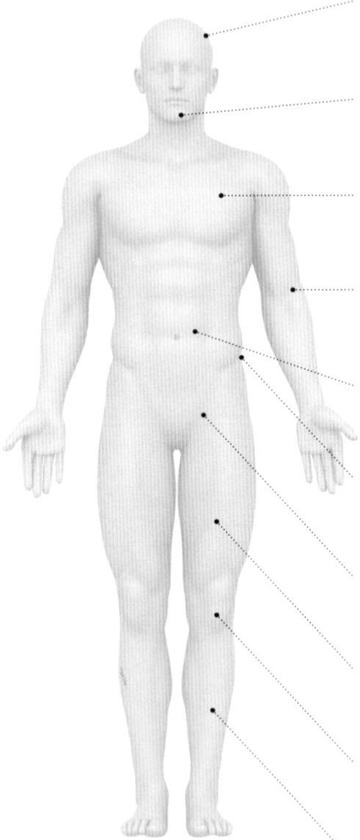

die Frau
kvinna -n u
[kvin:a]

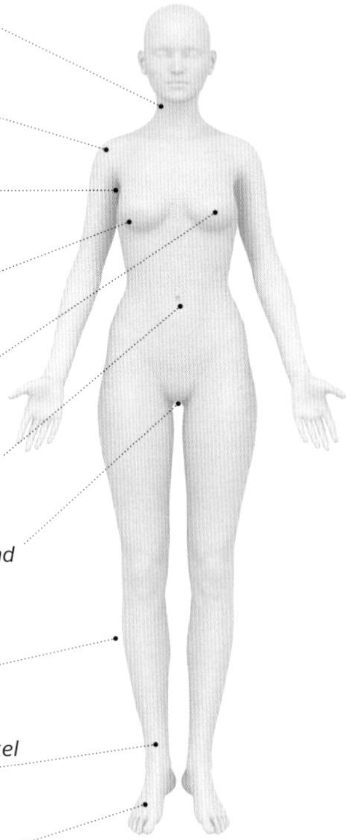

der Kopf
huvud -et n
[hʉ:vəd]

das Kinn
haka -n u
[ha:ka]

der Brustkorb
bröstkorg -en u
[brœstkɔrj]

der Arm
arm -en u
[arm]

der Bauch
mage -n u
[ma:gə]

die Hüfte
höft -en u
[hœft]

die Leiste
ljumske -n u
[jəmskə]

der Oberschenkel
lår -et n
[lo:r]

das Knie
knä -(e)t n
[knæ:]

das Schienbein
skenben -et n
[ɧe:nbe:n]

der Hals
hals -en u
[hals]

die Schulter
axel -n u
[aksəl]

die Achselhöhle
armhåla -n u
[armho:la]

die Brust
bröst -et n
[brœst]

die Brustwarze
bröstvårta -n u
[brœstvo:ʈa]

der Bauchnabel
navel -n u
[na:vəl]

die Schamgegend
skrev -et n
[skre:v]

das Bein
ben -et n
[be:n]

der Unterschenkel
lår -et n
[lo:r]

der Fuß
fot -en u
[fu:t]

DER KÖRPER – KROPPEN

die Frau
kvinna -n u
[kvinːa]

der Mann
man -nen u
[man]

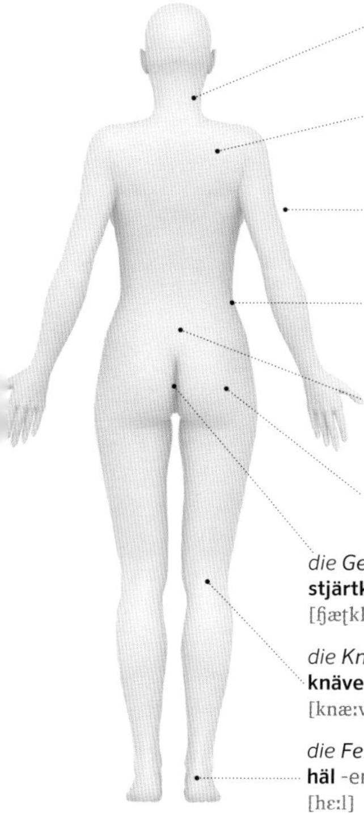

der Nacken
nacke -n u
[nakːə]

das Schulterblatt
skulderblad -et n
[skɵldərblaːd]

der Arm
arm -en u
[arm]

die Taille
midja -n u
[mɪdja]

die Lende
länd -en u
[lænd]

das Gesäß
stjärt -en u
[ɧæʈ]

die Gesäßspalte
stjärtklyfta -n u
[ɧæʈklyfta]

die Kniekehle
knäveck -et n
[knæːvek]

die Ferse
häl -en u
[hɛːl]

der Oberarm
överarm -en u
[øːvərarm]

der Ellbogen
armbåge -n u
[armboːgə]

der Unterarm
underarm -en u
[ɵndərarm]

der Rücken
rygg -en u
[ryg]

das Handgelenk
handled -en u
[han(d)leːd]

die Hand
hand -en u
[hand]

die Gesäßbacke
skinka -n u
[ɧɪŋka]

die Wade
vad -en u
[vaːd]

der Knöchel
ankel -n u
[aŋkəl]

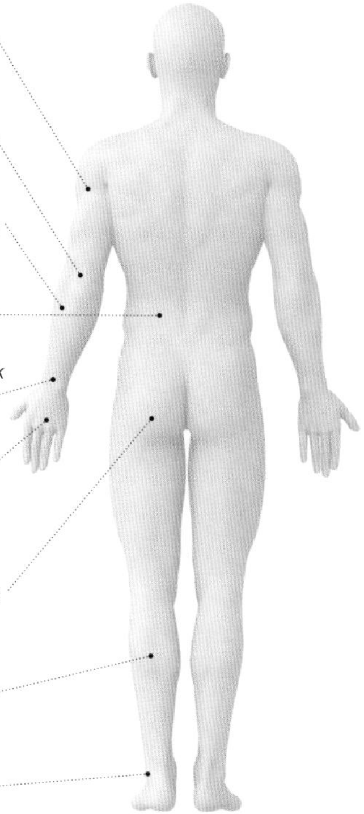

DER KÖRPER – KROPPEN

Die Hand und der Fuß – hand och fot

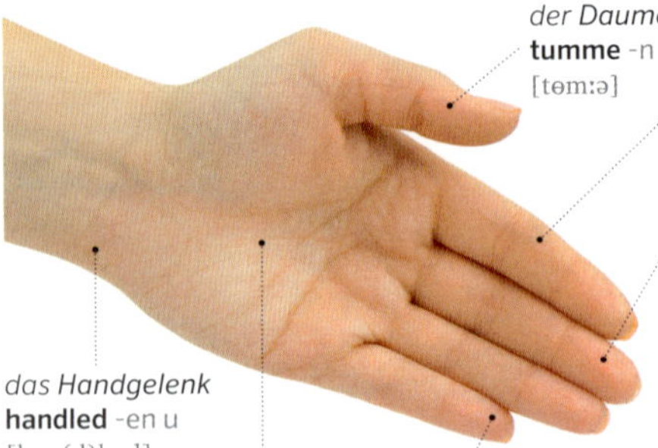

der Daumen
tumme -n u
[təm:ə]

der Zeigefinger
pekfinger -fingret n
[pe:kfɪŋər]

der Mittelfinger
långfinger -fingret n
[lɔŋfɪŋər]

das Handgelenk
handled -en u
[han(d)le:d]

die Handfläche
handflata -n u
[handfla:ta]

die Fingerkuppe
fingertopp -en u
[fɪŋərtɔp]

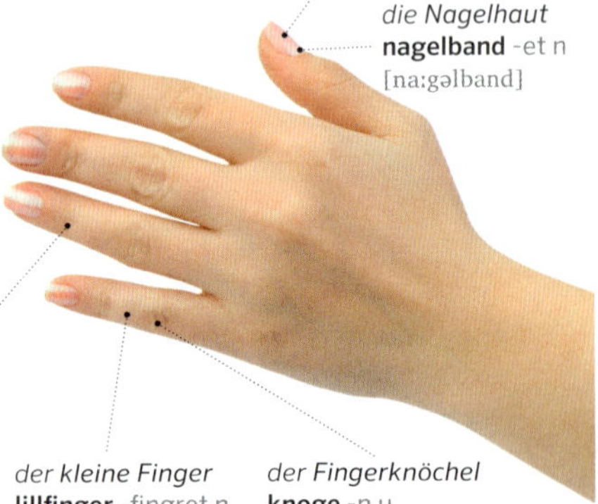

der Fingernagel
fingernagel -n u
[fɪŋərna:gəl]

die Nagelhaut
nagelband -et n
[na:gəlband]

der Ringfinger
ringfinger -fingret n
[rɪŋfɪŋər]

der kleine Finger
lillfinger -fingret n
[lɪl:fɪŋər]

der Fingerknöchel
knoge -n u
[knu:gə]

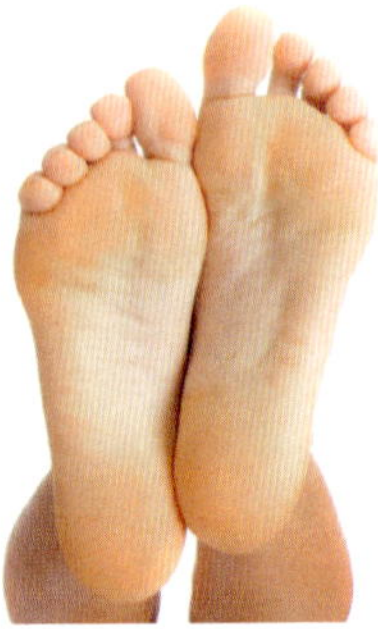

die Fußsohle
fotsula -n u
[fu:tsu:la]

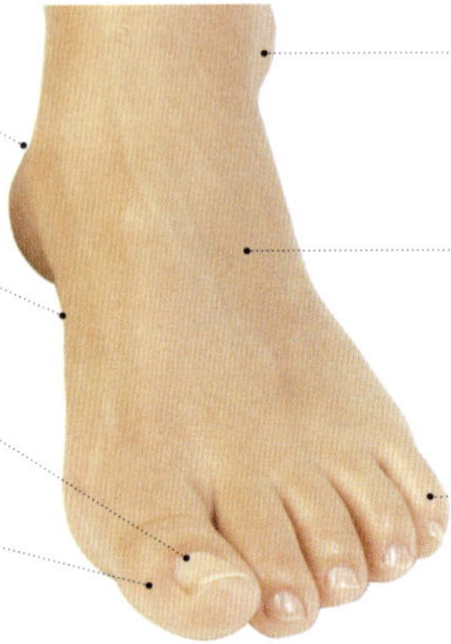

die Ferse
häl -en u
[hɛ:l]

das Fußgewölbe
fotvalv -et n
[fu:tvalv]

der Zehennagel
tånagel -n u
[to:na:gəl]

der große Zeh
stortå -n u
[stu:ʈo:]

das Fußgelenk
fotled -en u
[fu:tle:d]

der Fußrücken
vrist -en u
[vrɪst]

der kleine Zeh
lilltå -n u
[lɪl:to:]

DER KÖRPER – KROPPEN

Der Kopf – huvudet

das Gehirn
hjärna -n u
[jæ:ɳa]

das Großhirn
storhjärna -n u
[stu:rjæ:ɳa]

das Kleinhirn
lillhjärna -n u
[lɪl:jæ:ɳa]

der Hirnstamm
hjärnstam -men u
[jæ:ɳstam]

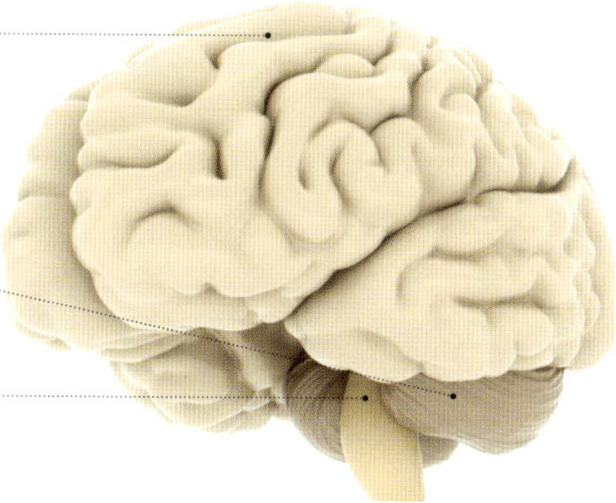

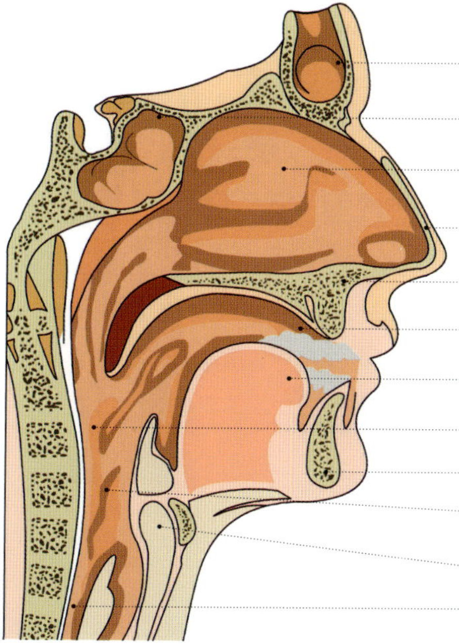

die Stirnhöhle
bihåla -n u
[bi:ho:la]

die Keilbeinhöhle
kilbenshåla -n u
[çi:lbe:nsho:la]

die Nasenhöhle
näshåla -n n
[næ:sho:la]

das Nasenbein
näsben -et n
[næ:sbe:n]

der Oberkiefer
överkäke -n u
[ø:vərçæ:kə]

der Gaumen
gom -men u
[gʊm]

die Zunge
tunga -n u
[tɵŋa]

der Rachen
svalg -et n
[svalj]

der Unterkiefer
underkäke -n u
[ɵndərçɛ:kə]

die Kehle
strupe -n u
[stru:pə]

der Kehlkopf
struphuvud -et n
[stru:phu:vəd]

die Speiseröhre
matstrupe -n u
[ma:tstru:pə]

DER KÖRPER – KROPPEN

Die Muskeln – musklerna

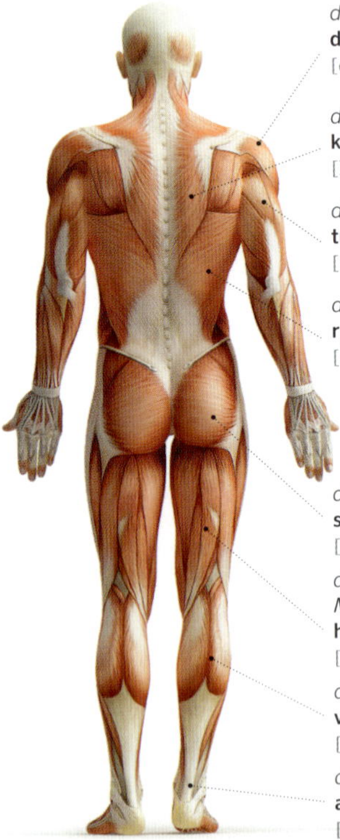

der Deltamuskel
deltamuskel -n u
[dɛltamɵskəl]

der Kapuzenmuskel
kappmuskel -n u
[kap:mɵskəl]

der Trizeps
triceps -en u
[tri:sɛps]

der Rückenmuskel
ryggmuskel -n u
[ryg:mɵskəl]

der Gesäßmuskel
sätesmuskel -n u
[sæ:təsmɵskəl]

die ischiocruralen Muskeln
hamstringmuskler -na pl
[hamstrɪŋsmɵsklər]

der Wadenmuskel
vadmuskel -n u
[va:dmɵskəl]

die Achillessehne
akillessena -n u
[aˈkɪl:ɛs:e:na]

der Stirnmuskel
pannmuskel -n u
[pan:mɵskəl]

der Brustmuskel
bröstmuskel -n u
[brœstmɵskəl]

der Bizeps
biceps -en u
[bi:sɛps]

der Bauchmuskel
magmuskel
-n u
[ma:gmɵskəl]

der Oberschenkelmuskel
lårmuskel -n u
[lo:rmɵskəl]

der vordere Schienbeinmuskel
den **främre skenbensmuskeln** u
[fræmrə ɧe:nbe:nsmɵskəln]

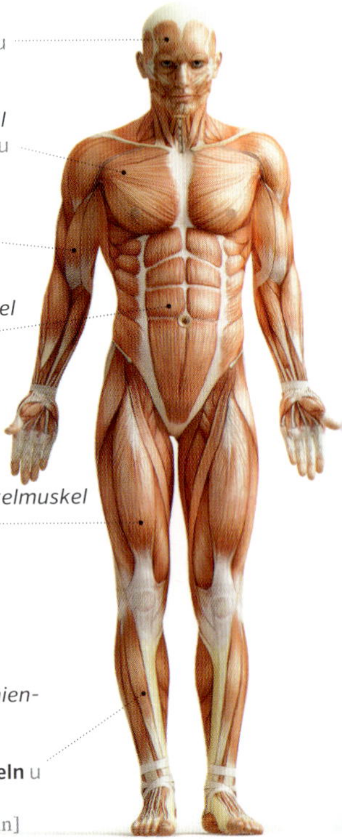

DER KÖRPER – KROPPEN

Das Skelett – skelettet

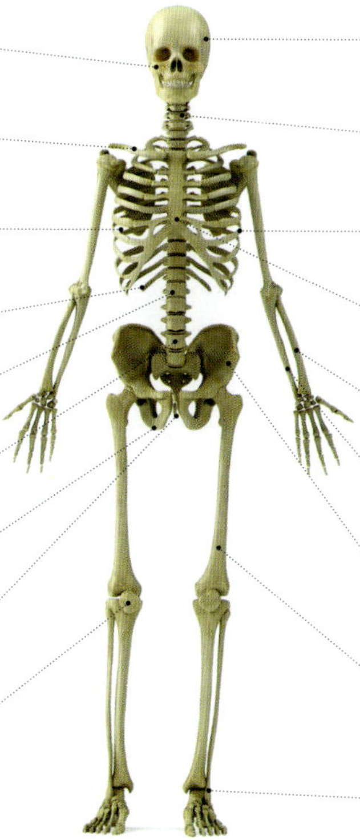

das Jochbein
kindben -et n
[çɪndbe:n]

das Schlüsselbein
nyckelben -et n
[nyk:əlbe:n]

der Brustkorb
bröstkorg -en u
[brœstkɔrj]

die freie Rippe
det **fria revbenet** n
[fria re:vbe:nət]

die Wirbelsäule
ryggrad -en u
[ryg:ra:d]

der Lendenwirbel
ländkota -n u
[lændku:ta]

das Sitzbein
sittben -et n
[sɪt:be:n]

das Steißbein
svanskota -n u
[svansku:ta]

die Kniescheibe
knäskål -en u
[knæ:sko:l]

der Schädel
skalle -n u
[skal:ə]

der Halswirbel
halskota -n u
[halsku:ta]

die Rippe
revben -et n
[re:vbe:n]

das Brustbein
bröstben -et n
[brœstbe:n]

die Speiche
strålben -et n
[stro:lbe:n]

die Elle
armbågsben -et n
[armbo:gsbe:n]

das Becken
bäcken -et n
[bæk:ən]

der Oberschenkelknochen
lårben -et n
[lo:rbe:n]

das Fersenbein
hälben -et n
[hɛ:lbe:n]

DER KÖRPER – KROPPEN

Die inneren Organe – de inre organen

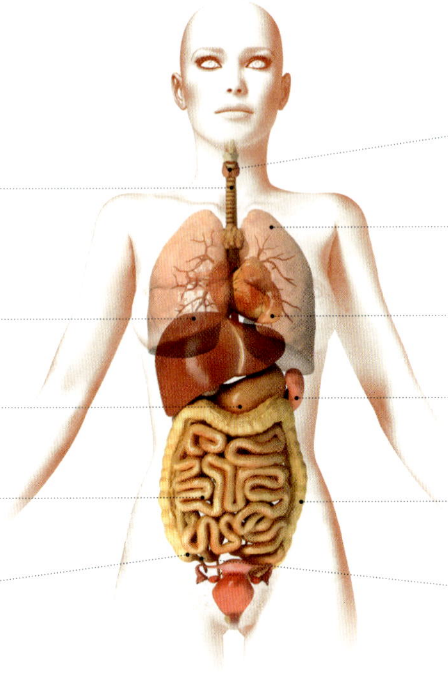

die Niere	**njure** -n u [njʉ:rə]
die Bauchspeicheldrüse	**bukspottkörtel** -n u [bʉ:kspɔtçœʈəl]
der Zwölffingerdarm	**tolvfingertarm** -en u [tɔlvfɪŋərtarm]
die Gallenblase	**gallblåsa** -n u [gal:blo:sa]
das Zwerchfell	**mellangärde** -t n [məl:anjæ:ɖə]
das Gewebe	**vävnad** -en u [væ:vnad]
die Sehne	**sena** -n u [se:na]
die Drüse	**körtel** -n u [çœʈəl]
der Knorpel	**brosk** -et n [brɔsk]

DER KÖRPER – KROPPEN

Die Körpersysteme – kroppens vävnader

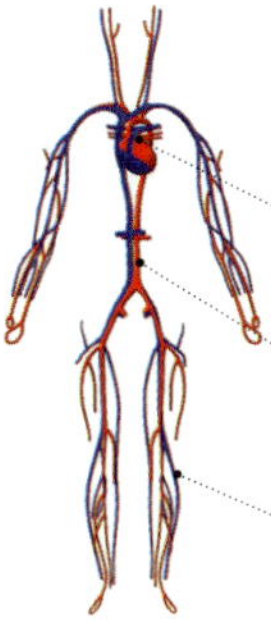

das Herz-Kreislauf-System
hjärt-kärl-system -et n
[jæʈˈɕæ:ɭsyste:m]

das Herz
hjärta -t n
[jæʈa]

die Arterie
artär -en u
[aˈʈæ:r]

die Vene
ven -en u
[ve:n]

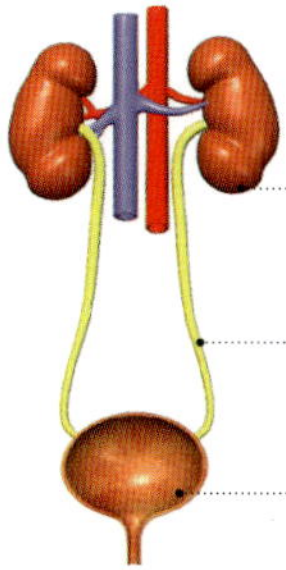

das Harnsystem
urinvägar -na pl
[ɵˈri:nvæ:gar]

die Niere
njure -n u
[njʉ:rə]

der Harnleiter
urinledare -n u
[ɵˈri:nle:darə]

die Harnblase
urinblåsa -n u
[ɵˈri:nblo:sa]

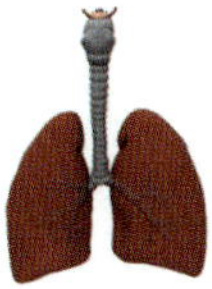

das Atmungssystem
andningsvägar -na pl
[an(d)nɪŋsvæ:gar]

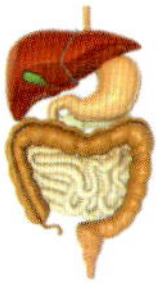

das Verdauungssystem
matsmältningssystem -et n [ma:tsmæltnɪŋs:yste:m]

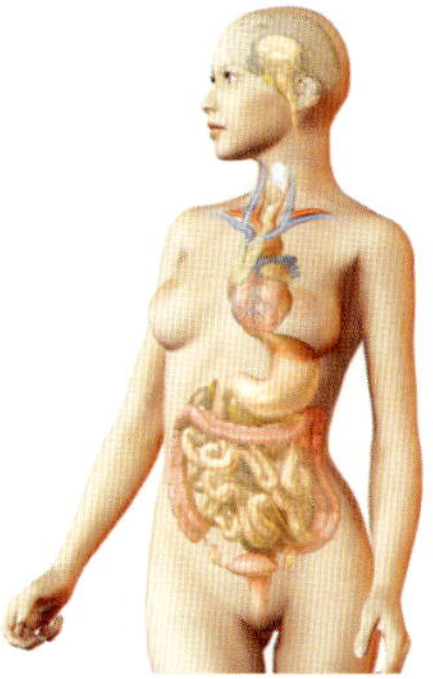

das endokrine System
det **endokrina systemet** n [ɛndʊkri:na syste:mət]

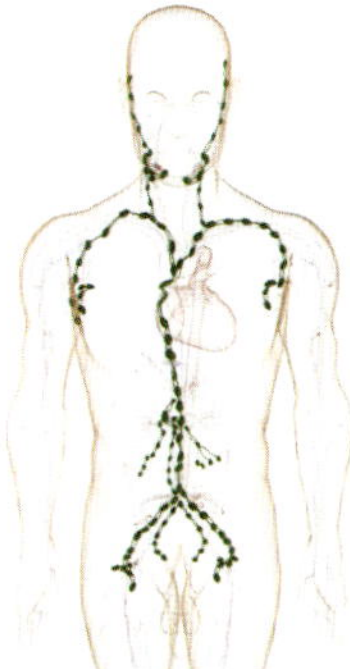

das lymphatische System
det **lymfatiska systemet** n [lymfa:tɪska syste:mət]

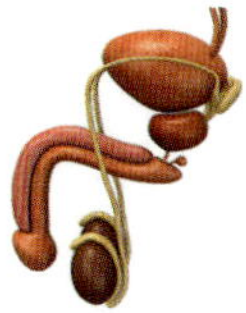

das männliche Fortpflanzungssystem
det **manliga fortplantningssystemet** n
[manlɪga fu:ʈplantnɪŋs:yste:mət]

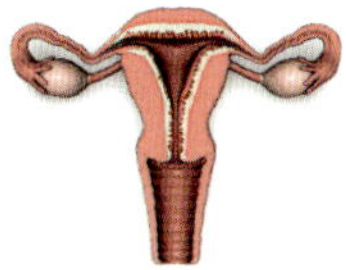

das weibliche Fortpflanzungssystem
det **kvinnliga fortplantningssystemet** n
[kvɪnlɪga fu:ʈplantnɪŋs:yste:mət]

das Nervensystem	**nervbanor** -na pl [nærvba:nʊr]
der Blutkreislauf	**blodomlopp** -et n [blu:dɔmlɔp]
der Tastsinn	**känsel** -n u [ɕɛnsəl]
der Sehsinn	**syn** -en u [sy:n]
der Hörsinn	**hörsel** -n u [hœʂəl]
der Geruchssinn	**luktsinne** -t n [lɵktsɪn:ə]
der Geschmackssinn	**smaksinne** -t n [sma:ksɪn:ə]
der Gleichgewichtssinn	**balanssinne** -t n [balans:ɪn:ə]

DER KÖRPER – KROPPEN

Die Geschlechtsorgane – könsorganen

die männlichen Geschlechtsorgane
de **manliga könsorganen** pl
[manlıga çø:nsɔrga:nən]

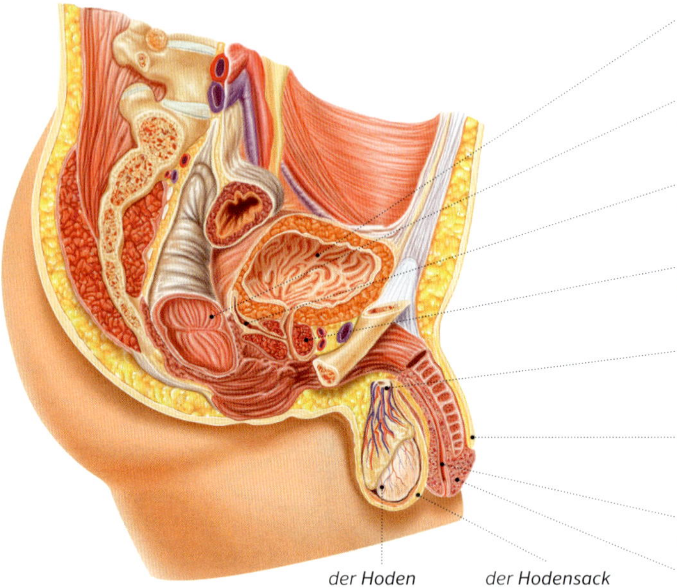

die Erektion	**erektion** -en u [erɛk'ɧu:n]
die Vorhaut	**förhud** -en u [fœ:rhʉ:d]
die Beschneidung	**omskärelse** -n u [ɔmɧæ:rəlsə]
der Samenerguss	**utlösning** -en u [ʉ:tlø:snıŋ]
potent/impotent	**potent/impotent** [pʊtɛnt/impʊtɛnt]
das Hormon	**hormon** -et n [hɔr'mu:n]
der Geschlechtsverkehr	**samlag** -et n [samla:g]
die Geschlechtskrankheit	**könssjukdom** -en u [çø:nsɧʉ:kdʊm]

DER KÖRPER – KROPPEN

Die Geschlechtsorgane – könsorganen

die weiblichen Geschlechtsorgane
de **kvinnliga könsorganen** pl
[kvɪnlɪga çø:nsɔrga:nən]

der Eierstock
äggstock -en u
[ægstɔk]

der Eileiter
äggledare -n u
[ægle:darə]

die Gebärmutter
livmoder -n u
[li:vmu:dər]

die Harnblase
urinblåsa -n u
[ɵˈri:nblo:sa]

der Gebärmutterhals
livmoderhals -en u
[li:vmu:dərhals]

die Harnröhre
urinrör -et n
[ɵˈri:nrœ:r]

die Schamlippe
blygdläppar -na pl
[blygdlæp:ar]

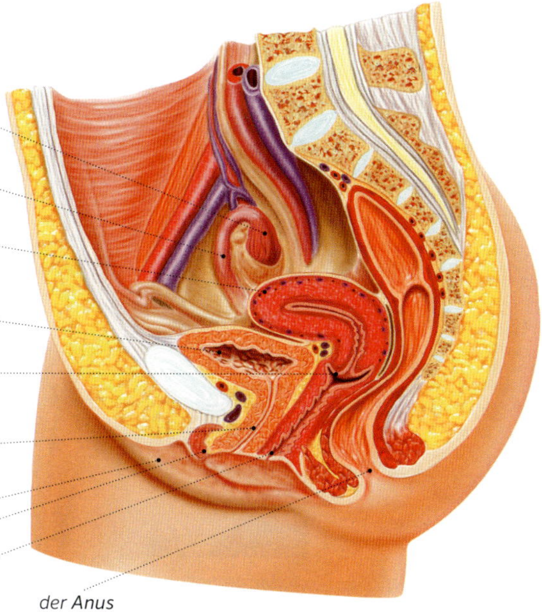

die Klitoris
klitoris -en u
[kli:tʊrɪs]

die Scheide
slida -n u
[sli:da]

der Anus
anus -et n
[a:nəs]

die Spirale	**spiral** -en u [spɪˈra:l]
das Pessar	**pessar** -et n [pɛˈs:a:r]
das Diaphragma	**diafragma** -n u [dɪaˈfragma]
die Empfängnisverhütung	**preventivmetod** -en u [prəvənˈti:vmətu:d]
der Eisprung	**ägglossning** -en u [æglɔsnɪŋ]
die Menstruation	**menstruation** -en u [mɛnstrɵaˈʃju:n]
unfruchtbar/fruchtbar	**infertil/fertil** [ɪnfæʈi:l/fæˈʈi:l]
der Schwangerschaftsabbruch	**abort** -en u [aˈbɔʈ]

das Kondom
kondom -en u
[kɔnˈdo:m]

die Pille
p-piller -pillret n
[pe:pɪl:ər]

SCHWANGERSCHAFT UND GEBURT – HAVANDESKAP OCH FÖDSEL

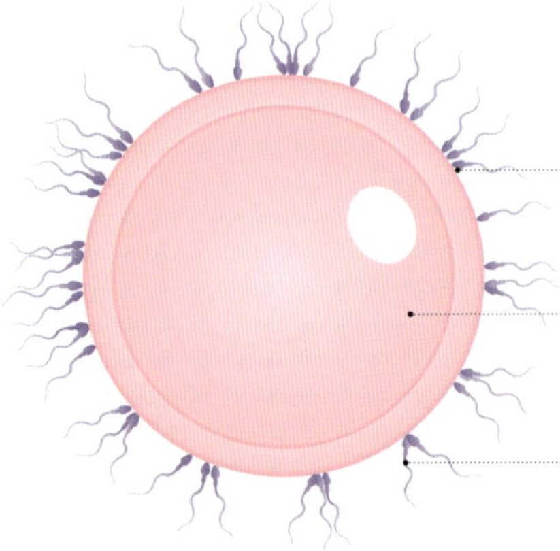

die Empfängnis
befruktning -en u
[bəˈfrɵktnɪŋ]

die Befruchtung
befruktning -en u
[bəˈfrɵktnɪŋ]

die Eizelle
äggcell -en u
[æg:sɛl]

das Spermium
spermie -n u
[spærmɪjə]

die Ultraschall-aufnahme
ultraljudsbild -en u
[ɵltraˈjʉ:dsbɪld]

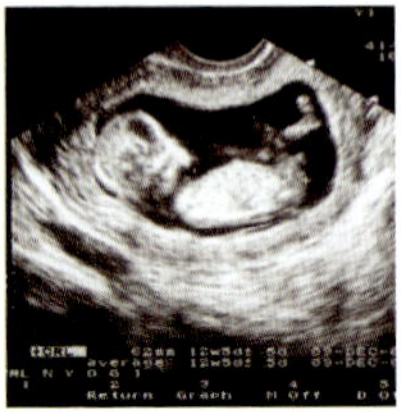

der/das Embryo
embryo -t n
[ɛmbryʊ]

der Schwangerschafts-test
graviditetstest -en u
[gravɪdɪˈte:tstɛst]

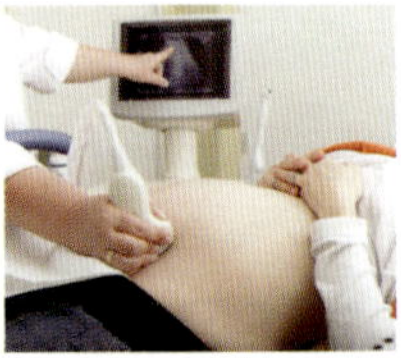

die Ultraschall-untersuchung
ultraljudsundersökning -en u
[ɵltraˈjʉ:dsɵndərsø:knɪŋ]

die Hebamme
barnmorska -n u
[ba:ɳmʊʂka]

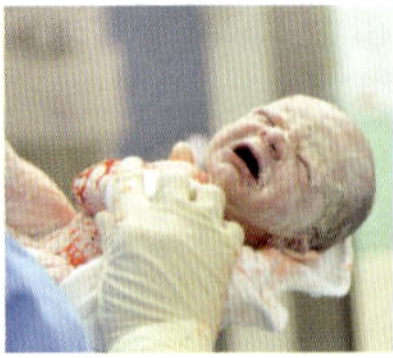

die Geburt
födsel -n u
[fø:dsəl]

schwanger	**gravid** [graˈvi:d]
die Wehen	**värkar** -na pl [værkar]
die Geburt einleiten	att **sätta igång förlossningen** [sæt:a ɪgɔŋ fœrˈlɔsnɪŋən]
pressen	att **krysta** [krysta]
die Nabelschnur	**navelsträng** -en u [na:vəlstræŋ]
die Plazenta	**moderkaka** -n u [mu:dərka:ka]
das Fruchtwasser	**fostervatten** -vattnet n [fʊstərvat:ən]
die Fruchtblase	**fosterhinna** -n u [fʊstərhɪn:a]

SCHWANGERSCHAFT UND GEBURT – HAVANDESKAP OCH FÖDSEL

das Fläschchen
nappflaska -n u
[nap:flaska]

der Messlöffel
måttsked -en u
[mɔt:ɧe:d]

das Milchpulver
mjölkpulver -pulvret n
[mjœlkpəlvər]

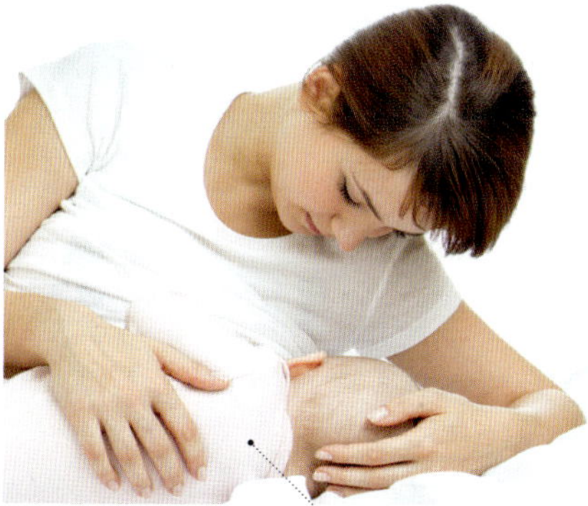

stillen
att **amma**
[am:a]

der Säugling
spädbarn -et n
[spæ:(d)ba:ɳ]

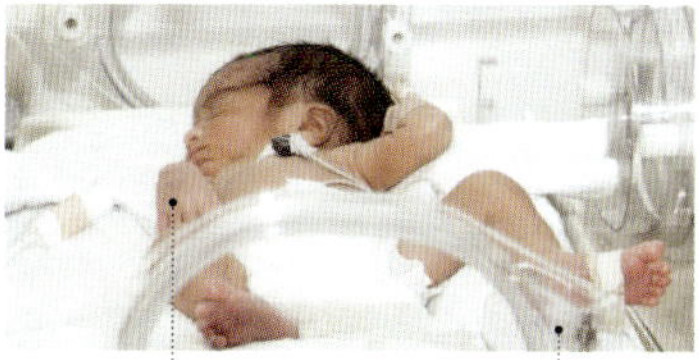

das Frühchen
det **förtidigt födda barnet**
[fœrti:dɪ(k)t fœd:a ˈba:ɳət]

der Brutkasten
kuvös -en u
[kəˈvø:s]

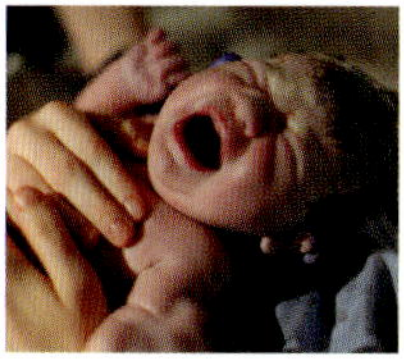

das Neugeborene
den **nyfödde/ nyfödda** u
[ny:fœdə/ny:fœda]

die Milchpumpe
bröstpump -en u
[brœstpəmp]

der Kreißsaal	**förlossningssal** -en u [fœrˈlɔsnɪŋs:a:l]
der Kaiserschnitt	**kjesarsnitt** -et n [ɕɛjsarsnɪt]
die Frühgeburt	den **förtidiga födselen** u [fœrti:dɪga fø:(d)sələn]
die Fehlgeburt	**missfall** -et n [mɪs:fal]
die eineiigen Zwillinge	**enäggstvillingar** -na pl [e:nægstvɪl:ɪŋar]
die zweieiigen Zwillinge	**tvåäggstvillingar** -na pl [tvo:ægstvɪl:ɪŋar]
das Geburtsgewicht	**födeselvikt** -en u [fø:dəlsəvɪkt]
die Impfung	**vaccinering** -en u [vaksɪˈne:rɪŋ]

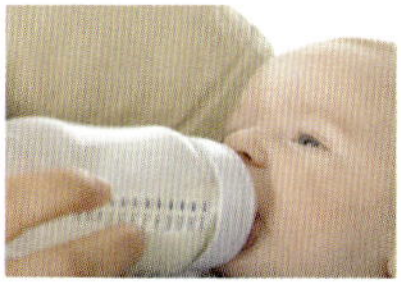

mit der Flasche füttern
att **mata med nappflaska**
[ma:ta mɛ:(d) ˈnap:flaska]

DER ARZTBESUCH – LÄKARBESÖKET

den Blutdruck messen
att **mäta blodtrycket**
[mæ:ta ˈblu:(d)trykət]

das Wartezimmer
väntrum -met n
[væntrəm]

die Ärztin
läkare -n u
[læ:karə]

die Patientin
patient -en u
[pasɪˈɛnt]

die Manschette
manschett -en u
[manˈɧɛt]

das Rezept
recept -et n
[rəˈsɛ:pt]

das Sprechzimmer
mottagningsrum -met n
[mu:t:a:gnɪŋsrəm]

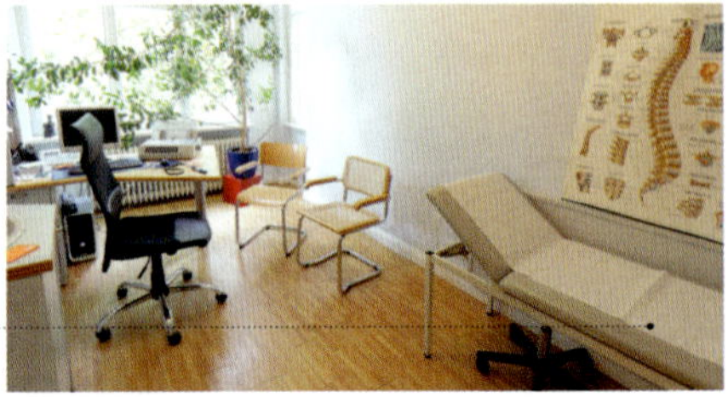

die Untersuchungsliege
undersökningsbädd -en u
[əndərˈsø:knɪŋsbæd]

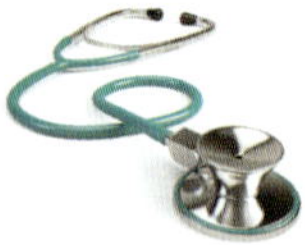

das Stethoskop
stetoskop -et n
[stɛtʊsˈko:p]

das Blutdruckmessgerät
blodtrycksmätare -n u
[blu:(d)tryksmæ:tarə]

die Sprechstunde	**mottagningstid** -en u [mu:t:a:gnɪŋsti:d]
jemandem Blut abnehmen	att **ta blodprov** [ta: ˈblu:(d)pru:v]
der Termin	**tid** -en u [ti:d]
die Behandlung	**behandling** -en u [bəˈhan(d)lɪŋ]
die Diagnose	**diagnos** -en u [dɪagˈno:s]
die Überweisung	**remiss** -en u [rəˈmɪs]
die Ergebnisse	**provresultat** -en pl [pru:vrəsəlta:t]
die Krankenkasse	**sjukkassa** -n u [ɧu:k:as:a]

SYMPTOME UND KRANKHEITEN – SYMPTOM OCH SJUKDOMAR

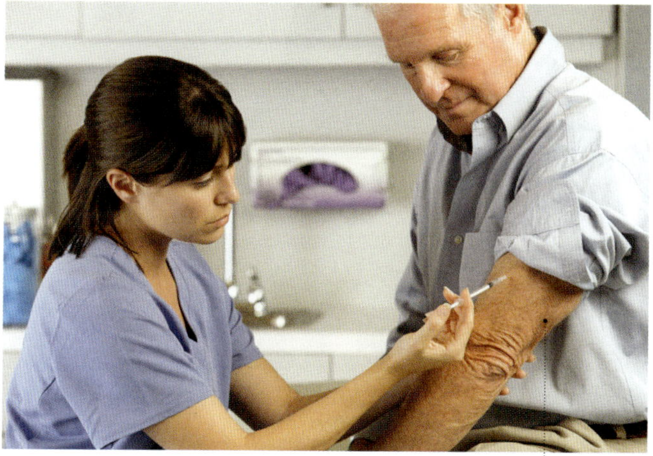

jemandem eine Spritze geben
att **ge någon en spruta**
[je: no:gɔn ən ˈsprʉ:ta]

eine Spritze bekommen
att **få en spruta**
[fo: ən ˈsprʉ:ta]

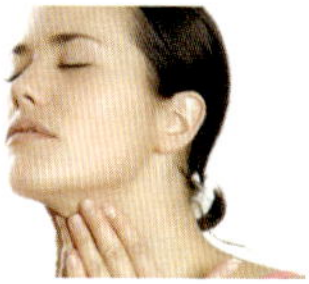

die Halsschmerzen
ont i halsen
[ʊnt i: ˈhalsən]

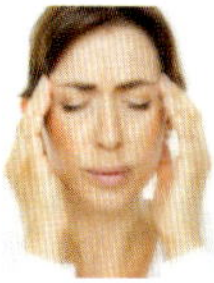

die Kopfschmerzen
ont i huvudet
[ʊnt i: ˈhʉ:v(d)ət]

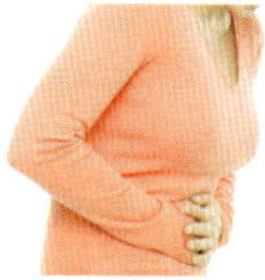

die Magenschmerzen
ont i magen
[ʊnt i: ˈma:gən]

die Zahnschmerzen
tandvärk -en u
[tan(d)værk]

das Virus	**virus** -et n [vi:røs]
der Infekt	**infektion** -en u [ɪnfɛkˈɧu:n]
die Allergie	**allergi** -n u [al:ɛrˈgi:]
der Hautausschlag	**hudutslag** -et n [hʉ:dʉ:tsla:g]
das Ekzem	**eksem** -et n [ɛkˈse:m]
die Migräne	**migrän** -en u [mɪˈgræ:n]
das Nasenbluten	**näsblod** -et n [næ:sblu:d]
die Bindehautentzündung	**ögoninflammation** -en u [ø:gɔnɪnflam:aɧu:n]
die Mittelohrentzündung	**öroninflammation** -en u [œ:rɔnɪnflam:aɧu:n]
der Durchfall	**diarré** -n u [dɪaˈr:e:]
die Darmgrippe	**maginfluensa** -n u [ma:gɪnflɵɛnsa]
der Schwindel	**yrsel** -n u [yʂəl]
die Übelkeit	**illamående** -t n [i:lamo:əndə]
der Krampf	**kramp** -en u [kramp]
die Bronchitis	**bronkit** -en u [brɔŋˈki:t]
die Blasenentzündung	**urinvägsinfektion** -en u [ɵˈri:nvæ:gsɪnfɛkɧu:n]

SYMPTOME UND KRANKHEITEN – SYMPTOM OCH SJUKDOMAR

krank
sjuk
[ɧʉːk]

der Schnupfen
snuva -n u
[snʉːva]

der Husten
hosta -n u
[hʊsta]

gesund
frisk
[frɪsk]

die Erkältung
förkylning -en u
[fœˈçyːlnɪŋ]

die Grippe
influensa -n u
[ɪnflʊˈɛnsa]

das Niesen
nysning -en u
[nyːsnɪŋ]

das Fieber
feber -n u
[feːbər]

der Heuschnupfen
hösnuva -n u
[høːsnʉːva]

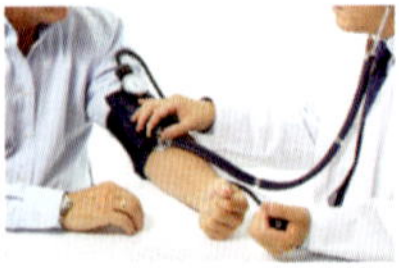

der hohe/niedrige Blutdruck
det **höga/låga blodtrycket** n
[hœga/loːga ˈbluːdtrykət]

die Entzündung	**inflammation** -en u [ɪnflamːaˈɧuːn]
die Gürtelrose	**bältros** -en u [bæltruːs]
die Mangelerscheinung	**näringsbrist** -en u [næːrɪŋsbrɪst]
die Blutvergiftung	**blodförgiftning** -en u [bluːdfœrjɪftnɪŋ]
die Schuppenflechte	**psoriasis** -en u [psʊrɪˈasɪs]
die Kinderkrankheit	**barnsjukdom** -en u [baːɳɧʉːkdʊm]
die Röteln	**röda hund** [røːda hɵnd]
der/das Scharlach	**sharlakansfeber** -n u [ɧaɭaːkansfeːbər]
die Windpocken	**vattkoppor** -na pl [vatːkɔpːʊr]
der Mumps	**påssjuka** -n u [poːsɧʉːka]
der Keuchhusten	**kikhosta** -n u [ɕɪkhʊsta]
die Masern	**mässling** -en u [mæsːlɪŋ]
die Kinderlähmung	**barnförlamning/polio** -en/-n u [baɳfœrlaːmnɪŋ/puːlɪʊ]
der Wundstarrkrampf	**stelkramp** -en u [steːlkramp]
die Tuberkulose	**tuberkulos** -en u [təbɛrkəˈloːs]
die Rachitis	**rakitis** -en u [raˈkiːtɪs]
die Hirnhautentzündung	**hjärnhinneinflammation** -en u [jæːɳhɪnːəɪnflamːaɧuːn]
die Diphtherie	**difteri** -n u [dɪfteˈriː]
die Tollwut	**rabies** -en u [raːbɪəs]

SYMPTOME UND KRANKHEITEN – SYMPTOM OCH SJUKDOMAR

das Asthma
astma -n u
[as(t)ma]

der Inhalator
inhalator -n u
[ɪnhaˈla:tʊr]

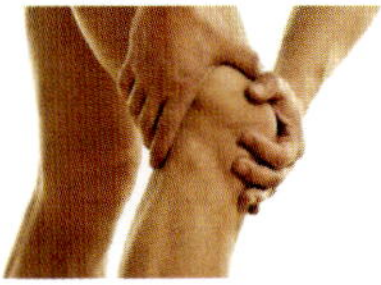

das Rheuma
reumatism -en u
[rəvmaˈtɪsm]

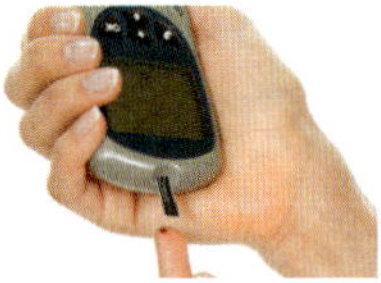

der Diabetes
diabetes -en u
[dɪaˈbe:təs]

die Schlafstörung
sömnstörningar -en u
[sœmnstœ:ɳɪŋar]

das Aids
aids -en u
[ɛjds]

die Atemnot	**andnöd** -en u [andnø:d]
der Alzheimer	**alzheimers** u [alshajməʂ]
die Demenz	**demens** -en u [dəˈmɛns]
die Parkinsonkrankheit	**parkinsons** u [pa(r)kɪnsɔns]
der Krebs	**cancer** -n u [kansər]
das Geschwür	**magsår** -et n [ma:gso:r]
die Schilddrüsenkrankheit	**sköldkörtelsjukdom** -en u [ɧœldɕœʈəlɧʉ:kdʊm]
der Herzinfarkt	**hjärtinfarkt** -en u [jæʈɪnfa:rkt]
der Schlaganfall	**stroke/slaganfall** -n/-et u/n [stro:k/sla:ganfal]
HIV-positiv/negativ	**hiv-positiv/hiv-negativ** [hi:vpʊsɪti:v/hi:vnəgati:v]
die multiple Sklerose	den **multipla sklerosen** u [məltɪpla skləˈro:sən]
die Epilepsie	**epilepsi** -n u [əpɪlɛpˈsi:]
die Depression	**depression** -en u [dəprəˈɧu:n]
die Essstörung	**ätstörning** -en u [æ:tstœ:ɳɪŋ]
die Sucht	**missbruksberoende** -t n [mɪs:brʉ:ksbəru:əndə]

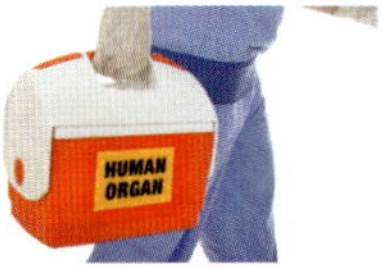

die Transplantation
transplantation -en u
[transplantaˈɧu:n]

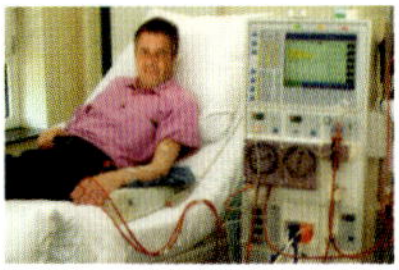

die Dialyse
dialys -en u
[dɪaˈly:s]

BEHINDERUNGEN – HANDIKAPP

der Blindenhund
ledarhund -en u
[le:darhənd]

der Blindenstock
blindkäpp -en u
[blɪndçæp]

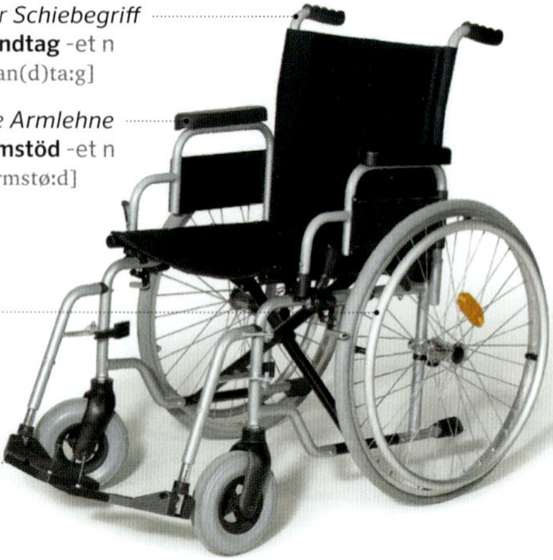

der Rollstuhl
rullstol -en u
[rəl:stu:l]

der Schiebegriff
handtag -et n
[han(d)ta:g]

die Armlehne
armstöd -et n
[armstø:d]

der Greifreifen
griphjul -et n
[gri:pjʉ:l]

die Fußstütze
fotstöd -et n
[fu:tstø:d]

die Gebärdensprache
teckenspråk -et n
[tək:ənspro:k]

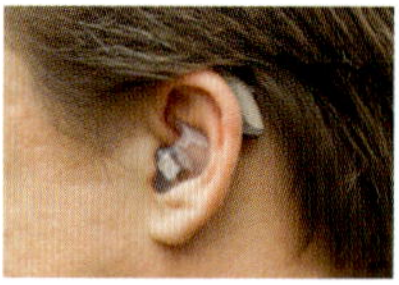

das Hörgerät
hörapparat -en u
[hœ:rap:ara:t]

der Rollator
rullator -n u
[rəˈl:a:tʊr]

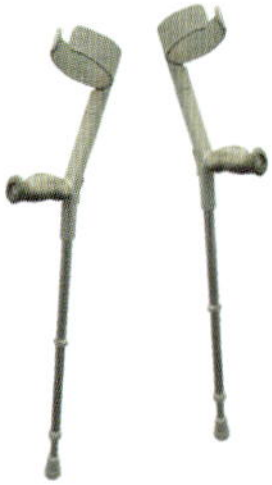

die Krücke
krycka -n u
[kryk:a]

die Prothese
protes -en u
[prʊˈte:s]

gelähmt	**förlamad** [fœˈla:mad]
die spastische Lähmung	den **spastiska förlamningen** u [spastɪska fœla:mnɪŋən]
hinken	att **halta** [halta]
blind	**blind** [blɪnd]
schwerhörig	**hörselskadad** [hœʂəlska:dad]
gehörlos	**döv** [dø:v]
behindert	**handikappad** [handɪkap:ad]
schwerbehindert	**gravt handikappad** [gra:vt handɪkap:ad]

VERLETZUNGEN – SKADOR

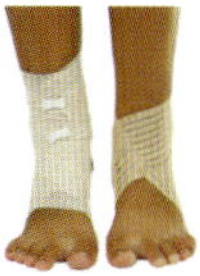

die Verstauchung
stukning -en u
[stʉːknɪŋ]

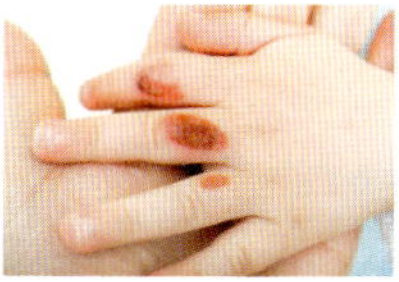

die Verbrennung
brännskada -n u
[bræn:skaːda]

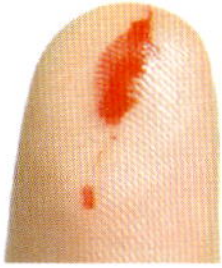

die Schnittwunde
skärsår -et n
[ɧæːrsoːr]

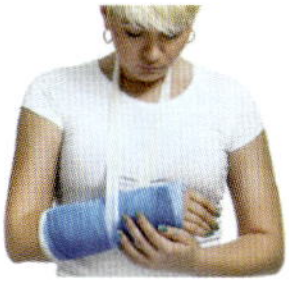

der Knochenbruch
fraktur -en u
[frakˈtʉːr]

die Vergiftung
förgiftning -en u
[fœrˈjɪftnɪŋ]

der Insektenstich
insektsbett -et n
[ɪnˈsɛktsbet]

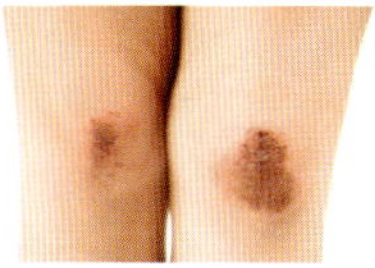

die Schürfwunde
skrapsår -et n
[skraːpsoːr]

in Ohnmacht fallen
att **svimma**
[svɪm:a]

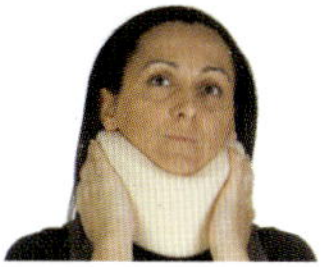

das Schleudertrauma
whip lash -en u
[ʊɪplæɧ]

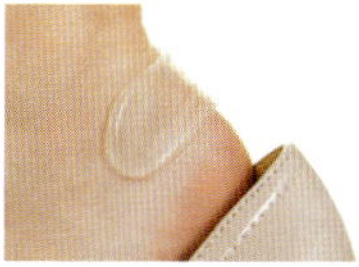

die Blase
blåsa -n u
[bloːsa]

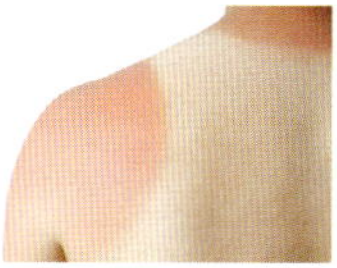

der Sonnenbrand
solbränna -n u
[suːlbræn:a]

der Bandscheiben-vorfall
diskbråck -et n
[dɪskbrɔk]

die Wunde	**sår** -et n [soːr]
die Brandwunde	**brännsår** -et n [bræn:soːr]
das Blut	**blod** -et n [bluːd]
bluten	att **blöda** [bløːda]
die Blutung	**blödning** -en u [bløːdnɪŋ]
die Gehirnerschütterung	**hjärnskakning** -en u [jæːɳskaːknɪŋ]
sich den Arm/einen Wirbel ausrenken	att **vrida armen/ryggkotan ur led** [vriːda armən/rygːkuːtan ʉr ˈleːd]
sich den Fuß verstauchen/brechen	att **stuka/bryta foten** [stʉːka/bryːta ˈfuːtən]

der elektrische Schlag
den **elektriska chocken** n
[əlɛktrɪska ɧɔkən]

BEIM ZAHNARZT – HOS TANDLÄKAREN

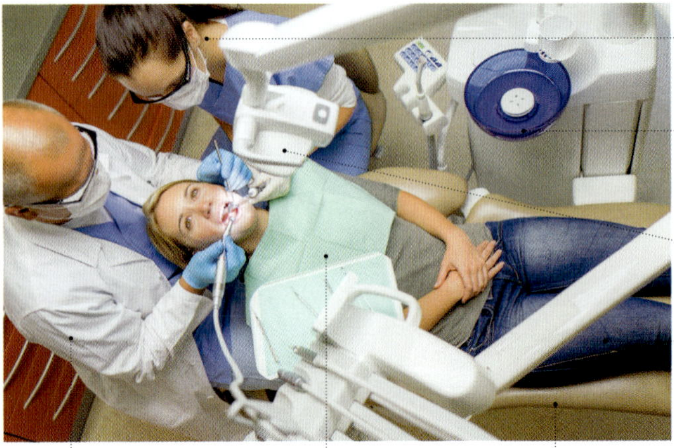

die Zahnarzthelferin
tandläkarassistent -en u
[tan(d)læ:karas:ıstent]

das Mundspülbecken
vask för munsköljning -en u
[vask fœ:r ˈmɵnɧœljnıŋ]

die Behandlungslampe
behandlingslampa -n u
[bəˈhandlıŋslampa]

die Patientin
patient -en u
[pasıˈɛnt]

der Zahnarzt
tandläkare -n u
[tan(d)læ:karə]

der Patientenumhang
patientskydd -et n
[pasıˈɛntɧyd]

der Zahnarztstuhl
tandläkarstol -en u
[tan(d)læ:karstu:l]

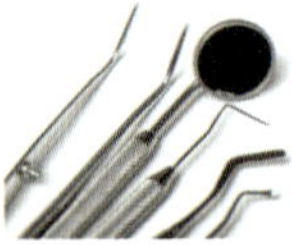

das Zahnarztbesteck
tandläkarverktyg -en pl
[tan(d)læ:karværkty:g]

der Mundschutz
munskydd -et n
[mɵnɧyd]

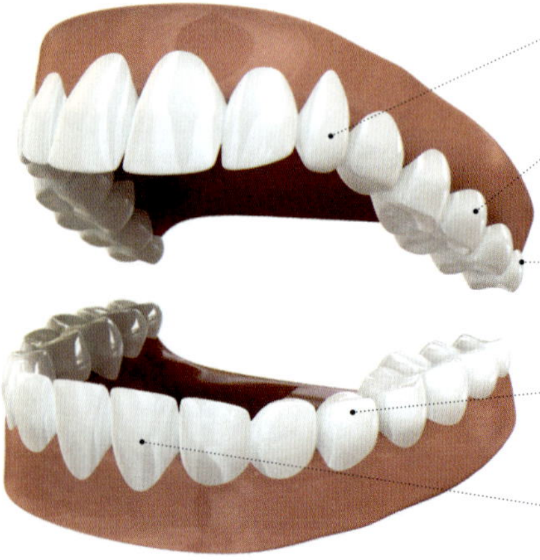

der Eckzahn
hörntand -en u
[hœ:ɳtand]

der hintere Backenzahn
den **bakre kindtanden** u
[ba:krə ɕın(d)tandən]

der Weisheitszahn
visdomstand -en u
[vi:sdʊmstand]

der vordere Backenzahn
den **främre kindtanden** u
[fræmrə ɕın(d)tandən]

der Schneidezahn
framtand -en u
[framtand]

BEIM ZAHNARZT – HOS TANDLÄKAREN

der Zahn
tand -en u
[tand]

der Zahnschmelz
emalj -en u
[əˈmalj]

das Zahnfleisch
tandkött -et n
[tan(d)ɕœt]

die Zahnwurzel
tandrot -en u
[tandruːt]

der Nerv
nerv -en u
[nærv]

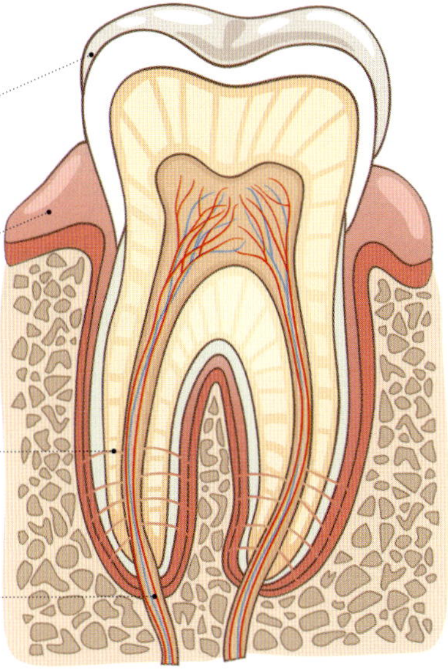

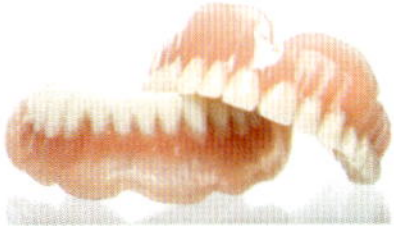

die Zahnprothese
tandprotes -en u
[tan(d)prʊteːs]

die Knirscherschiene
gnisselskena -n u
[gnɪsːəlʄeːna]

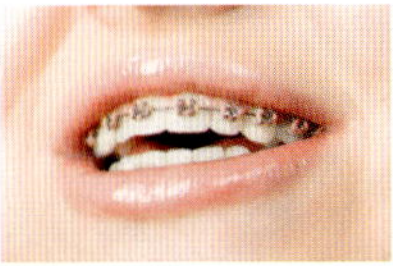

die Zahnspange
tandställning -en u
[tandstɛlnɪŋ]

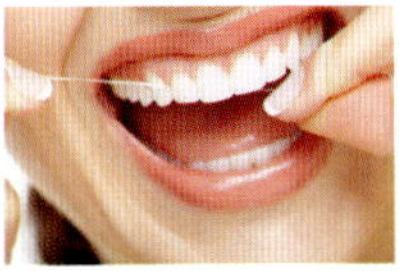

mit Zahnseide reinigen
att **rengöra med tandtråd**
[reːnjœːra mɛːd ˈtan(d)troːd]

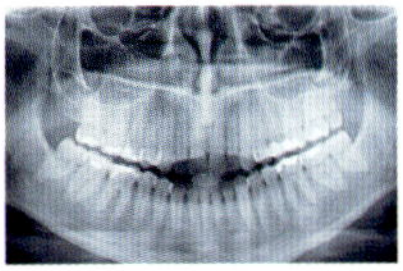

die Röntgenaufnahme
röntgenbild -en u
[rœŋkənbɪld]

die Krone
krona -n u
[kruːna]

das Implantat	**implantat** -et n [ɪmplanˈtaːt]
einen Zahn ziehen	att **dra ut en tand** [draː ʉːt ən ˈtand]
die örtliche Betäubung	**lokalbedövning** -en u [lʊˈkaːlbədøːvnɪŋ]
die Mundhygiene	**munhygien** -en u [mɵnhygɪeːn]
der Zahnbelag	**tandbeläggning** -en u [tan(d)bəlægnɪŋ]
die Karies	**karies** n [kaːrɪəs]
die Zahnfüllung	**fyllning** -en u [fylnɪŋ]
die Wurzelbehandlung	**rotfyllning** -en u [ruːtfylnɪŋ]

das Mundwasser
munvatten -vattnet u
[mɵnvatːən]

BEIM AUGENOPTIKER – HOS OPTIKERN

das Auge
öga -t n
[ø:ga]

die Pupille
pupill -en u
[pɵˈpɪl]

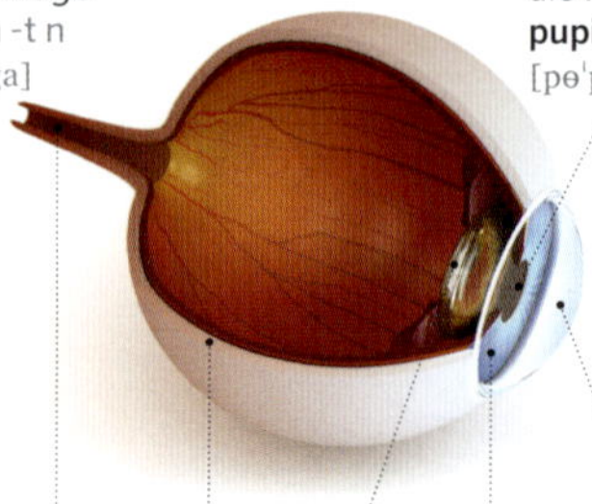

der Sehnerv
synnerv -en u
[sy:n:ærv]

die Linse
lins -en u
[lɪns]

die Hornhaut
hornhinna -n u
[hu:ɳhɪn:a]

die Netzhaut
näthinna -n u
[næ:thɪn:a]

die Iris
iris -en u
[i:rɪs]

die Brille
glasögon -en pl
[gla:sø:gɔn]

das Brillengestell
glasögonbågar -n u
[gla:sø:gɔnˈbo:gar]

das Brillenglas
glasögonglas -et n
[gla:sø:gɔnˈgla:s]

der Kontaktlinsenbehälter
kontaktlinsbehållare -n u
[kɔntaktlɪnsbəˈhɔl:arə]

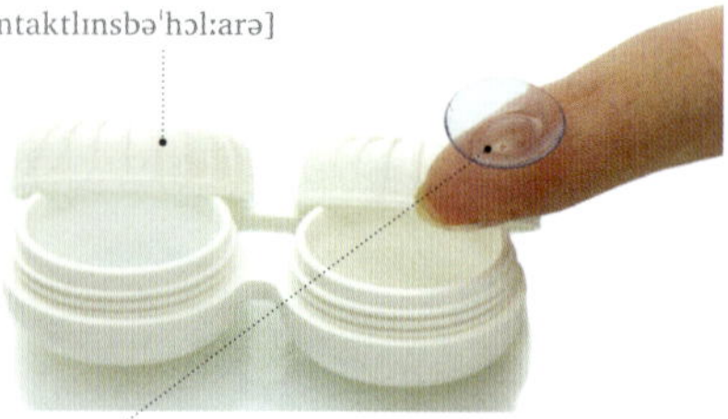

die Kontaktlinse
kontaktlins -en u
[kɔnˈtaktlɪns]

die Optikerin
optiker -n u
[ɔptɪkər]

der Sehtest
syntest -et n
[sy:ntɛst]

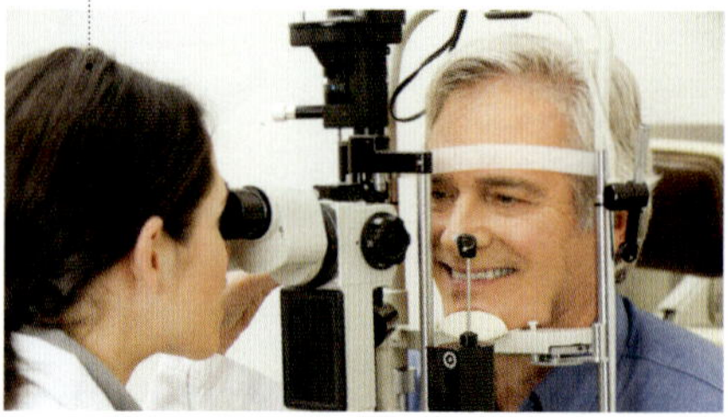

das Brillenputztuch	**putsduk för glasögon** -en u [pɵtsdʉ:k fœ:r ˈgla:sø:gɔn]
die Augentropfen	**ögondroppar** -na pl [ø:gɔndrɔp:ar]
die Lesebrille	**läsglasögon** -en pl [læ:sgla:sø:gɔn]
weitsichtig	**långsynt** [lɔŋsy:t]
kurzsichtig	**kortsynt** [kɔʈsy:nt]
die Gleitsichtbrille	de **progressiva glasögonen** pl [prʊgrɛs:ɪva gla:sø:gɔnən]
der graue Star	den **grå starren** u [gro: ˈstarən]
der grüne Star	den **gröna starren** u [grø:na ˈstarən]

IM KRANKENHAUS – I SJUKHUSET

das Krankenzimmer
sjukhussal -en u
[ɧʉ:khʉ:s:a:l]

das Einzelzimmer
enkelrum -met n
[eŋkəlrəm]

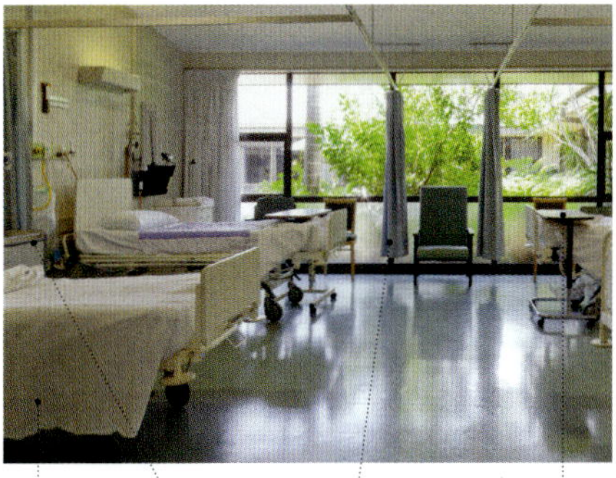

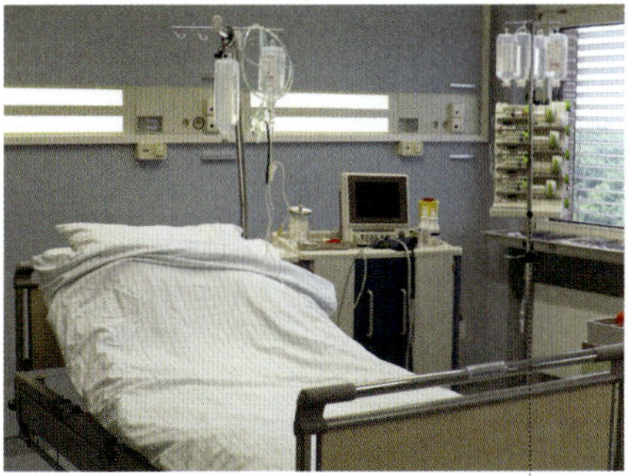

der Nachttisch
nattduksbord -et n
[nat:dʉ:ksbu:ɖ]

der Krankentisch
bord vid sjuksäng -et -en n
[bu:ɖ vi:(d) ˈɧu:ksæŋ]

der Infusionsständer
droppställning -en u
[drɔp:stælnɪŋ]

das Krankenhausbett
sjukhussäng -en u
[ɧʉ:khʉ:s:æŋ]

der Trennvorhang
draperi -et n
[drapəˈri:]

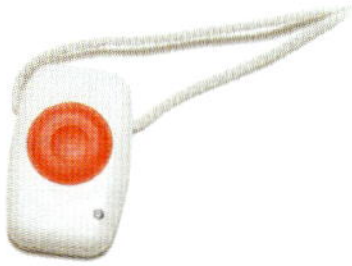

der Notrufknopf
nödropsknapp -en u
[nø:dru:psknap:]

aufgenommen werden	att **läggas in** [læg:as ˈɪn]
entlassen werden	att **skrivas ut** [skri:vas ˈʉ:t]
der ambulante Patient	den **öppenvårdspatienten** u [œppənvo:ɖspasɪɛntən]
der stationäre Patient	den **inlagde/inlagda patienten** u [ɪnlagdə/ɪnlagda pasɪˈɛntən]
die Besuchszeiten	**besökstider** -na pl [bəˈsø:ksti:dər]
die Kinderstation	**barnavdelning** -en u [ba:ɳa:vde:lnɪŋ]
die Neurologie	**neurologi** -n u [nəvrlɔlɔˈgi:]
die Onkologie	**onkologi** -n u [ɔŋkɔlɔˈgi:]
die Orthopädie	**ortopedi** -n u [ɔʈʊpəˈdi:]
die Kardiologie	**kardiologi** -n u [kaɖɪɔlɔˈgi:]
die Gastroenterologie	**gastroentorologi** -n u [gastrʊɛntɔrɔlɔˈgi:]
die Gynäkologie	**gynekologi** -n u [jynəkɔlɔˈgi:]
die Abteilung für Hals-Nasen-Ohrenheilkunde	**öron-näsa-hals-avdelning** -en u [œ:rɔn:æ:saˈhals a:vde:lnɪŋ]
die Quarantäne	**karantän** -en u [karanˈtæ:n]

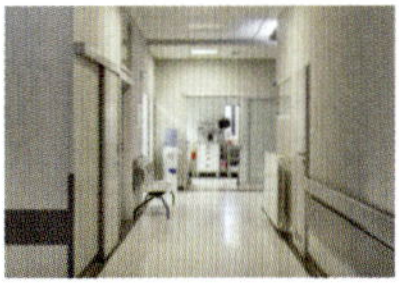

die Station
station -en u
[staˈɧu:n]

IM KRANKENHAUS – I SJUKHUSET

Die Chirurgie – kirurgin

die Operation
operation -en u
[ɔpraˈɧu:n]

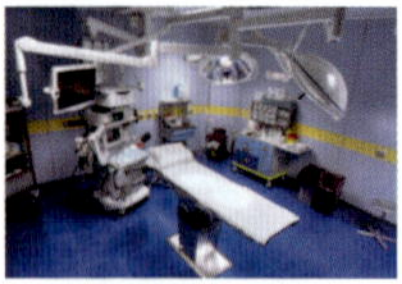

der Operationssaal
operationssal -en u
[ɔpraˈɧu:ns:a:l]

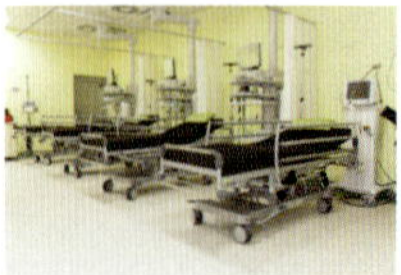

der Aufwachraum
uppvakningsrum -met n
[ɵpva:knɪŋsrɵm]

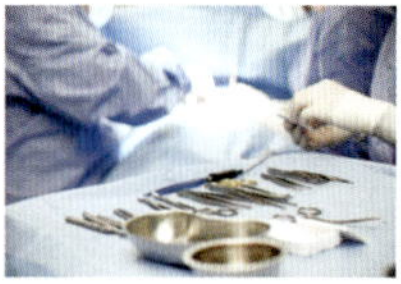

das Operationsbesteck
operationsinstrument -en pl
[ɔpraˈɧu:nsɪnstrɵmɛnt]

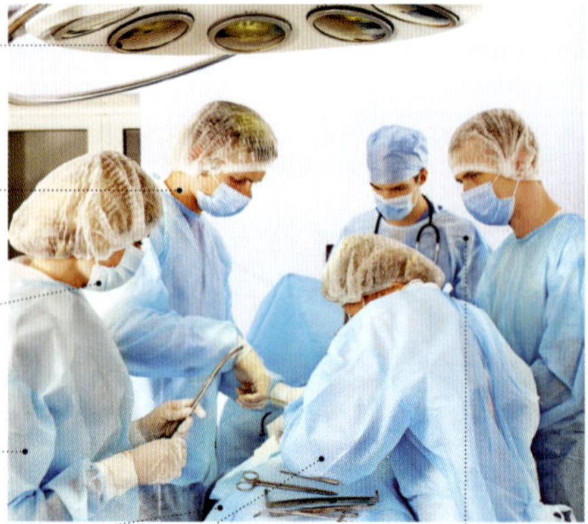

die Operationsleuchte
operationslampa -n u
[ɔpraˈɧu:nslampa]

der Chirurg
kirurg -en u
[ɕɪˈrɵrg]

der Mundschutz
munskydd -en u
[mɵnɧyd]

die OP-Schwester
operationssköterska -n u
[ɔpraˈɧu:nsɧœ:tʂka]

der Operationstisch
operationsbord -et n
[ɔpraˈɧu:nsbu:ɖ]

der OP-Mantel
operationsrock -en u
[ɔpraˈɧu:nsrɔk]

der Anästhesist
narkosläkare -n u
[narˈko:slæ:karə]

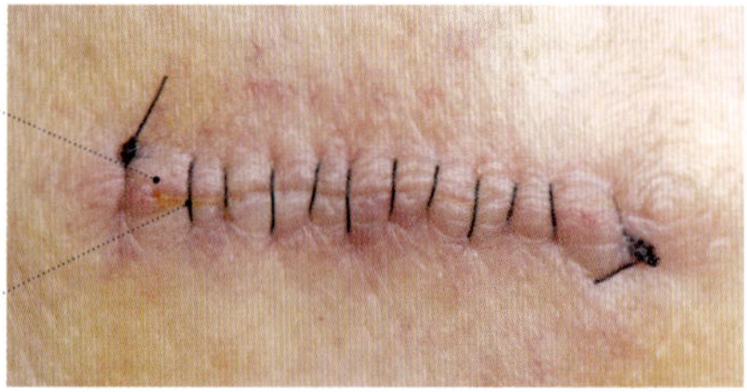

die Narbe
ärr -et n
[ær:]

die Fäden
stygn -en pl
[styŋn]

die Lokalanästhesie	**lokalbedövning** -en u [lʊˈka:lbədø:vnɪŋ]
die Vollnarkose	den **fulla narkosen** u [fɵla narˈko:sən]
die Rehabilitation	**rehabilitering** -en u [rəhabɪlɪˈte:rɪŋ]
die medizinische Nachversorgung	den **mediskinska efterbehandlingen** u [mədɪsi:nska ˈɛftərbəhandlɪŋən]
die Bettruhe	**sängliggande** -t n [sæŋlɪg:andə]
die Genesung	**tillfrisknande** -t n [tɪl:frɪsknandə]
der Tod	**död** -en u [dø:d]
tot	**död** [dø:d]

IM KRANKENHAUS – I SJUKHUSET

Die Unfallstation – akutmottagningen

die Intensivstation
intensivvård -en u
[ɪntən'siːvːoːɖ]

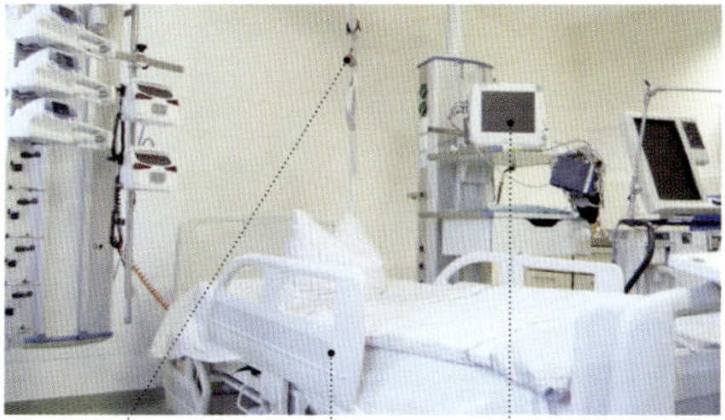

der Rufknopf
anropsknapp -en u
[anruːpsknapː]

der Herzmonitor
hjärtmonitor -n u
[jæʈmɔnɪtɔr]

das Krankenhausbett
sjukhussäng -en u [ɧʉːkhʉːsːæŋ]

die Notaufnahme
akutmottagning -en u
[a'kʉːtmuːtːaːgnɪŋ]

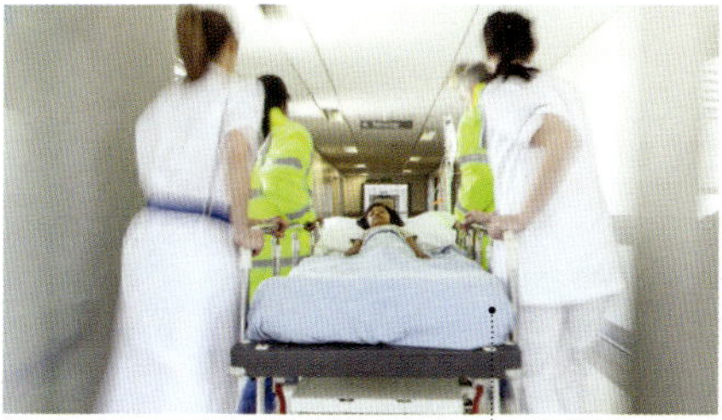

die Fahrtrage
rullbår -en u
[rɵlːboːr]

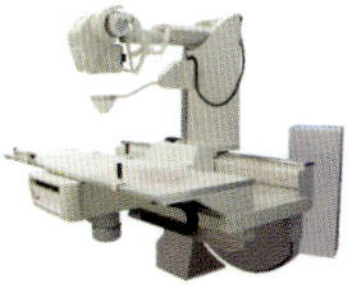

das Röntgengerät
röntgenapparat -en u
[rœŋkənapːaraːt]

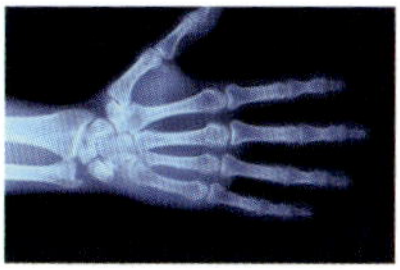

das Röntgenbild
röntgenbild -en u
[rœŋkənbɪld]

der Warteraum
väntrum -met n
[væntrɵm]

die Oberärztin
överläkare -n u
[øːvərlæːkarə]

die Computertomografie	**datortomografi** -n u [daːtʊrtɔmʊgrafiː]
die Strahlung	**strålning** -en u [stroːlnɪŋ]
eine Diagnose stellen	att **ställa en diagnos** [stælːa ən dɪag'noːs]
das Koma	**koma** -t n [koːma]
bewusstlos	**medvetslös** [meːdveːtsløːs]
die Beatmung	**andning** -en u [an(d)nɪŋ]
wieder zu Bewusstsein kommen	att **återfå medvetandet** [oːtərfoː meːd'veːtandət]
wieder gesund werden	att **bli frisk** [bliː 'frɪsk]

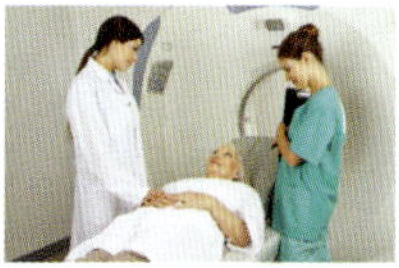

die Kernspintomografie
den **magnetiska resonanstomografin** u
[maŋneːtɪska rəsʊnanstɔmʊgrafiːn]

DIE APOTHEKE – APOTEKET

das Medikament
medicin -en u
[medɪˈsiːn]

die Kapsel
kapsel -n u
[kapsəl]

der Hustensaft
hostmedicin -en u
[hʊstmedɪsiːn]

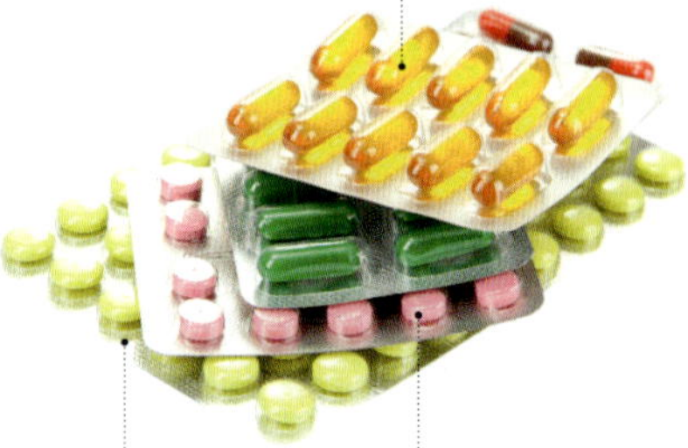

die Sichtverpackung
den **genomskinliga förpackningen** u
[jeːnɔmɧiːnlɪga fœrˈpaknɪŋən]

die Tablette
tablett -en u
[taˈblɛt]

die Dosierung
dosering -en u
[dʊˈseːrɪŋ]

der Messbecher
måttbägare -et n
[mɔtbɛːgarə]

das Zäpfchen
stolpiller -pillret n
[stuːlpɪlːər]

die Salbe
salva -n u
[salva]

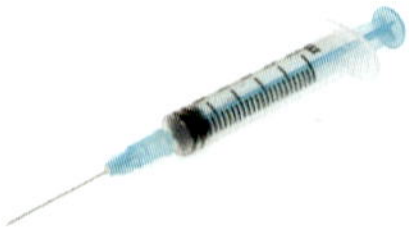

die Spritze
spruta -n u
[sprʉːta]

die Apothekerin
apotekare -n u
[apʊˈteːkarə]

die Tropfen
droppar -na pl
[drɔpːar]

der/das Spray
spray -en u
[sprɛj]

die Vitamintablette
vitamintablett -en u
[vɪtaˈmiːntablɛt]

die Brausetablette
brustablett -en u
[brʉːstablɛt]

DIE APOTHEKE – APOTEKET

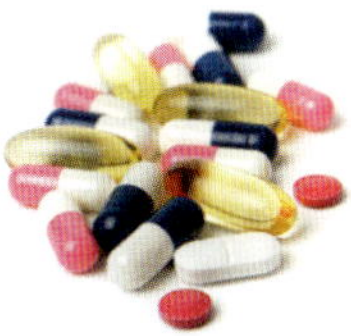

das Nahrungs-ergänzungsmittel
näringstillskott -et n
[næ:rɪŋstɪlskɔt]

das Sonnenschutz-mittel
solkräm -en u
[su:lkræ:m]

der/das Mückenspray
myggspray -en u
[myg:sprɛj]

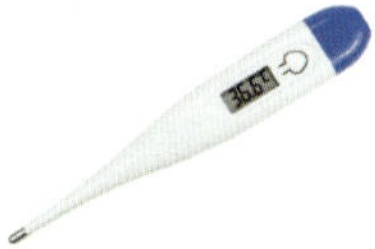

das/der Fieber-thermometer
febertermometer -en u
[fe:bərtærmʊme:tər]

die Nagelfeile
nagelfil -en u
[na:gəlfi:l]

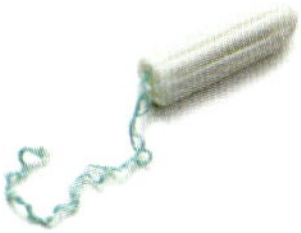

der Tampon
tampong -en u
[tampɔŋ]

die Slipeinlage
trosskydd -et n
[tru:sʃyd]

das Feuchttuch
våtservett -en u
[vo:tsærvɛt]

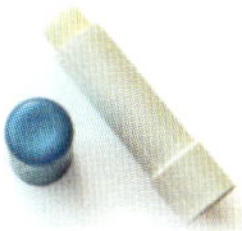

der Lippenpflegestift
läppglans -en u
[læp:glans]

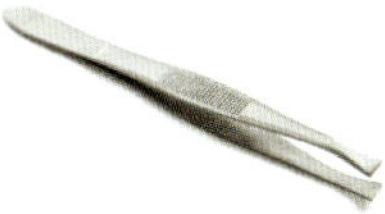

die Pinzette
pincett -en u
[pɪn'sɛt:]

das Deodorant
deodorant -en u
[de:ʊdʊrant]

das/der Hustenbonbon
halstablett -en u
[halstablɛt]

das Symptom	**symptom** -et n [sym'to:m]
die Nebenwirkung	**biverkning** -en u [bi:værknɪŋ]
der Beipackzettel	**bipacksedel** -n u [bi:pak:se:dəl]
die Hautpflege	**hudvård** -en u [hʉ:dvo:ɖ]
das Schmerzmittel	det **smärtstillande medlet** n [smæ:ʈstɪl:andə 'me:dlət]
das Beruhigungsmittel	det **lugnande medlet** n [ləŋnandə 'me:dlət]
die Schlaftablette	**sömntablett** -en u [sœmntablɛt]
das Verfallsdatum	den **sista förbrukningsdagen** u [sɪsta fœr'brʉ:knɪŋsda:gən]

der Ohrstöpsel
öronpropp -en u
[œ:rɔnprɔp]

DIE ALTERNATIVMEDIZIN – ALTERNATIV MEDICIN

die Meditation
meditation -en u
[mədɪtaˈɧuːn]

das Yoga
yoga -n u
[joːga]

das Tai-Chi
tai chi -n u
[taj ˈɕiː]

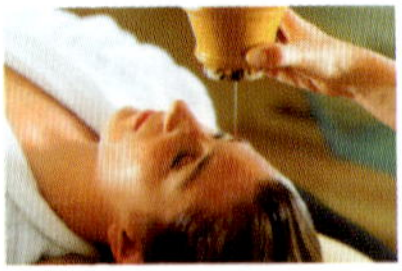

das Ayurveda
ayurveda -n u
[ajərˈveːda]

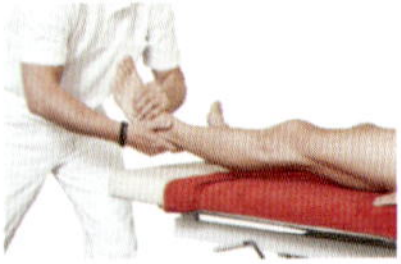

die Osteopathie
osteopati -n u
[ɔstəʊpaˈtiː]

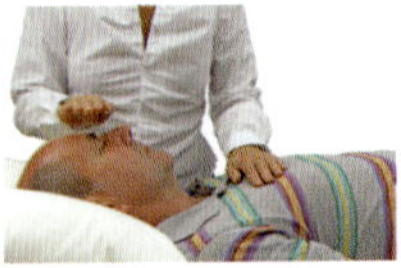

das Reiki
reiki -n u
[rɛjkɪ]

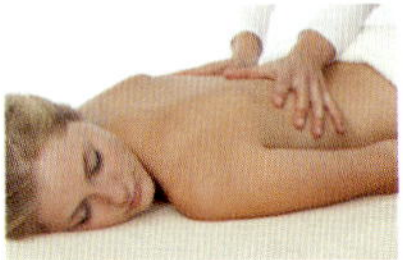

die Massage
massage -n u
[maˈsːaːɧ]

die Hypnose
hypnos -en u
[hypˈnoːs]

die traditionelle chinesische Medizin
den **traditionella kinesiska medicinen** u
[tradɪɧʊnɛla ɕɪneːsɪska medɪsiːnən]

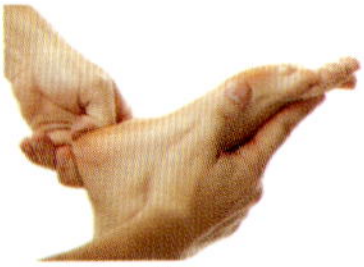

die Fußreflexzonen-massage
fotreflexmassage -n u
[fuːtrəflɛksmasːaːɧ]

das homöopathische Heilmittel
det **homeopatiska läkemedlet** n
[hʊməʊpaːtɪska læːkəmeːdlət]

die Kräuterheilkunde
örtmedicin -en u
[œʈmedɪsiːn]

die Akupunktur
akupunktur -en u
[akɵpɵŋˈtʉːr]

die Kur	**kur** -en u [kʉːr]
die Palliativmedizin	den **palliativa medicinen** u [palːɪatiːva medɪsiːnən]
die Entspannung	**avslappning** -en u [aːvslapnɪŋ]
die Entgiftung	**avgiftning** -en u [aːvjɪftnɪŋ]
die Entziehungskur	**avvänjningskur** -en u [aːvːænjnɪŋskʉːr]
einen Entzug machen	att **gå igenom en avvänjningskur** [goː ɪjeːnɔm ən ˈaːvːænjnɪŋskʉːr]
die Therapie	**terapi** -n u [tɛrapiː]
die Lichttherapie	**ljusterapi** -n u [jʉːstɛrapiː]

WELLNESS – VÄLBEFINNANDE

die Gesichtsbehandlung
ansiktsbehandling -en u
[ansıktsbəhandlıŋ]

die Kosmetikerin
kosmetolog -en u
[kɔsmətʊˈloːg]

die Gesichtsmaske
ansiktsmask -en u
[ansıktsmask]

die Sauna
bastu -n u
[bastɵ]

der Ofen
ugn -en u
[ɵŋn]

die Bank
bänk -en u
[bæŋk]

der Kopfkeil
huvudkudde -n u
[hʉːvɵ(d)kɵdːə]

der Aufgusskübel
bastuhink -en u
[bastɵhıŋk]

der Ruheraum
vilorum -met n
[viːlʊrəm]

das Mineralbad
mineralbad -et n
[mınəˈraːlbaːd]

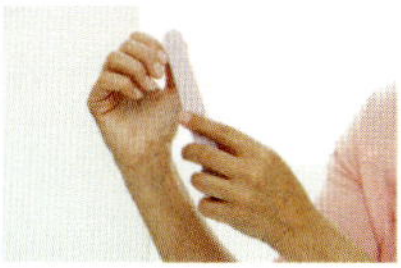

die Maniküre
manikyr -en u
[manıˈkyːr]

die Pediküre
pedikyr -en u
[pədıˈkyːr]

die Wachsenthaarung	**vaxning** -en u [vaksnıŋ]
das Dampfbad	**ångbad** -et n [ɔŋbaːd]
der Aufguss	**infusion** -en u [ınfəˈɧuːn]
das Peeling	**peeling** -en u [piːlıŋ]
der Teint	**hy** -n u [hyː]
reinigen	att **rengöra** [reːnjœraː]
Ich habe empfindliche/ trockene Haut.	**Jag har känslig/torr hud.** [ja(g) haːr ˈɕænslıg/ˈtɔr hʉːd]
Ich habe fettige/normale Haut.	**Jag har fet/normal hud.** [ja(g) haːr ˈfeːt/nɔrˈmaːl hʉːd]

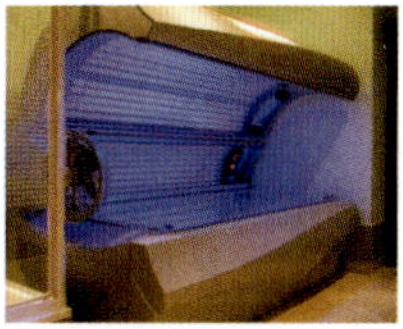

das Solarium
solarium solariet n
[sʊˈlaːrıəm]

NOTFÄLLE

NÖDFALL

ERSTE HILFE – FÖRSTA HJÄLPEN

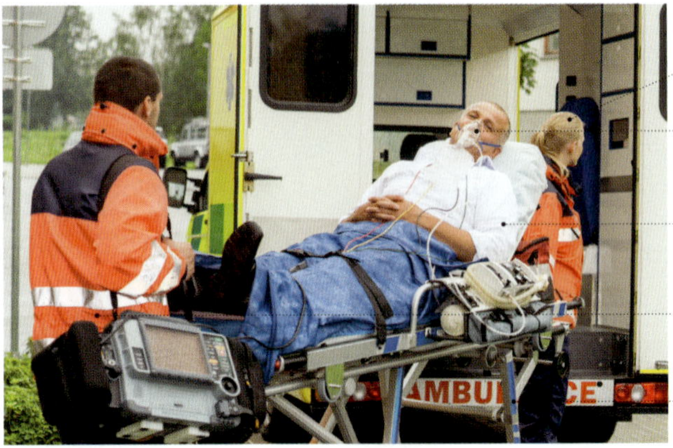

der Rettungswagen
ambulans -en u
[ambəˈlans]

die Sanitäterin
sjukvårdare -n u
[ɧʉ:kvo:ɖarə]

die Sauerstoffmaske
syrgasmask -en u
[sy:rga:smask]

das Unfallopfer
den **olycksdrabbade** u
[u:lyksdrab:adə]

der Sanitäter
sjukvårdare -n u
[ɧʉ:kvo:ɖarə]

die Trage
bår -en u
[bo:r]

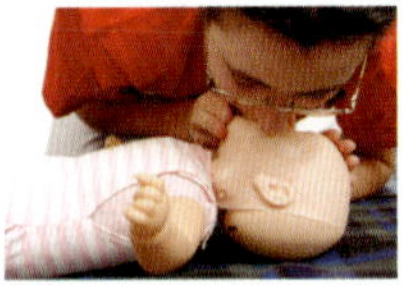

die Mund-zu-Mund-Beatmung
mun-mot-mun-metod -en u
[mɵnmu:tˈmɵnmətu:d]

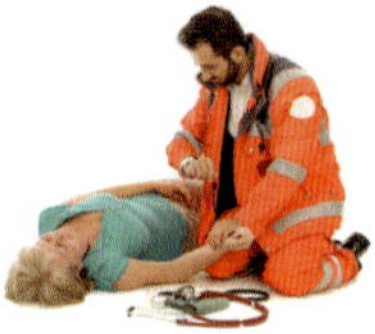

die Pulsmessung
pulsmätning -en u
[pɵlsmæ:tnɪŋ]

die stabile Seitenlage
det **stabila sidoläget** n
[stabi:la si:dʊlæ:gət]

der Unfallort
olycksplats -en u
[u:lyksplats]

der Rettungsdienst
räddningstjänst -en u
[rædnɪŋsɕænst]

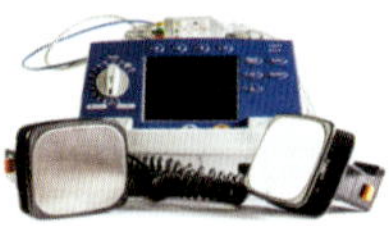

der Defibrillator
hjärtstartare -n u
[jæʈsta:ʈarə]

der Unfall	**olycka** -n u [u:lyk:a]
die Wiederbelebung	**återupplivning** -en u [o:tərəpli:vnɪŋ]
die Herzdruckmassage	**bröstkompressioner** -na pl [brœstkɔmprəɧu:nər]
der Puls	**puls** -en u [pɵls]
bewusstlos	**medvetslös** [me:dve:tslø:s]
erste Hilfe leisten	att **ge första hjälpen** [ge: fœʂta ˈjælpən]
der Notarzt	**akutläkare** -n u [aˈkʉ:tlæ:karə]
die Notärztin	**akutläkare** -n u [aˈkʉ:tlæ:karə]

ERSTE HILFE – FÖRSTA HJÄLPEN

das Verbandszeug
förbandsmaterial -et n
[fœr'bandsmatrɪa:l]

der Verband
bandage -t n
[ban'da:ɧ]

das Leukoplast®
kirurgtejp -en u
[ɕɪr'ərgtɛjp]

das Pflaster
plåster plåstret n
[plɔstər]

die Verbandschere
bandagesax -en u
[ban'da:ɧsaks]

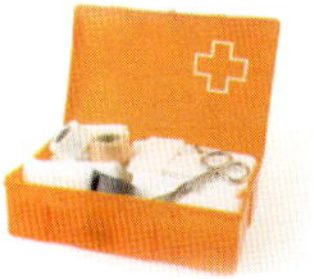

der Erste-Hilfe-Kasten
första hjälpen-kit -et n
[fœʂta'jælpənkɪt]

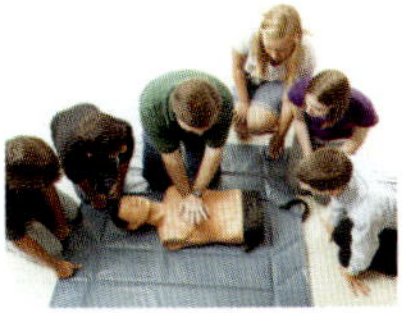

der Erste-Hilfe-Kurs
första hjälpen-kurs -en u
[fœʂta'jælpənkəʂ]

das Desinfektionsmittel
desinfektionsmedel -medlet n
[dəsɪnfɛk'ɧu:nsme:dəl]

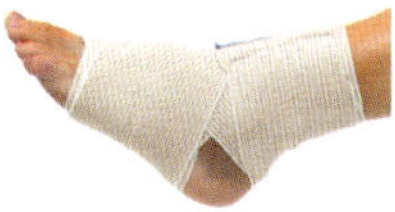

die Bandage
bandage -t n
[ban'da:ɧ]

steril	**steril** [stə'ri:l]
überleben	att **överleva** [ø:vərle:va]
traumatisiert	**traumatiserad** [tra(v)matɪ'se:rad]
unter Schock stehen	att **vara chockad** [va:ra 'ɕɔk:ad]
der Schock	**chock** -en u [ɧɔk]
die Blutspende	**blodgivning** -en u [blu:dji:vnɪŋ]
die Organspende	**organdonation** -en u [ɔr'ga:ndɔnaɧu:n]
das Adrenalin	**adrenalin** -et n [adrəna'li:n]

die Mullbinde
gasbinda -n u
[ga:sbɪnda]

DIE POLIZEI – POLISEN

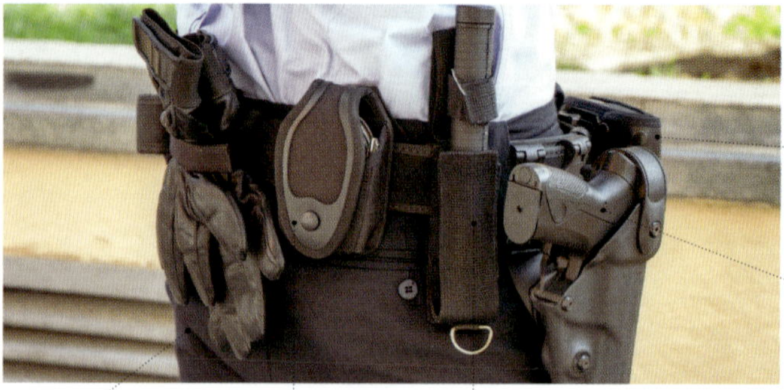

der Dienstgürtel
tjänstebälte -t n
[çænstəbæltə]

das Handfunkgerät
bärbar radioapparat -a -en u
[bɛːrbaːr ˈraːdjʊapːaraːt]

die Pistole
pistol -en u
[pɪsˈtuːl]

die Uniform
uniform -en u
[ɵnɪfɔrm]

die Handschellen
handbojor -na pl
[han(d)bɔjʊr]

der Schlagstock
batong -en u
[baˈtɔŋ]

der Fingerabdruck
fingeravtryck -et n
[fɪŋəraːvtryk]

der Tatort
brottsplats -en u
[brɔtsplats]

die Polizistin
polis -en u
[pʊˈliːs]

der Polizist
polis -en u
[pʊˈliːs]

das Polizeiabzeichen
polisbricka -n u
[pʊˈliːsbrɪkːa]

der Zeuge	**vittne** -t n [vɪtnə]
die Zeugin	**vittne** -t n [vɪtnə]
der Verbrecher	**förbrytare** -n u [fœrˈbryːtarə]
die Verbrecherin	**förbrytare** -n u [fœrˈbryːtarə]
der Kriminalbeamte	**kriminalkomissarie** -n u [krɪmɪˈnaːlkɔmːɪsːaːrɪ(j)ə]
die Kriminalbeamtin	**kriminalkomissarie** -n u [krɪmɪˈnaːlkɔmːɪsːaːrɪ(j)ə]
der/die Verdächtige	den **misstänkte/misstänkta** u [mɪstæŋktə/mɪstæŋkta]
die Ermittlung	**utredning** -en u [ʉːtreːdnɪŋ]

DIE POLIZEI – POLISEN

das Polizeiauto
polisbil -en u
[pʊˈliːsbiːl]

die Lichtleiste
ljusramp -en u
[lʉːsramp]

das Martinshorn
siren -en u
[sɪˈreːn]

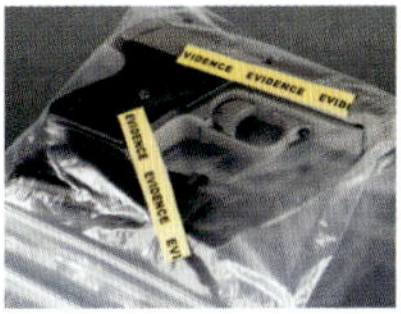

das Beweisstück
bevisföremål -et n
[bəˈviːsfœːrəmoːl]

das Gefängnis
fängelse -t n
[fæŋəlsə]

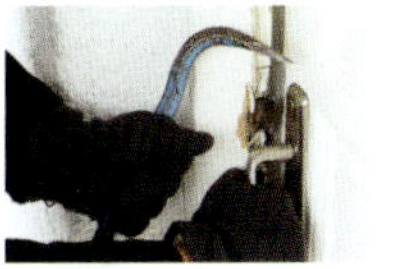

der Einbruch
inbrott -et n
[ɪnbrɔt]

der Diebstahl
stöld -en u
[stœld]

die Festnahme
att **ta fast någon**
[taː ˈfast noːgɔn]

die Gewalt
våld -et n
[vɔld]

der Raubüberfall
rån -et n
[roːn]

der Taschendiebstahl
fickstöld -en u
[fɪkstœld]

die Entführung
kidnappning -en u
[kɪdnapnɪŋ]

die Straftat	**brott** -et n [brɔt]
die Körperverletzung	**kroppsskada** -n u [krɔpsːkaːda]
die Vergewaltigung	**våldtäkt** -en u [vɔːl(d)tækt]
der Mord	**mord** -et n [muːɖ]
der Überfall	**överfall** -et n [øːvərfal]
fliehen	att **fly/rymma** [flyː/rymːa]
belästigen	att **antasta** [antasta]
die Schuld	**skuld** -en u [skøld]

die Polizeiabsperrung
polisavspärrning -en u
[pʊˈliːsaːvspærnɪŋ]

DIE FEUERWEHR – BRANDKÅREN

der Feuerlöscher
brandsläckare -n u
[brandslæk:arə]

der Hydrant
brandpost -en u
[brand(d)pɔst]

der Feuerwehrmann
brandman -nen u
[bran(d)man]

das Visier
visir -et n
[vɪˈsiːr]

der Feuerwehrhelm
brandhjälm -en u
[brandjælm]

die Feuerwehrschutzjacke
brandskyddsjacka -n u
[bran(d)ɧydsjak:a]

der Reflexstreifen
reflexremsa -n pl
[rəfˈlɛksrɛmsa]

der Feuerwehrschlauch
brandslang -en u
[brand(d)slaŋ]

die Brandbekämpfung
brandbekämpning -en u
[bran(d)bəçæmpnɪŋ]

der Notausgang
nödutgång -en u
[nø:dʉ:tgɔŋ]

die Axt
yxa -n u
[yksa]

der Rauchmelder
brandvarnare -n u
[brandva:ɳarə]

die Feuerwache
brandstation -en u
[bran(d)staɧu:n]

das Löschfahrzeug
brandbil -en u
[bran(d)bi:l]

IN DEN BERGEN - I BERGEN

der Helm
hjälm -en u
[jælm]

der Karabiner
karbinhake -n u
[karbi:nha:kə]

das Seil
lina -n u
[li:na]

die Bergwacht
fjällräddning -en u
[fjæl:rædnɪŋ]

der Rettungseinsatz
räddningsinsats -en u
[rædnɪŋsɪnsats]

die Einsatzkraft
räddningspersonal -en u
[rædnɪŋspæʂʊna:l]

der Rettungsschlitten
räddningssläde -n u
[rædnɪŋs:læ:də]

das Schneemobil
snöskooter -n u
[snø:sku:tər]

das Fangnetz
uppfångningsnät -et n
[ɵpfɔŋnɪŋsnæ:t]

die Lawine
lavin -en u
[laˈvi:n]

das LVS-Gerät
LVS-enhet -en u
[ɛl:ve:ˈɛs:e:nhe:t]

der Rettungshund
räddningshund -en u
[rædnɪŋshɵnd]

der Rettungs-hubschrauber
räddningshelikopter -n u
[rædnɪŋshɛlɪkɔptər]

der Lawinenschutz
lavinskydd -et n
[laˈvi:nɧyd]

das Lawinen-warnschild
lavinvarningsskylt -en u
[laˈvi:nva:ɳɪŋsɧylt]

DAS MEER - HAVET

die Schwimmweste
flytväst -en u
[fly:tvæst]

der Rettungsring
livräddningskrans -en u
[li:vrædnɪŋskrans]

der Sammelpunkt
samlingspunkt -en u
[samlɪŋspɵŋt]

der Sturm
storm -en u
[stɔrm]

die Rettungsboje
livräddningsboj -en u
[li:vrædnɪŋsbɔj]

der Rettungsschwimmer
badvakt -en u
[ba:dvakt]

der Wachturm
vakttorn -et n
[vakt:u:ɳ]

der Tsunami
tsunami -n u
[tsəˈna:mɪ]

das Küstenwachboot
kustbevakningsbåt -en u
[kɵstbəˈva:knɪŋsbo:t]

das Rettungsboot
livbåt -en u
[li:vbo:t]

kentern
att **kantra**
[kantra]

der Schiffbruch
skeppsbrott -et n
[ɧepsbrɔt]

der/die Vermisste	den **saknade** u [sa:knadə]
das Rettungstau	**räddningskö** -n u [rædnɪŋskø:]
die Wetterbedingungen	**väderförhållanden** -na pl [væ:dərfœrhɔl:andən]
der Seewetterbericht	**sjöväderprognos** -en u [ɧœ:væ:dərprʊgno:s]
die Suche	**sökning** -en u [sø:knɪŋ]
ertrinken	att **drunkna** [drɵŋkna]
die Havarie	**haveri** -et n [havəˈri:]
in Seenot geraten	att **hamna i sjönöd** [hamna i: ˈɧœ:nø:d]

WEITERE NOTSITUATIONEN – YTTERLIGARE NÖDSITUATIONER

die Explosion
explosion -en u
[ɛksplʊˈɧuːn]

die Epidemie
epidemi -n u
[ɛpɪdəˈmiː]

die Evakuierung
evakuering -en u
[ɛvakɵˈeːrɪŋ]

der Bombenalarm
bomblarm -et n
[bɔmblarm]

die nukleare Katastrophe
kärnkraftsolycka -n u
[çæːɳkraftsuːlykːa]

die Notlandung
nödlandning -en u
[nøːdlan(d)nɪŋ]

der Terrorangriff
terrorattack -en u
[tɛrːʊratːak]

retten
att **rädda**
[rædːa]

die Notrufnummer
larmnummer -numret n
[larmnɵmːər]

die Überwachungskamera
övervakningskamera -n u
[øːvərˈvaːknɪŋskaːm(ə)ra]

der Verletzte
den **skadade** u
[skaːdadə]

die Verletzung
skada -n u
[skaːda]

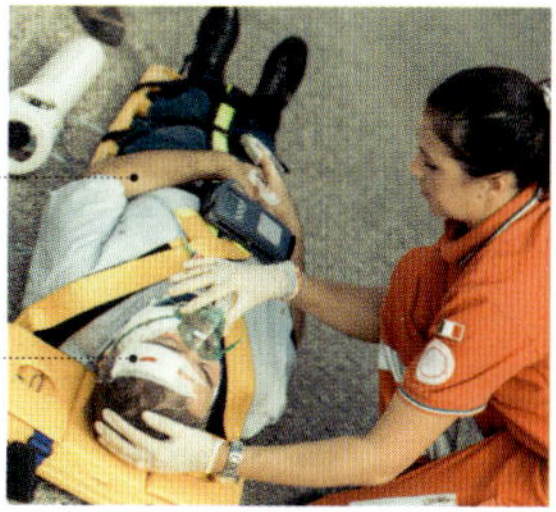

der/die Vermisste	den **saknade** u [saːknadə]
die Suchmannschaft	**sökpatrull** -en u [søːkpatrɵl]
die Gefahr	**fara** -n u [faːra]
Hilfe!	**Hjälp!** [jælp]
Es ist ein Unfall passiert!	**Det har skett en olycka!** [də haːr ɧet ən ˈuːlykːa]
Rufen Sie einen Rettungswagen!	**Ring ambulansen!** [rɪŋ ambɵˈlansən]
Rufen Sie die Polizei!	**Ring polisen!** [rɪŋ pʊˈliːsən]
Rufen Sie die Feuerwehr!	**Ring brandkåren!** [rɪŋ ˈbran(d)koːrən]

Achtung, Gefahr!
Varning, fara!
[vaːɳɪŋ ˈfaːra]

ERDE UND NATUR

JORD OCH NATUR

DER WELTRAUM – VÄRLDRYMDEN

das Sonnensystem
solsystem -et n
[su:lsyste:m]

① *die Sonne*
sol -en u
[su:l]

② *der Merkur*
Merkurius
[mɛrˈkʉ:rɪɵs]

③ *die Venus*
Venus
[ve:nɵs]

④ *die Erde*
Jorden
[ju:ɖən]

⑤ *der Mars*
Mars
[maʂ]

die Mondphasen
månfaser -na pl
[mo:nfa:sər]

⑤ *die Mondsichel*
månskära -n u
[mo:nɧæ:ra]

① *der zunehmende Mond*
den **kommande månen** u
[kɔm:andə mo:nən]

② *der Halbmond*
halvmåne -n u
[halvmo:nə]

③ *der Vollmond*
fullmåne -n u
[fɵlmo:nə]

④ *der abnehmende Mond*
den **avtagande månen** u
[a:vta:gandə mo:nən]

DER WELTRAUM – VÄRLDRYMDEN

⑥ *der Jupiter*
Jupiter
[jʉːpɪtər]

⑦ *der Saturn*
Saturnus
[saˈtərnəs]

⑧ *der Uranus*
Uranus
[ɵˈraːnəs]

⑨ *der Neptun*
Neptunus
[nɛpˈtʉːnəs]

das Raumschiff
rymdskepp -et n
[rymdɧep]

① *der Außentank*
yttertank -en u
[yːtərtaŋk]

② *der Booster*
booster -n u
[buːstər]

③ *der Orbiter*
orbiter -n u
[ɔrbɪtər]

DER WELTRAUM – VÄRLDRYMDEN

die Sonnenfinsternis
solförmörkelse -n u
[su:lfœrmœrkəlsə]

die Galaxie
galax -en u
[ga'laks]

die Milchstraße
vintergatan u
[vɪntərga:tan]

der Komet
komet -en u
[kʊ'me:t]

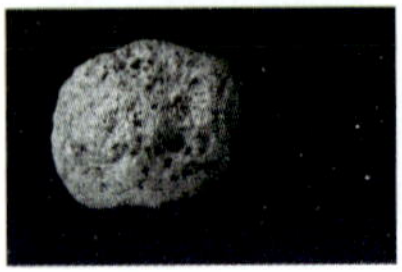

der Asteroid
asteroid -en u
[astərʊ'i:d]

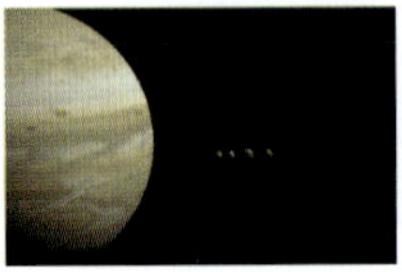

der Planet
planet -en u
[pla'ne:t]

der Meteor
meteor -en u
[mətə'o:r]

das Universum
universum -et n
[ɵnɪ'vœʂɵm]

der Astronaut
astronaut -en u
[astrʊ'na:t]

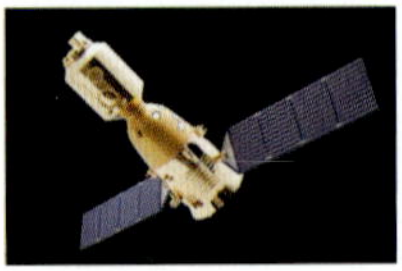

der Satellit
satellit -en u
[sat:ə'l:i:t]

die Sternwarte
observatorium
observatoriet n
[ʊbsœrva'tu:rɪɵm]

das Radioteleskop
radioteleskop -et n
[ra:djʊtələsko:p]

der Nebel
nebulosa -n u
[nəbɵ'lu:sa]

das schwarze Loch	det **svarta hålet** n [svaʈa 'ho:lət]
die Schwerkraft	**gravitation** -en u [gravɪta'ɧu:n]
die Umlaufbahn	**omloppsbana** -n u [ɔmlɔpsba:na]
das Lichtjahr	**ljusår** -et n [jʉ:so:r]
der Urknall	**big bang** n [bɪg 'bæŋ]
der Stern	**stjärna** -n u [ɧœ:ɳa]
die Raumstation	**rymdstation** -en u [rymdstaɧu:n]
die Astronomie	**astronomi** -n u [atrʊnɔ'mi:]

DIE ERDE – JORDEN

① *der Nordpol*
nordpol -en u
[nu:ɖpu:l]

② *das Binnenmeer*
insjö -n u
[ɪnɧø:]

③ *die Halbinsel*
halvö -n u
[halvø:]

④ *die Meerenge*
sund -et n
[sɵnd]

⑤ *der Golf*
golf -en u
[gɔlf]

⑥ *der Kontinent*
kontinent -en u
[kɔntɪnɛnt]

⑦ *das Meer*
hav -et n
[ha:v]

⑧ *das Land*
land -et n
[land]

⑨ *die Gebirgskette*
bergskedja -n u
[bærjsçe:dja]

⑩ *der Südpol*
sydpol -en u
[sy:dpu:l]

⑪ *der See*
sjö -n u
[ɧø:]

⑫ *die Insel*
ö -n u
[ø:]

⑬ *die Bucht*
bukt -en u
[bɵkt]

die Atmosphäre	**atmosfär** -en u [atmɔsˈfæ:r]
der Erdmantel	**jordmantel** -manteln u [ju:ɖmantəl]
die Erdkruste	**jordskorpa** -n u [ju:ɖskɔrpa]
der innere Erdkern	den **inre jordkärnan** u [ɪnrə ju:ɖçæ:ɳan]
der äußere Erdkern	den **yttre jordkärnan** u [ytrə ju:ɖçæ:ɳan]
die Platte	**platta** -n u [plat:a]
das Grundgestein	**berggrund** -en u [bærjgrɵnd]
die Erde	**Jorden** u [ju:ɖən]

DIE WELTKARTE – VÄRLDSKARTAN

① *das Nordpolarmeer*
Norra ishavet
[nɔr:a ˈi:sha:vət]

⑥ *der Pazifische Ozean*
Stilla havet
[stɪl:a ˈha:vət]

⑦ *der Atlantische Ozean*
Atlanten
[atˈlantən]

⑧ *der Indische Ozean*
Indiska oceanen
[ɪndɪska ʊseˈa:nən]

⑨ *das Arabische Meer*
Arabiska havet
[ara:bɪska ˈha:vət]

⑩ *das Karibische Meer*
Karibien
[kaˈri:bɪən]

⑪ *das Mittelmeer*
Medelhavet
[me:dəlha:vət]

⑫ *die Nordsee*
Nordsjön
[nu:ɖɧœn]

⑬ *die Ostsee*
Östersjön
[œstərɧœn]

⑭ *das Kaspische Meer*
Kaspiska havet
[kaspɪska ˈha:vət]

⑮ *das Schwarze Meer*
Svarta havet
[svaʈa ˈha:vət]

⑯ *der Ärmelkanal*
Engelska kanalen
[ɛŋɛlska kaˈna:lən]

⑰ *das Rote Meer*
Röda havet
[rø:da ˈha:vət]

⑱ *das Südpolarmeer*
Antarktiska oceanen
[antarktɪska ʊseˈa:nən]

② *der Himalaja*
Himalaya
[hɪˈmaːlaja]

③ *die Alpen*
Alperna
[alpəɳa]

④ *die Anden*
Anderna
[andəɳa]

⑤ *die Rocky Mountains*
klippiga bergen
[klɪpːɪga bærjən]

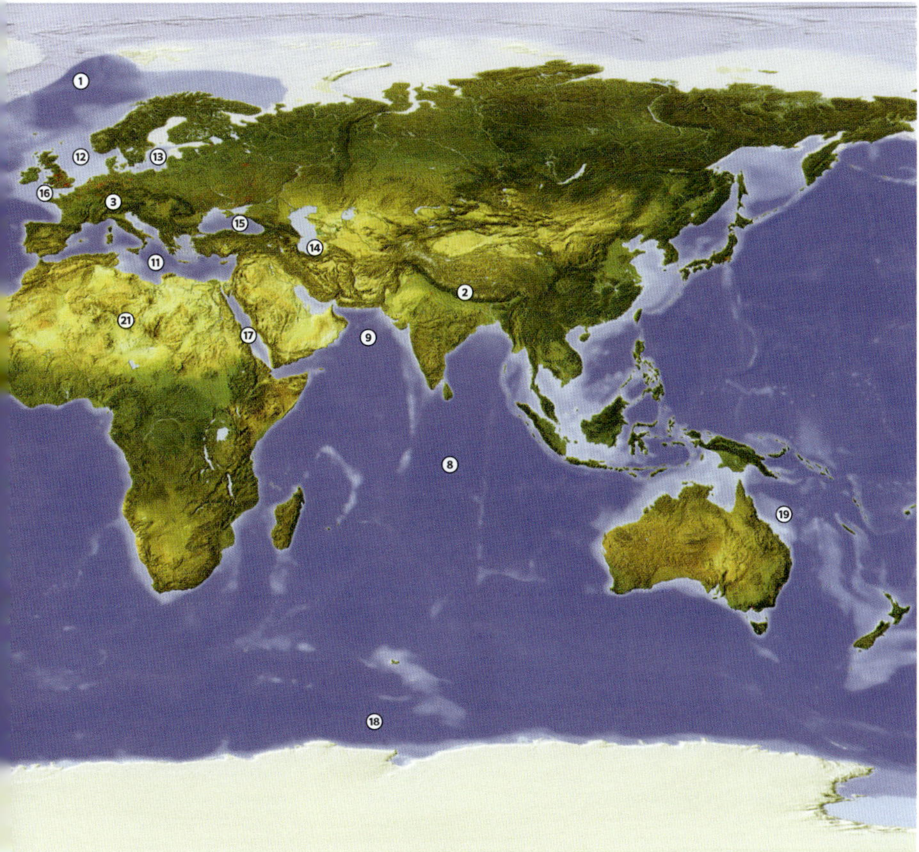

⑲ *das Great Barrier Reef*
Stora barriärrevet
[stuːra baˈrːɪæːreːvət]

⑳ *Amazonien*
Amazonas
[amaˈsoːnas]

㉑ *die Sahara*
Sahara
[saːhara]

DIE WELTKARTE – VÄRLDSKARTAN

die Nordhalbkugel
det **norra halvklotet** n
[nɔːa halvkluːtət]

die Arktis
Arktis
[arktɪs]

der nördliche Wendekreis
den **norra vändkretsen** u
[nɔːa vændkretsən]

die westliche Hemisphäre
det **västra halvklotet** n
[væstra halvkluːtət]

die östliche Hemisphäre
det **östra halvklotet** n
[œstra halvkluːtət]

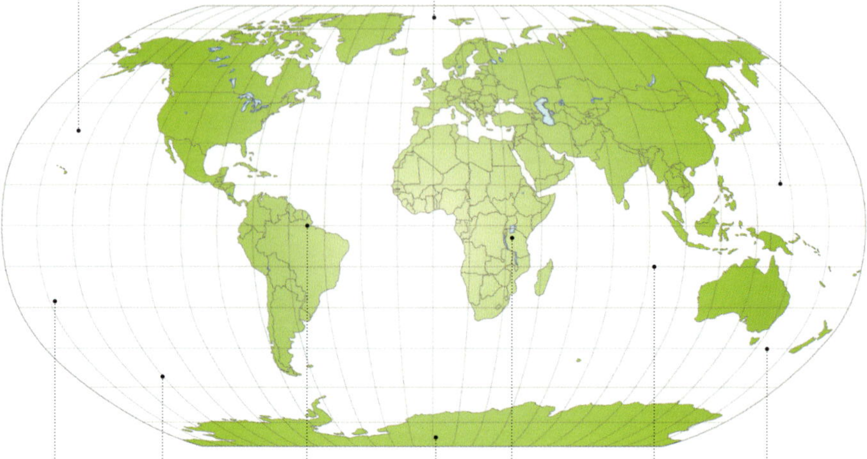

die geografische Länge
longitud -en u
[lɔŋgɪˈtʉːd]

die Antarktis
Antarktis
[antarktɪs]

die geografische Breite
latitud -en u
[latɪˈtʉːd]

die Südhalbkugel
det **södra halvklotet** n
[søːdra halvkluːtət]

der Äquator
ekvatorn -n u
[ɛkˈvaːtuːɳ]

die Tropen
Tropikerna pl
[trɔpiːkəɳa]

der südliche Wendekreis
den **södra vändkretsen** u
[søːdra vændkretsən]

der nördliche Polarkreis	den **norra polcirkeln** u [nɔːa puːlsɪrkəln]
der südliche Polarkreis	den **södra polcirkeln** u [søːdra puːlsɪkəln]
das Land	**land** -et n [land]
der Staat	**stat** -en u [staːt]
die Nation	**nation** -en u [naˈɧuːn]
das Territorium	**territorium** territoriet n [tɛrːɪˈtuːrɪəm]

das Fürstentum	**furstedöme** -t n [fəʂtədœmə]
das Königreich	**monarki** -n u [mɔnarˈkiː]
die Republik	**republik** -en u [rəpeˈbliːk]
die Kolonie	**koloni** -n u [kɔlɔˈniː]
die Provinz	**provins** -en u [prʊˈvɪns]
die Zone	**zon** -en u [suːn]
die Region	**region** -en u [rəgɪˈuːn]
die Hauptstadt	**huvudstad** -en u [hʉːvədstaːd]

UN-MITGLIEDSSTAATEN – MEDLEMSLAND I FN

Europa – Europa

Albanien
Albanien
[alˈba:nɪən]

Andorra
Andorra
[anˈdɔr:a]

Belgien
Belgien
[bɛlgɪən]

Bosnien und Herzegowina
Bosnien och Hercegovina
[bɔsnɪən ɔ(k) hærtsəgɔˈvi:na]

Bulgarien
Bulgarien
[bɵlˈga:rɪən]

Dänemark
Danmark
[danmark]

Deutschland
Tyskland
[tyskland]

Estland
Estland
[ɛstland]

Finnland
Finland
[fɪnland]

Frankreich
Frankrike
[frankˈri:kə]

Griechenland
Grekland
[gre:kland]

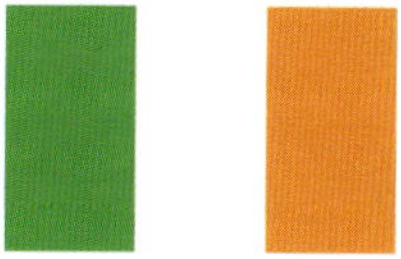

Irland
Irland
[ɪrland]

Island
Island
[i:sland]

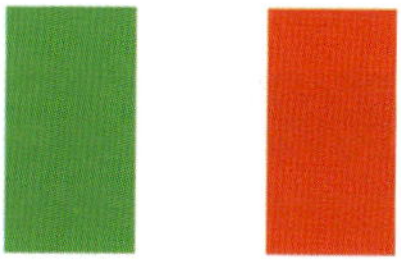

Italien
Italien
[ɪˈtalɪən]

Kroatien
Kroatien
[krʊˈa:tsɪən]

Lettland
Lettland
[lɛt:land]

UN-MITGLIEDSSTAATEN – MEDLEMSLAND I FN

Europa – Europa

Liechtenstein
Lichtenstein
[lɪçtənʃtajn]

Litauen
Litauen
[lɪta(ɵ)vən]

Luxemburg
Luxemburg
[lɵksəmbərj]

Malta
Malta
[malta]

Moldawien
Moldavien
[mɵlˈdaːvɪən]

Monaco
Monaco
[mɵˈnakʊ]

Montenegro
Montenegro
[mɵntəˈneːgrʊ]

die Niederlande
Nederländerna
[neːdərˈlændəɳa]

Nordmazedonien
Nordmakedonien
[nuːɖmakəˈduːnɪən]

Norwegen
Norge
[nʊrjə]

Österreich
Österrike
[œstərːiːkə]

Polen
Polen
[poːlən]

Portugal
Portugal
[pɔʈɵgal]

Rumänien
Rumänien
[rɵˈmæːnɪən]

Russland
Ryssland
[rysːland]

San Marino
San Marino
[san maˈriːnʊ]

UN-MITGLIEDSSTAATEN – MEDLEMSLAND I FN

Europa – Europa

Schweden
Sverige
[sværjə]

die Schweiz
Schweiz
[ʃvɛjts]

Serbien
Serbien
[sɛrbɪən]

die Slowakei
Slovakien
[slʊˈvaːkɪən]

Slowenien
Slovenien
[slʊˈveːnɪən]

Spanien
Spanien
[spanɪən]

Tschechien
Tjeckien
[ɕɛkɪən]

die Ukraine
Ukraina
[ɵkˈrajna]

Ungarn
Ungern
[ɵŋəɳ]

das Vereinigte Königreich
Storbritannien
[stuːrbrɪˈtːanːɪən]

Weißrussland
Vitryssland
[viːtˈrysːland]

Zypern
Cypern
[syːpəɳ]

Nord- und Mittelamerika – Nord- och centralamerika

Antigua und Barbuda
Antigua och Barbuda
[antɪgə(v)a ɔ(k) barˈbʉːda]

die Bahamas
Bahamas
[baˈhaːmas]

Barbados
Barbados
[barˈbɛjdɔs]

Belize
Belize
[bəˈliːsə]

UN-MITGLIEDSSTAATEN – MEDLEMSLAND I FN

Nord- und Mittelamerika – Nord- och centralamerika

Costa Rica
Costarica
[kɔsta ˈriːka]

Dominica
Dominica
[dɔˈmɪnɪka]

die Dominikanische Republik
Dominikanska republiken
[dɔmɪnɪˈkaːnska rəpɵbliːkən]

El Salvador
El Salvador
[əl salvaˈdoːr]

Grenada
Grenada
[grəˈnaːda]

Guatemala
Guatemala
[gɵatəˈmaːla]

Haiti
Haiti
[haˈiːtɪ]

Honduras
Honduras
[hɔnˈdʉːras]

Jamaika
Jamaica
[jaˈmajka]

Kanada
Kanada
[kanada]

Kuba
Kuba
[kʉːba]

Mexiko
Mexiko
[mɛksɪkʊ]

Nicaragua
Nicaragua
[nɪkaˈragɵa]

Panama
Panama
[panamaː]

St. Kitts und Nevis
St. Kitts und Nevis
[saŋt kɪts ɔ(k) ˈnəvɪs]

St. Lucia
St. Lucia
[saŋt ləˈsɪa]

UN-MITGLIEDSSTAATEN – MEDLEMSLAND I FN

Nord- und Mittelamerika – Nord- och centralamerika

St. Vincent und die Grenadinen
Saint Vincent och Grenadinerna
[saŋt vɪnsɛnt ɔ(k) grɛnaˈdiːnəɳa]

Trinidad und Tobago
Trinidad och Tobago
[trɪnɪdad ɔ(k) tʊˈbaːgʊ]

die Vereinigten Staaten
USA
[ʉːɛsːˈaː]

Südamerika – Sydamerika

Argentinien
Argentina
[argɛnˈtiːna]

Bolivien
Bolivia
[bʊˈliːvɪa]

Brasilien
Brasilien
[braˈsiːlɪən]

Chile
Chile
[çiːlə]

Ecuador
Ecuador
[ɛkvaˈdoːr]

Guyana
Guyana
[gɵˈjaːna]

Kolumbien
Colombia
[kɔˈlɔmbɪa]

Paraguay
Paraguay
[paragɵaj]

Peru
Peru
[pɛˈrʉː]

Suriname
Surinam
[sɵrɪˈnam]

Uruguay
Uruguay
[ɵrɵgɵaj]

Venezuela
Venezuela
[vənəsɵˈeːla]

UN-MITGLIEDSSTAATEN – MEDLEMSLAND I FN

Afrika – Afrika

Ägypten
Egypten
[ɛˈjyptən]

Algerien
Algeriet
[alʃɛˈriːət]

Angola
Angola
[aŋˈgoːla]

Äquatorialguinea
Ekvatorialguinea
[ɛkvatʊrɪˈaːlgɪneːa]

Äthiopien
Etiopien
[ɛtɪˈuːpɪən]

Benin
Benin
[bəˈnɪn]

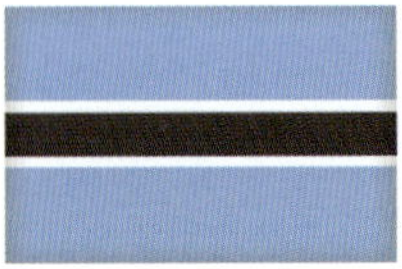

Botswana
Botswana
[bɔtsˈvaːna]

Burkina Faso
Burkina Faso
[bɵrkiːna ˈfasʊ]

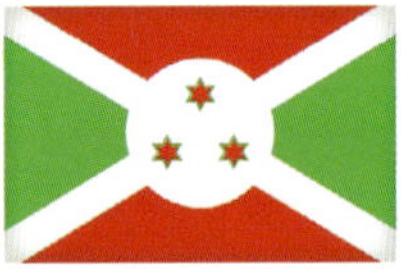

Burundi
Burundi
[bɵˈrɵndɪ]

die Demokratische Republik Kongo
Demokratiska republiken Kongo
[dəmʊkraːtɪska rəpɵbliːkən ˈkoːŋʊ]

Dschibuti
Djibouti
[djɪˈbuːtɪ]

die Elfenbeinküste
Elfebenkusten
[ɛlfɛnbeːnskɵstən]

Eritrea
Eritrea
[ɛrɪˈtreːa]

Gabun
Gabon
[gaˈboːn]

Gambia
Gambia
[gambɪa]

Ghana
Ghana
[gaːna]

UN-MITGLIEDSSTAATEN – MEDLEMSLAND I FN

Asien – Asien

Malaysia
Malaysia
[ma'lajsɪa]

die Malediven
Maldiverna
[mal'di:vəɳa]

die Mongolei
Mongoliet
[mɔŋʊ 'li:ət]

Myanmar
Myanmar
[myan'ma:r]

Nepal
Nepal
[nə'pa:l]

Nordkorea
Nordkorea
[nu:ɖkʊre:a]

Oman
Oman
[ʊ'ma:n]

Osttimor
Östtimor
[ti:mʊr]

Pakistan
Pakistan
[pakɪs'ta:n]

die Philippinen
Filippinerna
[fɪlɪ'p:i:nəɳa]

Saudi-Arabien
Saudiarabien
[saeðɪa'ra:bɪən]

Singapur
Singapore
[sɪŋ(g)a'po:r]

Sri Lanka
Sri Lanka
[srɪ 'laŋka]

Südkorea
Sydkorea
[sy:dkʊre:a]

Syrien
Syrien
[sy:rɪən]

Tadschikistan
Tadzjikistan
[tadʆɪkɪs'ta:n]

UN-MITGLIEDSSTAATEN – MEDLEMSLAND I FN

Asien – Asien

Thailand
Thailand
[tajland]

die Türkei
Turkiet
[tør'ki:ət]

Turkmenistan
Turkmenistan
[tørkmənɪs'ta:n]

Usbekistan
Uzbekistan
[əsbəkɪs'ta:n]

die Vereinigten Arabischen Emirate
Förenade Arabemiraten
[fœre:nadə a'ra:bemɪra:tən]

Vietnam
Vietnam
[vɪjət'nam]

Ozeanien – Oceanien

Australien
Australien
[aəst'ra:lɪən]

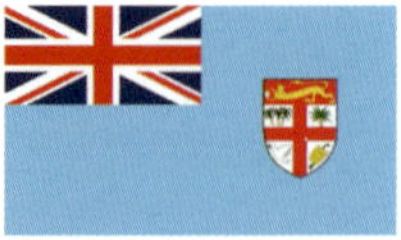

Fidschi
Fiji
[fɪdjɪ]

Kiribati
Kiribati
[kɪrɪ'ba:tɪ]

die Marshallinseln
Marshallöarna
[maɧal:ø:aɳa]

Mikronesien
Mikronesien
[mɪkrʊ'ne:sɪən]

Nauru
Nauru
[naʊrʊ]

Neuseeland
Nya Zeeland
[ny:a 'se:land]

Palau
Palau
[pa'la:ʊ]

UN-MITGLIEDSSTAATEN – MEDLEMSLAND I FN

Ozeanien – Oceanien

Papua-Neuguinea
Papua Nya Guinea
[papɵa ny:a g(ɵ)ɪˈne:a]

die Salomonen
Salomonöarna
[salɔmɔnø:aɳa]

Samoa
Samoa
[sa:mʊa]

Tonga
Tonga
[tɔŋga]

Tuvalu
Tuvalu
[tɵˈva:lɵ]

Vanuatu
Vanuatu
[vanɵˈatɵ]

Internationale Organisationen – internationella organisationer

die Europäische Union (EU)
Europeiska unionen (EU)
[e(v)rʊpe:ɪska ɵnɪˈu:nɵn (e:ʉ:)]

die Vereinten Nationen (UN)
Förenta nationerna (FN)
[fœre:nta naˈɧu:nəɳa (ɛfɛn)]

die Organisation des Nordatlantikvertrags (NATO)
Nordatlantiska fördragsorganisationen (NATO)
[nu:ɖatlantɪska ˈfœrdra:gsɔrganɪsaɧu:nən (na:tʊ)]

die Afrikanische Union
Afrikanska unionen
[afrɪka:nska ɵnɪˈu:nən]

die Arabische Liga
Arabförbundet
[arˈa:bfœrbʊndət]

die UNESCO
UNESCO
[ɵnˈɛskʊ]

das Commonwealth
Brittiska samväldet
[brɪt:ɪska ˈsamvældət]

DAS WETTER – VÄDRET

sonnig
soligt
[su:lı(k)t]

wolkig
molnigt
[mɔlnı(k)t]

neblig
dimmigt
[dim:ı(k)t]

windig
blåsigt
[blo:sı(k)t]

heiß
hett
[het]

warm
varmt
[varmt]

kalt
kallt
[kalt]

bedeckt
mulet
[mʉ:lət]

vereist
isigt
[i:sı(k)t]

verschneit
snöigt
[snø:ı(k)t]

regnerisch
regnigt
[rɛŋnı(k)t]

stürmisch
stormigt
[stɔmı(k)t]

feucht
fuktigt
[føktı(k)t]

die Temperatur	**temperatur** -en u [tɛmp(ə)ra'tʉ:r]
der Grad	**grader** -na pl [gra:dər]
Celsius	**Celsius** [sɛlsɪɵs]
Fahrenheit	**Fahrenheit** [fa:rənhajt]
die Wettervorhersage	**väderprognos** -en u [vædərprʊgno:s]
Wie ist das Wetter?	**Hur är vädret?** [hʉ:r æ:(r) 'vædrət]
Es ist schön/trüb/nasskalt.	**Det är fint/mulet/regnigt och kallt.** [də æ:(r) 'fi:nt/'mʉ:lət/rɛŋni(k)t ɔ 'kallt]
Es regnet/schneit.	**Det regnar/snöar.** [də rɛŋnar/snø:ar]

DAS WETTER – VÄDRET

der Regen
regn -et n
[rɛŋn]

der Regenbogen
regnbåge -n u
[rɛŋnbo:gə]

der Sonnenschein
solsken -et n
[su:lɧe:n]

der Wind
vind -en u
[vɪnd]

das Gewitter
oväder -et n
[u:væder]

der Donner
åska -n u
[ɔska]

der Blitz
blixt -en u
[blɪkst]

der Hagel
hagel haglet n
[ha:gəl]

der Raureif
rimfrost -en u
[rɪmfrɔst]

der Schnee
snö -n u
[snø:]

der Frost
frost -en u
[frɔst]

das Eis
is -en u
[i:s]

die Brise	**bris** -n u [bri:s]
die Windgeschwindigkeit	**vindstyrka** -n u [vɪndstyrka]
der Pollenflug	**pollenspridning** -en u [pɔl:ənspri:dnɪŋ]
die UV-Strahlen	**UV-strålar** -na pl [ʉ:'ve:stro:lar]
der Ozon	**ozon** -et n [ʊ'so:n]
die Ozonschicht	**ozonskikt** -et n [ʊ'so:nɧɪkt]
die Stratosphäre	**stratosfär** -en u [stratʊs'fæ:r]
die Troposphäre	**troposfär** -en u [trɔpɔs'fæ:r]

der Smog
smog -en u
[smɔg]

DAS WETTER – VÄDRET

Naturkatastrophen – naturkatastrof

die Dürre
torka -n u
[tɔrka]

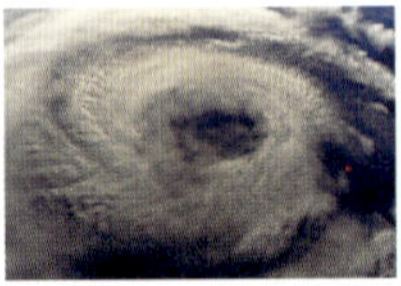

der Hurrikan
orkan -en u
[ɔrˈkaːn]

der Tornado
tornado -n u
[tʊˈɳaːdʊ]

der Monsun
monsun -en u
[mɔnˈsʉːn]

die Überschwemmung
översvämning -en u
[øːvərˈsvæmnɪŋ]

das Erdbeben
jordbävning -en u
[juːɖbæːvnɪŋ]

der Vulkanausbruch
vulkanutbrott -et n
[vɵlˈkaːnʉːtbrɔt]

der Tsunami
tsunami -n u
[tsɵˈnaːmɪ]

der Erdrutsch
jordskred -et n
[juːɖskreːd]

der Waldbrand
skogsbrand -en u
[skʊksbrand]

die Hitzewelle
värmebölja -n u
[værməbœlja]

der Sturm
storm -en u
[stɔrm]

die Lawine
lavin -en u
[laˈviːn]

der Schneesturm
snöstorm -en u
[snøːstɔrm]

der (tropische) Wirbelsturm
(den **tropiska**) **cyklon(en)** u
[(troːpɪska) sykˈloːn(ən)]

die Pandemie
pandemi -n u
[pandəˈmiː]

DIE LANDSCHAFT – LANDSKAPET

der Berg
berg -et n
[bærj]

der Gipfel
topp -en u
[tɔp]

das Gebirge
bergskedja -n u
[bærjsçe:dja]

der Wald
skog -en u
[sku:g]

der Berghang
bergssluttning -en u
[bærjs:lɵtnɪŋ]

der Felsen
klippa -n u
[klɪp:a]

der See
sjö -n u
[ɧø:]

das Tal
dal -en u
[da:l]

der Fluss
flod -en u
[flu:d]

die Flussmündung
flodmynning -en u
[flu:dmyn:ɪŋ]

die Höhle
grotta -n u
[grɔt:a]

die Klippe
klippa -n u
[klɪp:a]

die Küste
kust -en u
[kɵst]

der Gletscher
glaciär -en u
[glasɪˈæ:r]

der Wasserfall
vattenfall -et n
[vat:ənfal]

DIE LANDSCHAFT – LANDSKAPET

das Plateau
platå -n u
[plaˈto:]

der Hügel
kulle -n u
[kɵl:ə]

die Ebene
slätt -en u
[slæt]

die Schlucht
ravin -en u
[raˈvi:n]

die Wüste
öken öknen u
[ø:kən]

die Wiese
äng -en u
[æŋ]

das Feuchtgebiet
våtmark -en u
[vo:tmark]

die Heide
hed -en u
[he:d]

das Grasland
betesmark -en u
[be:təsmark]

der Geysir
geysir -n u
[gɛjˈsɪr]

die Thermalquelle
den **varma källan** u
[varma ɕæl:an]

der Vulkan
vulkan -en u
[vɵlka:n]

die Bucht
bukt -en u
[bɵkt]

das Korallenriff
korallrev -et n
[kʊˈral:re:v]

die Insel
ö -n u
[ø:]

der Gebirgsbach
fors -en u
[fɔʂ]

STEINE UND MINERALIEN – STENAR OCH MINERALER

das Eisenerz
järnmalm -en u
[jæ:ɳmalm]

der Sandstein
sandsten -en u
[sandste:n]

der Asphalt
asfalt -en u
[asˈfalt]

der Granit
granit -en u
[graˈni:t]

der Kalkstein
kalksten -en u
[kalkste:n]

die Kreide
krita -n u
[kri:ta]

die Kohle
kol -et n
[ko:l]

der Schiefer
skiffer -n u
[ɧif:ər]

der Marmor
marmor -n u
[marmʊr]

der Schwefel
svavel svavlet n
[sva:vəl]

der Grafit
grafit -en u
[graˈfi:t]

das Gold
guld -et n
[gɵld]

das Silber
silver silvret n
[sɪlvər]

das Kupfer
koppar -n u
[kɔp:ar]

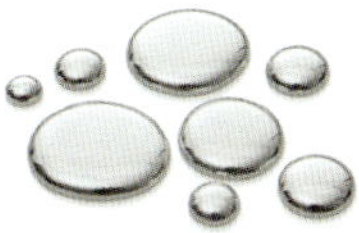

das Quecksilber
kvicksilver -silvret n
[kvɪksɪlvər]

der Bauxit
bauxit -en u
[baɵkˈsi:t]

STEINE UND MINERALIEN – STENAR OCH MINERALER

Edel- und Halbedelsteine – ädel- och halvädelstenar

der Rubin
rubin -en u
[rɵˈbiːn]

der Aquamarin
akvamarin -en u
[akvamaˈriːn]

der Jade
jade -n u
[jaːdə]

der Smaragd
smaragd -en u
[smaˈragd]

der Saphir
safir -en u
[saˈfiːr]

der Amethyst
ametist -en u
[aməˈtɪst]

der Quarz
kvarts -en u
[kvaʈs]

der Diamant
diamant -en u
[dɪaˈmant]

der Turmalin
turmalin -en u
[tɵrmaˈliːn]

der Topas
topas -en u
[tʊpaːs]

der Granat
granit -en u
[graˈniːt]

das/der Tigerauge
tigeröga -t n
[tɪgərˈøːga]

der Opal
opal -en u
[ʊˈpaːl]

der Bernstein
bärnsten -en u
[bæːɳsteːn]

der Türkis
turkos -en u
[tɵrˈkoːs]

der Rosenquarz
rosenkvarts -en u
[ruːsənkvaʈs]

der Onyx
onyx -en u
[ʊˈnyks]

die Perle
pärla -n u
[pæːɭa]

der Lapislazuli
lapis lazuli -n u
[laːpɪs ˈlasəlɪ]

der Citrin
citrin -en u
[sɪˈtriːn]

PFLANZEN – VÄXTER

Bäume – träd

die Eiche
ek -en u
[e:k]

das Laub
löv -et n
[lø:v]

der Ast
gren -en u
[gre:n]

der Stamm
stam -men u
[stam]

die Wurzel
rot -en u
[ru:t]

die Krone
krona -n u
[kru:na]

das Blatt
blad -et n
[bla:d]

die Borke
bark -en u
[bark]

die Seitenwurzel
sidorötter -na pl
[si:durœt:ər]

die Pfahlwurzel
pålrot -en u
[po:lru:t]

die Weide
sälg -en u
[sælj]

die Esche
ask -en u
[ask]

die Buche
bok -en u
[bu:k]

die Ulme
alm -en u
[alm]

die Birke	**björk** -en u [bjœrk]
der Ahorn	**lönn** -en u [lœn]
die Linde	**lind** -en u [lɪnd]
die Tanne	**ädelgran** -en u [æ:dəlgra:n]
die Fichte	**gran** -en u [gra:n]
der Nadelbaum	**barrträd** -et n [bar:træ:d]
der Laubbaum	**lövträd** -et n [lø:vtræ:d]
der immergrüne Baum	det **städsegröna trädet** n [stædsəgrø:na træ:dət]

der Eukalyptus
eukalyptus -en u
[əɵka'ly:ptɵs]

PFLANZEN – VÄXTER

Wildpflanzen – vildväxt

die Flechte
lav -en u
[la:v]

das Moos
mossa -n u
[mɔs:a]

die Distel
tistel -n u
[tɪstəl]

der Pilz
svamp -en u
[svamp]

die Brennnessel
brännässla -n u
[bræn:æsla]

der Fingerhut
fingerborgsblomma -n u
[fɪŋərbɔrjsblʊm:a]

der Bärenklau
björnloka -n u
[bjœ:ɳlu:ka]

der Löwenzahn
maskros -en u
[masˈkru:s]

das Gänseblümchen
tusensköna -n u
[tʉ:sənɧœ:na]

das Heidekraut
ljung -en u
[jəŋ]

das Hasenglöckchen
blåklocka -n u
[blo:klɔk:a]

der Klee
klöver -n u
[klø:vər]

die Kamille
kamomill -en u
[kamʊmɪl]

das Maiglöckchen
liljekonvalj -en u
[lɪljəkɔnvalj]

die Pusteblume
den **utblommade maskrosen** u
[ʉ:tblʊm:adə maskru:sən]

die Butterblume
smörblomma -n u
[smœ:rblʊm:a]

PFLANZEN – VÄXTER

Zierblumen – prydnadsblommor

die Rose
ros -en u
[ruːs]

das Blütenblatt
blomblad -et n
[blʊmblaːd]

die Blüte
blomma -n u
[blʊmːa]

der Stängel
stängel -n u
[stæŋəl]

der Stiel
stjälk -en u
[ɧælk]

die Knospe
knopp -en u
[knɔp]

der Dorn
tagg/törne -en/-et u/n
[tag/tœːɳə]

das Blatt
blad -et n
[blaːd]

das Schneeglöckchen
snödroppe -n u
[snøːdrɔpːə]

der Krokus
krokus -en u
[kruːkɵs]

die Seerose
näckros -en u
[nækːruːs]

der Lavendel
lavendel -n u
[laˈvɛndəl]

der Flieder	**syren** -en u [syˈreːn]
der/das Rhododendron	**rhodondendron** -en u [rɔdɔnˈdɛndrɔn]
blühen	att **blomma** [blʊmːa]
duften	att **dofta** [dɔfta]
verwelken	att **vissna/torka** [vɪsna/tɔrka]
keimen	att **gro** [gruː]
die Frühlingsblume	**vårblomma** -n u [voːrblʊmːa]
der Nachtblüher	den **nattblommande** u [natːblʊmːandə]

die Petunie
petunia -n u
[pəˈtʉːnɪa]

PFLANZEN – VÄXTER

die Nelke
nejlika -n u
[nɛjlɪka]

die Primel
gullviva -n u
[gɵl:vi:va]

die Gerbera
gerbera -n u
[gærbəra]

die Tulpe
tulpan -en u
[tɵlpa:n]

die Narzisse
narciss -en u
[narˈsɪs]

die Iris
iris -en u
[i:rɪs]

die Chrysantheme
krysantemum -en u
[kryˈsantəmɵm]

die Hyazinthe
hyacint -en u
[hyaˈsɪnt]

die Ringelblume
ringblomma -n u
[rɪŋblɵm:a]

das Stiefmütterchen
styvmorsviol -en u
[sty:vmu:ʂvɪu:l]

die Orchidee
orkidé -n u
[ɔrçɪˈde:]

der Rosenstrauch
rosenbukett -en u
[ru:sənbɵkɛt]

die Lilie
lilja -n u
[lɪlja]

die Sonnenblume
solros -en u
[su:lru:s]

die Geranie
pelargon -en u
[pelarˈgu:n]

die Hortensie
hortensia -n u
[hɔrˈtɛnsɪa]

PFLANZEN – VÄXTER

Gartenpflanzen – trädgårdsväxt

der/das Efeu
murgröna -n u
[mʉ:rgrø:na]

der Obstbaum
frukträd -et n
[frøkt:ræ:d]

die Baumblüte
blomning -en u
[blʊmnɪŋ]

der Trieb
skott -et n
[skɔt]

der Formschnitt
formklippning -en u
[fɔrmklɪpnɪŋ]

das Unkraut
ogräs -et n
[u:græ:s]

blühen
att **blomma**
[blʊm:a]

verwelken
att **vissna/torka**
[vɪsna/tɔrka]

die Palme
palm -en u
[palm]

der Rasen
gräsmatta -n u
[græ:smat:a]

die Blumenwiese
blomsteräng -en u
[blɔmstəræŋ]

die Mohnblume
vallmo -n u
[valmʊ]

die Kletterpflanze
klätterväxt -en u
[klæt:ərvækst]

einjährig
ettårig
[et:o:rɪg]

zweijährig
tvåårig
[tvo:o:rɪg]

mehrjährig
flerårig
[fle:ro:rɪg]

TIERE – DJUR

Säugetiere – däggdjur

die Ratte
råtta -n u
[rɔt:a]

der Maulwurf
mullvad -en u
[məl:va:d]

die Katze
katt -en u
[kat]

der Hund
hund -en u
[hənd]

das Kaninchen
kanin -en u
[ka'ni:n]

das Meerschweinchen
marsvin -et n
[ma:ʂvi:n]

die Maus
mus -en u
[mʉ:s]

der Hamster
hamster -n u
[hamstər]

die Fledermaus
fladdermus -en u
[flad:ərmʉ:s]

das Eichhörnchen
ekorre -n u
[ekɔr:ə]

der Igel
igelkott -en u
[i:gəlkɔt]

das Frettchen
tamiller -n u
[ta:mıl:ər]

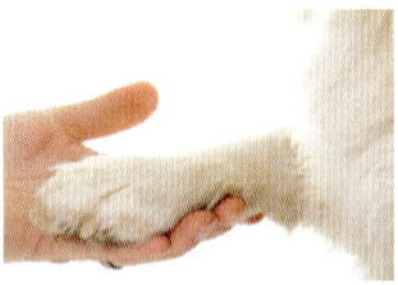

die Pfote
tass -en u
[tas]

das Schnurrhaar	**morrhår** -et n [mɔr:ho:r]
das Fell	**päls** -en u [pæls]
das Maul	**mule** -n u [mʉ:l]
der Schwanz	**svans** -en u [svans]
das Horn	**horn** -et n [hu:ɳ]
die Kralle	**klo** -n u [klu:]
die Tatze	**tass** -en u [tas]
der Huf	**hov** -en u [hu:v]

TIERE – DJUR

Säugetiere – däggdjur

der Gepard
gepard -en u
[jeˈpa:ɖ]

der Puma
puma -n u
[pʉ:ma]

der Wolf
varg -en u
[varj]

der Waschbär
tvättbjörn -en u
[tvæt:bjœ:ɳ]

das Stinktier
skunk -en u
[skɵɳk]

das Erdmännchen
surikat -en u
[sɵrɪˈka:t]

der Leopard
leopard -en u
[ləʊˈpa:ɖ]

der Dachs
grävling -en u
[græ:vlɪŋ]

der Fuchs
räv -en u
[ræ:v]

der Jaguar
jaguar -en u
[jagɵˈa:r]

der Löwe
lejon -et n
[lɛjɔn]

der Tiger
tiger -n u
[ti:gər]

der Bär
björn -en u
[bjœ:ɳ]

der Eisbär
isbjörn -en u
[i:sbjœ:ɳ]

der Koala
koala -n u
[kʊˈa:la]

der Pandabär
pandabjörn -en u
[pandabjœ:ɳ]

TIERE – DJUR

Säugetiere – däggdjur

das Schwein
gris -en u
[gri:s]

die Ziege
get -en u
[je:t]

das Pferd
häst -en u
[hæst]

die Giraffe
giraff -en u
[ɧɪˈraf]

das Schaf
får -et n
[fo:r]

das Lama
lama -n u
[la:ma]

der Esel
åsna -en u
[o:sna]

das Reh
rådjur -et n
[ro:jʉ:r]

das Rentier
ren -en u
[re:n]

das Kamel
kamel -en u
[kaˈme:l]

die Kuh
ko -n u
[ku:]

der Stier
tjur -en u
[ɕʉ:r]

das Nilpferd
flodhäst -en u
[flu:dhæst]

das Nashorn
noshörning -en u
[nu:shœ:ɳɪŋ]

der Elefant
elefant -en u
[ɛlɛˈfant]

das Zebra
zebra -n u
[se:bra]

TIERE – DJUR

Säugetiere – däggdjur

das Walross
valross -en u
[vaːlrɔs]

der Seelöwe
sjölejon -et n
[ɧøːlɛjɔn]

der Seehund
säl -en u
[sæːl]

der Delfin
delfin -en u
[dɛlˈfiːn]

der Schwertwal
späckhuggare -n u
[spækhɵgːarə]

der Otter
utter -n u
[ɵtːər]

die Biberratte
bäver -n u
[bæːvər]

der Gorilla
gorilla -n u
[gʊˈrɪlːa]

der Orang-Utan
orangutang -en u
[ʊraŋgɵtaŋ]

der Gibbon
gibbon -en u
[gɪbːɔn]

der Pavian
pavian -en u
[paːvɪan]

der Schimpanse
schimpans -en u
[ɧɪmˈpans]

das Faultier
sengångare -n u
[seːngɔŋarə]

der Ameisenbär
myrslok -en u
[myːʂluːk]

das Känguru
känguru -n u
[ɕɛŋgɵrɵ]

das Jungtier
ungdjur -et n
[ɵŋjʉːr]

TIERE – DJUR

Vögel – fåglar

der Specht
hackspett -en u
[hak:spɛt]

der Spatz
sparv -en u
[sparv]

der Kolibri
kolibri -n u
[kɔlıbrı]

der Tukan
tukan -en u
[tɵka:n]

das Rotkehlchen
rödhake -n u
[rø:dha:kə]

die Schwalbe
svala -n u
[sva:la]

der Habicht
hök -en u
[hø:k]

die Taube
duva -n u
[dʉ:va]

der Rabe
korp -en u
[kɔrp]

die Krähe
kråka n u
[kro:ka]

der Fink
fink -en u
[fıŋk]

die Möwe
mås -en u
[mo:s]

der Kanarienvogel
kanariefågel -n u
[kaˈna:rjəfo:gəl]

der Schnabel	**näbb** -en u [næb]
das Küken	**fågelunge** -n u [fo:gələŋə]
der Flügel	**vinge** -n u [vıŋə]
die Kralle	**klo** -n u [klu:]
die Feder	**fjäder** -n u [fjæ:dər]
das Federkleid	**fjäderskrud** -en u [fjæ:dərskrʉ:d]
zwitschern	att **kvittra** [kvıtra]
flattern	att **fladdra** [fladra]

TIERE – DJUR

Vögel – fåglar

der Storch
stork -en u
[stɔrk]

der Flamingo
flamingo -n u
[flaˈmɪŋgʊ]

der Strauß
struts -en u
[strɵts]

die Adler
örn -en u
[œːɳ]

der Pinguin
pingvin -en u
[pɪŋviːn]

der Kakadu
kakadua -n u
[kakaˈdʉːa]

der Papagei
papegoja -n u
[papəˈgɔja]

die Eule
uggla -n u
[ɵgla]

der Truthahn
kalkon -en u
[kalˈkuːn]

der Schwan
svan -en u
[svaːn]

die Gans
gås -en u
[goːs]

die Ente
anka -n u
[aŋka]

der Hahn
tupp -en u
[tɵp]

das Huhn
höna -n u
[høːna]

die Wachtel
vaktel -n u
[vaktəl]

der Pfau
påfågel -n u
[poːfoːgəl]

TIERE – DJUR

Reptilien und Amphibien – reptiler och groddjur

die Schlange
orm -en u
[ʊrm]

das Krokodil
krokodil -en u
[krʊkʊˈdiːl]

der Alligator
alligator -n u
[alːɪˈgaːtʊr]

die Eidechse
ödla -n u
[øːdla]

das Chamäleon
kameleont -en u
[kaməlˈjʊnt]

der Leguan
leguan -en u
[ləgəˈaːn]

die Schildkröte
sköldpadda -n u
[ɧœl(d)padːa]

die Meeresschildkröte
vattensköldpadda -n u
[vatːənɧœld(d)padːa]

der Frosch
groda -n u
[gruːda]

die Kröte
padda -n u
[padːa]

die Kaulquappe
grodyngel -ynglet n
[gruːdyŋəl]

der Salamander
salamander -n u
[salaˈmandər]

der Gecko
gecko -n u
[gɛkʊ]

der Panzer	**pansar** -et n [pansar]
die Schuppen	**fjäll** -et n [fjæl]
das Gift	**gift** -et n [jɪft]
der Giftzahn	**gifttand** -en u [jɪftːand]
das wechselwarme Tier	det **växelvarma djuret** n [væksəlvarma jʉːrət]
kriechen	att **krypa** [kryːpa]
zischen	att **väsa** [væːsa]
quaken	att **kväka** [kvæːka]

TIERE – DJUR

Fische – fisk

der Kugelfisch
blåsfisk -en u
[blo:sfɪsk]

der Hornhecht
horngädda -n u
[hu:ŋjæd:a]

der Piranha
piraya -n u
[pɪˈraja]

der Fliegende Fisch
flygfisk -en u
[fly:gfɪsk]

der Fächerfisch
segelfisk -en u
[se:gəlfɪsk]

der Rochen
rocka -n u
[rɔk:a]

der Weiße Hai
vithaj -en u
[vi:thaj]

der Tigerhai
tigerhaj -en u
[ti:gərhaj]

der Goldfisch
guldfisk -en u
[gɵldfɪsk]

der Koi
koikarp -en u
[kɔjkarp]

der Aal
ål -en u
[o:l]

der Wels
mal -en u
[ma:l]

der Fischschwarm	**fiskstim** -met n [fɪskstɪm]
die Flosse	**fena** -n u [fe:na]
die Kiemen	**gälar** -na pl [jæ:lar]
das Tiefseetier	**djuphavsdjur** -et n [dʉ:phafsjʉ:r]
der Rogen	**rom** -men u [rɔm]
der Süßwasserfisch	**sötvattensfisk** -en u [sø:tvat:ənsfɪsk]
der Seefisch	**havsfisk** -en u [hafsfɪsk]
das Aquarium	**akvarium** akvariet n [akˈva:rɪɵm]

das Seepferdchen
sjöhäst -en u
[ɧø:hæst]

TIERE – DJUR

Insekten und Spinnen – insekter och spindlar

der Schmetterling
fjäril -en u
[fjæ:rɪl]

die Raupe
larv -en u
[larv]

die Puppe
puppa -n u
[pɵp:a]

der Nachtfalter
nattfjäril -en u
[nat:fjæ:rɪl]

die Biene
bi -et n
[bi:]

die Hummel
humla -n u
[hɵmla]

die Wespe
geting -en u
[je:tɪŋ]

die Hornisse
bålgeting -en u
[bo:lje:tɪŋ]

die Fliege
fluga -n u
[flʉ:ga]

die Stechmücke
mygga -n u
[myg:a]

die Zikade
cikada -n u
[sɪˈka:da]

der Maikäfer
nyckelpiga -n u
[nyk:əlpɪ:ga]

die Libelle
trollslända -n u
[trɔl:slænda]

die Gottesanbeterin
bönsyrsa -n u
[bø:nsyʂa]

die Heuschrecke
gräshoppa -n u
[græ:shɔp:a]

die Grille
syrsa -n u
[syʂa]

TIERE – DJUR

Insekten und Spinnen – insekter och spindlar

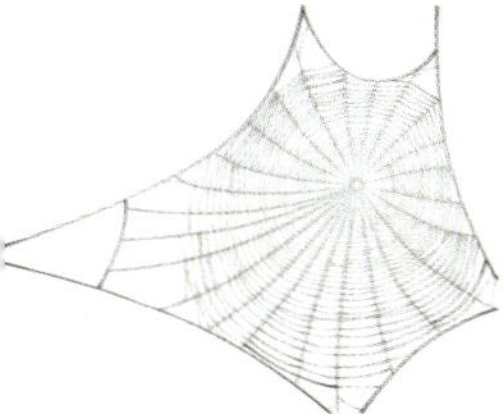

das Spinnennetz
spindelväv -en u
[spɪndəlvæ:v]

die Spinne
spindel -n u
[spɪndəl]

der Floh
loppa -n u
[lɔp:a]

die Assel
gråsugga -n u
[gro:søg:a]

die Stinkwanze
bärfis -en u
[bæ:rfi:s]

der Marienkäfer
nyckelpiga -n u
[nyk:əlpi:ga]

die Schabe
kackerlacka -n u
[kakəˈɭak:a]

der Wasserläufer
skräddare -n u
[skræd:arə]

der Hundertfüßer
tusenfoting -en u
[tʉ:sənfu:tɪŋ]

die Nacktschnecke
snigel -n u
[sni:gəl]

die Schnecke
snäcka -n u
[snæk:a]

der Wurm
mask -en u
[mask]

die Termite
termit -en u
[tærˈmi:t]

die Ameise
myra -n u
[my:ra]

die Zecke
fästing -en u
[fæstɪŋ]

der Skorpion
skorpion -en u
[skɔrpɪˈu:n]

8

ZAHLEN UND MAßE

TAL OCH MÅTT

DIE ZAHLEN – TALEN

Die Kardinalzahlen – kardinala tal

null
noll
[nɔl]

eins
en/ett
[ən/et]

zwei
två
[tvoː]

drei
tre
[treː]

vier
fyra
[fyːra]

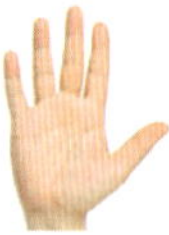

fünf
fem
[fɛm]

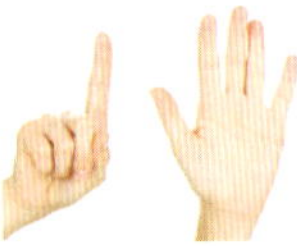

sechs
sex
[sɛks]

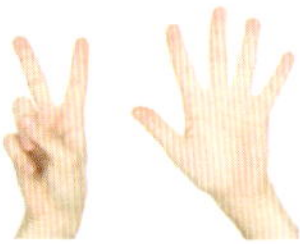

sieben
sju
[ɧuː]

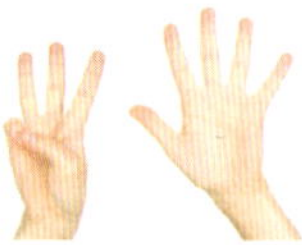

acht
åtta
[ɔtːa]

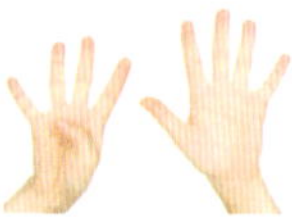

neun
nio
[niːʊ]

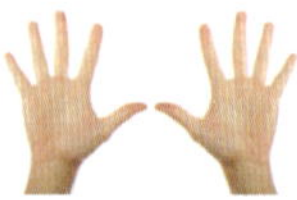

zehn
tio
[tiːʊ]

elf	**elva** [ɛlva]
zwölf	**tolv** [tɔlv]
dreizehn	**tretton** [trɛtːɔn]
vierzehn	**fjorton** [fjuːʈ ɔn]
fünfzehn	**femton** [fɛmtɔn]
sechzehn	**sexton** [sɛkstɔn]
siebzehn	**sjutton** [ɧɵtɔn]
achtzehn	**arton** [aːʈɔn]
neunzehn	**nitton** [nɪtːɔn]
zwanzig	**tjugo** [ɕɵgɪ]
einundzwanzig	**tjugoett** [ɕɵ(gɪ)ˈet]
zweiundzwanzig	**tjugotvå** [ɕɵ(gɪ)ˈtvoː]
dreiundzwanzig	**tjugotre** [ɕɵ(gɪ)ˈtreː]
dreißig	**trettio** [trætɪ]
vierzig	**fyrtio** [fœʈɪ]
fünfzig	**femtio** [fɛmtɪ]
sechzig	**sextio** [sɛkstɪ]
siebzig	**sjuttio** [ɧɵtːɪ]
achtzig	**åttio** [ɔtːɪ]
neunzig	**nittio** [nɪtːɪ]
hundert	**hundra** [hɵndra]

DIE ZAHLEN – TALEN

Die Kardinalzahlen – kardinala tal

zweihundertzweiundzwanzig	**tvåhundratjugotvå** [tvo:hɵndraɕɵ(gɪ)ˈtvo:]
tausend	**tusen** [tʉ:sən]
zehntausend	**tiotusen** [ti:ʊtʉ:sən]
zwanzigtausend	**tjugotusen** [ɕɵgɪtʉ:sən]
fünfzigtausend	**femtiotusen** [fɛmtɪtʉ:sən]
fünfundfünfzigtausend	**femtiofemtusen** [fɛmtɪˈfɛmtʉ:sən]
hunderttausend	**hundra tusen** [hɵndra tʉ:sən]
eine Million	**en miljon** [ən mɪlˈju:n]
eine Milliarde	**en miljard** [ən mɪlˈja:ɖ]
eine Billion	**en biljon** [ən bɪlˈju:n]

Die Ordinalzahlen – ordningstal

erste(r, s)	**första** [fœʂta]
zweite(r, s)	**andra** [andra]
dritte(r, s)	**tredje** [tre:djə]
vierte(r, s)	**fjärde** [fjæ:ɖə]
fünfte(r, s)	**femte** [fɛmtə]
sechste(r, s)	**sjätte** [ɧætə]
siebte(r, s)	**sjunde** [ɧɵ:ndə]
achte(r, s)	**åttonde** [ɔt:ɔndə]
neunte(r, s)	**nionde** [ni:ɔndə]
zehnte(r, s)	**tionde** [ti:ɔndə]
elfte(r, s)	**elfte** [ɛlftə]
zwölfte(r, s)	**tolfte** [tɔlftə]
dreizehnte(r, s)	**trettonde** [trɛt:ɔndə]
vierzehnte(r, s)	**fjortonde** [fju:ʈɔndə]
fünfzehnte(r, s)	**femtonde** [fɛmɔndə]
sechzehnte(r, s)	**sextonde** [sɛkstɔndə]
siebzehnte(r, s)	**sjuttonde** [ɧɵt:ɔndə]
achtzehnte(r, s)	**artonde** [a:ʈɔndə]
neunzehnte(r, s)	**nittonde** [nɪt:ɔndə]
zwanzigste(r, s)	**tjugonde** [ɕʉ:gɔndə]
einundzwanzigste(r, s)	**tjugoförsta** [ɕɵ(gɪ)fœʂta]
zweiundzwanzigste(r, s)	**tjugoandra** [ɕɵ(gɪ)andra]

DIE ZAHLEN – TALEN

Die Ordinalzahlen – ordningstal

dreißigste(r, s)	**trettionde** [trætjɔndə]
vierzigste(r, s)	**fyrtionde** [fœʈjɔndə]
fünfzigste(r, s)	**femtionde** [fɛmtjɔndə]
sechzigste(r, s)	**sextionde** [sɛkstjɔndə]
siebzigste(r, s)	**sjuttionde** [ɧɵtjɔndə]
achtzigste(r, s)	**åttionde** [ɔtjɔndə]
neunzigste(r, s)	**nittionde** [nɪtjɔndə]
hundertste(r, s)	**hundrade** [hɵndradə]
zweihunderterste(r, s)	**tvåhundrade** [tvo:hɵndradə]
zweihundertfünfundzwanzigste(r, s)	**tvåhundratjugofemte** [tvo:hɵndraɕɵgʊˈfɛmtə]
dreihundertste(r, s)	**trehundrade** [tre:hɵndradə]
tausendste(r, s)	**tusende** [tʉ:səndə]
zehntausendste(r, s)	**tiotusende** [ti:ʊtʉ:səndə]
millionste(r, s)	**miljonte** [mɪlˈju:ntə]
zehnmillionste(r, s)	**tiomiljonte** [ti:ʊmɪlju:ntə]
vorletzte(r, s)	**näst sista** [nɛst sɪsta]
letzte(r, s)	**sista** [sɪsta]

Die Bruchzahlen – bråk

ein halber/ein halbes/eine halbe	**en halv** [ən ˈhalv]
ein Drittel	**en tredjedel** [ən ˈtre:djəde:l]
ein Viertel	**en fjärdedel** [ən ˈfjæ:ɖəde:l]
ein Fünftel	**en femtedel** [ən ˈfɛmtəde:l]
ein Achtel	**en åttondel** [ən ˈɔt:ɔnde:l]
drei Viertel	**tre fjärdedelar** [tre: ˈfjæ:ɖəde:lar]
zwei Fünftel	**två femtedelar** [tvo: ˈfɛmtəde:lar]
siebeneinhalb	**sju och en halv** [ɧʉ: ɔ(k) ən ˈhalv]
zwei Siebzehntel	**två sjuttondelar** [tvo: ˈɧɵt:ɔnde:lar]
fünf und drei Achtel	**fem och tre åttondelar** [fɛm ɔ(k) tre: ˈɔt:ɔnde:lar]

DIE ZAHLEN – TALEN

Weitere Zahlwörter – ytterligare räkneord

einmal	**en gång** [ən gɔŋ]
zweimal	**två gånger** [tvoː gɔŋər]
dreimal	**tre gånger** [treː gɔŋər]
viermal	**fyra gånger** [fyːra gɔŋər]
mehrmals	**många gånger** [mɔŋa gɔŋər]
manchmal	**ibland** [ɪˈbland]
niemals	**aldrig** [aldrɪg]
einfach	**enkelt** [eŋkəlt]
doppelt/zweifach	**dubbelt** [dɵbːəlt]
dreifach	**trefaldig** [treːfaldɪg]
vierfach	**fyrfaldig** [fyːrfaldɪg]
fünffach	**femfaldig** [fɛmfaldɪg]
sechsfach	**sexfaldig** [sɛksfaldɪg]
mehrfach/vielfach	**mångfaldig** [mɔŋfaldɪg]

ein Paar	**ett par** [ət ˈpaːr]
ein halbes Dutzend	**ett halvdussin** [ət halvˈdɵsːɪn]
ein Dutzend	**ett dussin** [ət ˈdɵsːɪn]
ein Gros	**ett gross** [ət ˈgrɔs]
ein paar	**ett par** [ət ˈpaːr]
wenige	**få** [foː]
einige	**några** [noːgra]
etliche	**somliga** [sɔmlɪga]
manche	**en del** [ən ˈdeːl]
viele	**flera/många** [fleːra/mɔŋa]
beide	**båda** [boːda]
sämtliche	**samtliga** [samtlɪga]
alle	**alla** [alːa]
jeder/jede/jedes	**varje** [varjə]

der Taschenrechner
miniräknare -n u
[miːnɪˈræːknarə]

die Quadratwurzel
kvadratrot -en u
[kvadraːt ruːt]

das Prozent
procent -en u
[prʊˈsɛnt]

die Ziffer
siffra -n u
[sɪfra]

der Dezimalpunkt
decimalpunkt -en u
[dəsɪˈmaːlpɵŋt]

dividieren
att **dividera**
[dɪvɪˈdeːra]

multiplizieren
att **multiplicera**
[mɵltɪplɪˈseːra]

subtrahieren
att **subtrahera**
[sɵbtraˈheːra]

addieren
att **addera**
[aˈdːeːra]

ist gleich
är lika med
[æː(r) liːka ˈmɛː(d)]

DIE ZEIT – TIDEN

Die Uhrzeit – klockslaget

ein Uhr
klockan ett
[klɔk:an ˈət]

zwei Uhr
klockan två
[klɔk:an ˈtvo:]

drei Uhr
klockan tre
[klɔk:an ˈtre:]

vier Uhr
klockan fyra
[klɔk:an ˈfy:ra]

fünf Uhr
klockan fem
[klɔk:an ˈfɛm]

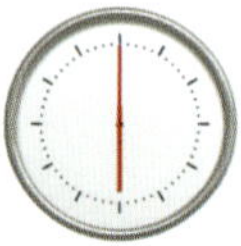

sechs Uhr
klockan sex
[klɔk:an ˈsɛks]

sieben Uhr
klockan sju
[klɔk:an ˈɧʉ:]

acht Uhr
klockan åtta
[klɔk:an ˈɔt:a]

neun Uhr
klockan nio
[klɔk:an ˈni:ʊ]

zehn Uhr
klockan tio
[klɔk:an ˈti:ʊ]

elf Uhr
klockan elva
[klɔk:an ˈɛlva]

zwölf Uhr mittags
klockan tolv på dagen
[klɔk:an tɔlv po: ˈda:gən]

dreizehn Uhr
klockan tretton
[klɔk:an ˈtret:ɔn]

die Stunde	**timme** -n u [tɪm:ə]
die Minute	**minut** -en u [mɪˈnʉ:t]
eine halbe Stunde	**halvtimme** -n u [halvtɪm:ə]
die Sekunde	**sekund** -en u [səˈkɵnd]
Wie viel Uhr ist es?	**Vad är klockan?** [va(d) æ:(r) ˈklɔk:an]
Es ist zwei Uhr.	**Den är två.** [dɛn æ:(r) ˈtvo:]
Um wie viel Uhr?	**Hur dags?** [hʉ:r ˈdaks]
Um sieben Uhr.	**Klockan sju.** [klɔk:an ˈɧʉ:]

DIE ZEIT – TIDEN

Die Uhrzeit – klockslaget

vierzehn Uhr
klockan fjorton
[klɔk:an ˈfju:ʈɔn]

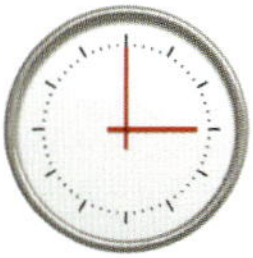

fünfzehn Uhr
klockan femton
[klɔk:an ˈfɛmtɔn]

sechzehn Uhr
klockan sexton
[klɔk:an ˈsɛkstɔn]

siebzehn Uhr
klockan sjutton
[klɔk:an ˈɧɵt:ɔn]

achtzehn Uhr
klockan arton
[klɔk:an ˈaʈɔn]

neunzehn Uhr
klockan nitton
[klɔk:an ˈnɪt:ɔn]

zwanzig Uhr
klockan tjugo
[klɔk:an ˈɕʉ:gɪ]

einundzwanzig Uhr
klockan tjugoett
[klɔk:an ɕʉ:gɪˈət]

zweiundzwanzig Uhr
klockan tjugotvå
[klɔk:an ɕʉ:gɪˈtvo:]

dreiundzwanzig Uhr
klockan tjugotre
[klɔk:an ɕʉ:gɪˈtre:]

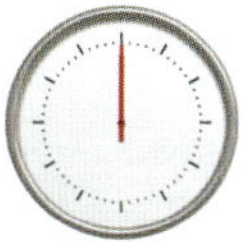

Mitternacht
midnatt -en u
[mi:dnat]

fünf nach zwölf
fem över tolv
[fɛm ø:vər ˈtɔlv]

halb elf	**halv elva** [halv ˈɛlva]
zwanzig vor sieben	**tjugo i sju** [ɕʉ:gɪ i: ˈɧʉ:]
Viertel vor zwölf	**kvart i tolv** [kvaʈ i: ˈtɔlv]
Wann?	**När?** [næ: r]
Vor/in zehn Minuten.	**För tio minuter sedan./Om tio minuter.** [fœ:r ti:ʊ mɪnʉ:tər ˈse(:da)n/ɔm ti:ʊ mɪˈnʉ:tər]
Gegen Mittag.	**Vid tolvtiden** [vi:d ˈtɔlvti:dən]
Seit wann?	**Sedan när?** [se(:da)n ˈnæ:r]

Viertel nach neun
kvart över nio
[kvaʈ ø:vər ˈni:ʊ]

DIE ZEIT – TIDEN

Tag und Nacht – dag och natt

die Mitternacht
midnatt -en u
[mi:dnat]

die Morgendämmerung
gryning -en u
[gry:nɪŋ]

der Sonnenaufgang
soluppgång -en u
[su:ləpgɔŋ]

der Morgen
morgon -en u
[mɔr(g)ɔn]

der Mittag
mitt på dagen
[mɪt po: ˈdagən]

der Nachmittag
eftermiddag -en u
[ɛftərmɪd:ag]

der Sonnenuntergang
solnedgång -en u
[su:lne:dgɔŋ]

die Abenddämmerung
skymning -en u
[ɧymnɪŋ]

der Abend
kväll -en u
[kvɛl]

der Frühling
vår -en u
[vo:r]

der Sommer
sommar -en u
[sɔm:ar]

der Herbst
höst -en u
[hœst]

der Winter
vinter -n u
[vɪntər]

heute	**idag** [ɪˈda:g]
morgen	**imorgon** [ɪˈmɔrgən]
übermorgen	**i övermorgon** [ɪ ˈø:vərmɔrgən]
gestern	**igår** [ɪˈgo:r]
vorgestern	**i förrgår** [ɪ ˈfœrgo:r]
Welches Datum haben wir heute?	**Vad är det för datum idag?** [va(d) æ(r) də(t) fœ:r ˈda:təm ɪda:g]
der 9. September 2021	**den 9 september 2021** [dɛn ni:ɔndə sɛptæmbər tvo:tʉ:sənˈɕø(gɪ)ˈet]
der Feiertag	**helgdag** -en u [hɛljda:g]

DIE ZEIT – TIDEN

Der Kalender – kalendern

der Sonntag
söndag -en u
[sœnda:g]

der Montag
måndag -en u
[mɔnda:g]

der Dienstag
tisdag -en u
[ti:sda:g]

der Mittwoch
onsdag -en u
[ʊnsda:g]

der Donnerstag
torsdag -en u
[tu:ʂda.g]

der Freitag
fredag -en u
[fre:da:g]

der Samstag
lördag -en u
[lœ:ɖa:g]

der Wochentag
veckodag -en u
[vɛk:ʊda:g]

die Woche
vecka -n u
[vɛk:a]

der Tag
dag -en u
[da:g]

das Wochenende
helg -en u
[hɛlj]

das Datum
datum -et n
[da:tɵm]

das Jahr
år -et n
[o:r]

der Monat
månad -en u
[mo:nad]

der Januar	**januari** u [janɵ'a:rɪ]
der Februar	**februari** u [fɛbrɵ'a:rɪ]
der März	**mars** u [maʂ]
der April	**april** u [ap'rɪl]
der Mai	**maj** u [maj]
der Juni	**juni** u [jʉ:nɪ]

der Juli	**juli** u [jʉ:lɪ]
der August	**augusti** u [a'gɵstɪ]
der September	**september** u [sɛp'tæmbər]
der Oktober	**oktober** u [ɔk'tu:bər]
der November	**november** u [nʊ'væmbər]
der Dezember	**december** u [də'sæmbər]

MAẞE – MÅTT

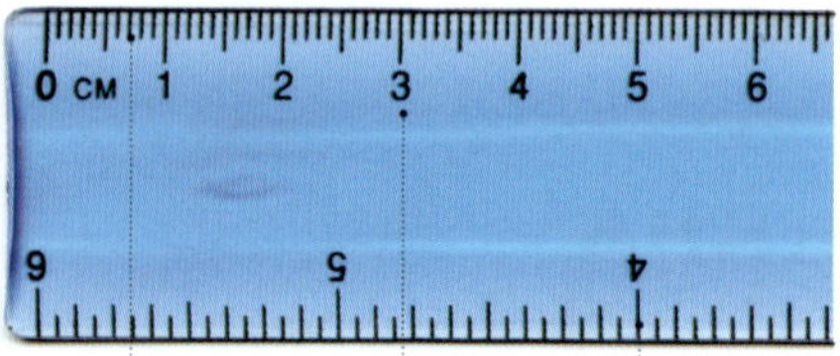

der/das Millimeter
millimeter -n u
[mɪlːɪmeːtər]

der/das Zentimeter
centimeter -n u
[sɛntɪmeːtər]

der Zoll
tum -men u
[tɵm]

der/das Liter
liter -n u
[liːtər]

der/das Milliliter
milliliter -n u
[mɪlːɪliːtər]

die Unze
ounze u
[aɵns]

das Pint
pint -en u
[pajnt]

der Kilometer
kilometer -n u
[çɪlʊmeːtər]

die Meile
mil -en u
[miːl]

das Yard
yard -en u
[jaːɖ]

der Acre/Morgen
acre/morgen u
[ɛjkər/mɔrgən]

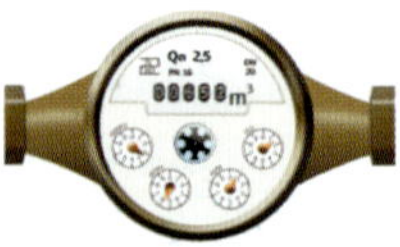

der/das Kubikmeter
kubikmeter -n u
[kəˈbiːkmeːtər]

der Fuß	**fot** -en u [fuːt]
der/das Meter	**meter** -n u [meːtər]
der/das Quadratmeter	**kvadratmeter** -n u [kvaˈdraːtmeːtər]
der Quadratfuß	**kvadratfot** -en u [kvaˈdraːtfuːt]
der/das Hektar	**hektar** -en u [hɛktaːr]
die Tasse	**kopp** -en u [kɔp]
der Esslöffel	**matsked** -en u [maːtɧeːd]
der Teelöffel	**tesked** -en u [teːɧeːd]

DAS GEWICHT – VIKTEN

die Tonne
ton -et n
[tɔn]

das Kilogramm
kilogram -met n
[ɕɪlʊgram]

das Gramm
gram -met n
[gram]

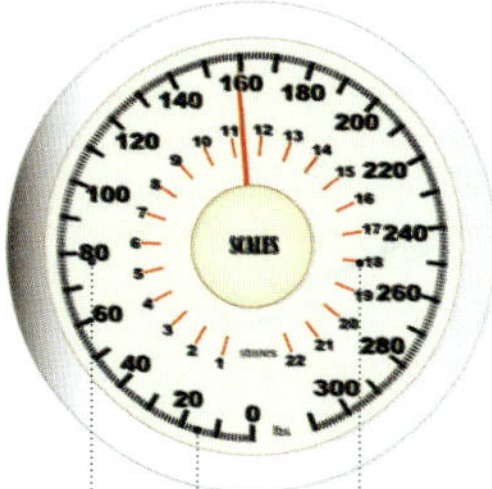

das Pfund
pund -et n
[pɵnd]

die Unze
ounze u
[aɵns]

das Stone (= 6,35 kg)
stone (= 6,35 kg) u
[sto:ɵn]

DIE WÄHRUNG – VALUTA

$

der Dollar
dollar -n u
[dɔl:ar]

£

das Pfund
pund -et n
[pɵnd]

€

der Euro
euro -n u
[evrʊ]

¥

der Yen
yen -en u
[jɛn]

der Baht	**baht** -en u [ba:t]
die Rupie	**rupie** -n u [ru:pɪ(j)ə]
der Dinar	**dinar** -en u [dɪˈna:r]
der Schweizer Franken	den **schweiziska francen** u [ɧvɛtsɪska fraŋən]
die Krone	**krona** -n u [kru:na]

der Rand	**rand** -en u [rand]
der Peso	**peso** -n u [pe:sʊ]
der Real	**real** -en u [re:al]
der Yuan	**yuan** -en u [jɵan]
die Lira	**lire** -n u [li:rə]
der Rubel	**rubel** -n u [ru:bəl]

DIE WICHTIGSTEN SÄTZE – DE VIKTIGASTE FRASERNA

DIE VERBEN – VERBEN

INDEX – INDEX

DIE WICHTIGSTEN SÄTZE – DE VIKTIGASTE FRASERNA

Mit diesen nützlichen Wörtern und Sätzen drücken Sie sich in den wichtigsten und häufigsten Situationen mit Sicherheit aus.

IM GESPRÄCH – UNDER SAMTAL

BEGRÜSSEN UND VERABSCHIEDEN – VÄLKOMNA OCH TA FARVÄL

Guten Tag!	God dag! [guˈdɑ:(g)]
Guten Abend!	God kväll! [guˈ(d)kvɛl:]
Hallo!	Hej! [hɛj]
Auf Wiedersehen!	På återseende! [po: o:tərse:əndə]
Tschüss!	Hej då! [hɛj do:]

HÖFLICHKEIT – ARTIGHET

bitte	vänligen [vɛnlɪgən]
danke	tack [tak]
bitte schön	tack så mycket [tak so: ˈmʏkə(t)]
Ja, bitte.	Ja, tack. [jɑ: tak]
Nein, danke.	Nej, tack. [nɛj tak]
Keine Ursache!	Ingen orsak! [ɪŋən ˈorsa:k]
Entschuldigung!	Ursäkta! [ʉ:rsɛkta]
Entschuldigen Sie, ...	Ursäkta mig, ... [ʉ:rsɛkta mɛj]
Das tut mir leid.	Jag är ledsen. [jɑ:(g) ɛ:(r) lesən]
Wie geht's?	Hur står det till? [hʉ:r sto:r də tɪl]
Danke, gut. Und Ihnen/dir?	Tack, bra. Och med er/dig? [tak bra: ɔ mɛ:(d) dɛj]

KOMMUNIKATION – KOMMUNIKATION

Wie bitte?	Hur sa? [hʉ:r sa:]
Ich verstehe.	Jag förstår. [jɑ: fœʃˈʈo:r]
Ich verstehe nicht.	Jag förstår inte. [jɑ: fœʃʈo:r ˈɪntə]
Könnten Sie das bitte wiederholen?	Skulle du kunna upprepa det? [skʉl:ə dʉ: kʉna ʉpre:pa de:(t)]
Könnten Sie bitte langsamer sprechen?	Skulle du kunna tala långsammare? [skʉl:ə dʉ: kʉna ta:la lo:ŋsamarə]
Könnten Sie das bitte aufschreiben?	Skulle du kunna skriva upp det? [skʉl:ə dʉ: kʉna skri:va ʉp de:(t)]
Was bedeutet ...?	Vad betyder ...? [va:(d) bety:dər ˈ...]

SICH VORSTELLEN – PRESENTERA SIG

Wie heißt du?	Vad heter du? [va:(d) he:tər dʉ:]
Wie heißen Sie?	Vad heter ni? [va:(d) he:tər ni:]
Ich heiße ...	Jag heter ... [ja:(g) he:tər]
Woher kommen Sie?	Varifrån kommer ni? [va:rifro:n kɔmər ni:]
Woher kommst du?	Varifrån kommer du? [va:rifro:n kɔmər dʉ:]
Ich komme aus ...	Jag kommer från ... [ja:(g) kɔmər fro:n ˈ...]
Das ist mein Mann.	Det är min man. [də ɛ:(r) mɪn man]
Das ist meine Frau.	Det är min fru. [də ɛ:(r) mɪn frʉ:]
Das ist mein Partner.	Det är min partner. [də ɛ:(r) mɪn paʈnər]

Das ist meine Partnerin.	Det är min partner. [də ɛ:(r) mɪn paʈnər]
Das ist mein Sohn.	Det är min son. [də ɛ:(r) mɪn so:n]
Das ist meine Tochter.	Det är min dotter. [də ɛ:(r) mɪn ˈdɔtər]
Hier ist meine E-Mail-Adresse.	Här är min e-post adress. [hɛ:r ɛ:(r) mɪn e:pɔstadrəs]
Hier ist meine Telefonnummer.	Här är mitt telefonnummer. [hɛ:r ɛ:(r) mɪt tələˈfo:nnʉmər]

BEIM TELEFONIEREN – UNDER TELEFONSAMTAL

Ich hätte gern eine SIM-Karte, bitte.	Jag skulle gärna vilja ha ett SIM-kort tack. [ja:(g) skʉl:ə jɛ:rna vɪlja ha: et ˈsɪmkuʈ tak]
Mein Akku ist leer.	Mitt batteri är tomt. [mɪt batəri: ɛ:(r) tu:mt]
Hier spricht …	Du talar med … [dʉ: ta:lar mɛ:(d) ˈ…]
Mit wem spreche ich bitte?	Vem talar jag med? [vem ta:lar ja:(g) mɛ:(d)]
Kann ich bitte Herrn/Frau … sprechen?	Kan jag få tala med herr/fru … tack? [kan ja:(g) fo: ta:la mɛ:(d) hɛr/frʉ: tak]
Tut mir leid, er/sie ist nicht da.	Jag är ledsen, han/hon är inte där. [jɑ:(g) ɛ:(r) lesən han/hun ɛ:(r) ɪntə hɛ:r]
Kann er/sie Sie zurückrufen?	Kan han/hon ringa upp dig? [kan han/hun rɪŋa ʉp dɛj]

UNTERWEGS – PÅ VÄG

TOILETTE UND BAD – TOALETT OCH BAD

Wo ist bitte die Toilette?	Var ligger toaletterna? [va:r lɪgər tu:aˈlɛtərna]
Damen	Damer [dɑ:mər]
Herren	Herrar [hɛrar]
die Damentoilette	damtoaletten [da:mtu:aˈlɛtən]
die Herrentoilette	herrtoaletten [hɛrtu:aˈlɛtən]

BAHN – TÅG

Wann fährt der nächste Zug ab?	När går nästa tåg? [nɛ:r go:r nɛsta ˈto:g?]
Wo muss ich umsteigen?	Var måste jag byta? [va:r mɔste ja: by:ta]
Von welchem Gleis fährt der Zug nach …?	Från vilket spår går tåget till …? [fro:n vɪlkət spo:r go:r to:get tɪl]
Ist dieser Platz noch frei?	Är det ledigt här? [ɛ:(r) də le:dɪ(k)t hɛ:r]
Hält dieser Zug in …?	Stannar det här tåget i …? [stan:ar də hɛ:r to:gət i: ˈ…]

BUS – BUSS

Welche Linie fährt nach …?	Vilken linje går till …? [vɪlkən lɪnje go:r tɪl ˈ…]
Welche Linie fährt zum Bahnhof?	Vilken linje går till järnvägsstationen? [vɪlkən lɪnjə go:r tɪl ˈjɛ:ɳvjɛ:gsstaɧu:nən]
Wann fährt der nächste Bus nach …?	När går nästa buss till …? [nɛ:r go:r nɛsta bʉs tɪl ˈ…]
Wo muss ich aussteigen?	Var måste jag kliva av? [va:r mɔste ja: kli:va ˈa:v]

Wie viele Haltestellen sind es?	Hur många hållplatser är det? [hʉːr mɔŋa hɔlːplatsər ˈɛː(r) də]
Fährt dieser Bus nach …?	Går denna buss till …? [goːr ˈdenːa bʉs tɪl ˈ…]

AUTO – BIL

der Führerschein	körkortet [çœːrkuːʈət]
Entschuldigen Sie bitte, wie komme ich nach …?	Ursäkta mig, hur kommer jag till …? [ʉːrsɛkta mɛj hʉːr kɔmər jaː tɪl]
Entschuldigen Sie bitte, wo ist …?	Ursäkta mig, var är …? [ʉːrsɛkta mɛj vaːr ɛː ˈ…]
Wie weit ist es?	Hur långt är det? [hʉːr lɔŋt ɛː(r) de(t)]

BEIM ARZT – HOS LÄKAREN

Ich bin krankenversichert.	Jag är sjukförsäkrad. [jaː(g) ɛː(r) ɧʉːkfœrsɛːkrad]
Ich möchte von einer Ärztin behandelt werden, bitte.	Jag vill bli behandlad av en kvinnlig läkare, tack. [jaː(g) vɪl bliː behandlad aːv en ˈkvɪnlɪg lɛːkarə tak]
Es tut hier weh.	Här gör det ont. [hɛːr jœːr də ˈunt]
Ich bin ohnmächtig geworden.	Jag har svimmat. [jaː(g) haːr svɪmat]
Ich habe mich erbrochen.	Jag har kräkts. [jaː(g) haːr krɛːkts]
Ich habe Herzbeschwerden.	Jag har hjärtbesvär. [jaː(g) haːr jɛʈbesvɛːr]
Ich habe Atembeschwerden.	Jag har andningsproblem. [jaː(g) haːr andnɪŋsbesvɛːr]
Ich habe Zahnschmerzen.	Jag har tandvärk. [jaː(g) haːr tandvɛːrk]
Ich habe eine Füllung verloren.	Jag har tappat en lagning. [jaː(g) haːr tapat en laːgnɪŋ]
Ich bin allergisch gegen Antibiotika.	Jag är allergisk mot antibiotika. [jaː(g) ɛː(r) alɛrgɪsk muːt antɪbɪoːtɪka]
Ich bin allergisch gegen Bienen.	Jag är allergisk mot bier. [jaː(g) ɛː(r) alɛrgɪsk muːt biɛr]
Ich bin allergisch gegen Pollen.	Jag är allergisk mot pollen. [jaː(g) ɛː(r) alɛrgɪsk muːt polən]
Ich bin Diabetiker/Diabetikerin.	Jag är diabetiker. [jaː(g) ɛː(r) diːabeːtɪkər]
Ist es ansteckend?	Smittar det? [smɪtar də]
Ich brauche ein Rezept für …	Jag behöver ett recept för … [jaː(g) behœːvər et resəpt fœːr ˈ…]
Ich nehme Medikamente gegen …	Jag tar medicin mot … [jaː(g) taːr medɪsiːn muːt]

DIE VERBEN – VERBEN

Wenn es darum geht, eigene Sätze zu bilden, hilft Ihnen unsere ausführliche Verbliste, wo Sie auch abstrakte Verben, die sich nicht abbilden lassen, nachschlagen und übersetzen können.

A

abbeißen	bita av [bi:ta ˈa:v]
abbiegen	svänga av [svɛŋa ˈa:v]
abbringen	avråda [a:vro:da]
abfahren	köra av [ɕœ:ra ˈa:v]
abfärben	färga ur [fɛrja ˈʉ:r]
abfinden	ersätta [e:ʃɛta]
abfragen	efterfråga [ɛftərfro:ga]
abführen	föra bort [fœra ˈbɔʈ]
abfüllen	fylla [fyl:a]
abgeben	ge [je:]
abgewöhnen	avvänja [a:vɛnja]
abgrenzen	begränsa [bəgrɛnsa]
abhaken	haka av [bɔka ˈa:v]
abhalten	förhindra [fœrhɪndra]
abhärten	härda [hɛ:ɖa]
abhauen	sticka iväg [stɪka ɪˈvɛ:g]
abheben	lyfta [lyfta]
abholen	hämta [hɛmta]
abklären	klargöra [kla:rjœ:ra]
abklingen	avta [a:vta:]
abkochen	koka upp [ku:ka ˈɵp]
abkühlen	kyla [ɕy:la]
abkürzen	avkorta [a:vkɔʈa]

abladen	lasta av [lasta ˈa:v]
ablaufen	gå ut/löpa ut [go: ˈʉ:t]
ablecken	slicka av [slɪka ˈa:v]
ablegen	lägga bort [lɛga ˈbɔʈ]
ablehnen	avvisa [a:vi:sa]
ablenken	avleda [a:vle:da]
abmagern	magra [ma:gra]
abmalen	måla av [mo:la a:v]
abmelden	avanmäla [a:vanmɛ:la]
abmessen	mäta [mɛ:ta]
abnehmen	gå ner i vikt [go: ne:r i ˈvɪkt]
abnutzen	slita ut [sli:ta ˈʉ:t]
abonnieren	prenumerera [prenɵmәre:ra]
abprallen	studsa ifrån [stɵ(d)s:a ɪˈfro:n]
abputzen	städa [stɛ:da]
abraten	avråda [a:vro:da]
abräumen	röja av/duka av [rœja ˈa:v/dʉ:ka á:v]
abreagieren	avreagera sig [a:vreage:ra sɛj]
abrechnen	räkna av [rɛ:kna ˈa:v]
abregen	lugna ner sig [lɵŋna ˈne:r sɛj]
abreisen	resa bort [re:sa ˈbɔʈ]
abreißen	slita av [sli:ta ˈa:v]
abrunden	runda av [rɵnda ˈa:v]
abrutschen	halka ner [halka ˈne:r]
absagen	ställa in [stɛl:a ˈɪn]
abschaffen	avskaffa [a:vskaf:a]

abschalten	stänga av [stɛŋa ˈa:v]
abschätzen	uppskatta [ɵpskat:a]
abschauen	tjuvtitta [ɕʉ:vtɪt:a]
abschicken	skicka iväg [ʂɪka ɪˈvɛ:g]
abschleppen	bogsera iväg [bʊkse:ra ɪˈvɛ:g]
abschließen	låsa [lo:sa]
abschminken	sminka av [smɪŋka ˈa:v]
abschneiden	skära av [ɧɛ:ra ˈa:v]
abschreiben	skriva av [skri:va ˈa:v]
abschwächen	försvaga [fœrsva:ga]
abschweifen	komma på avvägar [kɔm:a po: ˈa:vɛ:gar]
abschwellen	gå ner [go: ˈne:r]
absehen	bortse ifrån [bɔʈse: ɪˈfro:n]
absenden	skicka iväg [ʂɪka ɪˈvɛ:g]
absetzen	avsätta/sätta av [a:vsɛt:a/sɛt:a ˈa:v]
absichern	försäkra [fœrˈsɛ:kra]
absinken	sjunka [ʂɵŋka]
abspeichern	spara [spa:ra]
abspielen	spela upp [spe:la ˈɵp]
abspringen	hoppa [hʊp:a]
abspülen	skölja av [ɧœlja ˈa:v]
abstammen	härstamma [hɛ:rstam:a]
abstehen	avstå [a:vsto:]
abstellen	ställa av [stɛl:a ˈa:v]
absterben	dö ut [dø: ˈʉ:t]
abstimmen	välja [vɛlja]
abstoßen	stöta bort [stø:ta ˈbɔʈ]
abstreiten	förneka [fœrˈne:ka]
abstumpfen	trubba av [trɵb:a ˈa:v]
abstürzen	störta [stœʈa]
abstützen	stötta upp [stœt:a ˈɵp]
absuchen	söka igenom [sø:ka ɪˈje:nɔm]
abtreiben	driva iväg [dri:va ɪˈvɛ:g]
abtrocknen	torka av [tɔrka ˈa:v]
abtropfen	rinna av [rɪn:a ˈa:v]
abverlangen	avkräva [a:vkrɛ:va]
abwägen	avväga [a:vɛ:ga]
abwarten	avvakta [a:vakta]
abwaschen	tvätta av [tvɛt:a ˈa:v]
abwechseln	turas om [tʉ:ras ˈɔm]
abwehren	avvärja [a:vɛrja]
abweichen	avvika [a:vi:ka]
abweisen	avvisa [a:vi:sa]
abwerten	nedvärdera [ne:dvɛɖe:ra]
abwischen	torka av [tɔrka ˈa:v]
abzahlen	avbetala [a:vbəta:la]
abziehen	dra av [dra: ˈa:v]
achten	akta [akta]
ächzen	jämra sig [jɛmra sɛj]
addieren	lägga till [lɛg:a ˈtɪl]
adoptieren	adoptera [adɔpˈte:ra]
adressieren	adressera [adrɛˈse:ra]
agieren	agera [aˈge:ra]
ähneln	likna [li:kna]
ahnen	ana [a:na]
aktivieren	aktivera [aktɪˈve:ra]

aktualisieren	aktualisera [aktʉ:alɪˈse:ra]
akzeptieren	acceptera [aksəpˈte:ra]
alarmieren	alarmera [alarˈme:ra]
amputieren	amputera [ampɵˈte:ra]
amüsieren	roa sig [ru:a sɛj]
analysieren	analysera [analyˈse:ra]
anbauen	bygga till [byg:a ˈtɪl]
anbeten	dyrka [dyrka]
anbiedern	ställa in sig [stɛl:a ˈɪn sɛj]
anbieten	erbjuda [e:rbjʉ:da]
anblicken	beskåda [bəsko:da]
anbrüllen	skälla ut [ɧɛl:a ˈʉ:t]
andauern	vara/pågå [va:ra/po:go:]
ändern	ändra [ɛndra]
andeuten	antyda [anty:da]
androhen	hota [hu:ta]
aneignen	tillägna sig/förvärva [ˈtɪlɛŋna sɛj/fœrvɛrva]
anekeln	äckla [ɛkla]
anerkennen	erkänna [e:rɕɛn:a]
anfangen	börja [bœrja]
anfassen	beröra [bəˈrœ:ra]
anfertigen	färdigställa [fɛ:ɖɪkstɛl:a]
anfeuern	heja på [hɛja ˈpo:]
anflehen	vädja till/bönfalla [vɛ:dja tɪl/bø:nfal:a]
anfordern	begära/ansöka [bəˈjɛ:ra/ansø:ka]
anfreunden	bli vän [bli: ˈvɛn]
anfühlen	kännas [ɕɛn:as]

anführen	leda [le:da]
angeben	uppge [ɵpje:]
angehören	tillföra [tɪlfœ:ra]
angeln	fiska [fɪska]
angewöhnen	vänja sig vid [vɛnja sɛj ˈvi:d]
angleichen	anpassa [anpas:a]
angreifen	angripa [angri:pa]
ängstigen	vara rädd [va:ra ˈrɛd]
angucken	titta på/se på [tɪt:a ˈpo:/se: po:]
anhaben	ha på sig [ha: ˈpo: sɛj]
anhalten	stanna/stoppa [stan:a/stɔpa]
anhängen	hänga på/bifoga [hɛŋa ˈpo:/bi:fu:ga]
anhimmeln	beundra [bəɵndra]
anhören	höra på [hœ:ra ˈpo:]
anklagen	anklaga [ankla:ga]
ankleben	klistra på [klɪstra ˈpo:]
anklicken	klicka på [klɪk:a ˈpo:]
anklopfen	knacka på [knak:a ˈpo:]
anknüpfen	knyta an [kny:ta ˈan]
ankommen	komma fram [kɔm:a ˈfram]
ankreuzen	kryssa för [krys:a ˈfœ:r]
ankündigen	meddela/tillkännage [me:d:e:la/tɪlɕɛn:aje:]
anlächeln	le mot [le: ˈmu:t]
anlachen	skratta åt [skrat:a ˈo:t]
anlehnen	luta sig mot [lʉ:ta sɛj ˈmu:t]

anleiten	vägleda	[vɛ:gle:da]
anlocken	locka till sig	[lɔka ˈtɪl sɛj]
anlügen	ljuga för	[jʉ:ga fœ:r]
anmachen	sätta på	[sɛt:a ˈpo:]
anmaßen	göra anspråk på	[jœ:ra ˈanspro:k po:]
anmelden	anmäla	[anmɛ:la]
anmerken	notera	[nʊte:ra]
annähern	närma sig	[nɛrma sɛj]
annehmen	ta emot	[ta: eˈmu:t]
annullieren	annullera	[anɵˈle:ra]
anordnen	ordna/beordra	[o:ɖna/bəoɖra]
anpacken	ta sig an något	[ta: sɛj ˈan no:gɔt]
anpassen	anpassa sig	[anpas:a sɛj]
anpflanzen	plantera	[plante:ra]
anprobieren	smaka av	[sma:ka ˈa:v]
anreden	tilltala	[tɪlta:la]
anrufen	ringa upp	[rɪŋa ˈɵp]
ansagen	anmäla	[anmɛ:la]
ansammeln	ansamla	[ansamla]
anschalten	sätta på	[sɛt:a ˈpo:]
anschauen	titta på	[tɪt:a ˈpo:]
anschieben	skjuta på	[ʂʉ:ta ˈpo:]
anschleichen	smyga	[smy:ga]
anschließen	ansluta sig	[anslʉ:ta sɛj]
anschmiegen	trycka tätt mot	[tryk:a ˈtɛt mu:t]
anschnallen	spänna fast	[spɛn:a ˈfast]
anschnauzen	skrika åt	[skri:ka ˈo:t]
anschreien	skälla ut	[ɧɛl:a ˈʉ:t]
anschuldigen	anklaga	[ankla:ga]
anschweigen	tysta	[tysta]
anschwellen	svälla upp	[svɛl:a ˈɵp]
anschwindeln	lura	[lʉ:ra]
ansehen	titta	[tɪt:a]
anspannen	spänna	[spɛn:a]
anspielen	anspela	[anspe:la]
anspitzen	spetsa	[spetsa]
anspornen	sporra/uppmuntra	[spɔr:a/ɵpmɵntra]
ansprechen	tilltala	[tɪlta:la]
anspringen	starta	[sta:ʈa]
anspucken	spotta	[spɔt:a]
anstarren	stirra	[stɪr:a]
anstecken	smitta	[smɪt:a]
anstehen	anstå	[ansto:]
ansteigen	stiga	[sti:ga]
anstellen	köa/ställa sig i kö	[kø:a/stɛl:a sɛj i: ˈkø:]
anstimmen	stämma upp	[stɛm:a ˈɵp]
anstoßen	skåla/krocka	[sko:la/krɔk:a]
anstrahlen	belysa	[bəly:sa]
anstreben	sträva efter	[strɛ:va ˈəftər]
anstreichen	stryka	[stry:ka]
anstrengen	anstränga sig	[anstrɛŋa sɛj]
antreffen	möta/träffa på	[mø:ta/trɛf:a ˈpo:]

antreiben	driva/driva på [dri:va/dri:va ˈpo:]
antreten	börja [bœrja]
antun	göra/orsaka [jœ:ra/u:ʂa:ka]
antworten	svara [sva:ra]
anvertrauen	anförtro sig [anfœrˈtru: sɛj]
anweisen	anvisa [anvi:sa]
anwenden	använda [anvɛnda]
anwidern	finna motbjudande [fɪn:a ˈmu:tbjʉdandə]
anzeigen	visa [vi:sa]
anziehen	klä på sig [klɛ: ˈpo: sɛj]
anzünden	sätta eld på [sɛt:a ˈeld po:]
anzweifeln	ifrågasätta [ɪfro:gasɛt:a]
applaudieren	applådera [aplɔˈde:ra]
arbeiten	arbeta [arˈbe:ta]
ärgern	förarga [fœrarja]
atmen	andas [andas]
aufarbeiten	upparbeta [ɵparbe:ta]
aufatmen	andas ut [andas ˈʉ:t]
aufbauen	bygga upp [byg:a ˈɵp]
aufbewahren	förvara [fœrˈva:ra]
aufblasen	blåsa upp [blo:sa ˈɵp]
aufbleiben	stanna uppe [stan:a ˈɵpə]
aufbrauchen	förbruka [fœrˈbrʉ:ka]
aufbrausen	brusa upp [brʉ:sa ˈɵp]
aufbrechen	bryta upp [bry:ta ˈɵp]
aufbringen	uppbringa [ɵpbrɪŋa]
aufdecken	avslöja [avslœja]
aufdrängen	tränga sig på [trɛŋa sɛj ˈpo:]
aufdrehen	skruva på [skrʉ:va ˈpo:]
aufeinanderfolgen	följa på varandra [fœlja po: ˈvarandra]
aufessen	äta upp [ɛ:ta ˈɵp]
auffallen	väcka uppmärksamhet [vɛka ˈɵpmɛrksamhe:t]
auffangen	fånga upp [fɔŋa ˈɵp]
auffassen	ta [ta:]
auffordern	uppmana [ɵpma:na]
aufführen	uppföra [ɵpfœ:ra]
aufgeben	ge upp [je: ˈɵp]
aufgreifen	ta upp [ta: ˈɵp]
aufhaben	ha på sig [ha: ˈpo: sɛj]
aufhalten	stoppa [stɔpa]
aufhängen	hänga upp [hɛŋa ˈɵp]
aufheben	upphäva [ɵphɛ:va]
aufhetzen	hetsa upp [hetsa ˈɵp]
aufholen	komma ikapp [kɔma ˈɪkap]
aufhören	upphöra [ɵphœ:ra]
aufkleben	klistra på [klɪstra ˈpo:]
aufladen	ladda upp [lad:a ˈɵp]
auflassen	lämna öppen/behålla på [lɛmna ˈœpən/ bəhɔl:aˈ po:]
auflauern	lurpassa [lʉ:rpas:a]
aufleben	liva upp [li:va ˈɵp]
auflehnen	luta sig [lʉ:ta sɛj]
auflockern	luckra upp [lɵk:ra ˈɵp]

aufloesen	lösa upp [lø:sa ˈɵp]
aufmachen	öppna [œp:na]
aufmuntern	muntra upp [mɵntra ˈɵp]
aufnehmen	spela in/ta upp [spe:la ˈɪn/ta ˈɵp]
aufpassen	se upp [se: ˈɵp]
aufplatzen	spricka [sprɪk:a]
aufpumpen	pumpa upp [pɵmpa ˈɵp]
aufraffen	rycka upp sig [ryk:a ˈɵp sɛj]
aufräumen	röja upp [rœja ˈɵp]
aufrechterhalten	upprätthålla [ɵprɛthɔl:a]
aufregen	bli upprörd [bli: ˈɵprœɖ]
aufrunden	runda av [rɵnda ˈa:v]
aufsammeln	samla ihop [samla ɪˈhu:p]
aufschieben	skjuta upp [ɧʉ:ta ˈɵp]
aufschließen	ansluta sig [anslʉ:ta sɛj]
aufschreiben	skriva upp [skri:va ˈɵp]
aufspringen	hoppa upp [hɔp:a ˈɵp]
aufstacheln	uppvigla [ɵpvi:gla]
aufstehen	stiga upp [sti:ga ˈɵp]
aufstellen	ställa upp [stɛl:a ˈɵp]
aufstützen	stödja [stø:dja]
aufsuchen	söka upp [sø:ka ˈɵp]
auftauchen	dyka upp [dy:ka ˈɵp]
aufteilen	dela upp [de:la ˈɵp]
auftragen	breda på [bre:da ˈpo:]
auftreiben	skaffa fram [skaf:a ˈfram]
auftreten	uppträda [ɵptrɛ:da]
aufwachen	vakna upp [va:kna ˈɵp]
aufwachsen	växa upp [vɛksa ˈɵp]
aufwärmen	värma upp [vɛrma ˈɵp]
aufwecken	väcka [vɛk:a]
aufweichen	mjuka upp [mjʉka ˈɵp]
aufweisen	påvisa [po:vi:sa]
aufwischen	torka upp [tɔrka ˈɵp]
aufwühlen	röra upp [rœ:ra ˈɵp]
aufzählen	räkna upp [rɛkna ˈɵp]
aufzeichnen	anteckna/notera [antək:na/nuˈte:ra]
aufzeigen	påvisa [po:vi:sa]
aufzwingen	tvinga på [tvɪŋa ˈpo:]
ausarbeiten	utarbeta [ʉ:tarbe:ta]
ausatmen	andas ut [andas ˈʉ:t]
ausbessern	förbättra [fœrbɛt:ra]
ausbleiben	utebli [ʉ:təbli:]
ausbrechen	bryta ut/bryta loss [bry:ta ˈʉ:t/bry:ta ˈlɔs]
ausbreiten	utarbeta [ʉ:tarbe:ta]
ausdehnen	sträcka ut [strɛk:a ˈʉ:t]
ausdenken	tänka ut [tɛŋka ˈʉ:t]
auseinander-brechen	gå sönder [go: ˈsœndər]
ausfallen	falla bort [fal:a ˈbɔʈ]
ausfragen	fråga ut [fro:ga ˈʉ:t]
ausfüllen	fylla i [fyl:a ˈi:]
ausgeben	ge ut [ge: ˈʉ:t]

ausgehen	gå ut	[goː ˈʉːt]
ausgleichen	jämna ut	[jɛmna ˈʉːt]
aushaben	blivit färdig	[bliːvɪt ˈfæːɖɪg]
aushalten	stå ut	[stoː ˈʉːt]
aushelfen	hjälpa till	[jɛlpa ˈtɪl]
auskennen	kunna	[kɵnːa]
auskommen	komma överens	[kɔmːa œvərˈens]
auslachen	skratta ut	[skratːa ˈʉːt]
auslaufen	löpa ut	[løːpa ˈʉːt]
ausleeren	tömma	[tœmːa]
ausleihen	låna	[loːna]
ausloggen	logga ut	[lɔgːa ˈʉːt]
auslösen	utlösa	[ʉːtløːsa]
ausmachen	släcka/stänga av	[slɛkːa/stɛŋa ˈaːv]
ausmalen	måla upp/föreställa sig	[moːla ˈɵp/fœrəstɛlːa sɛj]
ausmessen	mäta ut	[mɛːta ˈʉːt]
ausnutzen	utnyttja	[ʉːtnytja]
auspacken	avslöja	[aːvslœja]
ausplaudern	skvallra	[skvalːra]
auspressen	pressa/klämma	[prɛsːa/klɛmːa]
ausprobieren	pröva/testa	[prøːva/tɛsta]
ausrasten	flippa ut	[flɪpːa ˈʉːt]
ausrauben	råna	[roːna]
ausrechnen	räkna ut	[rɛkna ˈʉːt]
ausreden	tala till punkt	[taːla tɪl ˈpɵŋt]
ausreichen	räcka till	[rɛkːa ˈtɪl]
ausreisen	resa ut	[reːsa ˈʉːt]
ausrichten	framföra	[framfœra]
ausruhen	vila ut	[viːla ˈʉːt]
ausrutschen	halka	[halka]
ausschalten	stänga av	[stɛŋa ˈaːv]
ausscheiden	upphöra/avgå	[ɵphœra/aːvgoː]
ausschimpfen	skälla ut	[ɧɛlːa ˈʉːt]
ausschlafen	sova ut	[soːva ˈʉːt]
ausschließen	stänga ute	[stɛŋa ˈʉːtə]
ausschneiden	klippa ut	[klɪpːa ˈʉːt]
aussehen	se ut	[seː ˈʉːt]
äußern	yttra	[ytːra]
aussetzen	utsätta	[ʉːtsɛtːa]
aussprechen	tala ut	[taːla ˈʉːt]
ausstehen	stå ut med	[stoː ˈʉːt mɛː]
aussteigen	kliva av	[kliːva ˈaːv]
aussterben	dö ut	[døː ˈʉːt]
ausstrecken	sträcka ut	[strɛkːa ˈʉːt]
aussuchen	välja	[vɛlja]
austauschen	byta	[byːta]
austeilen	dela upp	[deːla ˈɵp]
austoben	leka ut/avreagera	[leːka ˈʉːt/aːvreːageːra]
austreten	träda ut	[trɛːda ˈʉːt]
austricksen	överlista	[øːverlɪsta]

austrinken	dricka ur [drɪk:a ˈʉ:r]
ausüben	utöva [ʉ:tø:va]
auswählen	välja ut [vɛlja ˈʉ:t]
auswandern	utvandra [ʉ:tvandra]
auswaschen	tvätta ur [tvɛt:a ˈʉ:r]
auswechseln	byta ut [by:ta ˈʉ:t]
ausweichen	undvika [ɵndvi:ka]
auswerten	utvärdera [ʉ:tvɛɖe:ra]
auswirken	inverka [ɪnvɛrka]
auszählen	räkna ut [rɛkna ˈʉ:t]
auszeichnen	belöna [bəlø:na]
ausziehen	klä av sig [klɛ ˈa:v sɛj]

B

babysitten	passa barn [passa ˈba:ɳ]
backen	baka [ba:ka]
baden	bada [ba:da]
baggern	gräva [grɛ:va]
basteln	pyssla [pys:la]
bauen	bygga [byg:a]
beabsichtigen	avse [a:vse:]
beachten	beakta [bəakta]
beängstigen	skrämma [skrɛm:a]
beanspruchen	göra anspråk på [jœ:ra ˈanspro:k po:]
beantragen	ansöka [ansø:ka]
beantworten	besvara [bəsva:ra]
bearbeiten	bearbeta [be:ˈarbe:ta]
beatmen	ge konstgjord andning [je: kɔnstˈju:ɖ andnɪŋ]
beaufsichtigen	övervaka [ø:vərˈva:ka]
beauftragen	ge i uppdrag [ge: i: ˈɵpdra:g]
bedanken	tacka [tak:a]
bedauern	beklaga [bəkla:ga]
bedecken	täcka [tɛk:a]
bedenken	begrunda [bəˈgrɵnda]
bedeuten	betyda [bəˈty:da]
bedienen	betjäna [bəˈçɛ:na]
bedrängen	pressa [prɛs:a]
bedrohen	hota [hu:ta]
bedrücken	trycka [tryk:a]
beeilen	skynda sig [ʂynda sɛj]

beeindrucken	göra intryck på [jœ:ra ɪntryk: ˈpo:]
beeinflussen	påverka [po:ˈvɛrka]
beeinträchtigen	hämma [hɛm:a]
beenden	avsluta [a:vslʉ:ta]
beerdigen	begrava [bəgra:va]
befassen	befatta sig [bəˈfat:a sɛj]
befehlen	ge order [je: o:ɖər]
befestigen	befästa [bəfɛsta]
befeuchten	fukta [fɵkta]
befinden	befinna sig [bəfɪn:a sɛj]
befolgen	följa [fœlja]
befragen	utfråga [ʉ:tˈfro:ga]
befreien	befria [bəfri:a]
befriedigen	tilfredställa [tɪlfre:dstɛl:a]
befruchten	befrukta [bəfrɵkta]
befürchten	frukta/vara rädd [frɵkta/va:ra rɛd]
befürworten	förespråka [fœ:rəspro:ka]
begegnen	möta [mø:ta]
begehen	begå [bəgo:]
begehren	begära [bəjɛ:ra]
begeistern	begeistra [bəgajstra]
beginnen	börja [bœrja]
begleiten	följa med [fœlja ˈmɛ:]
beglückwünschen	gratulera [gratɵˈle:ra]
begraben	gräva ner [grɛ:va ˈne:r]
begreifen	begripa [bəˈgri:pa]
begrenzen	begränsa [bəˈgrɛnsa]

begründen	grunda [grɵnda]
begrüßen	hälsa välkommen [hɛlsa vɛ:lˈkɔm:ən]
begünstigen	befrämja [bəˈfrɛmja]
begutachten	inspektera [ɪnspɛkˈte:ra]
behalten	behålla [bəˈhɔl:a]
behandeln	behandla [bəˈhandla]
beharren	härda ut [hɛɖa ˈu:t]
behaupten	hävda [hɛvda]
beheben	avhjälpa [a:vjɛlpa]
behelfen	klara/sköta [kla:ra/ɧø:ta]
beherrschen	behärska [bəˈhɛʂka]
beherzigen	beakta [bəˈakta]
behindern	hindra [hɪndra]
behüten	skydda [ɧyd:a]
beibehalten	behålla [bəˈhɔl:a]
beibringen	lära ut [lɛ:ra ˈʉ:t]
beichten	bekänna [bəˈçɛn:a]
beifügen	bifoga [bi:fu:ga]
beinhalten	innehålla [in:əhɔl:a]
beipflichten	instämma [instɛm:a]
beirren	förvirra [fœˈvɪr:a]
beißen	bita [bi:ta]
beistehen	stödja [stø:dja]
beitragen	bidra med [bi:dra ˈmɛ:]
beitreten	ansluta sig till [anslʉ:ta sɛj ˈtɪl]
bejahen	bejaka [bəˈja:ka]
bejubeln	bejubla [bəˈjʉ:bla]
bekämpfen	bekämpa [bəˈçɛmpa]

bekehren	omvända [ɔmvɛnda]
bekennen	bekänna [bəˈçɛn:a]
beklagen	beklaga [bəˈkla:ga]
bekleckern	spilla [spɪl:a]
bekommen	få/erhålla [fo:/e:rˈhɔl:a]
bekräftigen	bekräfta [bəˈkrɛfta]
beladen	lasta [lasta]
belasten	belasta [bəˈlasta]
belästigen	besvära/ofreda [bəˈsvɛ:ra/u:fre:da]
belauschen	avlyssna [a:vlys:na]
beleidigen	förolämpa [fœ:rˈu:lɛmpa]
bellen	skälla [ɧɛl:a]
belohnen	belöna [bəˈlø:na]
belügen	ljuga [jʉ:ga]
bemerken	märka [mɛrka]
bemitleiden	ha medlidande med [ha: me:dli:dande ˈmɛ:]
bemühen	anstränga sig [anstrɛŋa sɛj]
benachrichtigen	underrätta [ɵndərrɛt:a]
benehmen	uppföra sig [ɵpfœ:ra sɛj]
beneiden	avundas [a:vɵndas]
benennen	benämna [bənɛmna]
benoten	betygsätta [bəˈty:gsɛt:a]
benötigen	behöva [bəˈhø:va]
beobachten	iaktta [i:ˈaktta:]
beraten	råda [ro:da]
berechnen	beräkna [bəˈrɛkna]
bereden	diskutera [dɪskɵˈte:ra]
bereiten	bereda [bəˈre:da]
bereithalten	hålla beredd [hɔl:a bəˈred]
bereitmachen	förbereda [fœ:rbəre:da]
bereuen	ångra [o:ŋra]
berichten	rapportera [rapɔˈʈe:ra]
berichtigen	rätta [rɛt:a]
berücksichtigen	ta hänsyn till [ta: hɛ:nsy:n ˈtɪl]
beruhigen	lugna [lɵŋna]
berühren	beröra/röra vid [bəˈrœ:ra/rœ:ra ˈvi:d]
beschädigen	skada [ska:da]
beschaffen	skaffa [skaf:a]
beschäftigen	sysselsätta [sys:əlsɛt:a]
bescheinigen	intyga [ɪnty:ga]
beschenken	skänka [ɧɛŋka]
beschimpfen	förolämpa [fœ:rˈu:lɛmpa]
beschleunigen	påskynda [po:ɧynda]
beschließen	besluta [bəˈslʉ:ta]
beschmutzen	smutsa [smɵtsa]
beschränken	begränsa [bəˈgrɛnsa]
beschreiben	beskriva [bəˈskri:va]
beschuldigen	anklaga [ankla:ga]
beschützen	skydda [ɧyd:a]
beschweren	besvära sig/överklaga [bəˈsvɛ:ra sɛj/ø:vərkla:ga]
beseitigen	undanröja [ɵndanrœja]
besetzen	besätta [bəˈsɛt:a]
besichtigen	besiktiga [bəˈsɪktɪga]
besiegen	besegra [bəˈse:gra]
besitzen	äga [ɛ:ga]

besorgen	skaffa [skaf:a]
besprechen	diskutera [dɪskɵˈte:ra]
bestätigen	bekräfta [bəˈkrɛfta]
bestatten	begrava [bəˈgra:va]
bestaunen	förundras [fœrɵndras]
bestehen	bestå [bəˈsto:]
bestellen	beställa [bəˈstɛl:a]
bestimmen	bestämma [bəˈstɛm:a]
bestrafen	straffa [straf:a]
bestreiten	förneka [fœrˈne:ka]
besuchen	besöka [bəˈsø:ka]
betätigen	manövrera [manœvˈre:ra]
betäuben	bedöva [bəˈdø::va]
beteiligen	delta [de:lta:]
beten	be [be:]
beteuern	bedyra [bəˈdy:ra]
betonen	betona [bəˈtu:na]
betören	förleda [fœrˈle:da]
betrachten	betrakta [bəˈtrakta]
betreuen	ta hand om [ta:ˈ hand ɔm]
betrügen	bedra [bədra:]
betteln	tigga [tɪg:a]
beugen	böja [bœja]
beunruhigen	oroa [u:ru:a]
beurteilen	döma [dœma]
bevorzugen	föredra [fœ:rədra:]
bewachen	övervaka [ø:vərˈva:kə]
bewaffnen	beväpna [bəˈvɛ:pna]
bewältigen	bemästra [bəˈmɛstra]

bewegen	röra [rœ:ra]
beweisen	bevisa [bəˈvi:sa]
bewerben	ansöka [ansø:ka]
bewerten	utvärdera [ʉ:tvɛˈɖe:ra]
bewirken	förorsaka [fœ:rʊʂa:ka]
bewohnen	bebo [bəbu:]
bewundern	beundra [bəˈɵndra]
bezahlen	betala [bəˈta:la]
bezeichnen	beteckna [bəˈtəkna]
bezweifeln	betvivla [bəˈtvi:vla]
biegen	böja [bœja]
bieten	bjuda [bjʉ:da]
bilden	bilda [bɪlda]
bitten	be [be:]
blamieren	göra bort sig [jœ:ra ˈboʈ sɛj]
blasen	blåsa [blo:sa]
bleiben	stanna kvar [stan:a ˈkva:r]
blenden	bländа [blɛnda]
blinken	blinka [blɪŋka]
blinzeln	blinka [blɪŋka]
blitzen	blixtra [blɪkstra]
blockieren	blockera [blɔˈk:e:ra]
blühen	blomstra [blɔmstra]
bluten	blomma [blʊm:a]
bohren	borra [bɔr:a]
boxen	boxas [bʊksas]
boykottieren	bojkotta [bɔjkɔt:a]
braten	steka [ste:ka]
brauchen	behöva [bəˈhø:va]

brechen	bryta [bry:ta]
bremsen	bromsa [brɔmsa]
brennen	bränna [brɛn:a]
bringen	medföra [me:dfœ:ra]
bröckeln	falla sönder [fal:a ˈsœndər]
brüllen	ryta [ry:ta]
brummen	brumma [brɵm:a]
brüten	ruva [rʉ:va]
buchen	boka [bu:ka]
buchstabieren	bokstavera [bʊkstaˈve:ra]
bücken	bocka sig [bɔk:a sɛj]
bügeln	stryka [stry:ka]
bummeln	strosa [stru:sa]
bürsten	borsta [bɔʂta]

C

campen	campa [kampa]
charakterisieren	karakterisera [karaktɛrɪˈse:ra]
chatten	chatta [ɕat:a]

D

dableiben	stanna kvar [stan:a ˈkva:r]
danebenbenehmen	missköta sig [mɪs:ɧœ:ta sɛj]
danken	tacka [tak:a]
darstellen	föreställa [fœ:rəstɛl:a]
dastehen	framstå [framsto:]
dauern	dröja [drœja]
decken	täcka [tɛk:a]
dehnen	sträcka ut [strɛka ˈʉ:t]
dementieren	dementera [dəmənˈte:ra]
demonstrieren	demonstrera [dəmɔnˈstre:ra]
demütigen	förödmjuka [fœ:rˈø:dmjʉ:ka]
denken	tänka [tɛŋka]
deprimieren	deprimera [dəprɪˈme:ra]
desinfizieren	desinficera [dəsɪnfɪˈse:ra]
deuten	antyda [anty:da]
dienen	betjäna [bəçɛ:na]
diskriminieren	diskriminera [dɪskrɪmɪˈne:ra]
diskutieren	diskutera [dɪskɵˈte:ra]
disqualifizieren	diskvalificera [dɪsvalɪfɪˈse:ra]
distanzieren	distansera [dɪstanˈse:ra]
dividieren	dividera [dɪvɪˈde:ra]
donnern	åska [ɔska]
dosieren	dosera [dʊse:ra]
downloaden	ladda ner [lad:a ˈne:r]
dramatisieren	dramatisera [dramatɪˈse:ra]
dranbleiben	hålla sig till [hɔl:a sɛj ˈtɪl]
drängeln	trängas [trɛŋas]
drängen	knuffa [knɵf:a]
drankommen	stå på tur [sto: po: ˈtʉ:r]
drehen	vrida [vri:da]
drohen	hota [hu:ta]
drucken	skriva ut [skri:va ˈʉ:t]
drücken	trycka [tryk:a]
ducken	ducka [dɵk:a]
duften	dofta [dɔfta]
dulden	tåla [to:la]
durchdenken	tänka igenom [tɛŋka ɪˈje:nɔm]
durcheinander-bringen	röra till det [rœ:ra ˈtɪl də]
durchführen	genomföra [je:nɔmfœ:ra]
durchsagen	meddela [me:de:la]
durchschauen	genomskåda [je:nɔmsko:da]
durchsetzen	genomdriva [je:nɔmdri:va]

durchsickern	läcka	[lɛka]
durchstöbern	genomsöka	[je:nɔmsø:ka]
durchstreichen	stryka över	[stry:ka ˈø:vər]
durchwühlen	rota igenom	[ru:ta ɪˈje:nɔm]
durchziehen	dra igenom	[dra: ɪˈje:nɔm]
dürfen	få lov	[fo: ˈlo:v]
duschen	duscha	[dɵɧa]
duzen	dua	[dʉ:a]

E

ebnen	jämna	[jɛmna]
ehren	hedra	[he:dra]
eignen	äga	[ɛ:ga]
eilen	skynda	[ɧynda]
einatmen	andas in	[andas ˈɪn]
einbilden	inbilla	[ɪnbɪl:a]
einbrechen	bryta sig in	[bry:ta sɛj ˈɪn]
einchecken	checka in	[ɕɛk:a ˈɪn]
eincremen	smörja in	[smœrja ˈɪn]
eindringen	tränga in	[trɛŋa ˈɪn]
eindrücken	trycka in	[tryk:a ˈɪn]
einengen	reducera	[rədɵˈse:ra]
einfädeln	trä in	[trɛ: ˈɪn]
einfahren	inträda	[ɪntrɛ:da]
einfallen	falla in	[fal:a ˈɪn]
einfangen	fånga	[fɔŋa]
einfügen	infoga	[ɪnfu:ga]
einfühlen	leva sig in i	[le:va sɛj ˈɪn i:]
einführen	införa	[ɪnfø:ra]
eingeben	mata in	[ma:ta ˈɪn]
eingestehen	erkänna	[e:rɕɛn:a]
eingreifen	ingripa	[ɪngri:pa]
eingrenzen	begränsa	[bəˈgrɛnsa]
einholen	inhämta	[ɪnhɛmta]
einigen	enas	[e:nas]
einkaufen	handla/köpa	[handla/ɕø:pa]
einkleben	klistra in	[klɪstra ˈɪn]

einklemmen	klämma in [klɛm:a ˈɪn]
einladen	bjuda in [bjʉ:da ˈɪn]
einleben	göra sig hemmstadd [jœ:ra sɛj ˈhem:stad:]
einlenken	ge efter [je: ˈɛftər]
einleuchten	förklara [fœrˈkla:ra]
einliefern	lämna in [lɛmna ˈɪn]
einloggen	logga in [lɔg:a ˈɪn]
einlösen	lösa in [lø:sa ˈɪn]
einmischen	blanda in [blanda ˈɪn]
einordnen	placera [plaˈse:ra]
einpacken	packa in [pak:a ˈɪn]
einparken	parkera [parˈke:ra]
einpflanzen	plantera [planˈte:ra]
einplanen	planera in [plane:ra ˈɪn]
einprägen	prägla in [prɛ:gla ˈɪn]
einräumen	medge [me:dje:]
einreden	övertyga [ø:vərty:ga]
einreiben	smörja in [smœrja ˈɪn]
einreisen	resa in [re:sa ˈɪn]
einrosten	rosta ihop [rɔsta ˈɪhu:p]
einschalten	sätta på [sɛt:a ˈpo:]
einschätzen	uppskatta [ɵpskat:a]
einschenken	servera/hälla upp [sərˈve:ra/hɛl:a ˈɵp]
einschlafen	somna [sʊmna]
einschließen	låsa in [lo:sa ˈɪn]
einschränken	inskränka [ɪnskrɛŋka]
einschreiten	ingripa [ɪngri:pa]
einschüchtern	skrämma [skrɛm:a]
einschulen	skola in [sku:la ˈɪn]
einsehen	inse [ɪnse:]
einsetzen	sätta in [sɛt:a ˈɪn]
einsperren	spärra in [spɛr:a ˈɪn]
einspringen	rycka in [ryk:a ˈɪn]
einstecken	sticka in [stɪk:a ˈɪn]
einsteigen	stiga in/stiga på [sti:ga ˈɪn/sti:ga ˈpo:]
einstellen	ställa in [stɛl:a ˈɪn]
einstürzen	störta [stœʈa]
eintauchen	dyka ner i [dy:ka ˈne:r i:]
einteilen	dela [de:la ˈɵp]
eintragen	skriva in [skri:va ˈɪn]
eintreffen	inträffa [ɪntrɛf:a]
eintreten	gå in [go: ˈɪn]
einwandern	invandra [ɪnvandra]
einwechseln	växla in [væ:ksla ˈɪn]
einweichen	blöta [blø:ta]
einweihen	inviga [ɪnvi:ga]
einweisen	instruera [ɪnstrɵˈera]
einwenden	invända [ɪnvænda]
einwilligen	tillåta [tɪl:o:ta]
einzahlen	betala in [bəta:la ˈɪn]
eitern	vara sig [va:ra sɛj]
ekeln	äckla [ɛkla]
empfangen	ta emot [ta: əˈmu:t]
empfehlen	rekommendera [rəkɔm:ənˈde:ra]
empfinden	känna [ɕæn:a]
enden	avsluta [a:vslʉ:ta]
entdecken	upptäcka [ɵptɛk:a]

entfachen	tända	[tænda]
entfallen	falla bort	[fal:a ˈbɔʈ]
entfernen	avlägsna	[a:vlɛ:gsna]
entführen	kidnappa	[kɪdnap:a]
entgegenbringen	underräta	[ɵndərˈrɛt:a]
entgegnen	besvara	[bəˈsva:ra]
entgleisen	spåra ur	[spo:ra ˈu:r]
enthalten	innehålla	[ɪn:əhɔl:a]
entkommen	komma undan	[kɔm:a ˈɵndan]
entlanggehen	gå längs	[go: ˈlɛŋs]
entlassen	avskeda	[a:vɧe:da]
entlasten	avlasta	[a:vlasta]
entlaufen	rymma	[rym:a]
entscheiden	besluta	[bəˈslʉ:ta]
entschließen	besluta sig	[bəˈslʉ:ta sɛj]
entschuldigen	ursäkta	[ʉ:ʂɛkta]
entsetzen	förfära	[fœ:rˈfɛ:ra]
entsorgen	kassera	[kaˈs:e:ra]
entspannen	slappna av	[slapna ˈa:v]
entsprechen	uppfylla/motsvara	[ɵpfyl:a/mu:tsva:ra]
entstehen	uppstå	[ɵpsto:]
entstellen	vanställa	[va:nstɛl:a]
enttäuschen	göra besviken	[jœ:ra bəˈsvi:kən]
entwaffnen	avväpna	[avɛpna]
entweichen	läcka ut	[lɛka ˈu:t]
entwerfen	utforma	[u:tfɔrma]
entwickeln	utveckla	[ʉ:tvek:la]
erben	ärva	[ɛrva]
erbrechen	kräkas	[krɛ:kas]
ereignen	inträffa	[ɪntrɛf:a]
erfahren	erfara	[e:rˈfa:ra]
erfinden	uppfinna	[ɵpfɪna]
erforschen	utforska	[ʉ:tfɔʂka]
erfrieren	frysa ihjäl	[fry:sa ɪˈjæ:l]
erfrischen	friska upp	[frɪska ˈɵp]
erfüllen	uppfylla	[ɵpfyl:a]
ergänzen	lägga till	[lɛg:a ˈtɪl]
ergeben	inbringa	[ɪnbrɪŋa]
erhalten	få/erhålla	[fo:/e:rhɔl:a]
erhoffen	hoppas	[hɔp:as]
erhöhen	höja	[hœja]
erholen	hämta sig	[hɛmta sɛj]
erinnern	påminna	[po:mɪn:a]
erkälten	bli förkyld	[bli: ˈfœrçy:ld]
erkennen	känna igen	[ɕæn:a ɪˈjɛn]
erklären	förklara	[fœrˈkla:ra]
erkundigen	undersöka/ta reda på	[ɵndəʂø:ka/ta: ˈre:da po:]
erlauben	tillåta	[tɪllo:ta]

erläutern	belysa [bəˈly:sa]
erleben	uppleva [ɵple:va]
erledigen	klara av [klara ˈa:v]
erleichtern	underlätta [ɵndərlɛt:a]
erlösen	befria [bəˈfri:a]
ermahnen	uppmana [ɵpma:na]
ermitteln	avgöra/ta reda på [a:vjœ:ra/ta: ˈre:da po:]
ermöglichen	möjliggöra [mœjlɪgjœ:ra]
ermorden	mörda [mœɖa]
ermuntern	uppmuntra [ɵpmɵntra]
ermutigen	uppmuntra [ɵpmɵntra]
ernähren	försörja [fœrˈsœrja]
ernennen	utnämna [ʉ:tnɛmna]
erneuern	förnya [fœrˈny:a]
ernten	skörda [ɧœɖa]
eröffnen	öppna [œpna]
erpressen	utpressa [ʉ:tprɛs:a]
erregen	hetsa upp [hetsa ˈɵp]
erreichen	uppnå [ɵpno:]
erscheinen	förefalla [fœ:rəfal:a]
erschrecken	bli förskräckt/skrämma [bli: fœrˈskrɛkt/skrɛm:a]
erschüttern	omskaka [ɔmska:ka]
erschweren	försvåra [fœˈʂvo:ra]
ersetzen	ersätta [e:ˈʂɛt:a]
erstaunen	häpna [hɛ:pna]
ersticken	kvävas [kvɛ:vas]
ertappen	ertappa [e:rˈtap:a]
ertragen	stå ut med [sto: ˈʉ:t mɛ:]
ertrinken	drunkna [drɵŋkna]
erwähnen	nämna [nɛmna]
erwarten	vänta sig/förvänta [vɛnta sɛj/fœrˈvɛnta]
erwidern	besvara [bəˈsva:ra]
erwürgen	strypa [stry:pa]
erzählen	berätta [bəˈrɛt:a]
erzeugen	skapa [ska:pa]
erziehen	uppfostra [ɵpfʊstra]
erzwingen	tvinga [tvɪŋa]
essen	äta [ɛ:ta]
existieren	existera [əksɪˈste:ra]
explodieren	explodera [explʊˈde:ra]

F

fahren	köra [ɕœ:ra]
fallen	falla omkull [fal:a ˈɔmkɵl]
fälschen	förfalska [fœrˈfalska]
falten	vika [vi:ka]
fangen	fånga [fɔŋa]
färben	färga [fɛrja]
fassen	gripa/fatta [gri:pa/fat:a]
fasten	fasta [fasta]
faszinieren	fascinera [faʃɪˈne:ra]
faulen	ruttna [rɵtna]
faulenzen	lata sig [la:ta sɛj]
fechten	fäkta [fɛkta]
fegen	sopa [su:pa]
fehlen	fattas [fat:as]
feiern	fira [fi:ra]
feilen	fila [fi:la]
fernsehen	se på tv [se: po: ˈte:ve:]
fernsteuern	fjärrstyra [fjɛrsty:ra]
fertigmachen	knäcka någon [knɛk:a no:gɔn]
fesseln	binda [bɪnda]
festhalten	hålla fast [hɔl:a ˈfast]
festnehmen	arrestera [ar:əsˈte:ra]
feststehen	stå fast [sto: ˈfast]
feststellen	konstatera [kɔnstaˈte:ra]
filmen	filma [fɪlma]
filtern	filterera [fɪlˈtre:ra]
finanzieren	finansiera [fɪnanˈsɪe:ra]
finden	hitta [hɪt:a]
flehen	tigga [tɪg:a]
flicken	laga [la:ga]
fliegen	flyga [fly:ga]
fliehen	fly [fly:]
fließen	rinna [rɪn:a]
flimmern	flimra [flɪmra]
flirten	flörta [flœʈa]
fluchen	förbanna [fœrˈban:a]
flüchten	rymma [rym:a]
flüstern	viska [vɪska]
föhnen	föna [fø:na]
folgen	följa [fœlja]
folgern	sluta sig till [slʉ:ta sɛj tɪl]
foltern	tortera [tʊˈʈe:ra]
fordern	kräva [krɛ:va]
fördern	främja [fræmja]
formulieren	formulera [fɔrmɵˈle:ra]
forschen	forska [fɔʂka]
fortbilden	vidareutbilda [vi:darəʉ:tbɪlda]
fortfahren	forsätta [fu:ʈsɛt:a]
fortsetzen	fortfara [fu:ʈfa:ra]
fotografieren	fotografera [fʊtʊgraˈfe:ra]
fragen	fråga [fro:ga]
frankieren	frankera [fraŋˈke:ra]
freigeben	frisläppa [fri:slɛp:a]

freihaben	vara ledig [vaːra ˈleːdɪg]
freilassen	frisläppa [friːslɛpːa]
freisprechen	frikänna [friːɕænːa]
fremdgehen	vänsterprassla [vɛnstərprasla]
fressen	frossa [frɔsːa]
freuen	glädja sig [glædja sɛj]
frieren	frysa [fryːsa]
frühstücken	äta frukost [ɛːta ˈfrɵkɔst]
frustrieren	frustrera [frɵˈstreːra]
fühlen	känna [ɕænːa]
führen	leda [leːda]
füllen	fylla [fylːa]
funktionieren	fungera [fɵŋˈgeːra]
fürchten	frukta/vara rädd för [frɵkta/vaːra ˈrɛd føːr]

G

gähnen	gäspa [jæspa]
garantieren	garantera [garanˈteːra]
geben	ge [jeː]
gefährden	riskera [rɪsˈkeːra]
gefallen	behaga [bəhaːga]
gehen	gå [goː]
gehorchen	lyda [lyːda]
gehören	tillhöra [tɪlhøːra]
gelangen	nå/uppnå [noː/ɵpnoː]
gelingen	lyckas [lykːas]
gelten	gälla [jɛlːa]
genehmigen	godkänna [guːdɕænːa]
genesen	tillfriskna [tɪlfrɪskna]
genieren	genera [ɧəˈneːra]
genießen	njuta [njʉːta]
genügen	räcka [rɛkːa]
geschehen	hända [hænda]
gestatten	tillåta [tɪlloːta]
gestehen	erkänna [eːrˈɕænːa]
gestikulieren	gestikulera [ɧɛstɪkɵˈleːra]
gewinnen	vinna [vɪnːa]
gewittern	åskväder [ɔskvɛːdər]
gewöhnen	vänja sig [vænja sɛj]
gießen	vattna [vatna]
glänzen	glänsa [glænsa]
glätten	jämna ut [jæmna ˈʉːt]
glauben	tro [truː]
gleichen	likna [liːkna]

gleiten	glida [gli:da]
gliedern	uppdela [ɵpde:la]
glitzern	glittra [glɪtra]
glühen	glöda [glø:da]
gönnen	unna [ɵn:a]
graben	gräva [grɛ:va]
gratulieren	gratulera [gratɵˈle:ra]
greifen	gripa tag i [gri:pa ˈta:g i:]
grenzen	gränsa [grænsa]
grillen	grilla [grɪl:a]
grinsen	flina [fli:na]
grübeln	fundera [fɵnˈde:ra]
gründen	grunda [grɵnda]
grunzen	grymta [grymta]
gruseln	skälva [ɧælva]
grüßen	hälsa [hælsa]
gucken	titta [tɪt:a]
gurgeln	gurgla [gɵrgla]
gutmachen	gottgöra [gut:jœ:ra]

H

haaren	håra [ho:ra]
haben	ha [ha:]
hacken	hacka [hak:a]
hadern	tvista [tvɪsta]
hageln	hagla [ha:gla]
häkeln	virka [vɪrka]
halbieren	halvera [halˈve:ra]
halten	stanna [stan:a]
hämmern	hamra [hamra]
handeln	handla [handla]
handhaben	hantera [hanˈte:ra]
hängen	hänga [hæŋa]
harmonieren	harmoniera [harmʊnɪˈe:ra]
hassen	hata [ha:ta]
hauen	hugga [hɵg:a]
heben	lyfta [lyfta]
hecheln	flåsa [flo:sa]
heften	häfta [hɛfta]
hegen	hysa [hy:sa]
heilen	hela [he:la]
heimfahren	åka hem [o:ka ˈhem]
heimzahlen	återgälda [o:tərjælda]
heiraten	gifta sig [jɪfta sɛj]
heißen	heta [he:ta]
heizen	värma [værma]
helfen	hjälpa [jælpa]
herausfordern	utmana [ʉ:tma:na]
herrschen	härska [hæʂka]

hervorrufen	framkalla	[framkal:a]
hetzen	hetsa	[hetsa]
heucheln	hyckla	[hykla]
heulen	gråta	[gro:ta]
hinken	halta	[halta]
hinrichten	avrätta	[a:vrɛt:a]
hinterfragen	ifrågasätta	[ɪˈfro:gasɛt:a]
hinweisen	tipsa	[tɪpsa]
hinzufügen	lägga till	[lɛg:a ˈtɪl]
hobeln	hyvla	[hy:vla]
hocken	huka	[hʉ:ka]
hoffen	hoppas	[hɔp:as]
holen	hämta	[hæmta]
hören	höra	[hœ:ra]
humpeln	halta	[halta]
hungern	hungra	[hɵŋra]
hupen	tuta	[tʉ:ta]
hüpfen	hoppa	[hɔp:a]
husten	hosta	[hʊsta]
hüten	gömma	[jœm:a]
hypnotisieren	hypnotisera	[hypnʊtɪˈse:ra]

I

identifizieren	identifiera	[ɪdəntɪfˈɪe:ra]
ignorieren	ignorera	[ɪgnʊˈre:ra]
impfen	vaccinera	[vaksɪˈne:ra]
infizieren	infektera	[ɪnfəkˈte:ra]
informieren	informera	[ɪnfɔrˈme:ra]
innehaben	inneha	[ɪn:əha:]
inspirieren	inspirera	[ɪnspɪˈre:ra]
installieren	installera	[ɪnstaˈl:e:ra]
integrieren	integrera	[ɪntəˈgre:ra]
interessieren	intressera	[ɪntrəˈs:e:ra]
interpretieren	tolka	[tɔlka]
interviewen	intervjua	[ɪntərvjʉ:a]
investieren	investera	[ɪnvəsˈte:ra]
irreführen	vilseleda	[vɪlsəle:da]
irren	ha fel	[ha: ˈfe:l]
irritieren	irritera	[ɪr:ɪˈte:ra]
isolieren	isolera	[ɪsʊˈle:ra]

J

jagen	jaga [ja:ga]
jammern	gnälla [gnæl:a]
joggen	jogga [jɔg:a]
jubeln	jubla [jʉ:bla]
jucken	klia [kli:a]

K

kämmen	kamma [kam:a]
kämpfen	kämpa [ɕæmpa]
kapitulieren	kapitulera [kapɪtɵˈle:ra]
kaputtgehen	gå sönder [go: ˈsœndər]
kassieren	kassera in [kas:e:ra ˈɪn]
kauen	tugga [tɵg:a]
kauern	huka [hʉ:ka]
kaufen	köpa [ɕø:pa]
kehren	sopa [su:pa]
kehrtmachen	vända om [vɛnda ˈɔm]
kennen	känna [ɕæn:a]
kennzeichnen	känneteckna [ɕæn:ətəkna]
keuchen	flämta [flæmta]
kichern	fnittra [fnɪtra]
kidnappen	kidnappa [kɪdnap:a]
kitzeln	kittla [ɕɪtla]
klaffen	glappa [glap:a]
klagen	klaga [kla:ga]
klammern	haka fast [ha:ka ˈfast]
klappen	fungera [fɵŋge:ra]
klappern	klappra [klapra]
klären	klargöra [kla:rjœ:ra]
klargehen	ordna sig/gå bra [o:ɖna sɛj/go: ˈbra:]
klarkommen	klara upp [kla:ra ˈɵp]
klatschen	applådera [ap:lɔˈde:ra]
kleben	klistra [klɪstra]
kleckern	spilla [spɪl:a]
klettern	klättra [klɛtra]

klicken	klicka [klɪk:a]
klingeln	ringa [rɪŋa]
klingen	låta [lo:ta]
klopfen	knacka [knak:a]
knabbern	knapra [kna:pra]
knacken	spricka [sprɪk:a]
knallen	smälla [smɛl:a]
kneifen	nypa [ny:pa]
kneten	knåda [kno:da]
knicken	knäcka [knɛk:a]
knien	knäböja [knɛ:bœja]
knirschen	gnissla [gnɪsla]
knistern	knastra [knastra]
knittern	skrynkla [skrynkla]
knöpfen	knäppa [knɛp:a]
knurren	morra/knorra [mɔr:a/knɔr:a]
kochen	laga mat/koka [la:ga ˈma:t/ku:ka]
kombinieren	kombinera [kɔmbɪˈne:ra]
kommen	komma [kɔm:a]
kommentieren	kommentera [kɔm:ənˈte:ra]
können	kunna [kɵn:a]
konstruieren	konstruera [kɔnstrɵˈe:ra]
konsumieren	konsumera [kɔnsɵˈme:ra]
kontrollieren	kontrollera [kɔntrɔˈl:e:ra]
konzentrieren	koncentrera [kɔnsənˈtre:ra]
kooperieren	samarbeta [samarbe:ta]
koordinieren	koordinera [ko:ɔɖɪˈne:ra]

kopieren	kopiera [kʊpɪˈe:ra]
korrigieren	korrigera [kɔr:ɪˈge:ra]
kosten	kosta [kɔsta]
krabbeln	kravla [kravla]
krankmelden	sjukanmäla [ɧʉ:kanmɛ:la]
kratzen	repa [re:pa]
kraulen	crawla [kro:la]
kräuseln	krusa [krʉ:sa]
kreisen	kretsa [kretsa]
kreuzen	kryssa [krys:a]
kribbeln	pirra [pɪr:a]
kriechen	krypa [kry:pa]
kriegen	få [fo:]
kritisieren	kritisera [krɪtɪˈse:ra]
krümeln	smula [smʉ:la]
krümmen	böja [bœja]
kühlen	kyla [ɕy:la]
kümmern	bekymra [bəˈɕymra sɛj/bry: sɛj ˈɔm]
kündigen	avgå [a:vgo:]
kürzen	korta av [kɔʈa ˈa:v]
kuscheln	kela [ɕe:la]
küssen	kyssa [ɕys:a]

L

lächeln	le [le:]
lachen	skratta [skrata]
laden	lasta [lasta]
lagern	lagra [la:gra]
lähmen	förlama [fœrˈla:ma]
lahmlegen	lamslå [la:mslo:]
landen	landa [landa]
langweilen	tråka ut [tro:ka ˈʉ:t]
lassen	lämna [lɛmna]
lästern	kritisera [krɪtɪˈse:ra]
lauern	lurpassa [lʉ:rpas:a]
laufen	springa [sprɪŋa]
läuten	låta [lo:ta]
leben	leva [le:va]
lecken	slicka [slɪk:a]
leeren	tömma [tœm:a]
legen	lägga [lɛg:a]
lehnen	luta [lʉ:ta]
lehren	lära ut [lɛ:ra ˈʉ:t]
leiden	lida [li:da]
leihen	låna ut [lo:na ˈʉ:t]
leisten	prestera [prəˈste:ra]
leiten	leda [le:da]
lenken	styra [sty:ra]
lernen	lära sig [lɛ:ra sɛj]
lesen	läsa [lɛ:sa]
leugnen	ljuga [jʉ:ga]
lieben	älska [ɛlska]
liebkosen	smeka [sme:ka]
liefern	leverera [ləvəˈre:ra]
liegen	ligga [lɪg:a]
lispeln	läspa [lɛspa]
loben	hylla [hyl:a]
locken	locka [lɔk:a]
lockern	lossa [lɔs:a]
löffeln	sleva upp [sle:va ˈɵp]
lohnen	löna [lø:na]
löschen	radera [raˈde:ra]
lösen	lösa [lø:sa]
losfahren	köra iväg [ɕœ:ra ɪˈvɛ:g]
loswerden	gör sig av med [jœ:ra sɛj a:v ˈmɛ:]
lüften	lufta [lɵfta]
lügen	ljuga [jʉ:ga]
lutschen	suga [sʉ:ga]

M

machen	göra [jœ:ra]
mahnen	mana [ma:na]
mailen	mejla [mɛjla]
malen	måla [mo:la]
manipulieren	manipulera [manɪpəˈle:ra]
markieren	markera [marˈke:ra]
massieren	massera [maˈs:e:ra]
meditieren	meditera [medɪˈte:ra]
meiden	undvika [əndvi:ka]
meinen	tycka [tyk:a]
meistern	bemästra [bəˈmɛstra]
melden	anmäla [anmɛ:la]
merken	märka [mɛrka]
messen	mäta [mɛ:ta]
miauen	jama [ja:ma]
mieten	hyra [hy:ra]
mindern	förminska [fœrˈmɪnska]
mischen	blanda [blanda]
missachten	missakta [mɪs:akta]
missbilligen	ogilla [ojɪl:a]
missbrauchen	missbruka [mɪsbrʉ:ka]
missen	avvara [a:va:ra]
missfallen	misshaga [mɪsˈha:ga]
missglücken	misslyckas [mɪsˈlyk:as]
misshandeln	misshandla [mɪsˈhandla]
misslingen	misslyckas [mɪsˈlyk:as]
misstrauen	misstro [mɪstru:]
missverstehen	missförstå [mɪsfœʂto:]
mitbekommen	uppfatta [əpfat:a]
mitfahren	åka med [o:ka ˈmɛ:]
mitfühlen	känna med [ɕæn:a ˈmɛ:]
mitmachen	delta [de:lta:]
mitteilen	meddela [me:dde:la]
mixen	blanda [blanda]
mögen	tycka om [tyk:a ˈɔm]
morden	mörda [mœ:ɖa]
motivieren	motivera [mʊtɪˈve:ra]
multiplizieren	multiplicera [məltɪplɪˈse:ra]
murmeln	mumla [məmla]
müssen	måste [mɔstə]
mutmaßen	förmoda [fœrmu:da]

N

nachahmen	härma [hɛrma]
nachdenken	fundera [fɵnˈdeːra]
nachgeben	ge efter [jeː ˈəftər]
nachholen	ta igen [taː ɪˈjɛn]
nachkommen	komma efter [kɔmːa ˈəftər]
nachtragen	tillägga [tɪllægːa]
nagen	gnaga [gnaːga]
nahekommen	komma nära [kɔma ˈnæːra]
nahen	nalkas [nalkas]
nähen	sy [syː]
nähern	närma [nærma sɛj]
nahestehen	står nära [stoː ˈnæːra]
naschen	snaska [snaska]
necken	reta [reːta]
nehmen	ta [taː]
neiden	missunna [misɵnːa]
neigen	luta [lʉːta]
nennen	nämna [næmna]
nerven	irritera [ɪrːɪˈteːra]
nicken	nicka [nɪkːa]
niederknien	knäböja [knɛːbœja]
niederlassen	etablera [ətaˈbleːra]
nieseln	dugga [dɵgːa]
niesen	nysa [nyːsa]
nörgeln	klaga [klaːga]
nummerieren	numrera [nɵmˈreːra]
nuscheln	muttra/mumla [mɵtra/mɵmla]

O

öffnen	öppna [œpna]
ölen	olja [ʊlja]
operieren	operera [ʊpəˈreːra]
opfern	offra [ɔfːra]
ordnen	ordna [oːɖna]
organisieren	organisera [ɔrganɪˈseːra]
orientieren	orientera [ɔrɪənˈteːra]

P

packen	packa [pak:a]
paddeln	paddla [padla]
parken	parkera [parˈke:ra]
passen	passa [pas:a]
passieren	hända [hɛnda]
petzen	skvallra [skvalra]
pfeffern	peppra [pepra]
pfeifen	vissla [vɪsla]
pflanzen	plantera [planˈte:ra]
pflegen	vårda [vo:ɖa]
pflücken	plocka [plɔka]
picknicken	ha picknick [ha: ˈpɪknɪk]
piepen	tjuta [ɕʉ:ta]
piepsen	pipa [pi:pa]
plagen	plåga [plo:ga]
planen	planera [plane:ra]
planschen	plaska [plaska]
plappern	pladdra [pladra]
platzen	brista [brɪsta]
platzieren	placera [plaˈse:ra]
plaudern	snacka [snak:a]
pleitegehen	bli pank [bli: ˈpaŋk]
pokern	spela poker [spe:la ˈpo:kər]
posieren	posera [pʊˈse:ra]
prägen	prägla [prɛ:gla]
prahlen	skryta [skry:ta]
prallen	krocka [krɔka]
präsentieren	presentera [prəsənˈte:ra]
pressen	pressa [prɛs:a]
probieren	prova [pru:va]
protestieren	protestera [prʊtəsˈte:ra]
provozieren	provocera [prʊvʊˈse:ra]
prüfen	undersöka [ɵndəʂø:ka]
prügeln	prygla [pry:gla]
pupsen	prutta [prɵt:a]
pusten	blåsa [blo:sa]
putzen	städa [stɛ:da]

Q

quaken	kväka [kvɛːka]
quälen	plåga [ploːga]
qualmen	ryka [ryːka]
quengeln	tjata [ɕaːta]
quieken	pipa [piːpa]
quietschen	gnissla [gnɪsla]

R

rächen	hämnas [hæmnas]
radeln	cykla [sykla]
rascheln	prassla [prasla]
rasen	köra fort [ɕœːra ˈfʊʈ]
rasieren	rasera [raˈseːra]
rasseln	rassla [rasːla]
raten	gissa [jɪsːa]
rätseln	förbrylla [fœrˈbrylːa]
rattern	skallra [skalra]
rauben	råna [roːna]
rauchen	röka [røːka]
rauschen	brusa [brʉːsa]
räuspern	harkla [harkla]
rausschmeißen	sparka ut [sparka ˈʉːt]
reagieren	reagera [reaˈgeːra]
realisieren	realisera [realɪˈseːra]
rebellieren	göra uppror [jœːraˈ əpruːr]
rechnen	räkna [rɛːkna]
rechtfertigen	rättfärdiga [rɛtːˈfæɖɪga]
recyceln	återvinna [oːtərvɪnːa]
reden	tala [taːla]
regeln	reglera [rəgˈleːra]
regen	röra [rœːra]
regieren	regera [rəˈjeːra]
registrieren	registrera [rəgɪsˈtreːra]
regnen	regna [rɛŋna]
reiben	riva/gnida [riːva/gniːda]
reichen	räcka till [rɛkːa ˈtɪl]

reimen	rimma [rɪm:a]
reinigen	rengöra [re:njœ:ra]
reinlegen	lura [lʉ:ra]
reisen	resa [re:sa]
reißen	riva [ri:va]
reiten	rida [ri:da]
reizen	fresta [frɛsta]
rekeln	sträcka [strɛk:a]
rennen	tävla [tɛ:vla]
renovieren	renovera [rənɔˈve:ra]
reparieren	reparera [rəpaˈre:ra]
reservieren	reservera [rəsərˈve:ra]
respektieren	respektera [rəspəkˈte:ra]
retten	rädda [rɛd:a]
revanchieren	ge igen [je: ɪˈjɛn]
richtigstellen	rätta [rɛt:a ˈtɪl]
riechen	lukta [lɵkta]
riskieren	riskera [rɪsˈke:ra]
rollen	rulla [rɵl:a]
röntgen	röntga [rœ:ntga]
rosten	rosta [rɔsta]
rubbeln	gnugga [gnɵg:a]
rückerstatten	återbetala [o:tərbəta:la]
rudern	ro [ru:]
rufen	ropa [ru:pa]
ruhen	vila [vi:la]
rühren	röra [rœ:ra]
ruinieren	ruinera [rʉ:ɪˈne:ra]
rutschen	halka [halka]
rütteln	skaka [ska:ka]

S

sagen	säga [sɛja]
sägen	såga [so:ga]
salzen	salta [salta]
sammeln	samla [samla]
säubern	rengöra [re:njœ:ra]
saugen	suga [sʉ:ga]
schaden	skada [ska:da]
schaffen	klara av [klara ˈa:v]
schälen	skala [ska:la]
schalten	växla [vɛksla]
schämen	skämmas [ɧɛm:as]
schätzen	uppskatta [ɵpskat:a]
schauen	titta [tɪt:a]
schaufeln	skyffla [ɧyfla]
schaukeln	gunga [gɵŋa]
schäumen	skumma [skɵm:a]
scheinen	förefalla [fœ:rəfal:a]
scheitern	misslyckas [mɪsˈlyk:as]
schenken	skänka [ɧɛŋka]
scherzen	skämta [ɧɛmta]
scheuchen	sjasa [ɧa:sa]
scheuen	undvika/sky [ɵndvi:ka/ɧy:]
schicken	skicka [ɧɪk:a]
schieben	skjuta på [ɧʉ:ta ˈpo:]
schiefgehen	gå fel [go: ˈfe:l]
schielen	skela [ɧe:la]
schießen	skjuta [ɧʉ:ta]
schildern	skildra [ɧɪldra]

schimmeln	mögla	[mœ:gla]
schimpfen	svära/skälla	[svɛ:ra/ɧɛl:a]
schlafen	sova	[so:va]
schlagen	slå	[slo:]
schlecken	slicka	[slɪk:a]
schleichen	smyga	[smy:ga]
schleppen	bogsera	[bʊkˈse:ra]
schließen	stänga	[stɛŋa]
schluchzen	snyfta	[snyfta]
schlucken	svälja	[svɛlja]
schlüpfen	slinka	[slɪŋka]
schmarotzen	snylta	[snylta]
schmatzen	smacka	[smak:a]
schmecken	smaka	[sma:ka]
schmeißen	kasta	[kasta]
schmelzen	smälta	[smɛlta]
schmerzen	göra ont	[jœ:ra ˈʊnt]
schminken	sminka	[smɪŋka]
schmollen	tjura	[ɕʉ:ra]
schmücken	smycka	[smyk:a]
schmunzeln	mysa	[my:sa]
schnarchen	snarka	[snarka]
schnauben	fnysa	[fny:sa]
schnaufen	flåsa	[flo:sa]
schneiden	skära	[ɧɛ:ra]
schneien	snöa	[snø:a]
schnurren	surra/spinna	[sɵr:a/spɪn:a]
schocken	chocka	[ɧɔk:a]
schockieren	chockera	[ɧɔˈke:ra]
schonen	skona	[sku:na]
schrauben	skruva	[skrʉ:va]
schreiben	skriva	[skri:va]
schreien	skrika	[skri:ka]
schubsen	knuffa	[knɵf:a]
schummeln	fuska	[fɵska]
schütteln	skaka	[ska:ka]
schütten	hälla	[hɛl:a]
schützen	skydda	[ɧyd:a]
schwächen	försvaga	[fœrˈsva:ga]
schwanken	vackla/tveka	[vakla/tve:ka]
schwänzen	skolka	[skɔlka]
schwärmen	svärma för	[sværma ˈfœr]
schwarzfahren	svartåka	[svaʈo:ka]
schweben	sväva	[svɛ:va]
schweigen	tiga	[ti:ga]
schwerfallen	vara svårt	[va:ra ˈsvo:ʈ]
schwimmen	simma	[sɪm:a]
schwindeln	svindla	[svɪndla]
schwingen	svinga	[svɪŋa]
schwirren	svirra	[svɪr:a]
schwitzen	svettas	[svet:as]
schwören	svära	[svɛ:ra]
segeln	segla	[se:gla]
sehen	se	[se:]
sehnen	längta	[lɛŋta]
sein	vara	[va:ra]
senden	sända	[sɛnda]
senken	sänka	[sɛŋka]

servieren	servera [sɛrˈveːra]
setzen	sätta [sɛtːa]
seufzen	sucka [søkːa]
sichergehen	försäkra sig [fœrˈsɛːkra sɛj]
sichern	säkra [sɛːkra]
sicherstellen	säkerställa [sɛkərstɛlːa]
siegen	segra [seːgra]
siezen	nia [niːa]
simsen	texta [tɛksta]
singen	sjunga [ɧøŋa]
sinken	sjunka [ɧøŋka]
sitzen	sitta [sɪtːa]
skaten	spela skat [speːla skaːt]
sollen	böra [bœːra]
sonnen	sola [suːla]
sorgen	sörja [sœrja]
sortieren	sortera [sɔʈeːra]
sparen	spara [spaːra]
spaßen	skämta [ɧɛmta]
spazieren	promenera [prʊməˈneːra]
speichern	spara [spaːra]
speisen	äta/mata [ɛːta/maːta]
spekulieren	spekulera [spəkɵˈleːra]
spenden	spendera [spənˈdeːra]
sperren	spärra [spærːa]
spiegeln	spegla [speːgla]
spielen	spela [speːla]
spinnen	hitta på [hɪtːa ˈpoː]
spitzen	spetsa [spetsa]

spotten	göra narr av [jœːra ˈnarː aːv]
sprechen	prata [praːta]
spreizen	spreta/sprida ut [spreːta/spriːda ˈʉːt]
sprengen	spränga [sprɛŋa]
sprießen	spira [spiːra]
springen	hoppa [hɔpːa]
spritzen	spruta [sprʉːta]
sprudeln	sprudla [sprʉːdla]
sprühen	spraya [sprɛːja]
spucken	spotta [spɔtːa]
spuken	spöka [spøːka]
spülen	spola av/diska [spuːla ˈaːv/dɪska]
spüren	märka [mɛrka]
stammen	härstamma [hɛːrstamːa]
stapeln	stapla [staːpla]
stärken	stärka [stɛrka]
starren	stelna [steːlna]
starten	starta [staʈa]
stattfinden	äga rum [ɛːga ˈrøm]
staunen	häpna [hɛːpna]
stechen	sticka [stɪka]
stecken	sticka in [stɪka ˈɪn]
stehen	stå [stoː]
stehlen	stjäla [ɧɛːla]
steigen	stiga [stiːga]
steigern	stegra [steːgra]
stellen	ställa [stɛlːa]

sterben	dö [dø:]
steuern	styra [sty:ra]
stieren	stirra [stɪr:a]
stillen	amma [am:a]
stillhalten	stå stilla [sto: ˈstɪl:a]
stillliegen	ligga stilla [lɪg:a ˈstɪl:a]
stimmen	stämma [stɛm:a]
stinken	stinka [stɪŋka]
stöbern	rota [ru:ta]
stocken	fastna [fas:na]
stöhnen	stöna [stø:na]
stolpern	snubbla [snɵbla]
stoppen	stoppa [stɔp:a]
stören	störa [stœ:ra]
stoßen	stöta [stø:ta]
stottern	stamma [stam:a]
strafen	straffa [straf:a]
straffen	spänna [spɛn:a]
strahlen	stråla [stro:la]
strampeln	trampa runt [trampa ˈrɵnt]
strapazieren	anstränga [anstræŋa]
sträuben	sträva emot [strɛ:va eˈmu:t]
streben	sträva [strɛ:va]
strecken	sträcka [strɛk:a]
streicheln	klappa/stryka [klap:a/stry:ka]
streichen	stryka [stry:ka]
streifen	nudda [nɵd:a]
streiken	strejka [strɛjka]
streiten	gräla [grɛ:la]
streuen	strö [strø:]
stricken	sticka [stɪk:a]
studieren	studera [stɵˈde:ra]
stürmen	storma [stɔrma]
stürzen	störta [stœʈa]
stutzen	tveka [tve:ka]
stützen	stötta [stœt:a]
subtrahieren	subtrahera [sɵbtraˈhe:ra]
suchen	söka [sø:ka]
summen	summera [sɵˈm:e:ra]
sündigen	synda [synda]
surfen	surfa [sɵrfa]
süßen	söta [sø:ta]

T

tadeln	klandra [klandra]
tanken	tanka [taŋka]
tanzen	dansa [dansa]
tapezieren	tapetsera [tapəˈtse:ra]
tappen	famla [famla]
tarnen	maskera [masˈke:ra]
tasten	treva [tre:va]
tauchen	dyka [dy:ka]
tauen	tina [ti:na]
taufen	döpa [dø:pa]
taugen	duga [dʉ:ga]
taumeln	tumla/vackla [tɵmla/vakla]
tauschen	byta [by:ta]
täuschen	bedra [bədra:]
teilen	dela [de:la]
teilnehmen	deltaga [de:lta:ga]
telefonieren	telefonera [tələfʊˈne:ra]
testen	testa [tɛsta]
ticken	ticka [tɪk:a]
tippen	knappa in [knap:a ˈɪn]
toben	rasa [ra:sa]
tolerieren	tolerera [tʊləˈre:ra]
töten	döda [dø:da]
totfahren	köra ihjäl [çœ:ra iˈjɛ:l]
totschießen	skjuta ihjäl [ɧʉ:ta iˈjɛ:l]
totschlagen	slå ihjäl [slo: iˈjɛ:l]
tragen	bära [bɛ:ra]
trainieren	träna [trɛ:na]
trampeln	klampa [klampa]
tränen	tåras [to:ras]
transportieren	transportera [transpɔˈʈe:ra]
trauen	lita på [li:ta ˈpo:]
trauern	sörja [sœrja]
träumen	drömma [drœm:a]
treffen	träffa [trɛf:a]
trennen	dela [de:la]
treten	träda [trɛ:da]
trinken	dricka [drɪk:a]
trocknen	torka [tɔrka]
trödeln	söla (med tid) [sø:la (mɛ: ˈti:d)]
trommeln	trumma [trɵm:a]
tröpfeln	sippra [sɪpra]
tropfen	droppa [drɔp:a]
trösten	trösta [trœsta]
trotzen	trotsa [trɔtsa]
trügen	bedra [bədra:]
tun	göra [jœra]
turnen	gymnastisera [jymnastɪˈse:ra]
tyrannisieren	tyrannisera [tyran:ɪˈse:ra]

U

üben	öva [œ:va]
überanstrengen	överanstränga [ø:vər'anstrɛŋa]
überarbeiten	överarbeta [ø:vərar'be:ta]
überblicken	överblicka [ø:vər'blɪk:a]
überbringen	ta med sig [ta 'mɛ: sɛj]
überbrücken	överbrygga [ø:vər'bryg:a]
überdenken	ompröva [ʊmprø:va]
übereinstimmen	överensstämma [ø:vər'ensstɛm:a]
überfahren	överköra [ø:vər'çœ:ra]
überfallen	överfalla [ø:vərfal:a]
überfordern	begära för mycket [bəjæ:ra fœ:r 'myk:ə]
übergeben	överlämna [ø:vər'lɛmna]
überholen	komma ikapp [kɔm:a ɪ'kap]
überhören	inte höra [ɪntə 'hœ:ra]
überlappen	överlappa [ø:vər'lap:a]
überlassen	överlåta [ø:vər'lo:ta]
überleben	överleva [ø:vər'le:va]
überlegen	fundera [fɵn'de:ra]
überlisten	överlista [ø:vər'lɪsta]
übernachten	övernatta [ø:vər'nat:a]
übernehmen	överta [ø:vərta:]
überprüfen	kontrollera [kɔntrʊ'l:e:ra]
überqueren	korsa [kɔʂa]
überraschen	överraska [ø:vər'raska]
überreden	övertala [ø:vər'ta:la]
überreichen	överlämna [ø:vər'lɛmna]
überschatten	överskugga [ø:vər'skɵg:a]
überschätzen	överskatta [ø:vər'skat:a]
überschlagen	beräkna [bə'ræ:kna]
überschnappen	bli galen [bli: 'ga:lən]
überschneiden	överlappa [ø:vər'lap:a]
überschütten	överösa [ø:vər'ø:sa]
überschwemmen	översvämma [ø:vər'svɛm:a]
übersehen	överse [ø:vər'se:]
übersetzen	översätta [ø:vər'sɛt:a]
überspielen	spela över [spe:la 'ø:vər]
übersteigen	överstiga [ø:vər'sti:ga]
überstrapazieren	slita ut [sli:ta 'ʉ:t]
überstürzen	hasta [hasta]
übertragen	överföra [ø:vər'fœ:ra]
übertreffen	överträffa [ø:vər'trɛf:a]
übertreiben	överdriva [ø:vər'dri:va]
überwachen	övervaka [ø:vər'va:ka]
überwältigen	överväldiga [ø:vər'vɛldɪga]
überweisen	överföra [ø:vər'fœ:ra]
überwiegen	överväga [ø:vər'vɛ:ga]
überwinden	övervinna [ø:vər'vɪn:a]
überzeugen	övertyga [ø:vər'ty:ga]
überziehen	dra över [dra 'ø:vər]
umarmen	krama [kra:ma]
umbauen	bygga om [byg:a 'ɔm]
umbenennen	döpa om [dø:pa 'ɔm]
umblättern	vända blad [vɛnda 'bla:d]

umbringen	ta livet av [ta: ˈli:vət a:v]
umdrehen	vrida om [vri:da ˈɔm]
umfallen	falla omkull [fal:a ˈɔmkəl:]
umfassen	omfatta [ɔmfat:a]
umgehen	kringgå [krɪŋgo:]
umhängen	hänga på [hɛŋa ˈpo:]
umkehren	vända om [vɛnda ˈɔm]
umkippen	välta [vɛlta]
umklammern	klamra sig fast [klamra sɛj ˈfast]
umkommen	avlida [a:vli:da]
umleiten	omdirigera [ɔmdɪrɪˈʂe:ra]
umräumen	flytta om [flyt:a ˈ ɔm]
umreißen	kasta omkull [kasta ˈɔmkəl:]
umrühren	röra om [rœ:ra ˈɔm]
umschalten	koppla om [kɔp:la ˈɔm]
umsehen	se sig om [se: sɛ:j ˈɔm]
umsetzen	genomföra [je:nɔmfœ:ra]
umsteigen	byta [by:ta]
umstimmen	ändra sig [ɛndra sɛj]
umstürzen	välta [vɛlta]
umtauschen	byta [by:ta]
umwerfen	välta omkull [vɛlta ˈɔmkəl:]
umziehen	flytta [flyt:a]
unterbrechen	avbryta [a:vbry:ta]
unterdrücken	undertrycka [əndərˈtryk:a]
untergehen	gå under [go: ˈəndər]
unterhalten	underhålla [əndərˈhɔl:a]
unterlassen	underlåta [əndərˈlo:ta]
unternehmen	ta sig för [ta: sɛj ˈfœ:r]
unterrichten	undervisa [əndərˈvi:sa]
untersagen	förbjuda [fœrˈbju:da]
unterschätzen	underskatta [əndərskat:a]
unterscheiden	skilja [ɧɪlja]
unterschreiben	skriva under [skri:va ˈəndər]
unterstellen	insinuera [ɪnsɪnəˈe:ra]
unterstreichen	understryka [əndərˈstry:ka]
unterstützen	understödja [əndərˈstø:dja]
untersuchen	undersöka [əndəʂø:ka]
untertauchen	dyka ner [dy:ka ˈne:r]
unterteilen	uppdela [əpde:la]
urteilen	döma [dœm:a]

V

verabreden	avtala [a:vta:la]
verabschieden	ta farväl [ta: fa:rˈvɛ:l]
verachten	förakta [fœrˈakta]
verallgemeinern	generalisera [ʄənəralɪˈse:ra]
verändern	ändra [ɛndra]
verängstigen	skrämma [skrɛm:a]
verantworten	ansvara [ansva:ra]
verarbeiten	bearbeta [bəarˈbe:ta]
verärgern	förarga [fœrˈarja]
verarzten	kurera [kɵˈre:ra]
verbergen	dölja [dœlja]
verbessern	förbättra [fœrˈbɛtra]
verbeugen	buga [bu:ga]
verbiegen	böja [bœja]
verbieten	förbjuda [fœrˈbju:da]
verbinden	förbinda [fœrˈbɪnda]
verbleiben	stanna kvar/förbli [stan:a ˈkva:r/fɵrˈbli:]
verbluten	förblöda [fœrˈblø:da]
verbrauchen	förbruka [fœrˈbrʉ:ka]
verbreiten	sprida [spri:da]
verbrennen	bränna [brɛn:a]
verbringen	tillbringa [tɪlbrɪŋa]
verdächtigen	misstänka [mɪsˈtɛŋka]
verdanken	vara tacksam [va:ra ˈtaksam]
verdauen	smälta [smɛlta]
verdecken	gömma [jœm:a]
verderben	förstöra [fœrˈstœ:ra]
verdeutlichen	förtydliga [fœrˈty:dlɪga]
verdienen	förtjäna [fœrˈɕæ:na]
verdoppeln	fördubbla [fœrˈdɵbla]
verdrängen	förtränga [fœrˈtrɛŋa]
verdursten	törsta ihjäl [tœʂta ɪˈjɛ:l]
verehren	förära [fœrˈæ:ra]
vereinbaren	komma överens [kɔm:a ˈœvərens]
vereinen	förena [fœrˈe:na]
vereinfachen	förenkla [fœrˈenkla]
vereinheitlichen	standardisera [standaɖɪˈse:ra]
vereinigen	rengöra [re:njœra]
verfallen	förfalla [fœrˈfal:a]
verfälschen	förfalska [fœrˈfalska]
verfassen	författa [fœrˈfat:a]
verfaulen	ruttna [rɵt:na]
verfehlen	missa [mɪs:a]
verfeinern	förfina [fœrˈfi:na]
verfluchen	förbanna [fœrˈban:a]
verfolgen	förfölja [fœrˈfœlja]
verfügen	förfoga [fœrˈfu:ga]
verführen	förföra [fœrˈfœ:ra]
vergehen	förgå [fœrˈgo:]
vergelten	återbetala [o:tərbəˈta:la]
vergessen	glömma [glœm:a]
vergeuden	slösa [slø:sa]
vergewaltigen	våldta [vɔl:ta:]
vergewissern	försäkra sig om [fœrsɛ:kra sɛj ˈɔm]
vergiften	förgifta [fœrˈjɪfta]

vergleichen	jämföra	[jɛmfœ:ra]
vergnügen	roa sej	[ru:a sɛj]
vergraben	gräva ned	[grɛ:va ˈne:d]
vergrößern	förstora	[fœrˈstu:ra]
verhaften	häkta	[hɛkta]
verhalten	förhålla	[fœrˈhɔl:a]
verhandeln	förhandla	[fœrˈhandla]
verhängen	ålägga	[o:lɛg:a]
verharmlosen	bagatellisera	[bagatəl:ɪˈse:ra]
verharren	hålla ut	[hɔl:a ˈu:t]
verheilen	läka	[lɛ:ka]
verheimlichen	hemlighålla	[hemlɪ(g)hɔl:a]
verherrlichen	förhärliga	[fœrˈhɛ:rlɪga]
verhexen	förhäxa	[fœrˈhɛksa]
verhindern	förhindra	[fœrˈhɪndra]
verhören	förhöra	[fœrˈhœ:ra]
verhüllen	täcka	[tɛk:a]
verhungern	svälta ihjäl	[svɛlta ɪˈjɛl]
verhüten	förhindra	[fœrˈhɪndra]
verirren	förirra	[fœrˈɪr:a]
verjagen	jaga bort	[ja:ga ˈbɔʈ]
verkaufen	sälja	[sɛlja]
verklagen	stämma	[stɛm:a]
verkleiden	förkläda	[fœrˈklɛ:da]
verkleinern	förminska	[fœrˈmɪnska]
verknoten	knyta	[kny:ta]
verknüpfen	koppla	[kɔp:la]
verkommen	förfalla	[fœrfal:a]
verkörpern	förkroppsliga	[fœrˈkrɔpslɪga]
verkraften	klara av	[klara ˈa:v]
verkrampfen	krampa	[krampa]
verkümmern	förtvina	[fœrˈtvi:na]
verkürzen	förkorta	[fœrˈkɔʈa]
verlangen	kräva	[krɛ:va]
verlängern	förlänga	[fœrˈlɛŋa]
verlangsamen	sakta ned	[sakta ˈne:d]
verlassen	lämna	[lɛmna]
verlaufen	gå vilse	[go: ˈvɪlsə]
verleihen	låna ut	[lo:na ˈʉ:t]
verlernen	glömma	[glœm:a]
verletzen	skada	[ska:da]
verleugnen	förneka	[fœrˈne:ka]
verleumden	fötala	[fœrˈta:la]
verlieben	förälska	[fœrˈɛlska]
verlieren	förlora	[fœrˈlu:ra]
verloben	förlova	[fœrˈlo:va]
vermehren	öka	[ø:ka]
vermeiden	undvika	[ɵndvi:ka]
vermieten	hyra	[hy:ra]
vermischen	blanda	[blanda]
vermissen	sakna	[sa:kna]
vermitteln	förmedla	[fœrˈme:dla]
vermuten	förmoda	[fœrˈmu:da]
vernachlässigen	försumma	[fœ:rˈsɵm:a]
vernehmen	förhöra	[fœrˈhœ:ra]
verneigen	buga	[bʉ:ga]
verneinen	neka	[ne:ka]

vernichten	förinta [fœrɪnta]
veröffentlichen	offentliggöra [ɔf:əntlɪgjœ:ra]
verordnen	ordinera [ɔɖɪˈne:ra]
verpacken	packa in [pak:a ˈɪn]
verpassen	missa [mɪs:a]
verpflichten	förpliktiga [fœrˈplɪktɪga]
verprügeln	prygla [pry:gla]
verraten	förråda [fœrˈro:da]
verrechnen	räkna fel [rɛ:kna ˈfe:l]
verreisen	resa bort [re:sa ˈbɔʈ]
verrenken	vricka [vrɪk:a]
verriegeln	låsa [lo:sa]
verringern	förminska [fœrˈmɪnska]
versagen	misslyckas [mɪsˈlyk:as]
versammeln	samla ihop [samla ɪˈhu:p]
versäumen	försumma [fœrˈsɵm:a]
verschenken	skänka [ɧɛŋka]
verschicken	skicka [ɧɪk:a]
verschieben	skjuta på [ɧʉ:ta ˈpo:]
verschimmeln	mögla [mœ:gla]
verschlafen	försova [fœrˈso:va]
verschlechtern	försämras [fœrˈsɛmras]
verschließen	stänga [stɛŋa]
verschlimmern	försämras [fœrˈsɛmras]
verschlucken	sätta i halsen [sɛt:a i: ˈhalsen]
verschmutzen	smutsa ned [smɵtsa ˈne:r]
verschonen	förskona [fœrˈɧu:na]
verschönern	försköna [fœˈʂø:na]
verschütten	spilla [spɪl:a]
verschweigen	förtiga [fœrˈti:ga]
verschwenden	slösa [slø:sa]
verschwimmen	bli suddig [bli: ˈsɵd:ɪg]
verschwinden	försvinna [fœˈʂvɪn:a]
verschwören	sammansvärja sig [sam:ansvɛ:rja sɛj]
versenden	sända [sɛnda]
versetzen	förflytta [fœrˈflyt:a]
verseuchen	förgifta [fœrˈjɪfta]
versichern	försäkra [fœrˈsɛ:kra]
versickern	sippra [sɪp:ra]
versinken	försjunka [fœˈʂɵŋka]
versöhnen	försona [fœrˈsu:na]
versorgen	försörja [fœˈʂœrja]
verspäten	försena [fœrˈse:na]
versperren	spärra [spær:a]
verspotten	håna [ho:na]
versprechen	lova [lo:va]
verspüren	känna [ɕɛn:a]
verständigen	kommunicera [komʉnɪˈse:ra]
verstärken	förstärka [fœrˈstɛrka]
verstauben	samla damm [samla ˈdam:]
verstauchen	stuka [stʉ:ka]
verstecken	gömma/dölja [jœm:a/dœlja]
verstehen	förstå [fœʂto:]
versteigern	auktionera [o:kɧʊˈne:ra]
verstellen	justera [ɧɵsˈte:ra]

verstopfen	förstoppa [fœr'stɔpa]
verstoßen	bryta mot [bry:ta 'mu:t]
verstreichen	fortlöpa [fu:ʈlø:pa]
verstummen	tystna [tystna]
versuchen	försöka [fœ'ʂø:ka]
versüßen	söta [sø:ta]
vertagen	skjuta upp [ɧʉ:ta 'ɵp]
vertauschen	blanda ihop [blanda ɪ'hu:p]
verteidigen	försvara [fœ'ʂva:ra]
verteilen	dela ut [de:la 'ʉ:t]
vertiefen	fördjupa [fœr'jʉ:pa]
vertragen	stå ut [sto: 'ʉ:t]
vertrauen	lita på [li:ta 'po:]
vertreiben	fördriva [fœr'dri:va]
vertreten	företräda [fœ:rətrɛ:da]
vertrocknen	torka ut [tɔrka 'ʉ:t]
vertrödeln	söla [sø:la]
vertrösten	ge falska löften [ge: falska 'lœftən]
vertuschen	tysta [tysta]
verübeln	klandra [klandra]
verüben	begå [bəgo:]
verunglücken	förolyckas [fœ:r'u:lykas]
verunsichern	göra osäker [gœ:ra 'u:sɛ:kər]
verunstalten	vanställa [va:nstɛl:a]
verursachen	förorsaka [fœ:r'u:ʂa:ka]
verurteilen	döma [dœm:a]
verwechseln	förväxla [fœr'vɛksla]
verweigern	förvägra [fœr'vɛ:gra]
verwelken	vissna [vɪs:na]
verwenden	använda [anvɛnda]
verwirklichen	förverkliga [fœr'vɛrklɪga]
verwirren	förvirra [fœr'vɪr:a]
verwischen	sudda ut [sɵd:a 'ʉ:t]
verwöhnen	skämma bort [ɧɛm:a 'bɔʈ]
verwunden	skada [ska:da]
verzaubern	förtrolla [fœr'trʊl:a]
verzehren	förtära [fœr'tɛ:ra]
verzeichnen	anteckna [antekna]
verzeihen	förlåta [fœr'lo:ta]
verzerren	förvränga [fœr'vrɛŋa]
verzichten	avstå [a:vsto:]
verzieren	smycka [smyk:a]
verzögern	fördröja [fœr'drœja]
verzweifeln	förtvivla [fœr'tvi:vla]
voraussagen	förutsäga [fœ:r'ʉ:tsɛja]
vorbeifahren	åka förbi [o:ka fœr'bi:]
vorbereiten	förbereda [fœrbəre:da]
vorbeugen	förebygga [fœrəbyg:a]
vordrängeln	tränga sig fram [trɛŋa sɛj 'fram]
vorenthalten	undanhålla [ɵndanhɔl:a]
vorfallen	hända [hɛnda]
vorfinden	finna [fɪn:a]
vorgeben	låtsas [lɔts:as]
vorhaben	ämna [ɛmna]
vorhersehen	förutse [fœ:r'ʉ:tse:]

vorkommen	förekomma [fœ:rəkɔm:a]
vorlesen	föreläsa [fœ:rəlɛ:sa]
vormachen	föregiva [fœ:rəgi:va]
vornehmen	ha för sig [ha: ˈfœ:r sɛj]
vorschlagen	föreslå [fœ:rəslo:]
vorschreiben	föreskriva [fœ:rəskri:va]
vorsorgen	vidta åtgärder [vi:dt:a ˈo:tjæ:ɖər]
vorstellen	föreställa [fœ:rəstɛl:a]
vortäuschen	låtsas [lɔts:as]
vortragen	föredra [fœ:rədra:]
vorübergehen	gå över [go: ˈø:vər]
vorweisen	förevisa [fœ:rəvi:sa]
vorwerfen	förebrå [fœ:rəbro:]
vorzeigen	uppvisa [ɵpvi:sa]
vorziehen	föredra [fœ:rədra:]

W

wachsen	växa [vɛksa]
wackeln	vackla [vakla]
wagen	våga [vo:ga]
wählen	välja [vɛlja]
wahrnehmen	förnimma [fœrˈnɪm:a]
wandern	vandra [vandra]
warnen	varna [va:ɳa]
warten	vänta [vɛnta]
waschen	tvätta [tvɛt:a]
wechseln	växla [vɛksla]
wecken	väcka [vɛk:a]
wegfahren	köra iväg [ɕœ:ra ɪˈvɛ:g]
wegfallen	falla bort [fal:a ˈbɔʈ]
weggehen	gå iväg [go: ɪˈvɛ:g]
weglassen	utelämna [ʉ:təlɛmna]
wegnehmen	beröva [bəˈrø:va]
wegrennen	springa iväg [sprɪŋa ɪˈvɛ:g]
wegschicken	skicka iväg [ɧɪk:a ɪˈvɛ:g]
wegschmeißen	kasta bort [kasta ˈbɔʈ]
wehren	värja sig [vɛrja sɛj]
weigern	vägra [vɛ:gra]
weinen	gråta [gro:ta]
welken	vissna [vɪsna]
wellen	bölja [bœlja]
wenden	vända [vɛnda]
werden	bli [bli:]

werfen	kasta [kasta]
wetten	tippa [tɪp:a]
wickeln	byta blöjor [by:ta ˈblœjʊr]
widerlegen	vederlägga [ve:dərlɛg:a]
widersetzen	protestera [prʊtəsˈte:ra]
widerspiegeln	återspegla [o:tərspe:gla]
widerstehen	motstå [mu:tsto:]
widmen	tillägna [tɪlɛŋna]
wiedergeben	återge [o:tərˈje:]
wiederholen	återupprepa [o:tərˈɵpre:pa]
wiederkehren	återvända [o:tərˈvɛnda]
wiederkommen	återkomma [o:tərˈkɔm:a]
wiedersehen	återse [o:tərˈse:]
wiegen	väga [vɛ:ga]
wiehern	gnägga [gnɛg:a]
wimmeln	svärma/vimla [svɛrma/vɪmla]
wimmern	kvida [kvi:da]
winden	slingra [slɪŋra]
winken	vinka [vɪŋka]
winseln	gnälla [gnɛl:a]
wippen	vippa [vɪp:a]
wirken	verka [vɛrka]
wischen	torka av [tɔrka ˈa:v]
wispern	viska [vɪska]
wissen	veta [ve:ta]
wohnen	bo [bu:]
wollen	vilja [vɪlja]
wundern	undra [ɵndra]
wünschen	önska [œnska]
würdigen	värdesätta [vɛ:ɖəsɛt:a]
würfeln	kasta tärning/tärna [kasta ˈtɛ:ɳɪŋ/tɛ:ɳa]
würgen	strypa [stry:pa]
würzen	krydda [kryd:a]

Z

zahlen	betala [bəta:la]
zählen	räkna [rɛ:kna]
zähmen	tämja [tɛmja]
zanken	gräla [grɛ:la]
zappeln	slingra [slıŋra]
zaubern	trolla [trɔl:a]
zeichnen	teckna [tekna]
zeigen	visa [vi:sa]
zelten	tälta [tɛlta]
zerbrechen	gå sönder [go: ˈsœndər]
zerdrücken	krossa [krɔs:a]
zerfallen	falla isär [fal:a ıˈsɛ:r]
zerkleinern	hacka sönder [hak:a ˈsœndər]
zerknüllen	knöla ihop [knœ:la ıˈhu:p]
zerkratzen	repa [re:pa]
zerkrümeln	smula sönder [smʉ:la ˈsœndər]
zerreißen	riva sönder [ri:va ˈsœndər]
zerren	rycka [ryk:a]
zerschlagen	slå sönder [slo: ˈsœndər]
zerspringen	spricka [sprık:a]
zerstören	förstöra [fœrˈstœ:ra]
zertreten	trampa ner [trampa ˈne:r]
zertrümmern	krossa [krɔs:a]
ziehen	dra [dra:]
zielen	sikta [sıkta]
zieren	dekorera [dəkʊˈre:ra]
zischen	vina [vi:na]
zittern	skaka [ska:ka]
zögern	dröja [drœja]
zoomen	suma [su:ma]
zubeißen	bita [bi:ta]
zubereiten	tillreda [tılre:da]
zubinden	binda [bında]
zublinzeln	blinka [blıŋka]
zucken	rycka till [ryk:a ˈtıl]
zücken	dra fram [dra: ˈfram]
zudecken	täcka över [tɛk:a ˈø:vər]
zudrehen	stänga av [stɛŋa ˈa:v]
zufriedengeben	vara nöjd [va:ra ˈnœjd]
zufriedenlassen	lämna ifred [lɛmna ıˈfre:d]
zufügen	tillfoga [tılfu:ga]
zugeben	erkänna [e:rˈɕɛn:a]
zugreifen	slå till [slo: ˈtıl]
zugucken	titta på [tıt:a ˈpo:]
zuhören	höra på [hœ:ra ˈpo:]
zujubeln	hylla [hyl:a]
zuknöpfen	knäppa [knɛp:a]
zulächeln	le mot [le: ˈmu:t]
zulassen	tillåta [tıl:o:ta]
zumachen	stänga [stɛŋa]

zumuten	begära något av någon [bəˈjɛːra noːgɔt aːv noːgɔn]
zünden	tända [tɛnda]
zunehmen	öka [øːka]
zunichtemachen	förstöra [fœˈʂtœːra]
zunicken	nicka [nɪka]
zuordnen	tilldela [tɪlːdeːla]
zupacken	ta tag [taː ˈtaːg]
zupfen	rycka [rykːa]
zurechtfinden	finna sig tillrätta [fɪna sɛj ˈtɪlːrɛtːa]
zurücknehmen	ta tillbaka [taː tɪlˈbaka]
zurufen	ropa på [ruːpa ˈpoː]
zusagen	acceptera [aksəpˈteːra]
zusammenhängen	relatera [rəlaˈteːra]
zusammenprallen	kollidera [kɔlːɪˈdeːra]
zusammen-schreiben	sammanskriva [samːanskriːva]
zuschicken	sända [sɛnda]
zuschlagen	slå igen [sloː ɪˈjɛn]
zuschließen	bomma igen [bʊmːa ɪˈjɛn]
zuschrauben	skruva åt [skrʉːva ˈoːt]
zusehen	titta på [tɪtːa ˈpoː]
zusichern	försäkra [fœrˈsɛːkra]
zuspielen	passa till [pasːa ˈtɪl]
zuspitzen	vässa [vɛsːa]
zustimmen	hålla med [hɔlːa ˈmɛː]
zustoßen	stöta ihop [støːta ɪˈhuːp]
zutrauen	ha förtroende för [haː fœrtruː ˈfœrː]
zutreffen	stämma [stɛmːa]
zuvorkommen	föregå [fœːrəgoː]
zuwenden	vända sig mot [vɛːnda sɛj ˈmuːt]
zuziehen	dra åt [draː ˈoːt]
zwängen	tränga sig fram [trɛŋa sɛj ˈfram]
zweifeln	tvivla [tviːvla]
zwicken	nypa [nyːpa]
zwingen	tvinga [tvɪŋa]
zwinkern	blinka [blɪŋka]

INDEX DEUTSCH – INDEX TYSKA

INDEX SCHWEDISCH – INDEX SVENSKA

INDEX DEUTSCH – INDEX TYSKA

C

F

G

H

I

L

M

N

S

W

INDEX SCHWEDISCH – INDEX SVENSKA

C

D

E

F

G

P

T

U

V

Ö

BILDNACHWEIS

* - © Fotolia.com

14 */Csaba Peterdi, **16** */Alexander Raths, **16** */Jeanette Dietl, **16** */Forgiss, **16** */paulmz, **16** */fotodesign-jegg.de, **16** */mimagephotos, **16** */Syda Productions, **16** */iko, **16** */Jeanette Dietl, **16** */drubig-photo, **16** */oocoskun, **17** */damato, **17** */vbaleha, **17** */Rido, **17** */Ljupco Smokovski, **17** */Jeanette Dietl, **17** */Janina Dierks, **17** */Valua Vitaly, **17** */Rido, **17** */Andres Rodriguez, **17** */Syda Productions, **17** */Valua Vitaly, **18** */Dmitry Lobanov, **18** */Samuel Borges, **18** */DenisNata, **18** */Pavel Losevsky, **18** */Gabriel Blaj, **18** */WONG SZE FEI, **18** */vgstudio, **18** */Picture-Factory, **18** */Ariwasabi, **19** */endostock, **19** */mma23, **19** */Jasmin Merdan, **19** */Tom Wang, **19** */Michael Gray, **19** */JanMika, **19** */BeTa-Artworks, **19** */michaeljung, **19** */Savannah1969, **19** */patpitchaya, **19** */Sabphoto, **19** */Cello Armstrong, **19** */eyetronic, **20** */Danilo Rizzuti, **20** */Ruth Black, **20** */Smileus, **20** */chesterF, **20** iStockphoto/Catherine Yeulet, **20** */DenisNata, **20** */Melinda Nagy, **20** */Kaarsten, **20** */MISHELA, **20** */Eray, **20** */Unclesam, **20** */satin_111, **20** */Michael Fritzen, **21** */yanlev, **21** */BeTa-Artworks, **21** */Margit Power, **21** */Brenda Carson, **21** */Africa Studio, **21** */Piotr Marcinski, **21** */Fotowerk, **21** */AVRORA, **21** */stockyimages, **21** */Tyler Olson, **21** */ExQuisine, **21** */Glenda Powers, **21** Thinkstock/iStockphoto, **22** */Valua Vitaly, **22** */codiarts, **23** */Jaimie Duplass, **23** */krimar, **23** */magann, **23** */Stefan Balk, **23** */Kaponia Aliaksei, **23** */koji6aca, **23** */yuriyzhuravov, **23** */yuriyzhuravov, **23** */Ermolaev Alexandr, **23** */V.R.Murralinath, **23** */badmanproduction, **23** */Anton Zabielskyi, **23** */auremar, **23** */koji6aca, **24** */mimagephotos, **24** */Tiler84, **24** */velazquez, **24** */giorgiomtb, **24** */apops, **24** */dusk, **24** */Knut Wiarda, **24** */stokkete, **24** */Taiga, **24** */Taiga, **24** */Taiga, **24** */Taiga, **25** */Karramba Production, **25** */Robert Kneschke, **25** */cantor pannatto, **25** */Garrincha, **25** */Picture-Factory, **25** */bevangoldswain, **25** */WavebreakMediaMicro, **25** */Rido, **25** */Minerva Studio, **25** */cantor pannatto, **25** */Fotowerk, **25** */Fotowerk, **26** */Gelpi, **26** */stockyimages, **26** */WavebreakmediaMicro, **26** */pathdoc, **26** */Ilike, **26** */pathdoc, **26** */Andres Rodriguez, **26** */Garrincha, **26** */cantor pannatto, **26** */pressmaster, **26** */vladimirfloyd, **26** */Elnur, **26** */Klaus Eppele, **27** */boumenjapet, **27** */Vera Anistratenko, **27** */carol_anne, **27** */Andrey Armyagov, **27** Thinkstock/NikolayK, **27** */srdjan111, **27** */Zbyszek Nowak, **27** */Pamela Uyttendaele, **27** */Michaela Pucher, **27** */Katrina Brown, **28** */ghoststone, **28** */nito, **28** */zhekos, **28** */chiyacat, **28** */Alexandra Karamyshev, **28** */BEAUTYofLIFE, **28** */Lucky Dragon, **29** */Karramba Production, **29** */BEAUTYofLIFE, **29** */Khvost, **29** */Khvost, **29** */Elnur, **29** */Popova Olga, **29** */Artem Gorohov, **29** */Elnur, **29** */Ruslan Kudrin, **29** */Gordana Sermek, **29** */Alexandra Karamyshev, **30** */alaterphotog, **30** */Elnur, **30** */Elnur, **30** */Ruslan Kudrin, **30** */Alexandra Karamyshev, **30** */Alexandra Karamyshev, **30** */Oliver Preißner, **30** */Robert Lehmann, **30** */Alexandra Karamyshev, **31** */mimagephotos, **31** */Alexandra Karamyshev, **31** */Alexandra Karamyshev, **31** */ludmilafoto, **31** */okinawakasawa, **31** Thinkstock/Alexandru Chiriac, **31** */cedrov, **31** */Khvost, **31** */hifashion, **31** */Alexandra Karamyshev, **31** */Alexandra Karamyshev, **32** */Little_wine_fly, **32** */Jiri Hera, **32** */rangizzz, **32** */Jiri Hera, **32** */Andrew Buckin, **32** Thinkstock/Danny Chan, **32** */Artem Merzlenko, **32** */Cobalt, **32** */fotomatrix, **32** */Rozaliya, **32** */adisa, **32** */Kira Nova, **32** */Shariff Che'Lah, **32** */venusangel, **32** */Unclesam, **32** */srki66, **33** */adisa, **33** */adisa, **33** */lalouetto, **33** */PRILL Mediendesign, **33** */Africa Studio, **33** */adisa, **33** */Andrey Bandurenko, **33** */Nadinelle, **33** */design56, **33** */Sergey Rusakov, **33** */Jiri Hera, **33** */gemenacom, **33** */Andre Plath, **33** */Alexander Raths, **33** */Liaurinko, **33** */thaikrit, **33** */humbak, **34** */wiedzma, **34** */kontur-vid, **34** */Tharakorn, **34** */picsfive, **34** */pattarastock, **34** */NilsZ, **34** */picsfive, **34** */picsfive, **34** */ksena32, **34** */cristi180884, **34** */bpstocks, **34** */nito, **34** */Tarzhanova, **34** */bpstocks, **34** */terex, **34** */ibphoto, **35** */Gennadiy Poznyakov, **36** */stockone, **38** */JSB, **38** */stocker1970, **38** */photo 5000, **38** */Tiberius Gracchus, **38** */Ralf Gosch, **38** */visivasnc, **38** */Lasse Kristensen, **38** */Speedfighter, **38** */Bokicbo, **38** */typomaniac, **38** */O.M., **38** */designsstock, **38** */Tatty, **39** */Kurhan, **39** */selensergen, **39** */Brilliant Eagle, **39** */Iriana Shiyan, **39** */terex, **39** */Sashkin, **39** */bcdesign, **39** */pyzata, **39** */Thomas Aumann, **39** */Tiberius Gracchus, **39** */Igor Kovalchuk, **39** */Maksym Yemelyanov, **39** */pabijan, **40** */Magda Fischer, **41** */Kasia Bialasiewicz, **41** */bennnn, **41** */Bert Folsom, **41** */Aleksandar Jocic, **41** */yevgenromanenko, **41** */Aleksandr Ugorenkov, **42** */Iriana Shiyan, **42** */luchshen, **42** */sokrub, **42** */sokrub, **42** */okinawakasawa, **43** */pics721, **43** */Delphimages, **43** */arteferretto, **43** */Kitch Bain, **43** */Chris Brignell, **44** */stock_for_free, **44** */kornienko, **45** */mrgarry, **45** */mariocigic, **45** Thinkstock/Hemera, **45** */Alexander Morozov, **45** */Denis Gladkiy, **45** */Sergii Moscaliuk, **45** */sutsaiy, **45** */sutsaiy, **45** */okinawakasawa, **45** */Alexander Morozov, **45** */venusangel, **45** */bergamont, **45** */Alexander Morozov, **45** */sutsaiy, **45** */manipulateur, **45** */kmiragaya, **46** */fotyma, **46** */Denisa V, **46** */jonnysek, **46** */Kitch Bain, **46** */pholien, **46** */Alona Dudaieva, **46** */M.R. Swadzba, **46** Thinkstock/iStockphoto, **46** */bennyartist, **46** */Nikola Bilic, **46** */cretolamna, **46** */Igor Syrbu, **46** */Piotr Pawinski, **47** */cretolamna, **47** */Harald Biebel, **47** */gavran333, **47** */M.R. Swadzba, **47** */IrisArt, **47** */Diana Taliun, **47** */cretolamna, **47** */M S, **47** */nito, **47** */Bombaert Patrick, **47** */scol22, **47** */cretolamna, **47** */picsfive, **48** */Sunshine Pics, **48** */VRD, **48** */petrsalinger, **48** */cretolamna, **48** */gavran333, **48** */Uwe Landgraf, **48** */nito, **48** */Schwoab, **48** */cretolamna, **48** */Stefan Balk, **48** */karandaev, **48** */Lucky Dragon, **48** */PhotoSG, **49** */2mmedia, **50** */Andres Rodriguez, **50** */simmittorok, **50** */Liliia Rudchenko, **50** */venusangel, **50** */Ljupco Smokovski, **50** */Maksim Kostenko, **50** Thinkstock/Stockbyte, **50** */Xuejun li, **50** */Ljupco Smokovski, **50** */Coprid, **50** */Yingko, **51** */poligonchik, **52** */arsdigital, **53** */adpePhoto, **53** */Africa Studio, **53** */Tiler84, **53** */NilsZ, **53** */Africa Studio, **53** */Coprid, **54** */magraphics.eu, **54** */sommersby, **54** */ermess, **54** */AndG, **55** */ILYA AKINSHIN, **55** */Lusoimages, **55** */HamsterMan, **55** */jlcst, **55** */Foto-Ruhrgebiet, **55** */Dmytro Akulov, **55** */picsfive, **55** */ibphoto, **55** */Jonathan Stutz, **55** */Jackin, **55** */ganko, **55** */artmim, **55** */Klaus Eppele, **56** */Sashkin, **56** */Creatix, **56** */Andreja Donko, **56** */Katrina Brown, **56** */Ljupco Smokovski, **57** */Okea, **58** */kmit, **58** */luckylight, **58** */tuja66, **58** */tuja66, **58** */corund, **58** */tuja66, **58** */Rynio Productions, **58** */mick20, **58** */Denis Dryashkin, **58** */tuja66, **58** */claudio, **58** */CE Photography, **58** */tuja66, **58** */Бурдюков Андрей, **58** */vav63, **59** */Rynio Productions, **59** */Rynio Productions, **59** */Rynio Productions, **59** */PRILL Mediendesign, **59** */fefufoto, **59** */antonsov85, **60** */andersphoto, **60** */scis65, **60** */venusangel, **60** */Coprid, **60** */f9photos, **60** */tuja66, **60** */Konovalov Pavel, **60** */Freer, **60** */Nik, **60** */chungking, **60** */mariusz szczygieł, **61** */auremar, **61** */Africa Studio, **61** */ankiro, **61** */Ionescu Bogdan, **61** */piai, **61** */Denys Rudyi, **62** */Nomad_Soul, **62** */gradt, **62** */twister025, **62** */egorovvasily, **62** */womue, **62** Thinkstock/

iStockphoto, **62** Thinkstock/iStockphoto, **62** */cherezoff, **62** */by-studio, **63** */coco, **63** */D. Ott, **63** */D. Ott, **63** */federicofoto, **63** */babsi_w, **63** */Stibat Studio, **63** */Kara, **63** */Jeanette Dietl, **63** */sonne fleckl, **63** */keller, **63** */miket, **63** */WoGi, **63** */M. Schuppich , **63** */Marco Becker , **63** */kobra78 , **63** */Kalle Kolodziej, **64** */mallivan, **64** */Zbyszek Nowak, **64** */opasstudio, **64** */hsagencia, **64** */photka , **64** */photka , **64** */photka , **64** */photka , **64** */Gerald Bernard , **64** */Jaimie Duplass , **64** */steamroller , **64** */tompet80 , **64** */schankz, **64** */keerati, **65** */hopfi23, **65** */Alex Petelin, **65** */Patryssia, **65** */D. Ott, **65** */Horticulture, **65** */Kasia Bialasiewicz, **65** */mopsgrafik, **65** */B. Wylezich, **65** */fotoschab, **65** */Miredi, **65** */udra11, **65** */NinaMalyna, **65** */rupbilder, **66** */mates, **68** */unpict, **68** */Teamarbeit, **68** */Christian Jung, **68** Dreamstime/Christianjung, **68** */HLPhoto, **68** */ExQuisine , **68** */rdnzl, **68** */uckyo, **68** */ExQuisine, **68** */lefebvre_jonathan, **68** */Cornerman, **68** */Mara Zemgaliete, **68** iStockphoto/Vasko, **68** */Diana Taliun, **68** Thinkstock/Alena Dvorakova, **68** Shutterstock/marco mayer, **69** */ExQuisine, **69** */ExQuisine, **69** */fotomaster, **69** */Eric Isselée, **69** */boguslaw, **69** */Eric Isselée, **69** */nito, **69** */Irina Khomenko, **69** */Viktor, **69** */Oran Tantapakul, **69** */lightpoet, **70** */Rémy MASSEGLIA, **70** */Natalia Merzlyakova, **70** Dreamstime/Witoldkr1, **70** */Picture Partners, **70** */antonio scarpi, **70** */Gaetan Soupa, **70** */o.meerson, **70** */ExQuisine, **70** Dreamstime/Pipa 100, **70** */lunamarina, **70** */HelleM, **70** */Dalmatin.o , **70** */Witold Krasowski, **70** */Andrei Nekrassov, **70** */Dionisvera, **70** */Dionisvera, **71** */angorius, **71** */Dani Vincek, **71** */felinda, **71** */Andrey Starostin, **71** */pedrolieb, **71** */ExQuisine, **71** Dreamstime/Onepony, **71** */dulsita, **71** */Giuseppe Lancia, **71** */margo555, **71** */BSANI , **71** */womue, **71** */Jiri Hera, **72** */ExQuisine, **72** Dreamstime/Sethislav, **72** */volff , **73** */dimakp, **73** Shutterstock/Multiart, **73** Shutterstock/Krzysztof Slusarczyk, **73** */Daddy Cool, **73** */Brad Pict, **73** Dreamstime/Jack14, **73** */cynoclub, **73** */Picture Partners, **73** */Lsantilli , **73** */Coprid, **73** */Fotofermer, **73** */Brad Pict, **73** */Mara Zemgaliete, **74** */Dani Vincek , **74** */Natika, **74** */Luis Carlos Jiménez, **74** */angorius, **74** */marrfa, **74** */Natika, **74** */fotogal, **74** */Shawn Hempel, **74** */Jessmine, **74** */Daorson, **74** */Jérôme Rommé, **74** */gcpics, **74** */Picture Partners, **75** */valeriy555, **75** */valeriy555, **75** */Barbara Pheby, **75** */volga1971, **75** Dreamstime/Robynmac, **75** */Anna Kucherova, **76** */jerome signoret, **76** */boguslaw, **76** */fotomatrix, **76** */World travel images, **76** */margo555 , **76** */margo555 , **76** */margo555 , **76** */margo555 , **76** */Wolfgang Jargstorff, **77** */valeriy555, **77** */silencefoto, **77** */valeriy555, **77** */valeriy555, **77** */silencefoto, **77** */valeriy555, **77** */photocrew, **77** */valeriy555, **77** */Anna Kucherova, **77** */valeriy555, **77** */Malyshchyts Viktar, **77** */charlottelake, **77** */valeriy555, **78** */tycoon101, **78** */Zbyszek Nowak, **78** */M.R. Swadzba, **78** */Schlierner, **78** */Ekaterina Lin, **78** */Andrey Starostin, **79** */azureus70, **79** */azureus70, **79** */valeriy555, **79** */Dionisvera, **79** Thinkstock/anna1311, **79** */valeriy555, **79** */Andrea Wilhelm, **79** */valeriy555, **79** */valeriy555, **79** */valeriy555, **79** */valeriy555, **79** */valeriy555, **79** */valeriy555, **79** */Anna Kucherova, **80** */Malyshchyts Viktar, **80** */Malyshchyts Viktar, **80** */Malyshchyts Viktar, **80** */Malyshchyts Viktar, **80** */Malyshchyts Viktar, **80** */Malyshchyts Viktar, **80** */Malyshchyts Viktar, **80** */Malyshchyts Viktar, **80** */Malyshchyts Viktar, **80** */Malyshchyts Viktar, **80** */Natika, **80** */Malyshchyts Viktar, **80** */Malyshchyts Viktar, f9photos, **80** */Malyshchyts Viktar, **80** */Oleksiy Ilyashenko, **80** */Tim UR, **80** */valeriy555, **80** */valeriy555, **80** */Natika, **80** */valeriy555, **81** Dreamstime/Skyper1975, **81** */Werner Fellner, **81** */marilyn barbone, **81** */nblxer, **81** */goodween123, **82** */Popova Olga, **82** */Popova Olga, **82** */mates, **82** */Popova Olga, **82** */Popova Olga, **82** */Popova Olga, **82** */Popova Olga, **82** */Popova Olga, **82** */pimponaco, **82** */Schlierner, **82** */svl861, **82** */svl861, **82** Dreamstime/Margouillat, **83** */Team 5, **83** MDB/seli8, **83** */unpict, **83** */Tomboy2290, **83** */nbriam, **83** */Vera Kuttelvaserova, **83** */Vesna Cvorovic, **83** */Maceo, **83** */scis65, **84** Thinkstock/iStockphoto, **84** Thinkstock/iStockphoto, **84** Thinkstock/iStockphoto, **84** Thinkstock/iStockphoto, **84** Thinkstock/iStockphoto, **84** Thinkstock/iStockphoto, **84** Thinkstock/iStockphoto, **84** Thinkstock/iStockphoto, **84** */Popova Olga, **84** Thinkstock/iStockphoto, **84** Thinkstock/iStockphoto, **84** Thinkstock/iStockphoto, **84** Thinkstock/iStockphoto, **84** Thinkstock/iStockphoto, **84** Thinkstock/iStockphoto, **84** Thinkstock/iStockphoto, **85** Dreamstime/Sergioz, **85** */Africa Studio, **85** */Orlando Bellini, **85** */Inga Nielsen, **85** */Inga Nielsen, **85** */Inga Nielsen, **85** */Boris Ryzhkov, **86** */Popova Olga, **86** */Popova Olga, **86** */Popova Olga, **86** */Popova Olga, **86** */Popova Olga, **86** */Popova Olga, **86** */Popova Olga, **86** */Popova Olga, **86** */Popova Olga, **86** */Popova Olga, **86** */Popova Olga, **86** */Popova Olga, **86** */Popova Olga, **86** */Elena Schweitzer, **86** */Picturefoods.com, **87** Dreamstime/Jirkaejc, **87** Dreamstime/Glasscuter, **87** */Andrzej Tokarski, **87** Dreamstime/Pryzmat, **87** */Stefano Neri , **87** */Roxana, **87** */enzo4, **87** */Stefano Neri, **87** */akulamatiau, **87** */zorandim75, **87** */marilyn barbone, **88** */pico, **88** */Sergejs Rahunoks, **88** Dreamstime/Givaga, **88** */Piovanello, **88** */Piovanello, **88** */the_pixel, **88** */Liaurinko, **88** */nemez210769, **88** */midosemsem, **88** */Jiri Hera, **88** */juri semjonow, **88** */Brad Pict, **88** Dreamstime/Travelling-light, **88** Dreamstime/Synchronista, **88** */Julian Weber, **88** */IrisArt , **89** */BeTa-Artworks, **89** */Sergii Moscaliuk, **89** */Diana Taliun, **89** */Daniel Wiedemann, **89** Dreamstime/Nagme, **89** */lantapix, **89** */Olegich, **89** */scis65, **89** */Vidady, **89** */komar.maria, **90** */Petrov Vadim, **90** */unpict, **90** */Smart7, **90** */tycoon101, **90** */M. Schuppich, **90** */digifood, **90** */Schwoab, **90** */photocrew, **90** */chrisdorney, **90** */anakondasp, **90** */unpict, **90** */sorcerer11, **90** */Lucky Dragon, **91** */MarFot, **91** */ppi09, **91** */Kesu, **91** */Andrea Wilhelm, **91** */kehr design, **91** */gtranquillity, **91** */Corinna Gissemann, **91** */Lucky Dragon, **91** */Jiri Hera, **91** */sergojpg, **91** */Daryl Musser, **91** */robysaba, **91** */unpict, **92** */Jiri Hera, **92** */Nitr, **92** */Nitr, **92** */ExQuisine, **92** */Natika , **92** */Inga Nielsen, **92** */Nitr, **92** */Nitr, **92** */Taffi, **92** */karandaev, **92** */unpict, **92** */baibaz, **92** */Africa Studio, **93** */pabijan, **93** */amenic181, **93** */Viktor, **93** */blende40, **93** */Fotofermer, **93** */Rob Stark, **93** */gtranquillity, **93** */gtranquillity, **93** */gtranquillity, **93** */gtranquillity, **93** */gtranquillity, **93** */Inga Nielsen, **94** Thinkstock/puchkovo48, **94** */neirfy, **94** */Nitr, **94** */Nitr, **94** */Nitr, **94** */Taffi, **94** */Taffi, **94** */Taffi, **94** */Taffi, **94** */karandaev, **94** */karandaev, **94** */karandaev, **95** */Hemeroskopion, **95** */Hemeroskopion, **95** */Hemeroskopion, **95** */Hemeroskopion, **95** */Hemeroskopion, **95** */Hemeroskopion, **95** */Hemeroskopion, **95** */Hemeroskopion, **95** */Hemeroskopion, **95** */Hemeroskopion, **95** */Hemeroskopion, **95** */Hemeroskopion, **95** */Hemeroskopion, **96** */kab-vision, **96** Shutterstock/Multiart - Shutterstock.com, **96** */Volodymyr Shevchuk, **96** */Sergejs Rahunoks, **96** */sspice, **96** */Corinna Gisseman, **96** */azureus70, **96** */Popova Olga, **96** */baibaz, **97** */Whitebox Media, **97** */angorius, **97** */Andrea Wilhelm, **97** Dreamstime/Margouillat, **97** */Viktor, **97** */Kesu, **97** */Peredniankina, **97** */margo555, **97** */Aleksandar Jocic, **98** */Jiri Hera, **98** */victoria p., **98** */djama, **98** */vagabondo, **98** */Jiri Hera, **98** */scis65, **98** */blende40, **98** */MUNCH!, **98** */Africa Studio, **98** */arinahabich, **98** */Marius Graf, **98** */Marius Graf, **98** */Marius Graf, **98** */Liaurinko, **98** */Brad Pict, **98** */juniart, **99** */Dmytro Sukharevskyy, **99** */Dmytro Sukharevskyy, **99** */Dmytro Sukharevskyy, **99** */Sergejs Rahunoks, **99** */canoncam, **99** */uckyo, **99** */torsakarin, **99** */Thibault Renard, **99** */eyewave, **99** */Orlando Bellini, **99** */Blue Wren, **99** */Dmytro Sukharevskyy, **99** */Dmytro Sukharevskyy, **100** */Jacek

Chabraszewski, **100** */Inga Nielsen, **100** */dusk, **100** */Road King, **100** */Jack Jelly, **100** Dreamstime/Tomislav Pinter, **100** */Jacek
Chabraszewski, **100** */ExQuisine, **100** */aktifreklam, **100** */zhekos , **100** */Jess Yu, **100** */illustrez-vous, **100** */Andrea Wilhelm, **101**
*/Minerva Studio, **101** */Boris Ryzhkov, **101** */Nitr, **101** */unpict, **101** */Jacek Chabraszewski, **101** */photocrew, **101** */Viktor, **101** */
eyewave, **101** Dreamstime/Lightzoom, **101** iStockphoto/Gordana Sermek, **102** */Africa Studio, **102** */Vitaly Korovin, **102** */Coprid,
102 */Schlierner, **102** */Fotofermer, **103** */ashka2000, **103** */womue, **103** */EM Art, **103** */ExQuisine, **103** */photocrew, **103** */
jeehyun, **103** */reineg, **103** */reineg, **103** */reineg, **103** */reineg, **103** */Subbotina Anna, **103** */rangizzz, **103** */sjhuls, **104** */
Fotofermer, **106** Thinkstock/Keith Levit Photography, **106** Thinkstock/iStockphoto, **106** Thinkstock/iStockphoto, **106** Thinkstock/
iStockphoto, **106** Thinkstock/iStockphoto, **106** Thinkstock/iStockphoto, **106** Thinkstock/iStockphoto, **106** Thinkstock/iStockpho-
to, **106** Thinkstock/Fuse, **107** Thinkstock/Fuse, **107** Thinkstock/iStockphoto, **107** Thinkstock/iStockphoto, **107** Thinkstock/
iStockphoto, **107** Thinkstock/Comstock, **107** */Alexandra Gl, **108** */leremy, **108** */leremy, **108** */leremy, **108** */leremy, **108** */
leremy, **108** */leremy, **108** */mrtimmi, **108** */mrtimmi, **108** */mrtimmi, **108** */mrtimmi, **108** */mrtimmi, **108** */mrtimmi, **108** */
Bobo, **108** */leremy, **108** */leremy, **108** */FelixCHH, **109** Thinkstock/iStockphoto, **109** */Eisenhans, **109** Thinkstock/iStockphoto,
109 Thinkstock/iStockphoto, **109** Thinkstock/Hemera, **109** Thinkstock/Hemera, **109** Thinkstock/Hemera, **109** */Bombaert
Patrick, **109** */algre, **109** Thinkstock/Hemera, **109** Thinkstock/iStockphoto, **109** Thinkstock/Hemera, **110** */Vladimir Kramin, **110** */
algre, **111** */algre, **111** */apttone, **112** Thinkstock/iStockphoto, **112** */Jenny Thompson, **112** */Aaron Amat, **112** */overthehill, **112** */
eldadcarin, **112** */Michael Seidel, **113** Thinkstock/iStockphoto, **113** */gradt, **113** */Lasse Kristensen, **113** */Željko Radojko, **113** */
golandr, **114** Thinkstock/iStockphoto, **114** Thinkstock/Stockbyte, **115** Thinkstock/iStockphoto, **115** Thinkstock/Hemera, **115** Think-
stock/iStockphoto, **115** Thinkstock/iStockphoto, **115** Thinkstock/iStockphoto, **115** */Bikeworldtravel, **116** */Idelfoto, **116** Think-
stock/iStockphoto, **116** Thinkstock/Hemera, **116** Thinkstock/Hemera, **116** Thinkstock/Hemera, **117** Thinkstock/iStockphoto, **117**
Thinkstock/iStockphoto, **117** Thinkstock/iStockphoto, **118** Thinkstock/iStockphoto, **119** Thinkstock/Hemera, **119** Thinkstock/
iStockphoto, **119** Thinkstock/iStockphoto, **119** Thinkstock/iStockphoto, **119** Thinkstock/iStockphoto, **119** Thinkstock/iStockphoto,
119 Thinkstock/iStockphoto, **119** Thinkstock/iStockphoto, **119** Thinkstock/iStockphoto, **119** Thinkstock/iStockphoto, **119** Think-
stock/iStockphoto, **119** Thinkstock/iStockphoto, **119** Thinkstock/iStockphoto, **119** Thinkstock/iStockphoto, **119** Thinkstock/
Hemera, **119** Thinkstock/iStockphoto, **120** Thinkstock/iStockphoto, **120** Thinkstock/Hemera, **120** Thinkstock/Photos.com, **120**
Thinkstock/iStockphoto, **120** */photo 5000, **120** Thinkstock/iStockphoto, **120** Thinkstock/iStockphoto, **120** Thinkstock/Hemera,
120 Thinkstock/Hemera, **121** */Eisenhans, **121** Thinkstock/iStockphoto, **121** Thinkstock/iStockphoto, **121** Thinkstock/Stockbyte, **121**
Thinkstock/Hemera, **121** Thinkstock/iStockphoto, **121** Thinkstock/Julio de la Higuera Rodrigo, **121** */DeVIce, **121** */Artem Gorohov,
121 */Lukas Sembera, **121** Thinkstock/iStockphoto, **121** Thinkstock/iStockphoto, **121** */Eisenhans, **121** Thinkstock/iStockphoto, **121**
Thinkstock/iStockphoto, **121** */auremar, **122** */laurenthuet, **122** */Nikolai Sorokin, **122** */Dmitry Vereshchagin, **122** */Ettore, **122** */
tr3gi, **122** */12ee12, **122** Thinkstock/Vladimir Arndt, **123** */Fotito, **123** */mschick, **123** */BlueSkyImages, **123** */contrastwerkstatt,
123 Thinkstock/iStockphoto, **123** Thinkstock/Hemera Technologies, **124** */Okea, **124** */Marcus Lindström - iStockphoto.com, **125**
*/CandyBox Images, **125** */TMAX, **125** */michaeljung, **125** */Maygutyak, **125** */Steve Mann, **125** */nui7711, **125** */Jörg Hackemann,
126 */Sashkin, **126** */virtabo, **126** Thinkstock/iStockphoto, **126** */Ben Chams, **126** */Ben Chams, **126** */Ben Chams, **126** */mind-
scanner , **126** */swx, **126** */michaeljung, **126** */alexmillos, **126** Thinkstock/iStockphoto, **126** */Bergringfoto, **126** Thinkstock/
iStockphoto, **126** */chalabala, **126** */Ben Burger, **127** */Tupungato, **127** */Pink Badger, **127** */HappyAlex, **127** */monticellllo, **127** */
monticellllo, **127** */monticellllo, **128** */Masyanya, **128** */Dmitry Vereshchagin, **128** */Dmitry Vereshchagin, **128** */Dmitry Vereshcha-
gin, **128** */Photobank kiev, **129** */vichie81, **129** */Uschi Hering, **129** */skampixelle, **129** */DOC RABE Media, **129** */Nadine Klabunde,
129 */AndreasJ. **130** */Farinoza, **132** */Marco2811, **132** */phant, **132** */Crobard, **132** */A.Karnholz, **132** */ermess, **133** */sborisov, **133**
*/XtravaganT, **133** */Mihai-Bogdan Lazar, **133** */jacek_kadaj, **133** */ArTo, **133** */hansenn, **133** */Marcel Schauer, **133** Thinkstock/
iStockphoto, **133** */Jörg Lantelme, **133** */vaitekune, **133** */apops, **133** */motivation1965, **133** */steschum, **133** Thinkstock/iStock-
photo, **133** Thinkstock/iStockphoto, **133** */HaywireMedia, **134** */Scanrail, **134** */anshar73, **134** */XtravaganT, **134** Thinkstock/
iStockphoto, **134** Thinkstock/iStockphoto, **134** */A_Lein, **134** Thinkstock/iStockphoto, **134** */jovannig, **134** */Patryk Kosmider, **134**
*/Max, **134** Thinkstock/Getty Images, **134** */miket, **134** */Ciaobucarest, **134** */Paul Liu, **134** Thinkstock/iStockphoto, **134** */Adrian
v. Allenstein, **135** */Pabkov, **135** Thinkstock/iStockphoto, **135** Thinkstock/iStockphoto, **135** Thinkstock/photodisc/David De Lossy,
135 */Anchels, **135** Thinkstock/Ingram Publishing, **135** */Ichbins11, **135** */MIMOHE, **135** */blas, **135** */Franz Pfluegl, **135** */Petra
Beerhalter, **135** */davidundderriese, **136** */contrastwerkstatt, **136** */Berni, **136** */Berni, **136** */Berni, **136** */slava296, **136** */Berni,
136 */Berni, **136** */xy, **136** */lunamarina, **136** */Berni, **137** Thinkstock/Hemera, **137** */oranhall, **137** */Kzenon, **137** Thinkstock/
iStockphoto, **137** */Margo Harrison, **137** Thinkstock/iStockphoto, **137** Thinkstock/iStockphoto, **137** */JackF, **137** */Africa Studio, **137**
*/Hirurg, **137** */stockyimages, **138** */qech, **138** */contrastwerkstatt, **138** Thinkstock/iStockphoto, **138** Thinkstock/iStockphoto, **138**
Thinkstock/photodisc/Keith Brofsky, **138** */LVDESIGN, **138** */Santiago Cornejo, **139** */eyewave, **139** */jogyx, **139** */Joop Hoek, **139**
*/T. Michel, **139** Thinkstock/iStockphoto, **139** */dextroza, **139** Thinkstock/iStockphoto, **139** */lowtech24, **139** Thinkstock/iStock-
photo, **139** Thinkstock/iStockphoto, **139** Thinkstock/Comstock, **139** */Picture-Factory, **139** Thinkstock/iStockphoto, **140** Think-
stock/iStockphoto, **140** Thinkstock/iStockphoto, **140** */zhu difeng, **140** */Gina Sanders, **140** */Bauer Alex, **140** */Andres Rod-
riguez, **140** */Kzenon, **140** */Alex Tihonov, **140** */Alex Tihonov, **140** */Christophe Fouquin, **140** */Sven Weber, **140** */mediagram,
140 */bradleyhebdon, **140** */Africa Studio, **140** */paul prescott, **140** */Tyler Olson, **141** */shotsstudio, **141** */luanateutzi, **141** */adisa,
141 */scaliger, **141** Thinkstock/Fuse, **141** Thinkstock/Andrey Burmakin, **141** Thinkstock/Digital Vision/RL Productions, **141** */
Pumba, **141** */lightpoet, **141** Thinkstock/Fuse, **141** Thinkstock/iStockphoto, **141** */chamillew, **141** */gemenacom, **141** */mangostock,
141 */Tyler Olson, **141** */Kzenon, **142** */photocreo, **142** Thinkstock/photodisc/Siri Stafford, **142** */T. Michel, **142** */filtv, **142** */apops,
142 */Monkey Business, **143** */JJAVA, **143** */JJAVA, **143** */JackF, **143** */Pavel Losevsky, **143** */Pavel Losevsky, **143** */erwinova, **143**
*/JJAVA, **143** */Art Allianz, **143** */Sam Spiro, **143** */adisa, **143** */JackF, **143** */JackF, **143** */rufeh, **143** Thinkstock/Hemera, **143** */M.
studio, **143** Thinkstock/iStockphoto, **144** */Minerva Studio, **144** */eyetronic, **144** */paul prescott, **144** */corepics, **144** */AlienCat,
144 */Thomas Francois, **144** */ag visuell, **144** */Minerva Studio, **144** */contrastwerkstatt, **145** */Art Allianz, **145** */adisa, **145** */
Pumba, **145** */adisa, **145** */Vitaly Maksimchuk, **145** Thinkstock/iStockphoto, **145** */amlet, **145** Thinkstock/Brand X Pictures, **145** */

Joshhh, **145** */karandaev, **145** */808isgreat, **145** Thinkstock/iStockphoto, **145** */Andres Rodriguez, **146** */ruigsantos, **146** */Pixel & Création, **146** Thinkstock/iStockphoto, **146** */robert, **146** Thinkstock/Ingram Publishing, **146** */by-studio, **146** Thinkstock/Digital Vision, **146** */viperagp, **146** */OlegDoroshin, **146** */Pixelwolf2, **146** */VL@D, **146** */rekemp, **146** */Natalia Merzlyakova, **146** */spaxiax, **146** */Sunshine Pics, **146** */eyewave, **147** */nicknick_ko, **147** Thinkstock/iStockphoto, **147** Thinkstock/iStockphoto, **147** */Mingis, **147** */nyul, **147** Thinkstock/iStockphoto, **147** */Africa Studio, **147** */Minerva Studio, **147** Thinkstock/iStockphoto, **147** */fottoo, **147** */Africa Studio, **147** Thinkstock/iStockphoto, **147** */Digitalpress, **148** Thinkstock/Hemera, **148** Thinkstock/iStockphoto, **148** */cottonfioc, **148** */goodluz, **148** */Alen Ajan, **148** */Artur Bogacki, **148** */leungchopan, **148** */Paul Vinten, **148** Thinkstock/Jupiterimages, **148** */amarok17wolf, **148** */Scott Griessel, **148** */fxegs, **148** */terex, **149** */kameraauge, **149** */LianeM, **149** */XtravaganT, **149** */vom, **149** */dbvirago, **149** */Stuart Monk, **149** */legeartispics, **149** */phant, **149** */ArTo, **149** */Sorry, **149** */bbourdages, **149** */Furan, **149** */bluclementine, **150** Thinkstock/iStockphoto, **150** */AV, **150** Thinkstock/Mikhail Markovskiy, **150** */DragonImages, **150** */piccaya, **150** */Leonid Tit, **150** */ArtHdesign, **150** */womue, **150** */Maurizio Malangone, **151** */alex200464, **151** Thinkstock/iStockphoto, **151** */Arkady Chubykin, **151** Thinkstock/iStockphoto, **151** */djama, **151** */Schulz-Design, **151** */Martinan, **151** */Ammentorp, **151** */Gerhard Seybert, **151** Thinkstock/Digital Vision, **151** */travis manley, **152** */Nika Novak, **154** */Gennadiy Poznyakov, **154** */sdenness, **154** */contrastwerkstatt, **154** */Monkey Business, **154** */Robert Kneschke, **154** */shock, **154** */Monkey Business, **154** Thinkstock/iStockphoto, **154** */Cozyta, **154** Thinkstock/Comstock, **154** */tiero, **154** */contrastwerkstatt, **154** */hues, **155** */Gennadiy Poznyakov, **155** */kritchanut, **156** */luminastock, **156** */robert, **156** */yeyen, **156** */auremar, **156** */Javier Castro, **156** */peshkova, **156** */Gennadiy Poznyakov, **156** */Kzenon, **156** */sunabesyou, **156** */gemenacom, **156** */shock, **156** */Jürgen Fälchle, **156** */Nosvos, **156** */luminastock, **156** */kartos, **156** */peshkova, **157** */Olga Galushko, **157** */AVAVA, **157** */Tyler Olson, **157** */Sven Bähren, **157** */alco81, **157** */paylessimages, **157** */Robert Kneschke, **157** */auremar, **157** */ayutaroupapa, **157** */Aiwendyl, **157** */kmiragaya, **157** */contrastwerkstatt, **157** */Tomasz Trojanowski, **158** Thinkstock/iStockphoto, **158** */Africa Studio, **158** */Zerbor, **158** */dkimages, **158** */babimu, **158** */phloxii, **158** */Africa Studio, **158** */Vlad Ivantcov, **158** */Vladyslav Danilin, **159** */ThorstenSchmitt, **159** Thinkstock/PhotoObjects.net, **159** */lily, **160** Thinkstock/iStockphoto, **160** */leszekglasner, **160** */Mat Hayward, **160** */Konstantin L, **160** */josje71, **160** */xy, **160** */Creativa, **160** */Monkey Business, **160** */Monkey Business, **160** */aidaricci, **161** Thinkstock/iStockphoto, **161** */Marius Graf, **161** */muro, **161** */BEAUTYofLIFE, **161** */ia_64, **161** */lu-photo, **162** */Jörg Lantelme, **162** */Berni, **162** */Jeanette Dietl, **162** Thinkstock/Brand X Pictures, **162** */Randall Reed, **162** */Minerva Studio, **162** */trotzolga, **162** */johannesspreter, **162** */Africa Studio, **162** */Alexander Raths, **162** */contrastwerkstatt, **162** */agenturfotografin, **162** */lightpoet, **163** Thinkstock/James Woodson, **163** */CandyBox Images, **163** */Igor Mojzes, **163** */WavebreakmediaMicro, **163** */Africa Studio, **163** */Andres Rodriguez, **163** */xy, **163** */apops, **163** */pearl, **163** */Robert Kneschke, **163** */Markus Haack, **163** */lightpoet, **164** */Minerva Studio, **164** */WavebreakmediaMicro, **164** */goodluz, **164** */lightpoet, **164** */goodluz, **164** */Kzenon, **164** */CandyBox Images, **164** */Fuse, **164** */goodluz, **164** */pearl, **164** */mangostock, **164** Thinkstock/iStockphoto, **164** Thinkstock/Digital Vision, **165** */contrastwerkstatt, **165** */A_Bruno, **165** */WavebreakmediaMicro, **165** */Geo Martinez, **165** */Geo Martinez, **165** */endostock, **166** */Minerva Studio, **166** */apops, **166** */bevangoldswain, **166** */Adam Gregor, **166** */Kzenon, **166** */Kzenon, **166** */michaeljung, **166** */ontrastwerkstatt, **166** */Tyler Olson, **166** */Valentina R., **166** */contrastwerkstatt, **166** */Iurii Sokolov, **166** */Kzenon, **166** */Picture-Factory, **166** */Rido, **166** */nyul, **167** */goodluz, **167** */Kadmy, **167** */Peter Atkins, **167** */jörn buchheim, **167** */Kadmy, **167** */Kurhan, **167** */krizz7, **167** */Kadmy, **167** */ikonoklast_hh, **167** */Marén Wischnewski, **167** */apops, **167** */goodluz, **167** */Cyril Comtat, **167** Thinkstock/Andriy Fomenko, **167** */manu, **167** */petert2, **168** */Monika Wisniewska, **168** Thinkstock/iStockphoto, **168** */goodluz, **168** */Minerva Studio, **168** */Kzenon, **168** */Kzenon, **168** Thinkstock/Photodisc, **168** */Kzenon, **168** */Claudia Nagel, **168** */Minerva Studio, **168** */Kzenon, **168** */contrastwerkstatt, **168** */CandyBox Images, **168** */Kzenon, **168** */Kzenon, **168** */Kurhan, **169** */goodluz, **169** */contrastwerkstatt, **169** */Igor Mojzes, **169** */mezzotint, **169** */claudiaveja, **169** */Andrey Kiselev, **169** */WavebreakmediaMicro, **169** */Elnur, **169** */diego cervo, **169** */Africa Studio, **169** */Africa Studio, **169** */berc, **169** */Natali_ua, **169** Thinkstock/Fuse, **169** */lightpoet, **169** */contrastwerkstatt, **172** */terex, **172** Thinkstock/iStockphoto, **172** */nikkytok, **172** */marcoprati, **172** */eyewave, **172** */Africa Studio, **173** */Africa Studio, **173** */Diana Taliun, **173** */Rulan, **173** */interklicks, **173** Thinkstock/iStockphoto, **173** Thinkstock/iStockphoto, **173** */Corwin, **173** */rangizzz, **173** */monstersparrow, **174** */Picture-Factory, **174** */Carlos Caetano, **174** */vda_82, **174** */vetkit, **174** */Jacek Fulawka, **174** */masterzphotofo, **175** */Viorel Sima, **175** */Mi.Ti., **175** */Brian Jackson, **175** */juniart, **175** */Oksana Kuzmina, **175** */Marcin Sadlowski, **176** */Gelpi, **178** */TAlex, **178** */karandaev, **179** */Maksym Yemelyanov, **179** */Vitas, **179** */romantiche, **179** */rawcaptured, **179** */AVD, **179** */Sergey Dashkevich, **179** Thinkstock/iStockphoto, **179** */Artur Synenko, **179** */dimakp, **179** */heigri, **179** */Lusoimages, **179** */Apart Foto, **179** */sonne fleckl, **179** */Manuela Fiebig, **179** */Klaus Eppele, **179** */Artur Synenko, **180** */Gina Sanders, **180** */snyfer, **180** */snyfer, **180** */Iurii Timashov, **180** */Iurii Timashov, **180** */Iurii Timashov, **180** */Iurii Timashov, **180** */Iurii Timashov, **180** */Iurii Timashov, **180** */WonderfulPixel, **180** */Iurii Timashov, **180** */Iurii Timashov, **180** */Iurii Timashov, **181** */WonderfulPixel, **181** */WonderfulPixel, **181** */WonderfulPixel, **181** */WonderfulPixel, **181** */WonderfulPixel, **181** */vasabii, **181** */grgroup, **181** */Skipio, **181** */vector_master, **181** */Scanrail, **181** */Vectorhouses, **181** */Vectorhouses, **181** */Vectorhouses, **182** */Metin Tolun, **182** */inal09, **182** */electriceye, **182** */Do Ra, **182** */Do Ra, **182** */Do Ra, **182** */Do Ra, **182** */Do Ra, **182** */Do Ra, **182** */Do Ra, **182** */Palsur, **182** */marog-pixcells, **182** */Palsur, **183** */mtkang, **183** */Taffi, **183** */pizuttipics, **183** */by-studio, **183** */Scanrail, **183** */RTimages, **183** */Aleksandr Bryliaev, **183** */JcJg Photography, **183** */Coprid, **183** */tanatat, **183** */Palsur, **183** */Andrew Barker, **184** */ashumskiy, **184** */Gewoldi, **184** */Vitas, **184** */singkham, **185** */Sebalos, **185** */tomispin, **185** */manaemedia, **185** */Niceregionpics, **185** */thanomphong, **185** */Lusoimages, **186** Thinkstock/Alexander Podshivalov, **186** */wellphoto, **186** */Stefan Körber, **186** */Pavel Losevsky, **187** */TrudiDesign, **187** */WavebreakmediaMicro, **187** */ArtHdesign, **187** */valdis torms, **187** */cirquedesprit, **187** */Alexandra Gl, **187** */Sergey Nivens, **187** */imkenneth, **187** */WavebreakMediaMicro, **188** */jfv, **188** */pressmaster, **188** */jminso679, **188** */Marco2811, **188** */Johanna Mühlbauer, **188** */A_Bruno, **189** */pedrosala, **189** */fotomatrix, **189** */Uwe Bumann, **189** */robert, **189** */Milan Surkala, **189** */the_builder, **189** */reich, **190** */Scanrail, **190** */Dron, **190** */drubig-photo, **190** */mirabella, **190** */gradt, **191** */gradt, **191** Thinkstock/iStockphoto, **191** */JiSIGN, **191** */JiSIGN, **191** */JiSIGN, **191** */Rido, **191** */auremar, **192** */Elenathewise, **194** */mirpic, **194** */KB3, **194** Thinkstock/Stockbyte, **195** */lesniewski, **195** */Lario Tus, **195** */Melinda Nagy, **195** */kostasaletras, **195** */contrastwerkstatt, **195** */

beachboyx10, **196** Thinkstock/iStockphoto, **196** */Val Thoermer, **197** Thinkstock/Dorling Kindersley RF, **197** */snaptitude, **198** */ Pavel Losevsky, **198** */.shock, **198** */Nicholas Piccillo, **198** Thinkstock/Photodisc, **198** Thinkstock/Photodisc, **198** Thinkstock/ Photoobjects.net, **198** */.shock, **198** */micromonkey, **199** */kromkrathog, **199** Thinkstock/Fuse, **199** */Stian Iversen, **200** */Tan Kian Khoon, **200** */modestil, **200** */Igor Sokolov, **200** */piai, **200** */Will Hughes, **200** */Actionpics, **200** */Kelpfish, **200** */Africa Studio, **200** */Brocreative, **200** */karaboux, **200** */Lance Bellers, **200** */Sean Gladwell, **200** */by-studio, **201** */kanate, **201** */ by-studio, **201** */Michael Pettigrew, **201** Thinkstock/Ingram Publishing, **202** */Katya Constantine, **202** */Nicholas Piccillo, **203** */ Dmitry Vereshchagin, **203** */PinkBlue, **203** */PinkBlue, **203** */PinkBlue, **204** */Kris Strach, **204** */Kzenon, **204** */Kzenon, **205** */ Quasarphoto, **205** */sumnersgraphicsinc, **205** */sumnersgraphicsinc, **205** */Veniamin Kraskov, **205** */Apart Foto, **205** */RTimages, **206** */zozulinskyi, **206** */Stefan Schurr, **206** */berc, **206** */mezzotint, **206** */ekarin, **206** Thinkstock/Digital Vision, **207** */Sportlibrary, **207** */lilufoto, **207** */roibu, **207** Thinkstock/TongRo Images, **207** */lilufoto, **207** Thinkstock/iStockphoto, **207** Thinkstock/iStockphoto, **207** */Michael Rosskothen, **207** */Oscar Brunet, **207** */Oscar Brunet, **207** Thinkstock/Comstock/ JupiterImages, **208** */alessandro0770, **208** */Stefan Schurr, **208** */Maridav, **208** Thinkstock/moodboard, **208** */endostock, **208** */lightpoet, **208** */yanlev, **208** Thinkstock/Fuse, **208** */Wong Hock Weng, **209** */Andres Rodriguez, **209** */goldenangel, **209** */ wellphoto, **209** Thinkstock/Digitial Vision, **209** */wellphoto, **209** */Cpro, **209** */Cpro, **209** */Birgit Reitz-Hofmann, **209** */Kitch Bain, **209** */Tony Taylor Stock, **209** */xy, **210** */marsyk, **210** */Sportlibrary, **210** */agentur2728.de, **210** Thinkstock/Hemera @ Getty Images, **211** Thinkstock/iStockphoto, **211** Thinkstock/iStockphoto, **211** Thinkstock/Comstock, **212** Thinkstock/iStockphoto, **212** */dima266f, **212** */Maridav, **212** */Anion, **212** */beatrice prève, **212** Thinkstock/Hemera, **212** */EpicStockMedia, **212** Thinkstock/iStockphoto, **212** Thinkstock/iStockphoto, **212** Thinkstock/Monkey Business, **213** Thinkstock/Fuse, **213** Thinkstock/iStockphoto, **213** Thinkstock/Pixland, **213** */attltibi, **213** */attltibi, **213** */belinka, **213** */Andrey Kiselev, **213** */auremar, **213** */tunedin, **213** Thinkstock/Hemera, **213** */Dmitry Vereshchagin, **213** */Elnur, **214** */Kseniya Abramova, **215** */Thierry RYO, **215** */Kseniya Abramova, **215** */Kseniya Abramova, **215** Thinkstock/Thomas Northcut @ Getty Images, **215** */Margo Harrison, **215** */fifranck, **215** */ hosphotos, **215** */Heike und Hardy, **215** Thinkstock/iStockphoto, **215** */PackShot, **215** */auremar, **216** */Ljupco Smokovski, **216** */ SS1001, **216** */Vadim Bukharin, **216** */Dmitry DG, **217** */ftlaudgirl, **217** */U. Woell, **217** */Anton Gvozdikov, **217** */project1photography, **217** */Volker Skibbe, **217** */Marcelo Dufflocq, **217** Thinkstock/iStockphoto, **217** */roblan, **217** */andreshka, **217** */stoonn, **217** */ daseaford, **217** */sablin, **217** */garry_images, **218** */dell, **218** */Silvano Rebai, **218** */dell, **218** */victor zastol'skiy, **218** */mradlgruber, **218** Thinkstock/iStockphoto, **218** */© Olympixel, **218** */Val Thoermer, **218** */terranova_17, **219** Thinkstock/iStockphoto, **219** Thinkstock/moodboard, **219** */Galina Barskaya, **219** Thinkstock/Hemera, **219** */Dreef, **219** */Steeve ROCHE, **219** Thinkstock/ iStockphoto, **219** Thinkstock/Photodisc/Ryan McVay, **219** */corepics, **219** */Lsantilli, **220** Thinkstock/iStockphoto, **220** */Netzer Johannes, **220** */Stefan Schurr, **220** */inigocia, **220** */Netzer Johannes, **220** */Jan Kranendonk, **220** */monster85, **220** */Avantgarde, **220** */photomag, **220** */storm, **220** */Fotoimpressionen, **220** */Marco2811, **220** */yanlev, **220** */lassedesignen, **220** */ Stefan Schurr, **220** */Grigorenko, **221** */lilufoto, **221** */3dmentat, **221** */maxoidos, **221** */Bergringfoto, **221** */Marin Conic, **221** */ Dimitar Marinov, **221** */just2shutter, **221** Thinkstock/iStockphoto, **221** */Shmel, **221** */olly, **221** Thinkstock/iStockphoto, **221** Thinkstock/Cameron Spencer @ Getty Images, **221** */ChantalS, **221** */Felix Mizioznikov, **221** Thinkstock/Digital Vision, **221** */ artjazz, **222** Thinkstock/iStockphoto, **222** */okinawakasawa, **222** */VIPDesign, **222** */okinawakasawa, **222** */starush, **222** */ Hetizia, **223** Thinkstock/Wavebreak Media, **223** */Lerche & Johnson, **223** */Lerche & Johnson, **223** */Lerche & Johnson, **223** */ Lerche & Johnson, **223** Thinkstock/iStockphoto, **223** Thinkstock/iStockphoto, **223** */Lerche & Johnson, **223** */Wisky, **223** */nito, **223** */Kzenon, **224** */Africa Studio, **226** Thinkstock/iStockphoto, **226** Thinkstock/Digital Vision, **226** Thinkstock/iStockphoto, **226** Thinkstock/Purestock, **226** Thinkstock/iStockphoto, **226** */Andrey Burmakin, **226** */Andrey Burmakin, **226** */Nejron Photo, **226** Thinkstock/JupiterImages © Getty Images, **227** Thinkstock/Digital Vision, **227** Thinkstock/Digital Vision, **227** Thinkstock/Digital Vision, **228** Thinkstock/iStockphoto, **228** */Africa Studio, **228** */Kalim, **228** Thinkstock/iStockphoto, **228** */ysbrandcosijn, **229** */ Klaus Eppele, **229** */scalaphotography, **229** */cynoclub, **229** */Brian Jackson, **229** */mekcar, **229** */by-studio, **229** */Henry Schmitt, **229** */Henry Schmitt, **229** */alephcomo1, **229** */Henry Schmitt, **229** */deusexlupus, **229** */apops, **229** */MUE, **229** */ MUE, **229** */MUE, **229** thinkstock/Hemera (Cagri Oner), **230** */ReMuS, **230** */soerenkuhrt, **230** */Maruba, **230** */cjansuebsri, **230** Thinkstock/iStockphoto, **230** */Constantinos, **230** */ILYA AKINSHIN, **230** */dvs71, **230** */Jürgen Fälchle, **230** */Uros Petrovic, **230** */Distrikt3, **230** */Lucky Dragon USA, **230** */Denis Ivatin, **230** */photlook, **230** */Klaus Eppele, **230** */venusangel, **231** Thinkstock/iStockphoto, **231** */visivasnc, **231** */sumnersgraphicsinc, **231** */ArtFamily, **231** Thinkstock/iStockphoto, **231** */ysbrandcosijn, **231** */jehafo, **232** */Andrey Armyagov, **232** Thinkstock/iStockphoto, **232** */G.Light, **232** Thinkstock/Digital Vision/A J James, **232** Thinkstock/iStockphoto, **232** */bizoo_n, **233** */Bombaert Patrick, **233** */tuja66, **233** */Giuseppe Porzani, **233** */ILYA AKINSHIN, **233** */jiggo, **234** */starman963, **234** */Kirill Zdorov, **234** */tobago77, **234** */Steve Mann, **234** */Michael Flippo, **234** Thinkstock/ iStockphoto, **234** */Martina Berg, **234** */st-fotograf, **234** */imagika, **234** Thinkstock/iStockphoto, **234** */WavebreakMediaMicro, **234** */jillchen, **234** */Alexander Raths, **235** */Warren Millar, **235** Thinkstock/Stockbyte, **235** Thinkstock/iStockphoto, **235** Thinkstock/iStockphoto, **235** Thinkstock/iStockphoto, **235** Thinkstock/iStockphoto, **235** */ksena32, **235** Thinkstock/iStockphoto, **235** */AllebaziB, **235** */Barbara Pheby, **235** Thinkstock/Hemera, **235** */womue, **235** */Liliia Rudchenko, **235** Thinkstock/iStockphoto, **235** */jogyx, **235** */Marius Graf, **236** */Regina Jersova, **236** */bittedankeschön, **236** Thinkstock/iStockphoto, **236** */franzgustincich, **236** */openlens, **236** */bruniewska, **236** */Amid, **236** Thinkstock/iStockphoto, **236** */Gino Santa Maria , **236** Thinkstock/ iStockphoto, **236** */krimzoya46, **236** */sandis94, **236** */tsaplia, **236** */tigger11th, **236** */neirfy, **236** */bahrialtay, **237** */akekoksom, **238** Thinkstock/iStockphoto, **238** Thinkstock/iStockphoto, **238** */Sergiogen, **238** Thinkstock/iStockphoto, **238** */babimu, **239** */ uckyo, **239** */RTimages, **239** */Africa Studio, **239** */Africa Studio, **239** */luiscarceller, **239** */Neyro, **239** */kornienko, **239** Thinkstock/thinstock Ablestock.com @ Getty Images, **239** */Mushy, **239** */maestria_diz, **239** Thinkstock/iStockphoto, **239** */U. Hardberck, **239** */Andreja Donko, **239** */koosen, **239** Thinkstock/iStockphoto, **239** Thinkstock/Hemera @ Getty Images, **240** */ Printemps, **240** */Africa Studio, **240** Thinkstock/iStockphoto, **240** */shooarts, **240** */Vyacheslav Plyasenko, **240** */Artranq, **240** Thinkstock/JupiterImages © Getty Images, **240** */Firma V, **240** */ronstik, **240** */lunamarina, **240** */iampuay, **240** */Kuzmick, **240** */marysa03, **241** Thinkstock/Fuse, **241** Thinkstock/Creatas Images, **241** Thinkstock/Fuse, **241** */Kzenon, **241** */nyul, **241** */

Sergey Nivens, **241** */Nejron Photo, **242** */Robert Neumann, **242** */ratana_k, **242** */Marius Graf, **242** Thinkstock/iStockphoto, **242** */Unclesam, **242** */indigolotos, **242** */Birgit Reitz-Hofmann, **242** */fotomanu21, **242** */Hamik, **243** */Lichtmaler, **243** */Cmon, **243** Thinkstock/iStockphoto, **243** */DoraZett, **243** */NoName, **243** */RTimages, **243** */avtor_ep, **243** Thinkstock/Comstock, **243** */Dan Race, **243** Thinkstock/Digital Vision/Ryan McVay, **243** Thinkstock/Ingram Publishing, **243** Thinkstock/iStockphoto, **243** */seen, **244** Thinkstock/Zoonar, **244** */donfiore, **244** Thinkstock/iStockphoto, **244** */eldadcarin, **244** */eldadcarin, **244** */Anja Roesnick, **244** */Anja Roesnick, **244** */Anja Roesnick, **244** */Africa Studio, **244** */Foto-Ruhrgebiet, **244** Thinkstock/Zoonar, **244** */eldadcarin, **244** */STUDIO12, **245** Thinkstock/iStockphoto, **245** */sergign, **245** */schoki_01, **245** */aleciccotelli, **245** */Fyle, **245** */frank peters, **245** */Christer Tvedt, **246** */benjaminnolte, **246** Thinkstock/iStockphoto, **246** Thinkstock/Digital Vision/Alexander Hassenstein, **246** */Aleksandar Todorovic, **247** Thinkstock/iStockphoto, **247** */f9photos, **247** Thinkstock/iStockphoto, **247** */photocrew, **247** Thinkstock/iStockphoto, **247** */Aleksandar Todorovic, **247** */mikesch112, **247** */rangizzz, **247** */chulja, **247** Thinkstock/iStockphoto, **247** */pressmaster, **247** Thinkstock/iStockphoto, **247** */arnau2098, **248** */B. Wylezich, **248** */philipus, **248** */Angus , **248** */od - pictureworks, **248** */bergamont , **248** */risto0, **248** */full image, **248** */Coprid, **248** */f9photos, **248** */sss78, **248** */federicofoto, **249** */Africa Studio, **249** */Ljupco Smokovski, **249** */Danicek, **249** Thinkstock/iStockphoto, **249** */Alexey Potapov, **249** */scphoto48 , **249** */tolism, **250** */babimu, **252** */CLIPAREA.com, **252** */CLIPAREA.com, **253** */CLIPAREA.com, **253** */CLIPAREA.com, **254** Thinkstock/Zoonar, **254** Thinkstock/Hemera @ Getty Images, **254** Thinkstock/iStockphoto, **255** */mrgarry, **255** */turhanerbas, **256** */adimas, **257** */adimas, **258** */pixelcaos, **259** */3drenderings, **259** */3drenderings, **259** */3drenderings, **259** */3drenderings, **259** */3drenderings, **259** */3drenderings, **259** */arsdigital, **259** */pixelcaos, **260** */pixelcaos, **261** */pixelcaos, **261** */Diana Taliun, **262** */vectorus, **262** */Lsantilli, **262** */Sven Bähren, **262** */Tyler Olson, **262** */GordonGrand, **262** */iStockphoto, **263** */reflektastudios, **263** Thinkstock/oksun70, **263** */Robert Angermayr, **263** */silverrobert, **263** */Popova Olga, **263** */gradt, **264** */Alexander Raths, **264** */fhmedien_de, **264** */Creativa, **264** */ISO K° - photography, **264** */Sashkin, **264** */Africa Studio, **265** */Monkey Business, **265** */dalaprod, **265** */drubig-photo, **265** */drubig-photo, **265** */vladimir-floyd, **266** */Africa Studio, **266** */iko, **266** */DoraZett, **266** */Creativa, **266** */Gina Sanders, **266** */Subbotina Anna, **266** */drubig-photo, **266** */Ocskay Bence, **266** */detailblick, **266** */Kurhan, **267** */Creativa, **267** */underdogstudios, **267** */Dmitry Lobanov, **267** */rangizzz, **267** */Dan Race, **267** */Eisenhans, **267** */smikeymikey1, **268** Thinkstock/iStockphoto, **268** */Guido Grochowski, **268** */Dmitry Vereshchagin, **268** */HBK, **268** */treetstreet, **268** */Peter Atkins, **268** */Bandika, **268** */wckiw, **269** */ksena32, **269** */Igor Mojzes, **269** */st-fotograf, **269** */Vidady, **269** */Maridav, **269** Thinkstock/iStockphoto, **269** Thinkstock/iStockphoto, **269** */Kondor83, **269** */Gelpi, **269** */Volker Witt, **269** */apops, **269** */juefraphoto , **269** */Joss, **270** */CandyBox Images, **270** */alswart, **270** */hitdelight, **270** */unclepodger, **271** */Igor Zakowski, **271** */Rade Lukovic, **271** */draw05, **271** */blende40, **271** */Kurhan, **271** */Jessmine, **271** */contrastwerkstatt, **271** */apops, **272** */Alexandr Mitiuc, **272** Thinkstock/iStockphoto, **272** */Tyler Olson, **272** */Africa Studio, **273** */malajscy, **273** */Gerhard Brée, **273** */ep stock, **273** */ksl, **274** */Gennadiy Poznyakov, **274** */Tobilander, **274** */malajscy, **274** */starman963, **274** */Jim Vallee, **275** */danutelu, **275** */spotmatikphoto, **275** */Robert Kneschke, **275** */Dmitry Vereshchagin, **275** */itsmejust, **275** */Robert Kneschke, **275** */WONG SZE FEI, **276** */Africa Studio, **276** */Africa Studio, **276** */contrastwerkstatt, **276** */khuntapol, **276** */Coprid, **276** */Anatoly Repin, **276** */adisa, **276** */Borys Shevchuk, **276** */Manuel Schäfer, **276** */Nataraj, **277** */Gordon Saunders, **277** */seen, **277** */only4denn, **277** Thinkstock/Hemera, **277** */Coprid, **277** */blondina93, **277** */by-studio, **277** */Jiri Hera, **277** */Johanna Goodyear, **277** */Nazzu, **277** */Tharakorn, **277** */Tarzhanova, **277** */terex, **278** */Tatjana Balzer, **278** */Tyler Olson, **278** */Schlierner, **278** */Kzenon, **278** */modul_a, **278** */Nikki Zalewski, **278** */Khorzhevska, **278** */bertys30, **278** */Tran-Photography, **278** */Zdenka Darula, **278** */WONG SZE FEI, **278** */pearl, **278** */Taffi, **279** */Gennadiy Poznyakov, **279** */ecobo, **279** */pukall-fotografie, **279** */goodluz, **279** Thinkstock/Dorling Kindersley RF, **279** Thinkstock/iStockphoto, **279** */Artem Merzlenko, **280** */Han van Vonno, **282** */CandyBox Images, **282** */Roman Milert, **282** */Volker Witt, **282** */AK-DigiArt, **282** */Dario Lo Presti, **282** */benjaminnolte, **283** */Michael Schütze, **283** */brozova, **283** */Rodja, **283** Thinkstock/iStockphoto, **283** */cristi180884, **283** */Lisa F. Young, **284** Thinkstock/iStockphoto, **284** Thinkstock/Photodisc, **284** */VRD, **284** */Andre Bonn, **284** */shutswis, **285** */Lukas Sembera, **285** Thinkstock/liquidlibrary, **285** */marog-pixcells, **285** Thinkstock/iStockphoto, **285** */koszivu, **285** */Photographee.eu, **285** Thinkstock/iStockphoto, **285** */Monkey Business, **285** */Photographee.eu, **285** */Gerhard Seybert, **285** */Artem Furman, **286** */PictureArt, **286** */Pavel Losevsky, **286** */davis, **286** */Arcady, **286** */playstuff, **286** */beermedia, **286** */Lucky Dragon USA, **286** */Igor Kovalchuk, **287** */Christa Eder, **287** */Svetlana Gryankina, **287** */creAtive, **287** */Berry, **287** */Maygutyak, **287** */WoGi, **287** */Tobboo, **287** */jogyx, **287** */rouakcz, **287** */Silvano Rebai, **288** */Fiedels, **288** */nupsik284, **288** */Birgit Reitz-Hofmann, **288** */Claudio Divizia, **288** */GP, **288** */S.Kobold, **288** */amorfati.art, **288** */CPJ Photography, **288** */Zacarias da Mata, **288** */Hugh McKean, **288** */aquapix, **288** */Eric Gevaert, **289** */andrewburgess, **289** Thinkstock/iStockphoto, **289** */lassedesignen, **289** */Heinz Waldukat, **289** */Sergey Kamshylin, **289** */Nazzalbe, **289** */Kalle Kolodziej, **289** */Roy Pedersen, **289** */MacX, **289** */reeel, **289** */marqs, **289** */william87, **290** */Igor Kovalchuk, **292** Thinkstock/iStockphoto, **292** */Artenauta, **293** */fergregory, **294** */Jürgen Fälchle, **294** */peresanz, **294** */magann, **294** */vencav, **294** */virtua73, **294** */Kovalenko Inna, **294** */creatifixus, **294** */cbpix, **294** */Florent DIE, **294** */ping han, **294** */peresanz, **294** */kevron2001, **294** */peresanz, **295** */jeremyculpdesign, **297** */Arid Ocean, **298** */artalis, **299** */jokatoons, **299** */Thomas Röske, **299** */jokatoons, **299** */jokatoons, **299** */jokatoons, **299** */jokatoons, **299** */jokatoons, **299** */jokatoons, **299** */jokatoons, **299** */jokatoons, **299** */jokatoons, **299** */jokatoons, **299** */jokatoons, **299** */jokatoons, **299** */jokatoons, **299** */jokatoons, **300** */jokatoons, **300** */jokatoons, **300** */jokatoons, **300** */jokatoons, **300** */jokatoons, **300** */jokatoons, **300** */jokatoons, **300** */jokatoons, **300** */jokatoons, **300** */jokatoons, **300** */jokatoons, **300** */jokatoons, **300** */jokatoons, **300** */jokatoons, **300** */jokatoons, **300** */jokatoons, **301** */jokatoons, **301** */jokatoons, **301** */Thomas Röske, **301** */jokatoons, **301** */jokatoons, **301** */Pekchar, **301** */jokatoons, **301** */jokatoons, **301** */jokatoons, **301** */jokatoons, **301** */jokatoons, **301** */jokatoons, **301** */jokatoons, **302** Thinkstock/Hemera, **302** Thinkstock/Hemera, **302** Thinkstock/Hemera, **302** Thinkstock/Hemera, **302** Thinkstock/Hemera, **302** Thinkstock/Hemera, **302** Thinkstock/Hemera, **302** Thinkstock/Hemera, **302** Thinkstock/Hemera, **302** Thinkstock/Hemera, **302** Thinkstock/Hemera, **302** Thinkstock/Hemera, **302** Thinkstock/Hemera, **302** */Route66, **302** Thinkstock/Hemera, **302** Thinkstock/Hemera, **303** Thinkstock/Hemera, **303** Thinkstock/Hemera, **303** Thinkstock/Hemera, **303** Thinkstock/Hemera, **303**

Thinkstock/Hemera, **303** Thinkstock/Hemera, **303** Thinkstock/Hemera, **303** Thinkstock/iStockphoto, **303** Thinkstock/iStockphoto, **303** Thinkstock/iStockphoto, **303** Thinkstock/iStockphoto, **303** Thinkstock/iStockphoto, **303** Thinkstock/iStockphoto, **303** Thinkstock/iStockphoto, **303** Thinkstock/iStockphoto, **304** Thinkstock/iStockphoto, **304** Thinkstock/iStockphoto, **304** Thinkstock/iStockphoto, **304** Thinkstock/iStockphoto, **304** */romantiche, **304** */romantiche, **304** */romantiche, **304** */romantiche, **304** */romantiche, **304** */romantiche, **304** */romantiche, **304** */romantiche, **304** */romantiche, **304** */romantiche, **304** */romantiche, **304** */romantiche, **305** */romantiche, **305** */romantiche, **305** */romantiche, **305** */romantiche, **305** */romantiche, **305** */romantiche, **305** */romantiche, **305** */romantiche, **305** */romantiche, **305** */romantiche, **305** */romantiche, **305** */romantiche, **305** */romantiche, **305** */romantiche, **305** */romantiche, **305** */romantiche, **306** */romantiche, **306** */romantiche, **306** */romantiche, **306** */romantiche, **306** */romantiche, **306** */romantiche, **306** */romantiche, **306** */romantiche, **306** */romantiche, **306** */romantiche, **306** */romantiche, **306** */romantiche, **306** */romantiche, **306** */romantiche, **306** */romantiche, **306** */romantiche, **307** */romantiche, **307** */romantiche, **307** */romantiche, **307** */romantiche, **307** */romantiche, **307** */romantiche, **307** */romantiche, **307** */romantiche, **307** */romantiche, **307** */romantiche, **307** */petra b., **307** */petra b., **307** */petra b., **307** */petra b., **308** */petra b., **308** */petra b., **308** */petra b., **308** */petra b., **308** */petra b., **308** */petra b., **308** */petra b., **308** */petra b., **308** */petra b., **308** */petra b., **308** */petra b., **308** */petra b., **308** */petra b., **308** */petra b., **308** */petra b., **308** */petra b., **309** */petra b., **309** */petra b., **309** */petra b., **309** */petra b., **309** */petra b., **309** */petra b., **309** */petra b., **309** */Yotama, **309** */petra b., **309** */petra b., **309** */petra b., **309** */petra b., **309** */petra b., **309** */petra b., **309** */petra b., **309** */petra b., **310** */petra b., **310** */petra b., **310** */petra b., **310** */petra b., **310** */petra b., **310** */petra b., **310** */petra b., **310** */petra b., **310** */Pekchar, **310** */megastocker, **310** Thinkstock/iStockphoto, **310** */Thomas Röske, **310** Thinkstock/iStockphoto, **310** Thinkstock/iStockphoto, **310** Thinkstock/iStockphoto, **310** Thinkstock/iStockphoto, **311** Thinkstock/iStockphoto, **311** */Thomas Röske, **311** Thinkstock/iStockphoto, **311** Thinkstock/iStockphoto, **311** Thinkstock/iStockphoto, **311** Thinkstock/iStockphoto, **311** Thinkstock/iStockphoto, **311** */jokatoons, **311** */yannik LABBE, **311** */Dream Cursor, **311** */sunt, **311** Thinkstock/iStockphoto, **311** */Andreas Meyer, **311** */DomLortha, **312** */Elena Petrova, **312** */Christian Pedant, **312** */Tomas Sereda, **312** Thinkstock/Fuse, **312** */Masson, **312** */Alliance, **312** */marog-pixcells, **312** */byheaven, **312** */joda, **312** */Miredi, **312** */momanuma, **312** */pictureguy32, **312** */bugphai, **313** */Nathan Jaskowiak, **313** */Vera Kuttelvaserova, **313** */rangizzz, **313** Thinkstock/Image Source, **313** */Leonid Tit, **313** */hjschneider, **313** */tiplyashina, **313** */Serg Zastavkin, **313** */Vera Kuttelvaserova, **313** */Vera Kuttelvaserova, **313** */RyszardStelmachowicz, **313** */Hamik, **313** */rangizzz, **314** */Sunny Forest, **314** Thinkstock/iStockphoto, **314** */Minerva Studio, **314** Thinkstock/iStockphoto, **314** */steffendia, **314** */FrankBirds, **314** */Sunshine Pics, **314** */Christophe Fouquin, **314** Thinkstock/iStockphoto, **314** */lassedesignen, **314** Thinkstock/iStockphoto, **314** Thinkstock/iStockphoto, **314** */Maygutyak, **314** */mario beauregard, **314** */victor zastol'skiy, **314** */macky_ch, **315** */scattomatto74, **315** */Sabine Kipus, **315** */Cmon, **315** */Dario Bajurin, **315** */jacare35, **315** */kohy, **316** */nni94, **316** Thinkstock/Ingram Publishing, **316** */ollirg, **316** */Martin M303, **316** */mrks_v, **316** */doris oberfrank-list, **316** Thinkstock/iStockphoto, **316** */steffus, **316** */smereka, **316** */Ben Burger, **316** */kentauros, **316** */Bernd S., **316** */Dario Bajurin, **316** */acceleratorhams, **316** */Fyle, **316** */Alena Stalmashonak, **317** */siimsepp, **317** */siimsepp, **317** */siimsepp, **317** */siimsepp, **317** */siimsepp, **317** */Tyler Boyes, **317** */siimsepp, **317** */Tyler Boyes, **317** */vvoe, **317** */wlad074, **317** */Tyler Boyes, **317** */iraries, **317** */Ekaterina Fribus, **317** */Ekaterina Fribus, **317** */marcel, **317** */siimsepp, **318** */boykung, **318** */Alexander Hoffmann, **318** */Alexander Hoffmann, **318** */Atiketta Sangasaeng, **318** */byjeng, **318** */Alexander Hoffmann, **318** */Alexander Hoffmann, **318** */apttone, **318** */Alexander Hoffmann, **318** */bigjo, **318** */Rozaliya, **318** */VL@D, **318** */Alexander Hoffmann, **318** */Alex Shadrin, **318** */Alexander Hoffmann, **318** */Alexander Hoffmann, **318** */Digipic, **318** */volff, **318** */Alexander Hoffmann, **318** */Alexander Hoffmann, **319** */Alexander Potapov, **319** */Tiler84, **319** */Tiler84, **319** */Tiler84, **319** */Tiler84, **319** */lamax, **320** */vladimirkim3722, **320** */k_kron, **320** Thinkstock/iStockphoto, **320** */iko, **320** */ürgen Fälchle, **320** */ondrej83, **320** */Heinz Waldukat, **320** */termis1983, **320** */Tom, **320** */mubus, **320** */veneratio, **320** */Roman Pyshchyk, **320** */Picture-Factory, **320** */Omika, **320** */funnycreature, **320** */Almgren, **321** */Nik, **321** */Tonanakan, **321** */motorlka, **321** */Pavlo Vakhrushev, **321** */Miroslawa Drozdowski, **321** */pia-pictures, **322** */Gang, **322** */Africa Studio, **322** */felinda, **322** */sergio37_120, **322** */eyetronic, **322** */sergio37_120, **322** */VICUSCHKA, **322** */tr3gi, **322** */Tim UR, **322** */alfastudiofoto, **322** */sergio37_120, **322** */lenkusa, **322** */sergio37_120, **322** */Friedberg, **322** */Africa Studio, **322** */Roxana, **323** */anankkml , **323** */Daniel Strauch, **323** */Stefan Körber, **323** */hans klein, **323** */juiceteam2013, **323** */audioscience, **323** */keller , **323** */flucas , **323** */ijacky , **323** */Tomashko , **323** */Serghei Velusceac , **323** */Andrea Wilhelm, **323** */tab62, **323** */Ichbins11, **323** */Studio Barcelona, **323** */volkerr, **324** */Farinoza, **324** */Eric Isselée, **324** */jagodka, **324** */Azaliya Elya Vatel, **324** */Eric Isselée, **324** */Uros Petrovic, **324** */Katrina Brown, **324** */eastmanphoto, **324** */nn-fotografie, **324** */cynoclub, **324** */biglama, **324** */Eric Isselée, **324** */grafikplusfoto, **325** Thinkstock/iStockphoto, **325** */Eric Isselée, **325** */JackF, **325** */Eric Isselée, **325** */Eric Isselée, **325** */Aaron Amat, **325** */Eric Isselée, **325** */Eric Isselée, **325** */anekoho, **325** */Christian Musat, **325** */Eric Isselée, **325** */Eric Isselée, **325** */Christian Musat, **325** */ILYA AKINSHIN, **325** */Eric Isselée, **325** */Eric Isselée, **326** */Eric Isselée, **326** */StarJumper, **326** */Eric Isselée, **326** */Anatolii, **326** */Vera Kuttelvaserova, **326** */Eric Isselée, **326** */Coprid, **326** */Eric Isselée, **326** */JackF, **326** */nexusseven, **326** */EwaStudio, **326** */cynoclub, **326** */anankkml, **326** */tiero, **326** */Taalvi, **326** */Eric Isselée, **327** */Alexander Potapov, **327** */Eric Isselée, **327** */Eric Isselée, **327** */Eric Isselée, **327** Thinkstock/iStockphoto, **327** Thinkstock/iStockphoto, **327** */Mike Price, **327** */Roman Samokhin, **327** */Eric Isselée, **327** */Eric Isselée, **327** Thinkstock/iStockphoto, **327** */maz12, **327** */Eric Isselée, **327** */Smileus, **327** */XK, **327** */anankkml, **328** */Eric Isselée, **328** */Steve Byland, **328** */Eric Isselée, **328** */Eric Isselée, **328** */Eric Isselée, **328** */Eric Isselée, **328** */Eric Isselée, **328** */fotomaster, **328** */jakgree, **328** */Farinoza, **328** */Farinoza, **328** Thinkstock/iStockphoto, **328** */Eric Isselée, **329** */Uryadnikov Sergey, **329** */phant, **329** */Eric Isselée, **329** */Eric Isselée, **329** */ILYA AKINSHIN, **329** */Janis Smits, **329** */Aaron Amat, **329** */ILYA AKINSHIN, **329** */Eric Isselée, **329** */fotomaster, **329** */Roman Samokhin, **329** */shishiga, **329** */Nicolette Wollentin, **329** */sval7, **329** */Eric Isselée, **329** */Eric Isselée, **330** */eastmanphoto, **330** */eastmanphoto, **330** */Smileus, **330** */Daniel Nimmervoll, **330** */kurapy, **330** */Eric Isselée, **330** */jagodka, **330** */Richard Carey, **330** */Anatolii, **330** */antpkr, **330** Thinkstock/iStockphoto, **330** */Eric Isselée, **330** */eastmanphoto, **331** */Irochka, **331** */Giuseppe Porzani, **331** */eyeblink, **331** */manuart, **331** */Eric Isselée, **331** */lunamarina, **331** */pistol7, **331** */Richard Carey, **331** */Witold Krasowski, **331** Thinkstock/Hemera, **331** Thinkstock/

iStockphoto, **331** */Coprid, **331** */tongdang, **332** */Oliver Klimek, **332** */Valeriy Kirsanov, **332** */defun, **332** */Alekss, **332** */JPS, **332** */Gewoldi, **332** */Henrik Larsson, **332** */vnlit, **332** */Klaus Eppele, **332** */xiaoliangge, **332** */VRD, **332** */Alekss, **332** */Marco Uliana, **332** */morelia1983, **332** */Zbyszek Nowak, **332** */npps48, **333** Thinkstock/iStockphoto, **333** */defun, **333** */Cosmin Manci, **333** Thinkstock/Hemear, **333** */fancyfocus, **333** */gertrudda, **333** */xjbxjhxm, **333** Thinkstock/iStockphoto, **333** */defun, **333** */emer, **333** */chungking, **333** */Coprid, **333** Thinkstock/iStockphoto, **333** */eastmanphoto, **333** */Carola Schubbel, **333** */natara, **334** */tescha555, **336** */DDRockstar, **336** */Denys Prykhodov, **336** */Denys Prykhodov, **336** */Denys Prykhodov, **336** */Denys Prykhodov, **336** */Denys Prykhodov, **336** */Denys Prykhodov, **336** */Africa Studio, **336** */Africa Studio, **336** */Africa Studio, **336** */DB, **339** */robert, **340** */magann, **340** */magann, **340** */magann, **340** */magann, **340** */magann, **340** */magann, **340** */magann, **340** */magann, **340** */magann, **340** */magann, **340** */magann, **340** */magann, **340** */magann, **341** */magann, **341** */magann, **341** */magann, **341** */magann, **341** */magann, **341** */magann, **341** */magann, **341** */magann, **341** */magann, **341** */magann, **341** */magann, **341** */vvoe, **341** */Lucky Dragon, **342** */tomreichner, **342** */Marco2811, **342** */merydolla, **342** */in-foto-backgrounds, **342** */Reicher, **342** */ARochau, **342** */Yahya Idiz, **342** */motorradcbr, **342** */Beboy, **342** */Dmytro Smaglov, **342** */Anton Gvozdikov, **342** */sborisov, **342** */Netzer Johannes, **343** Stockphoto/Juffin, **344** */Juulijs, **344** */m.u.ozmen, **344** */lucato, **344** */www.strubhamburg.de, **344** */guynamedjames, **344** */Jörg Hackemann, **344** */MaxWo, **345** */Al, **345** */hayo, **345** */ufotopixl10, **345** */vector icon, **345** */vector icon, **345** */vector icon, **345** */vector icon

Frisch Weiterlernen mit den PONS Bildwörterbüchern:

ISBN 978-3-12-516241-9
15,00 € **[D]**, 15,50 € **[A]**

ISBN 978-3-12-516233-4
9,99 € **[D/A]**

ISBN 978-3-12-516234-1
9,99 € **[D/A]**

ISBN 978-3-12-516229-7
9,99 € **[D/A]**

ISBN 978-3-12-516230-3
9,99 € **[D/A]**

ISBN 978-3-12-516235-8
15,00 € **[D]** 15,50 € **[A]**

ISBN 978-3-12-516232-7
9,99 € **[D/A]**

ISBN 978-3-12-516277-8
9,99 € **[D/A]**

ISBN 978-3-12-516276-1
15,00 € **[D]**, 15,50 € **[A]**

ISBN 978-3-12-516242-6
9,99 € **[D/A]**

ISBN 978-3-12-516243-3
9,99 € **[D/A]**

ISBN 978-3-12-516244-0
9,99 € **[D/A]**

ISBN 978-3-12-516245-7
9,99 € **[D/A]**

ISBN 978-3-12-516231-0
9,99 € **[D/A]**

ISBN 978-3-12-516246-4
9,99 € **[D/A]**

Weitere Sprachen:

Bulgarisch
Chinesisch
Dänisch
Griechisch
Kroatisch
Kurdisch
Niederländisch
Norwegisch
Portugiesisch
Schwedisch
Serbisch
Thai
Tigrinisch
Tschechisch
Ungarisch
Urdu

PONS

Bildwörterbuch
Schwedisch-Deutsch

Bearbeitet von: A.C.T. Fachübersetzungen GmbH, Anette Dralle

1. Auflage 2019 (1,04 – 2022)

www.pons.de
E-Mail: kundenservice@pons.de

Projektleitung: Christiane Mackenzie
Gestaltung: Petra Michel, Essen
Satz: Satzkasten, Stuttgart
Umschlagfotos von links nach rechts: Getty Images/Shell_114; Shutterstock/Drakuliren; Getty Images/AnnaBreit

Logoentwurf: Erwin Poell, Heidelberg
Logoüberarbeitung: Sabine Redlin, Ludwigsburg
Druck und Bindung: Multiprint GmbH, Konstinbrod

ISBN: 978-3-12-516191-7